자본주의, 그 이후

자본주의, 그 이후

승자독식 논리에서 상생의 인본주의로

박세길 지음

2012년 2월 13일 초판 1쇄 발행

펴낸이 한철희 ┃ 펴낸곳 돌베개 ┃ 등록 1979년 8월 25일 제406-2003-018호
주소 (413-756) 경기도 파주시 교하읍 문발리 파주출판도시 532-4
전화 (031) 955-5020 ┃ 팩스 (031) 955-5050
홈페이지 www.dolbegae.com ┃ 전자우편 book@dolbegae.co.kr
블로그 imdol79.blog.me ┃ 트위터 @Dolbegae79

책임편집 소은주·김태권
편집 이경아·이현화·권영민·김진구·김혜영·최혜리
표지디자인 박대성 ┃ 본문디자인 이은정·박정영
마케팅 심찬식·고운성·조원형 ┃ 제작·관리 윤국중·이수민 ┃ 인쇄·제본 상지사 P&B

ISBN 978-89-7199-465-8 03300

책값은 뒤표지에 있습니다.

이 도서의 국립중앙도서관 출판시도서목록(CIP)은 e-CIP 홈페이지
(http://www.nl.go.kr/ecip)에서 이용하실 수 있습니다.(CIP제어번호: CIP2012000497)

자본주의, 그 이후

승자독식 논리에서 상생의 인본주의로

박세길 지음

돌베개

•

내가 이러한 종류의 책을 써보기로 처음 마음먹은 것은 지금부터 20년 전인 1991년 가을이었다. 직접적인 계기가 된 것은 그해 8월에 일어난 소련 사회주의 체제의 붕괴였다.

이전 시기 자본주의의 온갖 모순에 환멸을 느끼고 있던 사람들에게 사회주의는 유력한 대안 중 하나였다. 그런데 사회주의의 종주국인 소련이 붕괴하면서 대안으로서의 이념이 허공으로 날아가버리고 말았다. 그로 인한 파장은 실로 엄청난 것이었다. 일순간에 자본주의는 어느 누구도 거역할 수 없는 유일한 대안으로 여겨졌다. 1990년대 시장만능주의를 표방하며 전 세계를 휩쓸었던 신자유주의는 군사독재에 대항했던 민주화운동 세력들 사이에서 개혁 이데올로기로 환영받기까지 했다.

당시 나는 급변하는 시류로부터 가능한 한 거리를 두고자 애썼다. 소련의 붕괴가 정말 사회주의의 실패를 의미하는 것이라면 그 이유가 정확히 무엇인지를 밝히고 싶었다. 또 자본주의가 선택의 여지가 없는 유일한 대안인지도 냉정하게 따져보기로 했다. 자본주의가 사회주의와의 체제 경쟁에서 승리한 것이 사실이라 하더라도 자본주의를 유일한 대안으로 보는 것은 무언가 아닌 듯싶었다. 지극히 소박한 수준이기는 하지만 자본주의보다 더 나은 사회는 반드시 존재할 것이며, 그 방향으로 나아가는 것이 역사의 진보라고 믿었던 것이다.

결국 나는 자본주의 이후 새로운 사회가 어떤 모습일지를 고민하기 시작했다. '자본주의 이후 새로운 사회를 찾아보자!' 이 결심은 묘하게도 나를 흥분시켰다. 쉽게 떨쳐버릴 수 없는 강렬한 유혹이 되었다. 나는 이후 20년 동안 한순간도 그 유혹으로부터 자유로울 수 없었다.

•

자본주의 이후 새로운 사회의 모습을 밝히는 것은 처음 상상했던 것과는 비교가 안 될 정도로 힘들고 어려운 일이었다. 그것은 명백히 주제넘은 선택이었고 무모한 도전이었다. 애초에 이 사실을 알았다면 그러한 목표를 세우지도 않았을 것이다. 하지만 강렬한 유혹은 잠시도 나를 놓아주지 않았다.

나는 최근의 몇 년을 제외하고는 대부분 사회단체 활동을 하느라 나름대로 바쁜 생활을 이어가고 있었다. 그런 와중에도 틈만 나면 자본주의 이후 새로운 사회를 탐색했다. 하지만 1991년 이후 10여 년 동안 나의 작업은 안개 속을 헤매는 과정의 연속이었다. 자유롭게 탐색하고 상상하면서 느꼈던 즐거움이 그나마 나를 버티게 해준 유일한 힘이었다.

나는 마치 화가가 상상 속의 세계를 그림으로 옮기듯이 떠오르는 생각들을 틈틈이 글로 정리해나갔다. 그런 식으로 1991년 이후 10여 년 동안 새로운 사회를 탐색하면서 쓴 글은 200자 원고지로 족히 1만 매는 넘을 듯싶다. 지금 와서 보면 말도 안 되는 이야기들로 가득 차 있지만 그 나름대로 의미는 컸다. 사고의 지평을 확장하는 데 필요한 재료들을 확보할 수 있었기 때문이었다. 무엇보다도 생산방식이 소품종 대량생산에서 다품종 소량생산으로 전환됨에 따라 시장경제는 필수적인 것이 되었다는 결론에 도달한 것은 이후 작업을 위한 중요한 디딤돌이 되었다.

　2000년대 초 몇 년 동안은 그간의 사변적 모색에서 탈피하여 다양한 실천적 접근을 통해 새로운 사회의 단초를 찾으려 애썼다. 덕분에 실천적 관점에서 문제를 보는 집중적 훈련 기회를 가질 수 있었으나 원했던 결과를 얻을 수는 없었다. 결국 오랜 궁리 끝에 새로운 사회 탐색을 목적으로 하는 연구단체를 만들기로 했다. 다행히 뜻을 같이하는 사람들을 여럿 만나면서 연구단체는 성공적으로 발족할 수 있었다.

　하지만 부푼 가슴을 안고 출발한 연구단체는 나에게 전혀 다른 계기로 다가왔다. 나는 연구단체를 통해 이전 시기 사회단체 활동을 하면서는 접근이 쉽지 않았던 다양한 사람들과 인연을 맺을 수 있었다. 그럼으로써 새로운 세계에 눈을 뜰 수 있었고 좀더 다양한 관점에서 사물을 볼 수 있게 되었다. 무엇보다도 그러한 과정을 통해 나의 이론적 기반이 형편없이 취약하다는 것을 깨달을 수 있었다. 한 걸음 더 나아가 대중이 원하는 답을 제시하기에는 무엇이 부족한지 구체적으로 파악할 수 있었다. 그러한 깨달음은 더할 나위 없는 축복이었다. 연구단체 활동은 내가 스스로의 한계를 딛고 전진할 수 있는 중요한 계기가 된 것이다.

　그럼에도 연구단체가 안긴 축복은 축복치고는 무척이나 고통스러운 것이었다. 연구단체인 만큼 정기적으로 무엇인가를 생산하지 않으면 안 되었다. 하지만 나는 그러한 요구에 부응할 수 없었다. 무엇이 부족한지는 깨달았지만 그것을 채우기까지는 상당한 시간이 필요했던 것이다. 결국 나는 2년 남짓 연구단체에 머물면서 『우리 농업, 희망의 대안』이라는 이름의 책을 내는 것에 그쳐야 했다(나는 농업 관련 책을 쓰면서 생태계의 무한한 잠재력을 깨달았으며 사회 문제 해결의 일반적 원리가 될 수 있을 것이라는 생각을 품었다). 주변의 시선은 갈수록 싸늘해져갔고 나의 내면은 하릴없이 허물어져갔다.

.

위기의 순간 나는 쉽지 않은 선택을 했다. 2007년 가을, 나는 홀로 집을 나와 치악산 기슭에 자리를 잡았다. 모든 인연을 뒤로하고 홀로 자신만을 대면하면서 긴 성찰과 탐구의 시간을 갖기로 한 것이다. 그로부터 나는 그 무엇에도 구애받지 않는 상태에서 오직 새로운 사회를 탐색하는 데 몰입할 수 있었다.

홀로 자신만을 대면하는 생활을 시작하면서 단순하고 우직한 두 가지 결심을 했다. 먼저 10만 페이지의 책을 읽기로 했다. 세상이 어떻게 돌아가는지 제대로 알기 위해서는 우선 많은 양의 자료를 섭렵하는 것이 필수라는 생각에서였다. 목표는 초과달성했다. 물론 지금 와서 생각하면 대단한 것은 아니었다. 그 무엇인가를 연구하여 밝혀내려면 최소한 그 정도는 거쳐야 하기 때문이다. 10만 페이지 독서를 강행하면서 나와 시각이 다르거나 정반대인 사람들의 책을 많이 읽으려고 노력했다. 결국 그러한 책들이 사물을 다양한 시각에서 보고 시야를 확장하는 데 큰 도움이 되었다.

또 다른 결심은 두 가지 종류의 역사 관련 책을 쓰기로 한 것이었다. 나는 오래전부터 입버릇처럼 "가야 할 길이 보이지 않으면 오던 길을 되돌아보라"고 이야기해왔다. 그래서 역사를 탐구하는 것은 나의 가장 중요한 지적 영역이 되었다. 인생의 고비에 직면하여 다시금 역사 탐구를 통해 활로를 찾아보고자 한 것이다. 결국 몇 년간의 작업을 통해 두 종류의 책을 출간할 수 있었다. 하나는 근대 이후 세계 혁명과 정세의 흐름을 분석한 『혁명의 추억, 미래의 혁명』이었고, 또 다른 하나는 한국의 현대사를 새롭게 조명한 『미래를 여는 한국인史』(전2권)였다.

이 두 종류의 책을 집필하면서 여러 갈래로 생각을 정리할 수 있었다. 이는 자본주의 이후 새로운 사회를 찾는 데 매우 귀중한 판단 기준이 되었다. 중요한 것 몇 가지를 소개하면 이렇다.

『혁명의 추억, 미래의 혁명』을 집필하면서 얻은 결론은 대표적으로 여섯 가지가 있었다. 첫째, 전 지구적 관점에서 접근하지 않으면 자본주의 이후 새로운 사회를 찾을 수 없다. 요컨대 새로운 사회는 인류 전체의 축적된 경험과 지혜를 바탕으로 열릴 수 있는 것이다. 둘째, 자유와 평등은 분리되는 순간 둘 모두 불구화된다. 새로운 사회에서 자유와 평등은 조화롭게 통일되어야 한다. 셋째, 사회주의를 지배했던 국가만능주의와 자본주의를 지배했던 시장만능주의 둘 모두 답이 아님이 분명해졌다. 그에 따라 국가와 시장의 위상과 상호 관계에 대해 근본적인 전환을 모색해야 한다. 넷째, 신자유주의는 자본주의의 정점이며 필연적으로 몰락할 수밖에 없다. 따라서 자본주의는 신자유주의의 몰락과 함께 역사의 무대에서 퇴장하기 시작할 것이다. 다섯째, 생산 활동을 주도하는 요소가 자본에서 지적이고 창조적인 사람의 능력으로 이동하고 있다. 이는 지배 권력의 원천이 자본에서 창조적 능력을 지닌 사람에게로 이동할 수 있음을 예고하는 것이다. 여섯째, 대중이 주역으로 떠오름에 따라 수직적 위계질서가 무너지고 수평적 소통과 협력이 모든 영역을 지배할 것이다. 이는 권력 관계의 본질적인 변화를 의미하는 것으로, 궁극적으로 사회 체제의 전환까지를 가능하게 하는 지점이다.

『미래를 여는 한국인史』를 집필하면서 얻은 결론으로는 크게 네 가지가 있었다. 첫째, 한반도 분단의 역사는 진보와 보수가 '공존'을 바탕으로 경쟁해야 한다는 교훈을 남겼다(공존의 패러다임은 이후 다양한 경제 주체들의 관계에 보편적으로 적용 가능한 '상생'으로 바뀌었다). 둘째, 새로운 패러다임을 바탕으로 사고하고 행동하는 신세대는 새로운 사회를 창조할 풍부한 잠재력을 지니고 있다. 요컨대 신세대는 새로운 사회의 씨앗이다. 셋째, 국가의 절대 우위가 사라진 조건에서 국가권력 장악을 바탕으로 한 위로부터의 변화에 의존해서는 세상을 제대로 바꿀 수 없다. 말하자면 아래로부터의 변화가 기본이 되어야 하는 것이다. 넷째, 기업 경영은 매우 창의적이고 역동적인 영역으로서 그로부터 새로운 사회로 이행하는 고리가 형성될 가능성이 크다. 이는 기업 경영을 자본가가 노동자를 착취하는 영역으로만 알고 있었던 나로서는 의외의 발견이었다. 이를 계기로 나는 기업 경영 관련 서적을 집중적으로 탐독함으로써 새로운 시야를 확보할 수 있었다.

•

홀로 자신만을 대면하며 긴 탐색의 시간을 갖고 있던 중 미국 금융자본주의가 몰락하면서 새로운 국면이 열리기 시작했다. 무엇보다도 자본주의 체제가 지속가능성을 확보하는 것이 매우 어려워지고 있음이 갈수록 뚜렷해졌다. 체제를 위협하는 수준의 증시 폭락, 금융·재정 위기, 부동산 거품 붕괴가 반복해서 발생했지만 이를 수습할 능력이 전혀 없었던 것이다. 위기 때마다 소방관 역할을 했던 국가 역시 자신을 추스르는 것조차 벅찬 상태였다.

급변하는 상황에 발맞추어 나는 새로운 사회에 대한 탐색에 더욱 박차를 가했다. 하지만 목표 지점 근처에 다가섰다는 느낌이 들기는 했으나 정작 출구를 찾지 못하고 계속 주변을 맴돌 뿐이었다. 2010년 가을 어느 날 모든 것이 미궁에 빠져드는 것 같은 상태에서 홀로 서울 종로 거리를 배회한 적이 있었다. 문득 지나가는 모든 사람이 나보다 훨씬 잘나고 똑똑해 보였다. 살아오면서 그때처럼 바닥으로 굴러 떨어졌던 순간도 별로 없었던 것 같다. 가장 낮은 곳에 머물다 보니 대중을 위에서 내려다보던 것에서 벗어나 아래에서 올려다보는 시각 전환이 이루어졌다. 세상을 전혀 다르게 보도록 하는 전기가 마련된 것이다. 자연스럽게 그동안 집착했던 것들이 마냥 부질없어 보였고, 여전히 지적 오만에 사로잡혀 있는 나 자신의 모습이 더없이 한심하게 느껴졌다. 덕분에 나는 오랫동안 나를 지배했던 두 가지로부터 벗어날 수 있었다.

나는 수십 년간 내 사고를 규정했던 좌우 구도의 낡은 안경을 벗어서 조용히 바닥에 내려놓았다. 돌이켜보면 나는 꽤 오랫동안 좌파적 시각에서 대안을 찾고자 그 누구 못지않게 몸부림쳤다. 하지만 원하는 답을 찾을 수 없었다. 결국 마지막 순간에 깨달은 것은 좌우 구도 속에 갇혀서는 역사발전의 추이를 제대로 읽을 수 없다는 사실이었다. 이와 함께 순수한 발견자의 입장에서 접근하기로 마음먹었다. 내가 대안을 만들어 제시하겠다는 지적 오만을 털어버린 것이다.

편견 없는 어린아이의 눈으로 세상을 보고 그 속에서 실마리를 찾으려고 노력하자 모든 것이 달라지기 시작했다. 과거에는 무심코 지나쳤던 영역들이 비로소 눈에 들어오고 의미심장한 변화의 고리들이 포착되면서 영감이 샘솟기 시작했다. 그 순간부터 나는 갖고 있는 에너지를 모두 쏟아부으며 책을 쓰는 데 매진했다.

．

원고를 마무리하던 중 결코 가볍게 지나칠 수 없는 현상들이 발생했다. 모두가 역사의 국면이 바뀌고 있음을 예고하는 장면들이었다. 그

중 하나로서 이른바 '안철수 현상'이 있었다.

안철수 교수는 정치에 입문한 바도 없고 대선 출마를 공언한 적도 없었다. 그런데도 각종 여론조사에서는 2012년 대선에서 당선 가능성이 가장 높은 것으로 나타났다. 이러한 현상에 대해 적지 않은 사람들이 당혹스러워하거나 속상해하기도 했다.

나 역시 크게 다르지 않았다. 안철수라는 사람에 대해 아는 게 별로 없었기 때문이다. 하지만 이 현상이 매우 중요한 의미를 함축하고 있다는 것만큼은 곧바로 감지할 수 있었다. 나는 서둘러 안철수 현상의 전후 맥락을 파헤치기 시작했다. 안철수 교수에 대해서도 좀더 면밀하게 조사(?)했다.

안철수 교수가 정치적으로 준비되어 있는지, 그에 앞서 정치인으로서 적합한 인물인지 지금으로서는 판단하기 어렵다. 그럼에도 몇 가지 분명한 지점은 존재했다. 먼저 주목해야 할 점은 안철수 교수를 적극 지지하는 사람들은 대체로 20~30대에 속하는 신세대라는 사실이다. 안철수 교수가 이들 사이에서 대표적인 '역할 모델'로 통해 왔다는 것은 비교적 널리 알려진 이야기다. 문제는 왜 신세대들이 안 교수를 단순한 존경의 대상을 넘어 정치적 지도자로 '추대'했는가에 있다.

상세한 설명은 생략하겠지만 안철수 교수는 이 책에서 이야기하는 상생의 인본주의에 상당히 부합되는 방향으로 벤처기업을 경영한 인물이다. 그는 개인용 컴퓨터 바이러스 백신을 무료로 공급하는 등 사회적 가치를 앞장서서 실천했고, 수평적 조직문화를 구현하고자 노력했으며, 자신이 보유한 주식을 무상으로 배분하는 등 구성원들을 동반자로 만들고자 애썼다. 아울러 '청춘 콘서트' 등을 통해 신세대들과 지속적으로 소통하면서 그들의 멘토 역할을 해왔다. 신세대들은 그러한 안철수 교수로부터 개인과 사회의 미래를 발견했던 것이다. 신세대들이 안철수 교수를 정치적 지도자로 추대하는 것은 당연히 그를 통해 자신들의 열망이 실현될 수 있으리라는 기대감 때문이다.

이 책은 이러한 신세대들의 판단과 선택이 역사의 진행 방향과 대체로 일치한다는 사실을 보여줄 것이다. 아울러 신세대가 새로운 세상을 여는 데서 주도적인 역할을 할 것임을 이야기할 것이다. 또한 신세대의 절대다수는 이전에 없던 전혀 새로운 계급으로서 새로운 좌표를 향해 나아갈 것임을 밝힐 것이다. 그런 점에서 안철수 현상은 한국 사회의 근본적 지형 변화를 반영한 것이라고 할 수 있다.

문제는 이 지점에서 스스로 진보적이라고 생각하는 기성세대들이 상당한 갈등 상황에 놓일 가능성이 크다는 데 있다. 그들이 간직해왔던 신념 체계와 신세대들이 추구하는 것 사이에는 적지 않은 차이가 있기 때문이다.

산업화와 민주화를 동시에 달성하는 데 성공한 한국의 기성세대는 자신들의 성취에 대해 대단한 자부심을 갖고 있다. 그에 따라 오랜 삶을 살면서 터득한 신념 체계에 대해 남다른 확신을 갖고 있으며 그에 비례하여 기존의 신념 체계를 지키고자 하는 방어 본능 또한 매우 강한 편이다. 그러다 보니 좌우를 막론하고 기성세대들은 신세대들 역시 자신들이 구축해놓은 질서 속으로 편입될 수밖에 없을 것으로 보고 있다. 하지만 이는 완전한 오산이다. 그들은 기성세대의 뒤에 줄서는 것이 아니라 자신들이 만든 새로운 길을 걸어갈 것이기 때문이다.

예나 지금이나 변함없는 것은 역사의 진행 방향은 궁극적으로 새로운 세대의 선택에 의해 좌우된다는 사실이다. 이 사실은 이미 현실로 드러나기 시작했다. 내용을 혁신하지 못하면 기존 신념이 지적 오만과 아집으로 전락하기 쉬운 상황인 것이다. 그런 점에서 나는 이 책이 기성세대가 어떻게 관점을 바꾸고 새로운 상황에 적응할 수 있을지를 알려주는 좋은 길라잡이가 될 수 있도록 최선을 다했다.

·

이 책은 여러모로 내 인생의 전환점이 될 것으로 보인다. 지난날 사회운동에 종사할 무렵 나는 언제나 개인적 취향과 무관하게 상황이 부여하는 역할에 충실하고자 했다. 그러다 보니 모든 것을 다 잘해야 한다는 강박관념에 시달려야 했다. 정치 활동 또한 사회운동의 연장이기 때문에 어떤 형태로든지 소화하지 않으면 안 되는 영역이었다. 그러나 이 책을 쓰면서 생각을 완전히 바꾸었다.

자본주의 이후 새로운 사회로의 이행에 관해 이론 체계를 세우면서 앞으로 해명해야 할 수많은 숙제들이 생겨났다. 이 모든 것을 혼자서 감당할 수는 없겠지만 그러한 숙제 해결이 나에게 부여된 가장 신성한 임무인 것만은 분명하다. 그에 따라 남은 인생 동안 새로운 시대가 필요로 하는 사상과 이론의 토대를 닦는 일에 진력하기로 결심했다.

책을 쓰면서 마음 상태 또한 크게 달라졌다. 나 나름대로 곡절 많은 삶을 살다 보니 온갖 회한이 마음을 지배하기 마련이었다. 그러나 책을 쓰면서 새삼 깨달은 것은 그간의 모든 과정이 나에게 좋은 약이 되었고 훌륭한 디딤돌이 되었다는 사실이다. 그런 점에서 어떤 형태로든지 인연을 맺었던 모든 사람들에게 한편으로는 미안하고 한편으로는 감사하는 마음을 갖기에 이르렀다. 이 자리를 빌려 그 모든 사람들에게 거듭 미안하면서도 감사하다는 뜻을 전한다.

내친김에 이 책이 세상에 나올 수 있도록 도와준 사람들에게 감사의 마음을 전하고자 한다. 아내는 기성세대 입장에서, 지난해 갓 대학에 입학한 딸은 신세대 입장에서 훌륭한 멘토 역할을 해주었다. 때로는 쓴 약처럼 받아먹기가 쉽지 않았지만 결과적으로 큰 도움이 되었다. 돌베개 식구들은 바쁜 와중에도 원고를 보내면 지체 없이 읽고 귀중한 의견을 보내주었다. 그러한 과정을 수도 없이 반복했다. 그럼으로써 원고 내용을 업그레이드하는 데 결정적인 도움을 주었다. 소중한 벗들은 끝까지 나에 대한 믿음을 버리지 않고 격려하며 조언해주었다. 아마 그러한 벗들의 도움이 없었다면 여기까지 오는 것이 불가능했을지도 모른다. 이 밖에도 천금과 같은 도움을 주신 분들이 여럿 있다. 이 자리를 빌려 거듭 감사의 마음을 전한다.

·

이 책의 출간을 눈앞에 두고 사랑하는 아내가 불의의 사고로 세상을 떠났다. 아내는 나의 지적 도전을 처음부터 끝까지 지지하고 성원해준 가장 든든한 버팀목이었다. 그 버팀목이 어느 날 갑자기 사라진 것이다. 눈물을 삼키며 이 책을 아내의 영전에 바친다.

2012년 1월
박세길

1

얼마 전 필자는 젊은 친구에게 이런 질문을 던진 적이 있었다. "발견과 발명 둘 다 위대하지만 굳이 따지자면 어느 쪽이 더 위대한 것 같은가?" 젊은 친구는 이렇게 대답했다. "아무래도 발명이 더 위대하지 않겠어요. 발견은 있는 것을 찾아내는 것이고 발명은 없는 것을 만들어내는 것이니까 말이죠."

그에 대해 필자는 이렇게 응답했다. "아니다. 진실로 위대한 것은 발견이다. 만유인력의 법칙, 상대성 원리, 원자, 세포, 전기 등은 모두가 발견한 것이다. 애덤 스미스의 『국부론』이나 카를 마르크스의 『자본론』 또한 발견에 기초해서 쓴 것들이다. 자연의 섭리를 찾고 사회의 이치를 탐구하고 삶의 본질을 깨우치는 것 모두 발견의 과정이다. 진리는 발명하는 것이 아니고 발견하는 것이다."

이 책은 제목에 드러나 있듯이 자본주의 이후 새로운 사회로의 이행을 다루고 있다. 생산성과 경쟁력, 삶의 질 모두에서 자본주의보다 월등히 우월한, 그렇지만 사회주의와는 확연히 다른 새로운 사회가 우리를 향해 다가오고 있음을 이야기하고 있는 것이다. 한마디로 미래의 메시지를 담은 책이다.

그런데 지식인들은 이행의 문제를 다루면서 자신의 머리로 새로운 사회의 모델을 발명하고픈 충동에 빠지기 쉽다. 발견을 위한 집요한 노력을 소홀히 한 채 발명하려고 하는 것이다. 필자는 이를 엄격하게 경계했다. 필자는 이 책을 쓰면서 발견자의 입장에 충실하고자 노력했다. 새로운 사회는 특정인의 머릿속에서 고안되는 것이 아니라 인류 전체의 경험과 지혜, 노력을 바탕으로 만들어지는 것이라고 여겼기 때문이다. 그에 따라 전반적인 상황의 전개를 예의주시하고 면밀하게 관찰함으로써 변화를 관통하고 있는 개념, 법칙, 구조 등을 찾아내고자 했다. 이 책을 채우고 있는 내용의 대부분은 그러한 발견을 바탕으로 해서 쓴 것이다.

2

이 책은 미래와 관련된 내용을 다루고 있다. 그것도 지금까지와는 완전히 다른 시대, 다른 사회에 관한 이야기를 한다. 그러다 보니 기존의 패러다임·범주·개념·법칙·용어로는 설명이 불가능한 내용이 많을 수밖에 없다. 어쩔 수 없이 새로운 패러다임·범주·개념·법칙·용어들을 사용했다. 물론 이러한 것들은 객관적 현실의 변화를 면밀하게 관찰한 결과를 바탕으로 많은 고민을 거쳐 채택한 것이다. 그럼에도 독자 입장에서 낯설게 여길 대목도 적지 않을 것으로 보인다. 이는 다가올 미래가 그만큼 생소하기 때문인 것으로 이해하고 받아들여주기를 바란다.

새롭게 사용한 개념 중에서 아무래도 가장 중요한 것은 부제에 드러나 있는 '상생의 인본주의'일 것이다. 여기에 대해서는 몇 가지 부연설명을 해두는 것이 좋을 듯싶다.

'상생의 인본주의'는 자본주의 이후 새로운 사회를 지칭하는 용어로서 이 책에서 처음 사용했다. 물론 '상생'과 '인본주의'라는 용어 자체는 오래전부터 쓰여온 것이다. 도리어 그렇기 때문에 혼란스럽게 다가올 수도 있다. 이 용어들이 기왕에 담고 있는 의미와 이미지가 있기 때문이다.

먼저 상생에 대해 이야기해보자. 전통적인 좌파의 시각을 갖고 있는 사람들에게 상생은 그다지 달갑지 않은 용어로 다가온다. 지배자들이 모순을 은폐하고 저항을 무마하기 위한 용도로 종종 사용해왔기 때문이다. 비슷한 맥락에서 지배 세력에 대한 비타협적 투쟁을 흐린다는 이유로 상생이란 말에 거부감을 갖기도 했다. 그럼에도 이 책에서 상생의 가치를 앞세우는 이유는 무엇인가.

문제의 출발점은 자본주의를 관통하고 있는 핵심 기조가 승자독식이라는 사실이다. 다시 말해 자본주의 체제가 야기한 문제로서 집중적으로 비판하고 극복해야 할 지점이 바로 승자독식인 것이다. 여기서 가장 중요한 과제는 절대다수가 공감할 수 있는 승자독식의 대항 가치를 창출하는 것이다.

전통적인 좌파는 승자독식에 대해 "너희가 독식했던 것을 우리가 독식한다"는 식으로 대응했다. 그럼으로써 다수의 피지배자를 배제했던 것을 소수의 지배자를 배제하는 것으로 전환시키고자 했다. '프롤레타리아 독재론'은 그러한 입장을 집약한 것이다. 하지만 이같은 대응 전략은 더 이상 통하기 어렵다. 무엇보다도 주식시장 활성화와 펀드 확산 등을 통해 자본 소유가 대중화되었다. 연기금이 최대 규모의 자본으로 등장하면서 궁극적으로는 모든 사람이 자본 소유자로 등극하고 있다. 이 같은 조건에서 승자독식의 대항 가치로 지지를 받을 수 있는 것은 상생뿐이다.

결론적으로 이 책은 승자독식의 대항 가치로서 상생을 이야기한다. 상생은 자본주의 체제의 핵심 기조를 타격하는 지극히 공세적인 가치다. 이조차도 사람들이 선택하기 이전에 새로운 주도적 생산요소의 속성이 발현된 객관적 결과다. 승자독식인가 상생인가는 객관적 현실을 관통하고 있는 구도인 것이다. 상생의 인본주의에서 상생은 그런 의미를 담고 있다.

그렇다면 인본주의는 어떻게 이해해야 하는가? 인본주의는 인간을 세계의 중심에 놓고 사고하는 사상 흐름을 통칭하는 것으로서 인간주의 혹은 인문주의라고도 한다. 유럽에서 근대의 시작은 인본주의 흐름의 부활과 궤를 같이한다. 르네상스와 계몽주의 사상 모두가 인본주의에 뿌리를 두고 있기 때문이다. 동아시아에서의 인본주의는 훨씬 오랜 전통을 갖고 있다. 단적으로 동아시아에서 가장 강력한 영향력을 행사했던 유교는 처음부터 끝까지 신이나 다른 사물이 아닌 인간을 탐구의 중심에 놓았다.

그러나 동서양을 막론하고 자본주의의 발전과 함께 물신숭배, 배금주의가 만연하면서 인본주의의 흐름은 크게 유실되고 말았다. 사람이 있어야 할 자리를 자본(돈)이 차지한 결과였다. 이처럼 자본이 차지하고 있던 자리를 사람이 되차지해야 한다고 보는 것이 바로 이 책에서 이야기하고자 하는 상생의 인본주의라고 할 수 있다. 그런 점에서 상생의 인본주의 사회로의 이행은 변증법의 제3법칙인 '부정의 부정의 법칙'이 관철된 결과라고 할 수 있다. 자본주의가 부정한 것을 자본주의를 부정함으로써 더 높은 수준에서 회복하고자 하는 것이 상생의 인본주의이기 때문이다. 이는 상생의 인본주의 사회로의 이행이 지극히 합법칙적인 역사발전의 결과임을 말해준다.

모든 개념은 시대 상황에 맞게 끊임없이 변화하고 발전한다. 근대 이후에 등장한 사회주의도 마르크스 등장 이전과 이후는 내용이 판이하게 다르다. 인본주의 역시 마찬가지일 수밖에 없다.

이 책에서 채택한 상생의 인본주의는 사람을 모든 것의 근본으로 삼는다는 점에서 오랜 역사를 이어온 인본주의 전통을 잇고 있다. 그러면서도 한층 심화되고 발전된 내용을 담고 있다. 특히 주도적 생산요소가 사람 속에 깃들어 있는 시대적 환경에서 사람 자체가 권력의 원천이 되어야 한다는 의미의 경제적 내용이 많이 더해졌다. 사상과 문화 등 다분히 경제 외적 영역에 머물러 있던 인본주의가 경제 한복판에서 새롭게 움트면서 가장 중요한 원리로 작동하기 시작한 것이다. 바로 그러한 이유로 인본주의는 한 사회를 움직이는 지배적인 원리가 될 수 있다. 그런 만큼 인본주의는 사상·문화의 영역은 말할 것도 없고 정치 등으로 계속 그 지평을 확장해나갈 것이다.

3

이 책은 주로 사회경제 영역에 초점을 맞추어 기술되어 있다. 특히 기업 경영에 관계된 내용이 많다. 이행의 단초를 보여주는 사례들도 주로 기업 경영과 관련되어 있다. 반면 사상과 문화, 정치 동향에 대해서는 극히 제한적인 범위에서 다루고 있다. 이러한 내용 구성은 다분히 객관적 현실을 반영한 것이다.

현재 새로운 사회를 향한 이행의 징표들이 집중적으로 나타나고 있는 영역은 사회경제, 그중에서도 기업 경영이다. 자본주의 체제를 재생산했던 심장부에서 탈자본주의적 요소가 광범위하게 생성되고 있는 것이다. 반면 자본주의 체제에 대해 긴장 관계를 유지해야 할 사상과 문화, 정치는 대체로 구시대의 틀 안에서 크게 벗어나지 못하고 있다. 여기서 우리는 이 시대의 가장 기묘한 역설을 발견할 수 있다.

먼저 사상 동향을 살펴보자. 근대 이후의 역사는 계몽주의, 민주주의, 사회주의, 민족주의, 생태주의 등 새로운 사상 조류가 등장하여 빠르게 확산되는 과정의 연속이었다. 새로운 사상이 확산됨에 따라 새로운 운동이 일어나면서 현실 세계를 변화시켜왔던 것이다. 그런데 근대 이후 지금처럼 사상이 목소리를 죽인 적은 일찍이 없었다.

사회를 변화시킬 새로운 사상이라고 할 만한 것이 딱히 없는 것이다. 간신히 명맥을 잇고 있는 사상도 낡은 관념으로 전락한 경우가 많다. 결국 사상은 좁은 벽 속에 갇혀 있고 관성만이 거리를 활보하고 있다 해도 크게 틀리지 않은 상황이 되고 말았다. 그러다 보니 기존의 틀 안에 갇힌 채 철 지난 옷을 꺼입고 날씨를 탓하며, 자기들끼리만 통하는 이야기를 나누는 사람들이 나날이 늘어가고 있다. 그러한 사람들은 대체로 자신이 보고 싶은 장면만을 보면서 새로운 주장이 나타나면 근엄한 검열관을 자처한다.

문화는 어떠한가. 현재 문화 영역은 문화 콘텐츠 산업의 발전과 함께 그 나름대로 활기를 띠고 있다. 하지만 새로운 삶의 가치와 양식을 창조하는 것으로서 문화 본연의 임무에 비추어볼 때 반드시 긍정적으로 평가할 수만은 없는 형편이다. 문화 역시 낡은 자본주의 사회의 틀 안에서 크게 벗어나지 못하고 있는 것이다. 문화 콘텐츠 생산을 주도하는 것은 문학이다. 그중에서도 선두에 서야 하는 것은 시(詩)라고 할 수 있다. 역사의 변곡점을 통과할 때 가장 선도적인 역할을 하는 것은 상상력인데 새로운 세계에 대한 상상력을 자극하고 활성화시키는 대표적 장르가 시이기 때문이다. 시적 상상력이라는 표현이 이를 잘 뒷받침해준다. 그런데 지금 시대정신을 대표할 만한 시인이 있는지, 또 과연 현실 세계를 초극하는 시가 얼마나 생산되고 있는지 의문이다.

그러면 정치 상황은 어떤지 살펴보자. 국가가 절대 우위를 차지했던 시대는 이미 오래전에 끝났다. 그에 따라 정치가 모든 것을 규정하던 시대 또한 함께 물러갔다. 당연히 국가의 위상 변화에 맞는 새로운 개념의 정치가 창출되어야 한다. 하지만 정치는 좌우를 막론하고 그 어떤 분야보다도 과거의 유산에 의존하는 정도가 강하다. 지나온 역사가 남긴 이념, 계급과 계층, 지역 대결 구도 속에 그대로 갇혀 있는 것이다. 대부분의 정치인들이 낡은 대결 구도 속에서만 자신의 입지를 마련할 수 있다고 생각하는 것이 가장 큰 요인이다. 정치가 대중에게 희망을 안겨주지도 못하고 시대의 흐름을 선도하는 기능을 상실한 원인도 근본적으로는 여기에 있다.

이렇듯 사회경제 영역에서는 새로운 사회로의 이행을 재촉하는 징표가 광범위하게 나타나고 있는 것과 달리 사상과 문화, 정치는 여전히 구시대의 틀에서 벗어나지 못하고 있다. 마르크스주의 관점에서 보자면 토대의 변화와 정치적·이데올로기적 상부구조 사이에 심각한 괴리가 발생하고 있는 것이다.

하지만 사상과 문화, 정치가 함께 변화하지 않는 한 새로운 사회로의 이행은 제대로 이루어질 수 없다. 새로운 지향을 담은 사상과 문화가 꽃피워야 사람들이 자발적으로 새로운 사회를 만들겠다는 열정을 발휘한다. 이는 새로운 사회로의 이행에서 가장 중요한 조건이다. 또한 새로운 사회를 지향하는 정치가 활성화되어야 이행을 가로막는 장애물을 제거하면서 필요한 제도적 조건을 확보할 수 있다. 상황에 따라서는 결정적 돌파구를 여는 역할을 할 수도 있다. 그런 점에서 정치는 여전히 중요하다.

이러한 맥락에서 이 책은 자연스럽게 상생의 인본주의 사회를 지향하는 사상과 문화, 정치의 창출이라는 커다란 과제를 제기하고 있다. 이러한 과제를 풀 단초는 사회경제 영역에서 일어나고 있는 이행의 징표를 분석함으로써 풍부하게 확보될 수 있다. 그러한 분석 결과를 바탕으로 새로운 시대에 부합하는 사상과 문화, 정치가 무엇인지를 유추할 수 있는 것이다. 이 책이 사회경제 영역에서의 변화를 분석하는 데 집중하는 좀더 분명한 이유 또한 바로 이것이다.

4

마지막으로 몇 가지 덧붙이고자 한다. 먼저 지면의 대부분을 이행의
결과보다는 과정을 분석하는 데 할애했는데, 여기에는 특별한 이유
가 있다. 새로운 사회는 이행과정 속에서 잉태된다. 어떤 이행과정을
거쳤는가에 따라 새로운 사회의 모습이 크게 좌우된다. 따라서 오직
이행과정에 대한 치밀한 분석을 통해서만이 새로운 사회를 그려낼
수 있다. 만약 그러한 과정 없이 새로운 사회를 이야기한다면 그것은
과학과 무관한 개인의 주관적 희망에 불과할 뿐이다.

새로운 사회로의 이행의 단초를 보여주기 위해 글로벌 기업의 사
례를 많이 들었다. 글로벌 시대에 한 기업의 행보는 국경을 넘어 영
향을 미친다는 점을 고려함과 동시에 기업들이 궁극적으로 뛰어넘어
야 할 지점이 어디인지를 알려주기 위한 목적에서였다. 사례가 미국
에 본사를 두고 있는 글로벌 기업 쪽에 치우친 것은 분명 아쉬움이
남는 부분이다. 그러나 어느 정도는 불가피한 선택이기도 했다. 미국
은 자본주의의 본고장인 만큼 미국 기업의 사례는 자본주의가 퇴장
하고 새로운 사회가 태동하고 있음을 입증하는 데 가장 명료한 효과
가 있기 때문이다.

이 책은 절망과 희망을 함께 이야기할 것이다. 2008년 미국 금융
자본주의의 몰락은 위기의 시작일 뿐이다. 자산 가치 파괴를 수반하
는 갖가지 형태의 경제위기가 반복적으로 일어날 것이기 때문이다.
불안과 동요를 일으키는 짙은 먹구름이 우리 앞에 드리워져 있는 것
이다. 하지만 이러한 위기는 낡은 질서가 무너지고 새로운 질서가 태
동하는 징표이기도 하다. 이 같은 상황에서 기존의 것에 집착하면 할
수록 불안과 고통만 커질 뿐이다. 반면 관심을 새로운 질서를 창조하
는 데로 돌리면 더할 나위 없는 희망과 열정을 느낄 수 있는 시대다.

한마디로 우리는 지금 대격변기를 살고 있는 것이다.

이 책은 위기의 예방과 수습에 초점을 맞추지 않는다. 또한 이 책은 현실 세계에 드리워져 있는 모순을 폭로하고 부조리를 고발하기도 하지만 이를 주된 임무로 삼지 않는다. 이 책은 반복되는 경제위기 속에서 태동하는 새로운 질서를 탐색하는 데 더 많은 지면을 할애하고 있다. 그러다 보니 긍정적 요소를 포착하고 그 의미를 부각시키는 데 중점을 둘 수밖에 없다. 그로 인해 현실을 너무 긍정적으로 묘사한 것 아닌가 하는 느낌을 줄 수도 있다. 하지만 이 책은 현존하는 자본주의 질서를 뛰어넘는 새로운 사회의 탐색을 분명한 목표로 하고 있는 만큼 현실과의 타협이나 굴복은 원천적으로 있을 수 없다. 이 점 오해 없으시기를 바란다.

언제나 그렇듯이 희망의 노래는 절망의 끝자락에서 울려 퍼지기 마련이다. 중요한 것은 낡은 것에 대한 집착에서 완전히 벗어난 자유인만이 기꺼이 희망을 노래할 수 있다는 사실이다. 법정 스님이 남긴 가르침 하나를 나누고자 한다.

"크게 버려야 크게 얻는다!"

1부 | 역사의 변곡점에서

곡선의 구부러진 모양이 바뀌는 곳을 변곡점이라고 한다. 역사에도 그런 순간이 있다. 변곡점을 통과하면서 역사의 진행 방향은 급격히 바뀐다. 어제까지 참이었던 것이 오늘은 거짓인 상황이 빈번하게 발생한다.

현재 좌우를 막론하고 여전히 많은 사람들은 자본주의 사회가 지속되고 있다는 인식 아래 제반 문제를 대하고 있다. 많은 사람들이 의미심장한 변화가 일어나고 있음을 인정하고 있지만 대체로는 자본주의가 새로운 단계로 진화하고 있다는 입장을 취하고 있다. 하지만 거시적 관점에서 보면 변화의 방향이 한층 크게 바뀌고 있음이 드러난다. 말 그대로 우리는 역사의 변곡점을 통과하고 있는 것이다.

역사적 전환의 첫 번째 지점은 산업사회에서 지식사회로 바뀌고 있다는 사실이다. 그에 따라 산업사회를 지탱했던 자본과 노동은 더 이상 주도적 생산요소가 될 수 없게 되었다. 자본이 지배적인 위치를 유지하기 힘들어지면서 탈자본주의 사회로의 이행을 예고하는 것이다. 이런 점에서 보자면 금융자본의 이익 극대화를 추구했던 신자유주의는 자본의 지배적 위치를 회복하기 위한 마지막 역습에 해당하는 것이었다. 하지만 그러한 역습은 2008년 미국 금융자본주의 몰락과 함께 참담한 실패로 끝나고 말았다. 미국 금융자본주의 몰락과 함께 미국 중심의 일극 체제가 붕괴하자 글로벌 경제는 전쟁 상태에 돌입했다. 이러한 글로벌 경제 전쟁은 기업들에 경영혁명을 강하게 압박하는 동시에 자본주의를 전혀 예기치 않은 상황으로 이끌어갈 가능성이 크다.

권력 이동을 중심으로 보면 역사적 전환의 포인트가 한층 명료해진다. 지식사회의 도래와 함께 권력이 자본 소유자에게서 지식 소유자에게로 이동하기 시작했다. 신자유주의는 그러한 권력 이동을 역전시켜 권력을 다시금 자본 소유자에게 집중시키고자 한 시도였다. 글로벌 경제 전쟁이 촉진하게 될 경영혁명의 요체는 논의가 진행되면서 분명하게 밝혀지겠지만 권력을 지식 소유자들에게 골고루 분배하는 데 있다. 권력의 이동과정에서 자본과 지식의 우위 관계가 요동치고 있는 것이다.

1장

산업사회에서
지식사회로의 전환

• 제2차 세계대전 이후 수십 년간 지속된 냉전 시대는 자본주의 진영을 대표했던 미국과 사회주의 진영을 대표했던 소련이 초강대국의 위치에서 세계를 호령하던 시기였다. 그러던 중 냉전의 한 축을 형성했던 소련이 1991년 맥없이 붕괴하면서 역사의 무대에서 사라져버렸다. 그러자 곳곳에서 자본주의의 승리를 확신하며 "자본주의여, 영원하라!"는 외침이 울려 퍼졌다.

그런데 불과 1년 뒤인 1992년 현대 경영학의 최고 권위자로 알려진 피터 드러커가 『자본주의 이후의 사회』라는 책을 출간했다. 책의 요지는 자본주의는 수명이 다했다는 것이다. 물론 피터 드러커가 자본주의 이후의 사회가 정확히 어떤 것인지 이야기한 것은 아니다. 단지 자본주의가 아닌 사회로의 이행이 불가피하며 그것은 마르크스주의적인 사회주의는 아님을 말했을 뿐이다. 드러커가 이론적 근거로 삼았던 '지식사회론'조차도 거대한 변화의 일부만을 보여주는 것이었다. 변화의 전체적 모습을 이해하고 이를 통해 자본주의 이후의 사회가 구체적으로 무엇인지를 파악하는 것은 이 책이 풀어야 할 숙제다. 따라서 앞으로 사용하게 될 지식사회 관련 개념들은 새로운 개념들을 도입하기에 앞서 등장하는 잠정적 표현임을 미리 밝혀둔다.

그럼에도 산업사회에서 지식사회로의 전환은 새로운 사회로의 이행 가능성을 보여주는 가장 뚜렷한 단초가 되고 있다. 이 책이 지식사회로의 전환으로부터 이야기를 시작하는 이유도 여기에 있다. 이런 점을 염두에 두면서 피터 드러커의 주장 일부를 포함하여 최근 몇십 년에 걸쳐 일어난 지식사회로의 전환을 거시적 관점에서 접근해보도록 하자. •

1. 시간의 감옥을 경계하라

신영복 선생의 『나무야 나무야』에는 이런 이야기가 나온다. 일상생활에서 흔히 접할 수 있는 장면인데 곱씹어보면 꽤 깊은 의미를 발견할 수 있다.

내가 처음 그 여자를 발견한 것은 그녀의 새치기 때문이었습니다.
뒤늦게 와서 내 앞을 뚫고 먼저 버스에 올랐기 때문입니다. 버스 속에서 그 여자를 다시 주목한 것은 그녀의 옷차림 때문이었습니다. 입석 버스에서 제일 화려한 색깔의 옷을 입고 있었습니다.
계속해서 그녀의 거동을 관찰하게 된 까닭은 그녀의 집요한 좌석사냥 때문이었습니다. 너댓 명이 이미 손잡이에 매달려 있는 버스에는 구태여 휘둘러보지 않아도 비어 있는 자리가 남아 있지 않음을 알 수 있습니다. 그럼에도 불구하고 그녀는 집요하게도 앉을 자리를 찾았습니다. 한번에 그치지 않고 두번 세번 둘러보았습니다.
혹시라도 자리를 양보해줄 만한 사람을 찾아서 다가가기도 하고 주로 젊은이들이 앉는 버스 뒤편까지 진출하였지만 아무도 양보하는 사람이 없었습니다.
40대 초반의 나이로는 경로의 대우를 받기에 부족하였고 그녀의 동작이나 기색으로 봐서도 자리가 필요한 환자 같지는 않았습니다.

그녀가 승차하고 난 뒤 다음 다음 정거장쯤이던가 그녀가 서 있던 곳에서 상당히 먼 앞쪽에 자리가 났습니다. 매우 빠른 동작이었지만 실패하였습니다.
다시 다섯 개의 정류장을 지나고 나서 드디어 자리를 잡았습니다.

내게는 물론 그녀의 성공을 축하할 마음이 없었지만 그제서야 마음이 놓였습니다. 핸드백을 무릎 위에 올려놓은 다음 이제 여유 있게 차창 밖을 내다보는 그녀의 얼굴은 행복했습니다.

그러나 그런 행복한 표정도 잠시뿐 마치 바늘을 깔고 앉은 듯 질겁하는 얼굴로 변했습니다. 그리고 부랴부랴 자리에서 일어섰습니다. 내릴 채비였습니다.

그녀가 내려야 할 정류장을 그만 지나치고 말았다는 사실을 단번에 알아차린 사람은 아마 그 버스 속에서는 나 한 사람뿐이었을 것입니다. 나는 본의(?) 아니게도 그녀를 승차 때부터 계속 지켜보고 있었기 때문입니다. 나는 본의 아니게도 그녀가 두고 떠난 좌석에 앉았습니다. 상당히 미안하였습니다. 창밖을 내다보았습니다.

8차선 횡단보도를 건너고 있는 그녀의 모습이 눈에 들어왔습니다. 그녀는 굽 높은 구두로 종종걸음을 치고 있었습니다. 너무나 짧았던 그녀의 행복을 생각했습니다. 너무나 빨리 뒤바뀐 그녀의 성공과 실패를 생각했습니다.*

위의 이야기는 여러 가지 의미로 해석할 수 있다. 눈앞의 이익에만 집착하다가 정작 자신이 추구하는 목표가 무엇인지조차 망각하는 현대인의 모습을 떠올릴 수도 있다. 비슷한 맥락에서 버스 안의 좌석 동향에 시야가 갇혀 버스 자체의 이동에 눈을 돌리지 못한 모습에서 시대 상황의 변화를 읽지 못하는 근시안적 안목을 집어낼 수도 있을 것이다. 우리는 여기저기서 그와 유사한 모습들을 자주 발견할 수 있다.

* 신영복, 『나무야 나무야』, 돌베개, 1996, 118~119쪽.

정치인들 중에는 당내 역학 관계에만 주목하면서 정작 당을 둘러싼 상황 변화에 눈을 돌리지 못하는 경우가 종종 있다. 거꾸로 주변 상황 변화에 민감하게 반응함으로써 조직력에서의 불리함을 극복하고 승리를 거두기도 한다. 민주당의 2002년 대선 후보 선출과정은 이 모든 것을 여실히 보여준다.

당시 민주당 내부 역학 구도에서 가장 유리한 위치에 있었던 후보는 이인제였다. 이인제는 그 어떤 경선 후보보다도 조직 장악력에서 앞서 있었던 것이다. 그런데 당시 민주당의 상황은 누가 보더라도 당내 경선방식에 의존해서는 후보의 본선 경쟁력을 보장하기 어려웠다. 결국 민주당은 상황을 돌파하기 위해 당원이 아닌 사람들까지도 경선 투표에 참여할 수 있는 개방형 국민경선제를 도입했다. 그러자 '노무현을 사랑하는 사람들의 모임'(노사모)을 중심으로 노무현 후보를 지지하던 당 밖의 세력이 대거 개방형 국민경선제에 참여했다. 그 결과 당내 조직력에서는 열세를 면치 못했던 노무현 후보가 당 밖의 지지자들 덕분에 대선 후보로 선출될 수 있었다. 그리고 모두의 예상을 깨고 본선에서 승리하여 대통령이 되었다.

지난날 한국의 정치를 지배한 것은 구태의연한 지역 구도와 당내 계파 조직이었다. 유권자들 역시 그 영향에서 벗어나지 못하는 종속 변수에 불과했다. 이인제는 바로 그 연장선에서 가장 유리한 위치를 확보하고 있었던 것이다. 그러나 어느 순간부터인가 유권자들은 독립변수가 되어 낡은 구도를 뛰어넘는 정치 개혁을 추구하기 시작했다. 노무현은 그 같은 새로운 흐름을 대변하고 있었다. 민주당의 대선 후보 선출과정은 이처럼 낡은 요소와 새로운 요소가 엇갈리며 충돌하는 가운데 이루어졌다. 그리고 결과는 과거의 연장선에서 협소한 당내 역학 구도에 갇혀 있던 이인제의 패배로 나타났다.

시장에서도 비슷한 일이 자주 벌어진다. 지난날의 성공에 안주하여 환경 변화를 감지하지 못한 결과 커다란 실패를 겪는 경우가 자주 발생하는 것이다. 그 고전적 사례로 소니의 MD(Mini Disk) 실패를 들 수 있다.

소니는 1950년대부터 1980년대에 이르기까지 승승장구를 거듭했다. 소니는 1950년대에 자신들이 최초로 개발한 트랜지스터 소형 라디오로 미국 시장에 진출했다. 그때만 해도 소니는 세계 전자업계에서 전혀 주목받지 못한 미미한 존재에 불과했다. 그러나 소니는 불과 5년 만에 미국의 트랜지스터라디오 시장을 평정했다. 1960년대에 이르러 소니는 독자 개발한 브라운관을 내세워 컬러텔레비전 시장까지 석권했다. 1980년대에 와서는 이동하면서 들을 수 있는 휴대용 음향기기 워크맨을 출시해 새로운 신화를 창조했다. 1983년에 필립스와 공동으로 개발한 CD(Compact Disc)는 기존의 LP(Long Playing Microgrove Record)를 시장에서 퇴출시키며 음향 매체의 새로운 표준으로 떠올랐다. 그리하여 소니는 일본을 대표하는 자존심으로서 혁신의 대명사가 되었고 음향과 영상 분야의 절대 지존으로 자리잡을 수 있었다.

자신감을 가진 소니는 1991년 CD마저 대체할 MD를 출시함으로써 차세대 미디어 시장을 선점하기 위한 발걸음을 서둘렀다. MD는 여러 가지 점에서 CD를 압도하는 장점이 있었다. 먼저 MD는 크기가 CD의 절반도 안 되었다. 이는 MD를 장착한 휴대용 음향기기를 더욱 소형화할 수 있음을 의미하는 것이었다. 게다가 MD는 CD에 없는 녹음 기능까지 있었다. 사용자가 원하는 음악을 녹음한 뒤 이동하며 들을 수 있었던 것이다. 제작비도 CD에 비해 훨씬 저렴했다. 여기에다 세계 5대 음반사를 자회사로 거느리고 있는 소니는 MD플레이어를 출시함과 동시에 MD음반을 발매할 수 있는 조건을 함께 갖추고 있었다. 어느 모로 보나 MD는 대박 성공을 터뜨릴 수 있는 가능성이 매우 컸던 것이다. 막강한 소니의 브랜드 파워와 마케팅 능력을 감안하면 더욱 그러했다. 하지만 결과는 전혀 다르게 나타났다. MD플레이어는 출시 후 10년 동안 1,400만 대 정도 팔리는 데 그쳤다. 그마저도 800만 대는 안방인 일본 시장에서 팔렸다. 도대체 왜 이런 현상이 나타난 것일까?

결정적으로 중요한 것은 음악 시장이 급속하게 아날로그에서 디지털로 변화했다는 사실이다. 1990년대 중반을 넘어서면서 PC가 일반화되고 초고속 인터넷이 등장하면서 음악을 듣는 형태가 혁명적으로 바뀌었다. LP나 CD, 카세트테이프 등 아날로그 매체를 재생해 듣던 것에서 MP3 포맷 음악 파일을 재생해 듣는 것으로 시대 흐름이 바뀐 것이다. 이 같은 현상은 곧바로 휴대용 MP3플레이어가 출시됨으로써 더욱 빠르게 확산되었다.

소니의 MD는 아날로그 관점에서 보면 분명 최고의 기술력을 보여준 것이었다. 그러나 결정적으로 디지털 시대에 필요한 네트워크 기능이 없었다. 이는 곧 MD가 시대에 뒤떨어진 고물딱지에 불과했음을 말해준다. 변화된 상황에서 MD의 실패는 필연적인 것이었다.

이러한 가운데 소니를 대신해 휴대용 음향기기 시장을 석권한 것은 애플이었다. 애플은 2001년 MP3플레이어 아이팟을 출시했다. 아이팟은 컴퓨터 제조 전문업체인 애플로서는 의외의 도전이었음에도 큰 성공을 거두었다. 산뜻한 디자인이 소비자의 마음을 사로잡은 탓도 있었지만 더 큰 성공 요인은 다른 곳에 있었다.

애플이 아이팟을 출시할 당시는 MP3 파일 불법 다운로드가 성행하면서 음반사들이 수익 급감으로 골머리를 앓고 있었다. 그에 따라 저작권 문제를 둘러싸고 법정 공방이 치열하게 전개되었다. 이러한 상황에서 애플은 2004년 4월 온라인 음원 판매망인 '아이튠즈 뮤직스토어'를 세상에 선보였다. 애플은 수입의 70퍼센트를 음반사에 제공하기로 약속했고, 이러한 조건에서 사용자들이 한 곡당 99센트를 지불하면 아이팟을 이용해 무한정 재생할 수 있도록 했다. 음반사, 사용자, 애플의 상생이 가능한 범위에서 합법적인 음원 다운로드가 가능하도록 한 것이다.

사용자들의 반응은 폭발적이었다. 아이튠즈 뮤직스토어가 서비스를 시작한 지 15개월 만에 1억 곡이, 2010년 2월까지는 100억 곡이 다운로드되었던 것이다. 이렇게 아이튠즈가 뜨자 덩달아 아이팟의 판매가 급증하는 선순환구조가 형성되었다. 아이팟은 2010년 3월 누적 판매량이 2억 5,000만 대에 이르렀다. 그사이 소니의 MD는 소리 소문 없이 시장에서 완전히 퇴출당하는 비운을 겪었다.

진행 방향이 급격히 바뀌는 역사의 변곡점에서 이러한 현상은 다반사로 일어난다. 과거의 성공이 미래의 성공을 보장할 수 없는 것이다. 그런데 지금 우리는 변화의 폭이 크고 속도가 빠른 역사의 변곡점을 통과하고 있다. 이는 곧 변화의 흐름을 타지 못하면 곧바로 시간의 감옥 속에 갇히면서 실패의 나락으로 떨어질 가능성이 크다는 것을 의미한다. 그 어느 때보다 시간의 감옥에 갇히는 것을 경계해야 할 시기인 것이다.

2. 지식사회의 도래

현재 사람들의 사고를 지배하고 있는 관념의 상당 부분은 산업사회에서 형성된 것들이다. 산업사회는 기본적으로 자본과 노동이 생산요소의 두 축을 형성했던 사회다. 그런 점에서 보자면 자본주의와 사회주의는 극단적인 대립에도 불구하고 공통적으로 산업사회를 기반으로 성립된 사회 체제였음을 알 수 있다. 다만 자본과 노동 어느 쪽을 중심에 두느냐의 차이가 있었을 뿐이다.

그런데 대부분의 선진국들은 이러한 산업사회에서 벗어나 지식이 가장 중요한 생산요소인 지식사회를 향해 빠른 속도로 진입하고 있다. 그에 따라 산업사회에 기반을 두었던 관념들은 낡은 것으로 전락할 수밖에 없는 상황이 되었다.

지식사회에서는 육체노동이 지배했던 산업사회와 달리 지식작업*이 주도적 역할을 하면서, 전문적인 서비스업을 포함한 지식기반 산업이 급속히 확대되는 경향을 보인다. 개별 기업 차원에서도 생산라인보다는 연구개발과 디자인, 마케팅 등 지식을 요구하는 분야의 비중이 커지고 있다. 두산중공업을 예로 들면, 초기 지식작업을 수행하는 엔지니어의 숫자가 손가락에 꼽을 정도였으나 현재는 전체 기업 구성원의 60퍼센트를 넘어서고 있다. 그에 따라 산업사회의 주축이었던 제조업마저도 지식작업이 위주가 되는 지식기반 산업으로 변모하는 사례가 빠르게 늘고 있다.

지식기반 산업은 대부분의 선진국에서 다른 산업에 비해 훨씬 높은 성장률을 보이면서 점차 경제의 중심으로 자리를 잡아가고 있다. 한국의 경우 지식기반 산업은 1991~1999년 사이에 연평균 13.7퍼센트 성장했는데, 이는 같은 기간 다른 산업의 연평균 성장률 4.1퍼

---

* 이 책에서는 '작업'이라는 용어를 가치를 창출하는 행위를 총칭하는 것으로 사용할 것이다. 반면 노동이라는 용어는 노동력의 지출과정이라는 의미로만 제한적으로 쓸 것이다. 따라서 '작업'이라는 말에는 노동을 포함하여 지식 활동, 문화예술 창작 등 모든 과정이 포함된다.

센트에 비해 세 배 이상 높은 수치다. 그 결과 지식기반 산업이 GDP에서 차지하는 비중은 1991년 14.7퍼센트에서 1999년 20.5퍼센트로 상승했다.* 이러한 추세는 2000년대 이후 IT와 콘텐츠 관련 산업 등이 급성장하면서 더욱 가속화되었다. 지식기반 산업이 GDP에서 차지하는 비중은 캐나다, 스웨덴과 비슷한 수준이며 성장률에서는 OECD 국가 중 가장 높은 수준이라고 할 수 있다.

지식사회로의 전환은 일차적으로 지식 자체의 속성으로부터 비롯된 것이다. 지식은 생산성의 향상에서 결정적인 역할을 한다. 이는 인류 역사를 되돌아보면 쉽게 이해할 수 있다. 1만 년 전의 농업혁명은 오랜 기간 동식물의 번식에 대한 지식이 축적된 결과였다. 철기시대가 열릴 수 있었던 것은 수십만 년 동안 석기시대를 거치며 돌에 관한 지식이 풍부하게 축적된 덕분이었다. 산업혁명을 가능하게 했던 각종 동력기와 기계의 발명 또한 자연 현상에 대한 지식을 응용한 결과였다. 이러한 속성으로 인해 지식은 역사의 전진과 함께 그 역할이 비약적으로 강화되어왔다. 그러다가 마침내 지식이 많은 영역에서 주도적 역할을 하기 시작함에 따라 지식사회가 열린 것이다.

이 같은 지식사회로의 전환을 촉진했던 요소가 있었는데 그것은 다름 아닌 디지털 문명의 확산이었다. 무엇보다도 지식사회로의 전환과 디지털 문명의 확산이 시기적으로 일치한다는 사실이 둘 사이의 관련성을 입증해준다. 디지털 문명은 지식의 대중화에 결정적으로 기여했다. 디지털 문명 덕분에 누구든지 원하는 지식에 접근할 수 있었고 지식을 가공하고 유포시킬 수 있었다. 아울러 디지털 문명은 이전보다 더 쉽게 지식을 생산에 적용하고 지식을 중심으로 생산을

* 『주간 경제동향 Brief』 158호, 삼성경제연구소.

조직할 수 있도록 했다. 이러한 특성 때문에 디지털 문명은 지식사회의 도래를 촉진하는 기술적 기반이 될 수 있었다.

지식사회로의 전환을 가능하게 한 또 다른 요소로서 대학교육의 급속한 확대를 들 수 있다. 제2차 세계대전 이후 대학교육의 일반화는 농민 수의 감소와 함께 세계 여러 나라의 사회 변동 중 가장 주목할 만한 현상이었다. 그 결과 많은 나라들에서 새롭게 진입한 경제 활동 인구는 대학교육을 이수한 사람들로 채워졌고, 그 흐름은 갈수록 거세졌다. 한국의 경우는 2009년 현재 대학진학률이 84퍼센트로 세계 최고 수준에 이르고 있다. 이는 대학교육이 직업 선택을 위한 필수 요소가 되었음을 말해준다. 대학교육은 더 이상 특권층 양성을 위한 과정이 아닌 것이다.

대학교육이 비약적으로 확대되면서 전체 취업자 중에서 대졸 이상 학력 소지자의 비중이 빠르게 늘어났다. 그 결과 한국은 2011년에 이르러 대졸 이상 학력을 지닌 취업자가 고졸 취업자 수를 능가하기에 이르렀다. 이러한 고학력화가 똑같은 작업을 학력 수준이 더 높은 사람이 수행하는 '학력 인플레이션'을 수반한 것은 엄연한 사실이다. 하지만 이는 어디까지나 부수적 현상일 뿐이다. 대학교육의 확대는 분명하게도 지식작업 비중의 빠른 증가와 맞물려 진행되어왔기 때문이다. 이는 지식기반 산업의 급속한 확대에 따른 당연한 결과라고 할 수 있다.

지식사회로의 전환이 이루어지면서 지식작업을 담당하는 새로운 경제 활동 주체가 빠르게 확산되기 시작했다. 피터 드러커는 이들을 지식근로자(Knowledge worker)로 부르면서 『자본주의 이후의 사회』에서 다음과 같이 설명했다.

새로운 생산수단*은 지식이며 앞으로도 지식일 것이다. 부를 창조하는 중심적 활동은 생산적인 곳에 자본을 배분하는 것도 아니고 노동을 투입하는 것도 아니다. (……) 가치는 이제 '생산성'과 '혁신'에 의해 창조되는데 생산성 향상과 혁신은 지식을 작업에 적용한 결과다. 지식사회의 주도 집단은 '지식근로자'일 것이다. 마치 생산적인 곳에 자본을 배분할 줄 아는 자본가처럼 생산성 있는 곳에 지식을 배분할 줄 아는 지식경영자, 지식전문가, 지식피고용자들이 지식사회의 주역이 될 것이다.**

지식근로자의 비중이 크게 확대되면서 산업사회의 주축을 형성했던 육체노동자는 빠르게 감소하기 시작했다. 이미 대부분의 선진국에서 전체 경제 활동 인구 가운데 육체노동자가 차지하는 비중은 5분의 1이 채 안 된다. 육체노동자는 더 이상 경제 활동의 주축이 되지 못하고 있는 것이다.

육체노동자의 빠른 축소와 불가분의 관계에 있는 것은 제조업의 축소다. 결론부터 이야기하자면 제조업은 정확히 농업의 길을 따라가고 있다. 머지않아 제조업 역시 농업처럼 전체 경제에서 차지하는 비중이 10퍼센트 미만이 될 것이다. 산업화와 함께 가장 빠르게 성

---

* 생산수단은 가치 창출에 필수적인 작업수단과 작업대상을 아우르는 개념이다. 봉건사회에서 가장 중요한 생산수단은 토지였으며 자본주의 사회에서 가장 중요한 생산수단은 이윤 추구를 목적으로 생산에 투입하는 재화와 용역의 집합으로서 자본이었다. 자본주의 사회에서 노동력은 생산요소이기는 하지만 생산수단은 아니었다. 노동력 자체가 작업도구이거나 작업대상은 아니었기 때문이다. 반면 지식사회에서 지식은 생산요소이면서 동시에 생산수단이기도 하다. 지식을 도구와 대상으로 삼아 작업을 수행함으로써 가치를 지닌 새로운 지식을 창출하기 때문이다.
** 피터 드러커 지음, 이재규 옮김, 『자본주의 이후의 사회』, 한국경제신문사, 1993, 29쪽.

장했던 제조업이 이제는 정반대로 가장 빠르게 축소되는 산업으로 바뀌고 있는 것이다.

제조업의 축소는 지식사회로의 전환이 빚어내는 필연적인 결과다. 지식사회에서 소비자들이 원하는 것은 '더 많은 물건'이 아니라 '더욱 다양한 기능을 지닌 물건'이다. 대표적으로 스마트폰을 들 수 있다. 스마트폰은 손 안에 있는 작은 컴퓨터로서 통신 기능뿐만 아니라 수많은 정보처리 기능을 수행한다. 그에 따라 스마트폰의 제작보다 그 안에 장착할 각종 소프트웨어와 콘텐츠를 생산하는 것이 더욱 큰 비중을 차지하게 되었다. 이는 생산 활동의 중심이 제조업의 영역이었던 하드웨어에서 비제조업의 영역인 소프트웨어로 이동함을 의미한다.

또한 지식을 적용하는 정도가 커질수록 노동력을 투입하는 제조 공정의 비중은 더욱 작아진다. 컴퓨터에 의해 제어되는 자동화기기가 종전의 노동을 대체할 것이기 때문이다. 극단적으로 로봇이 생산을 전담하는 무인공장의 등장까지 점쳐지고 있는 상황이다. 이로부터 발생하는 심각한 결과는 제조업은 생산량이 늘더라도 일자리가 늘지 않는 '고용 없는 성장'으로 이어질 가능성이 매우 크다는 것이다. 이미 한국을 포함하여 OECD 국가들 대부분이 이러한 상황에 직면해 있다. 제조업이 한 나라의 경제를 떠받칠 수 있는 능력이 크게 약화되고 있는 것이다. 어느 모로 보나 제조업 중심에서 탈피하지 않으면 미래를 보장받기 어려운 상황이 되었다.

물론 농업이 그러하듯이 제조업은 그 비중에 관계없이 여전히 중요한 위치를 차지하게 될 것이다. 아무리 지식의 역할이 강화된다고 해도 물질적 재화의 생산 없이 세상은 유지될 수 없기 때문이다. 그러나 농업의 쇠퇴(더 이상 주도적이지 않다는 의미에서)와 함께 전근대 사회가 막을 내렸듯이 제조업의 쇠퇴는 그를 중심으로 형성되었던 근대 산업사회의 몰락을 알리는 것임에 분명하다.

3. 지식으로의 권력 이동

권력은 다른 사람이 자신의 의지에 복종하도록 강제하는 힘이다. 복종하지 않으면 불이익을 안겨줄 수 있는 힘이 바로 권력인 것이다.

사람들은 이러한 권력을 통해 자신이 원하는 것을 쉽게 손에 넣어왔다. 아울러 권력을 쥔 사람은 다른 사람들이 자신 앞에서 허리를 숙이고 고분고분하는 것 자체를 즐겨왔다. 그렇기 때문에 권력은 한편으로는 질서를 유지하고 일을 효율적으로 추진하도록 뒷받침하는 기능을 해왔지만 동시에 사람들을 끊임없이 타락시켜오기도 했다. 권력을 쥔 사람은 쉽게 오만해졌고 폭력적으로 되었으며, 권력 앞에 복종해야 하는 사람은 종종 비굴한 모습을 보이면서 주눅 든 삶을 살아야 했던 것이다.

그렇다면 권력은 어디로부터 나오는가. 인류 역사 이래 대표적인 권력의 원천으로 세 가지가 존재해왔다. 칼과 총으로 상징되는 폭력과 돈으로 표현되는 부, 그리고 지식이 바로 그것이다. 그런데 권력의 세 가지 원천은 품질에서 상이한 모습을 보여주었다.

폭력은 항상 파괴적인 결과를 초래할 가능성을 품고 있다. 사람은 그러한 폭력이 자신에게 가해질 때의 결과가 두려워 쉽게 굴복한다. 법에 의해 뒷받침되는 합법적 권력 또한 폭력 행사의 가능성을 밑바탕에 깔고 있다. 우리가 법을 지키는 것은 이를 어겼을 때 체포되어 감옥살이를 하거나 경찰이나 군대에 의해 진압될 가능성이 크기 때문인 것이다. 그런 이유로 모든 나라의 정부는 권력을 뒷받침하기 위해 군대와 경찰 등 강력한 '폭력 수단'을 유지해왔다.

부는 협박과 처벌에 의존하는 폭력과 달리 경제적 보상과 압박을 통해 권력을 행사한다. 부를 쥐고 있는 사람의 요구에 순응하면 그에 상응하는 보상을 받을 수 있다. 반면 거역하면 밥줄이 끊기는 등 경제적 손실을 입을 수 있다. 사람들이 부를 지닌 사람 앞에 쉽게 굴복함으로써 그의 권력을 인정하는 것은 이러한 맥락에서다. 한 걸음 더 나아가 부를 지닌 사람은 종종 돈으로 또 다른 권력을 사기도 했다. 자금을 제공함으로써 정치권에 있는 권력자를 자신의 편으로 끌어들이는 것은 가장 고전적인 수법이다.

폭력과 부에 비하면 지식을 통한 권력 행사는 한층 고차원적이다. 지식은 상대방을 설득할 수 있는 무기를 제공한다. 지식은 상대방이 나의 계획에 지지를 보내도록 하고 나아가 협력하게 만들 수 있다. 이 같은 지식을 바탕으로 권력을 창출한 대표적인 사람들로 좌파 혁명가들을 들 수 있다. 좌파 혁명가들도 초기에는 폭력 수단이나 부를 갖지 못한 상태에서 출발했다. 그들이 지닌 것은 대중을 설득할 수 있는 비전과 조직 기술, 투쟁 방법 등을 포함하는 지식뿐이었다. 좌파 혁명가들은 이러한 지식을 이용하여 대중을 자신의 편으로 끌어들일 수 있었고, 이를 바탕으로 필요한 자금과 무력까지도 확보할 수 있었다. 지식을 통해 또 다른 권력의 원천을 확보했던 것이다.

자본주의는 이러한 세 가지 권력의 원천 중 자본이라는 이름의 부가 권력을 생성시키는 핵심 요소가 된 사회였다. 그렇다면 어떻게 하여 자본이 핵심적인 권력의 원천이 될 수 있었을까?

산업혁명과 함께 증기기관 등 새로운 기계가 잇따라 발명되면서 이들 기계를 중심으로 하는 거대한 공장이 등장했다. 그 결과 생산에 필요한 수단을 손에 넣기 위해서는 이전과는 비교도 할 수 없이 많은 자금이 요구되었다. 바로 이러한 조건에서 새로 공장을 세우거나 매입할 수 있을 만큼 충분한 자금을 보유한 자본가들이 기업에 대한 지배권을 행사할 수 있었다. 한 걸음 더 나아가 자본가들은 자신들이 갖고 있는 막대한 부를 바탕으로 필요한 지식을 확보할 수 있었고, 정치인들을 매수함으로써 경찰과 군대, 사법부 등 폭력 수단을 자신들의 이익을 위해 활용할 수 있었다. 자본이 모든 형태의 권력을 손에 넣을 수 있도록 해준 것이다.

그런데 지식사회에 이르러 권력의 핵심 원천에서 중대한 변화가 일어났다. 자본이 아닌 지식이 권력의 핵심 원천으로 등장한 것이다. 지식사회에서는 폭력과 부조차도 모두 지식으로부터 나온다. 가공할 파괴력을 지닌 대표적 폭력 수단인 첨단무기는 고도의 지식이 집약된 결과물이다. 또한 지식의 또 다른 표현인 정보에서의 우위가 폭력 사용에서의 승리를 좌우한다. 지식사회로 이행하면서 부 또한 결정적으로 지식을 바탕으로 창출된다. 단적으로 기업 경쟁력을 좌우하는 기술력은 제품 생산에서 축적된 지식을 표현하는 것이다. IT산업에서는 지식 자체가 부로 전환된다. 이렇듯 지식사회에서 지식은 모든 권력의 궁극적인 원천이 되고 있다.

지식사회에서 권력의 핵심 원천이 자본이 아닌 지식이라는 사실을 가장 명료하게 보여주는 것은 다름 아닌 벤처기업이다.

벤처 캐피탈(Venture Capital)*이 투자를 할 때는 성장 잠재력을 중심으로 벤처기업의 가치를 평가한다. 벤처기업의 성장 잠재력을 보여주는 핵심 요소는 지식 가치의 비중이다. 전체 기업 가치 중에서

---

* 벤처기업에 무담보 주식투자 형태로 투자하는 자본을 말한다. 벤처기업의 잠재적 가치에 주목하여 투자하며 벤처기업이 주식을 상장할 때 발생하는 자본이익 획득을 주목적으로 한다.

지식 가치가 차지하는 비중이 클수록 성장 잠재력이 큰 것이다. 당연히 벤처 캐피탈은 지식 가치의 비중이 큰 곳에 우선적으로 투자한다. 구글을 예로 들어보자.

인터넷 검색 전문업체로 출발한 구글은 창업 이듬해인 1999년에 막대한 자금이 필요했고 이 문제를 해결하기 위해 투자를 유치하기로 했다. 당시 구글 투자자로 협의 대상에 오른 곳은 실리콘 밸리 벤처 캐피탈의 양대 산맥인 세쿼이어 캐피탈(Sequoia Capital)과 클라이너 퍼킨스 카우필드 앤드 바이어스(Kleiner Perkins Caufield & Byers)였다. 두 캐피탈은 곧바로 구글의 잠재적 가치를 알아보았다. 협상 끝에 구글의 가치는 1억 달러로 평가되었다. 두 벤처 캐피탈은 똑같이 1,250만 달러씩을 투자하기로 했고 그 대가로 각자 12.5퍼센트의 지분을 확보했다. 나머지 75퍼센트는 여전히 공동 창업자인 래리 페이지와 세르게이 브린의 몫이었다.

래리 페이지와 세르게이 브린은 본디 자본가가 아니었다. 그들은 단지 검색엔진에 대한 지식을 갖추고 있는 엔지니어였을 뿐이다. 그런데 바로 그 지식 덕분에 75퍼센트의 지분을 확보하면서 막대한 자금을 동원할 수 있는 사람들 이상의 권력을 손에 쥘 수 있었던 것이다. 그 과정에서 또 다른 권력의 원천인 부를 엄청나게 확보할 수 있었던 것은 두말할 필요도 없다.

4. 탈자본주의 사회로의 이행

일상을 살아가는 사람들의 눈에 자본주의는 아직도 요지부동이며, 앞으로도 상당히 오랫동안 지속될 것처럼 보인다. 그렇다면 자본주의의 수명은 다했다고 단언한 피터 드러커의 이야기는 어떻게 되는 것인가. 그에 대한 해답의 실마리는 바로 방금 전 살펴본 지식으로의 권력 이동 속에서 찾을 수 있다.

자본주의는 자본으로부터 지배 권력이 나오는 체제다. 자본주의의 핵심은 자본 소유자가 기업을 지배하고 이를 발판으로 사회 전반에 대한 영향력을 행사하는 데 있는 것이다. 그런데 지식사회의 도래와 함께 자본 소유자로부터 지식을 소유한 지식근로자로의 권력 이동이 본격화되었다. 이는 곧 자본주의 체제의 역사적 퇴장을 강력하게 암시하는 것이다. 피터 드러커는 『자본주의 이후의 사회』에서 이에 대해 다음과 같이 말하고 있다.

수십 년 전만 해도 탈자본주의 사회는 확실히 마르크스주의 사회가 될 것이라고 알고 있었다. 그러나 지금 우리 모두는 마르크스주의 사회가 다음의 사회가 되지 않는다는 것을 알고 있다. 동시에 우리 모두는— 적어도 느낌으로는—선진국들은 자본주의라고 불리는 그 어떤 체제로부터 빠져나오고 있다는 것을 알고 있다. 시장은 경제적 활동의 효과적인 통합자로 확실히 남아 있을 것이다. 그러나 사회적으로 선진국들은 벌써 탈자본주의 사회로 이동해가고 있다. 선진국 사회는 빠른 속도로 '새로운 계급들의 사회' 그리고 새로운 중심적 자원을 가진 사회로 변하고 있다.*

자본 소유자로부터 지식근로자로의 권력 이동은 꽤 오래전부터 시작되었다고 할 수 있다. 두 차례의 세계대전을 거치면서 기업 규모

---

* 피터 드러커 지음, 이재규 옮김, 『자본주의 이후의 사회』, 한국경제신문사, 1993, 24쪽.

는 급속히 커졌고 구조 또한 매우 복잡해졌다. 경영에 대한 전문지식이 없으면 기업을 이끌어가기 어려운 상황이 된 것이다. 기업 세계에서의 권력의 중심은 자연스럽게 전문경영인으로 이동할 수밖에 없었다. 하지만 전문경영인조차도 복잡한 기업 경영을 홀로 책임질 수 없었다. 그 역시 자기 분야에서 전문적 지식을 갖추고 있는 다른 많은 사람들에게 의존해야 했다. 이 모든 것은 기업 세계의 권력이 궁극적으로 전문경영인을 포함한 지식근로자에게로 이동할 수밖에 없음을 말해주는 것이다.

지식사회의 도래와 함께 이 같은 추세는 점차 확고해질 수밖에 없었다. 지식사회에서 기업의 생산성을 좌우하는 것은 바로 지식을 어떻게 적용할 것인가이다. 그러한 지식 적용을 담당하는 주역이 바로 지식근로자다. 요컨대 지식근로자가 기업의 생사를 가늠하는 칼자루를 쥐고 있는 셈이다.

다만 자본 소유자로부터 지식근로자에게로 권력이 이동하는 과정에서 일시적인 역전 현상이 일어나기는 했다. 자본 소유자가 기업에 대한 지배권을 재탈환하는 역습을 시도한 것이다. 그러나 이러한 시도는 역사의 흐름을 거스르는 것으로서 결코 성공할 수 있는 성질의 것이 아니었다. 이 점은 잠시 뒤에 확인할 것이다.

결론적으로 기업의 지배권이 자본 소유자의 손에서 멀어져가는 것은 피할 수 없는 현상이다. 이는 곧 현대 사회가 자본주의에서 점차로 벗어나고 있음을 의미하는 것이다.

권력이 자본 소유자로부터 멀어져가고 있는 가운데 자본 구성 자체마저도 전통적 의미에서의 자본주의를 더 이상 유지할 수 없게끔 변화하고 있다.

마르크스가 활동하던 시대에 자본은 사실상 사적 자본이 전부다시피 했다. 그러나 오늘날에 이르러서는 사적 자본으로 분류하기 어려운 전혀 새로운 종류의 자본이 등장하고 있다. 각종 연기금이 그 대표적인 경우라고 할 수 있다. 국민연금을 비롯한 연기금의 주된 원천은 기업 공제의 과정을 거친 임금소득이다. 그런 점에서 연기금은 사회화된 임금의 일종이라고 할 수도 있다. 그런데 연기금은 자본시장에서 기관투자자의 하나로서 자본운동을 하기도 한다. 이런 점에서 연기금은 임금과 자본의 속성을 함께 지니고 있는 전혀 새로운 성격의 자본이다.

그런데 이러한 연기금의 규모가 매우 빠르게 커지고 있다. OECD 국가의 전체 연금자산은 2005년 말 179조 달러에 이르렀다. 이는 OECD 국가들의 전체 GDP에 견주어 약 87.6퍼센트에 해당하는 것이다. 국가별로 보면 네덜란드의 연금자산 규모가 GDP의 124.9퍼센트를 기록하여 연금의 상대적 규모에서 1위를 기록했다. 그 밖에 아이슬란드(123.2퍼센트), 스위스(117.4퍼센트), 미국(98.9퍼센트) 등도 연금자산 규모가 상대적으로 큰 나라에 속한다.

한국 역시 국민연금을 중심으로 연금자산 규모가 빠르게 증가하고 있다. 국민연금의 규모는 1995년 GDP의 0.4퍼센트인 16조 1,000억 원에 불과했으나 이후 빠르게 증가하여 2006년에는 GDP의 21.9퍼센트인 182조 2,000억 원에 이르렀다. 이러한 증가 추세는 계속 이어져 2035년에는 단일 기금으로는 세계 최대 규모인 1,700조 원까지 늘어날 것이라는 분석도 있다. 가히 연못 속의 고래라는 표현이 나올 법하다.

규모가 커지다 보니 연기금이 자본시장의 지각 변동을 일으킬 잠재력이 매우 커졌다. 이미 세계 각국에서 연기금은 매우 중요한 기관투자자의 위치를 확보하고 있으며 그 추세가 더욱 가속화되고 있다.

미국에서는 연기금이 기업의 주식 절반 이상을 소유한 경우가 매우 많으며 기업 부채의 상당 정도를 소화하고 있기도 하다. 연기금이 자본시장의 주역으로 떠오른 것이다.

이 같은 상황이 기업 경영에 어떤 영향을 미칠지는 한마디로 단정 짓기 어렵다. 한때 미국의 연기금은 공격적인 투자로 금융자본주의를 선도하기도 했다. 그러나 유럽을 중심으로 투자 대상의 사회적 책임을 요구하는 사회책임투자를 실시하는 연기금이 빠르게 늘어나고 있기도 하다. 사회적 환경에 따라 연기금이 기업 경영에 미치는 영향이 달라질 수 있음을 알 수 있다.

지금까지 살펴본 것처럼 지식사회의 도래와 함께 몇 가지 요인이 함께 작용하면서 자본주의는 역사의 무대에서 퇴장할 수밖에 없는 상황이 되었다. 그렇다면 과연 탈자본주의 사회는 어떤 모습일까? 앞서 살펴보았듯이 피터 드러커는 탈자본주의 사회가 마르크스주의 사회는 아니라고 단언하고 있다. 과연 이러한 드러커의 주장을 어떻게 받아들여야 할까?

마르크스주의는 계급 착취의 원천을 생산수단의 사적 소유에서 찾았다. 그에 따라 착취가 없는 사회주의 사회를 만들기 위해서는 무엇보다도 생산수단의 사적 소유를 폐기하고 사회적 소유(집단적 소유)로 전환하는 것이 핵심 과제라고 보았다. 20세기 사회주의 국가에서 그러한 생산수단의 사회적 소유는 크게 국가 소유와 협동조합 소유의 형태로 나타났다. 제조업의 기반인 공장의 경우에는 국가 소유가 지배적이었고 농장과 중소 규모 서비스업의 경우에는 협동조합 소유가 많았다.

문제는 지식사회에 이르러 지식이 가장 중요한 생산수단으로 떠오르면서 생산수단의 소유구조에 근본적인 변화가 일어났다는 데 있다.

　자본주의 사회에서는 생산수단의 사적 소유가 옹호되었지만 실제로 생산수단을 소유한 것은 극소수였다. 반면 사회주의 사회에서는 집단으로서 국가와 협동조합이 소유의 주체가 되었다. 자본주의와 사회주의 사회 모두에서 절대다수의 개인들은 생산수단의 직접적인 소유 주체가 될 수 없었던 것이다.

　그런데 지식사회에서 가장 중요한 생산수단인 지식은 집단과 개인 모두가 생산수단의 소유 주체가 될 수 있다. 기업이나 국가기관, 연구소 등은 지식을 소유한 집단 주체들이며 특허 등록을 통해 법적으로 소유권을 보호받고 있다. 개인 역시 지식을 소유하고 이를 법적으로 보호받을 수 있다. 중요한 것은 특정 소수만이 아니라 궁극적으로 모든 개인들이 지식의 소유 주체가 될 수 있다는 점이다. 이는 지식이 그 본성상 개방적이고 민주적이라는 사실과 밀접한 연관이 있다.

　극히 최근까지 폭력과 부는 모두 강자와 부자의 전유물이었다. 강자와 부자는 그러한 폭력과 부를 독점함으로써 소수임에도 불구하고 세상을 지배할 수 있었던 것이다. 반면 대다수 사람들은 폭력과 부에서 배제된 채 소외된 삶을 살아야 했다. 이들이 폭력과 부를 손에 넣는 것은 참으로 요원한 것일 수밖에 없었다. 하지만 지식을 손에 넣는 것은 폭력과 부에 비해 훨씬 쉽다. 한 권의 책을 구입하는 것만으로도 소중한 지식을 얻을 수 있기 때문이다. 여기에 덧붙여 보통교육 제도의 도입은 더욱 많은 사람들이 체계적으로 지식을 습득할 수 있도록 했다. 한 걸음 더 나아가 인터넷이 발달하면서 사회적 약자들이 필요한 지식을 획득하고 공유하는 것이 한층 쉬워졌다.

　이러한 지식의 특성으로 인해 지식사회에서는 절대다수의 개인들이 지식이라는 생산수단을 '직접' 소유할 수 있다. 스마트기기가 뜨면서 애플리케이션을 개발하는 군소 개발업체들이 부상하고, 다양한 분야에서 5인 안팎의 '원자기업'이나 '1인 창조기업'(혹은 '1인 기업가')이 확산되고 있는 것은 이를 입증하는 단적인 사례다. 모두가 개인에게 생산수단이 체화되어 있기 때문에 가능한 일들이다. 이는 소수의 개인들이 생산수단을 소유했던 자본주의 사회나 집단이 소유 주체가 되었던 사회주의 사회 모두에서 찾아볼 수 없었던 전혀 새로운 현상이라고 할 수 있다.

이상과 같은 맥락에서 지식사회는 자본주의 사회에서 벗어남과 동시에 마르크스주의에 입각한 사회주의 사회도 아닌 전혀 새로운 사회로 나아간다. 자본주의도 사회주의도 이 흐름을 더 이상 자신 안에 가둬둘 수 없다. 생산수단으로서 지식을 극소수가 독점적으로 소유하는 것이나 개인의 독창성에 기반을 둔 지식을 각자의 두뇌에서 끄집어내 집단 소유로 전환시키는 것 모두 불가능하기 때문이다.

"지식사회의 도래와 함께 자본주의는 퇴장할 수밖에 없는 운명이다. 그리고 탈자본주의 사회는 마르크스주의적 사회주의는 아니다."

하지만 이 시점에 이 같은 이야기를 최종 결론으로 받아들이는 것은 매우 성급한 일이 아닐 수 없다. 많은 사람들이 이야기하고 있듯이 일련의 변화는 자본주의가 새로운 단계로 진화하는 것을 의미할 수도 있기 때문이다. 명확한 결론을 얻기 위해서는 좀더 풍부한 논의가 필요할 것이다. 그런 만큼 앞서의 이야기는 잠정적 결론이나 가설 정도로 해두자.

2장

참패로 끝난
최후의 역습

• 엄청나게 많은 차가 다니는 도로 위를 역주행하는 차가 있다고 가정해보자. 그것도 한두 대가 아니고 수많은 차량이 한꺼번에 역주행한다고 해보자. 처음에는 크고 작은 사고가 잇따라 발생할 것이다. 그런데 어느 순간부터는 바로 가던 차량들도 주행 방향을 혼동하여 함께 역주행할 수 있다. 그렇게 되면 일시적으로 사고가 크게 줄어든다. 하지만 그것도 잠시뿐, 저 멀리서 달려오는 수많은 차량들과 부딪칠 수밖에 없다. 끝내는 대형 참사가 일어나는 것이다.

역사에서도 종종 이 같은 역주행으로 대형 참사가 발생하곤 한다. 역사의 흐름을 거스르는 '반동'을 꾀하다 결국은 불행한 종말을 고하는 경우가 그런 예들이다. 지식사회로 전환하면서 지배 권력의 원천이 자본에서 지식으로 이동하는 것은 피할 수 없는 역사의 순리였다. 그런데 자본 소유자들이 다시금 기업의 지배권을 장악하고자 하면서 대대적인 역주행이 일어나기 시작했다. 자본 소유자들이 불의의 역습을 시도한 것이다. •

1. 주주자본주의의 태동

제2차 세계대전 이후 선진 자본주의 사회에서는 국가의 시장 개입과 통제를 중시하는 케인스주의가 작동하면서 노동자의 고용은 제도적으로 보장되었고 금융은 국가의 엄격한 통제 아래 놓여 있었다. 아울러 일정한 규모 이상의 기업 대부분은 전문경영인 체제를 도입하고 있었다.

이러한 조건에서 전문경영인들은 종업원, 주주, 공급자, 지역민 등 다양한 이해 당사자 사이의 조화와 균형을 추구함으로써 기업이 안정적으로 발전할 수 있도록 힘썼다. 특정 이해 당사자의 이익만을 배타적으로 옹호하는 경우는 별로 없었다. 비록 자본과 노동이 여전히 생산의 주요 요소고, 자본 소유자의 지배적 우위가 확보되어 있었다는 점에서 자본주의 체제는 지속되고 있었지만 이전 시기와는 상당히 다른 국면이 조성된 것이다. 미국의 경제학자 존 케네스 갤브레이스는 이러한 특성을 반영하여 '경영자 자본주의'라는 용어를 제시했고 이후 널리 사용되기에 이르렀다.

그렇다면 경영자 자본주의 아래서 자본 소유자들은 어떤 모습으로 존재했는가. 기업 세계에서 자본 소유자는 주주의 지위를 갖고 있다. 그런데 경영자 자본주의 아래서 이들 주주들은 기업 경영에 관여하기가 쉽지 않았다. 그들은 다만 주식시장 동향에만 촉각을 곤두세웠을 뿐이었다. 설령 권한을 행사하려고 시도해도 자신의 이익을 극대화하기에는 다양한 법적·제도적 제약이 뒤따랐다. 예를 들면 적대적 인수합병 등의 수단을 통해 경영자를 압박하는 것은 거의 불가능에 가까웠다. 무엇보다도 냉전 시기 사회주의 진영으로부터의 체제 위협이 만만치 않은 조건에서 주주들이 무제한의 이윤을 추구하는 것에 대한 사회적 저항이 매우 강했다.

그런데 1970년대로 접어들어 선진국의 실물경제가 장기불황의 늪에 빠져들면서 새로운 변화가 일어나기 시작했다.

통상적으로 금융자본의 규모는 실물경제에 비해 3~4배 이상 빠르게 증가한다고 한다. 금융자산을 가진 사람이 이윤 획득을 통해 계속 눈덩이처럼 불려나갈 뿐만 아니라 일반인들도 저축을 통해 금융자산 형성에 가세하기 때문이다. 그 결과 금융자본의 규모는 지속적으로 증가했다. 문제는 금융자본의 경우 실물경제에 의존해서만 이윤을 획득할 수 있다는 데 있었다. 그런데 바로 그 실물경제가 장기 불황으로 인해 이윤 창출 능력이 급격히 떨어지고 있었던 것이다. 그 결과 마땅한 이윤 획득의 기회를 찾지 못한 금융자본이 크게 늘기 시작했다. 결국 시장 교환을 중단한 화폐가 늘어나면서 상품 판매 또한 저조해질 수밖에 없는 상황으로 이어졌다.

이렇게 하여 실물경제 침체로 금융자본의 운동이 둔화되고 그로 인해 실물경제가 더욱 침체되는 악순환의 고리가 형성되었다. 가장 심각한 고통을 겪은 나라는 영국과 미국이었다. 두 나라 모두 한 시대를 주도하면서 감당할 수 없을 만큼 거대한 금융자본을 쌓아올린 상태였기 때문이다. 런던과 뉴욕이 세계 금융의 중심지가 되었던 것은 이를 반영한 것이었다.

결국 영국의 대처 정부와 미국의 레이건 정부가 앞장서서 금융자본의 이윤 극대화에 필요한 최적의 환경을 마련하고자 박차를 가했다. 이른바 신자유주의 세계화 전략을 전격 추진한 것이다.

대처 정부와 레이건 정부는 금융자본의 이윤을 극대화시킬 수 있는 조건을 마련하면 운동을 멈추었던 화폐가 다시 움직일 것이고, 그렇게 되면 상품 교환이 촉진되면서 실물경제도 살아날 것이라고 보았다. 그리고 실물경제의 활성화는 다시금 금융자본의 이익 획득 기회를 더욱 확대시키는 선순환구조가 만들어질 것이라고 확신했다. 바로 이것이 지난 몇십 년 동안 자본주의 세계를 이끌었던 신자유주의의 요체였다. 신자유주의 세계화 전략이란 이런 신자유주의를 범지구적으로 확장시키는 것을 의미했다.*

그런데 실물경제를 담당하는 것은 기본적으로 기업이다. 금융자본 소유자가 이러한 기업으로부터 이윤을 빨아올리기 위해서는 먼저 주주가 되어야 한다. 아울러 기업을 주주의 이익 극대화에 맞추어 운영하도록 하기 위해서는 기업의 지배권을 주주에게로 확실하게 이동시켜야 한다. 그로부터 다양한 이해 당사자 간의 균형을 깨트리고 기업을 철저하게 주주이익 극대화를 기준으로 운영하도록 하는 주주자본주의가 전격 도입되었다. 신자유주의의 핵심 메커니즘이 작동하기 시작한 것이다.

주주자본주의 도입에 발맞추어 정부는 그동안 주주들의 행동을 제약했던 각종 제도적 장치들을 신속하게 제거했다. 그러자 막대한 규모의 금융자본이 주식시장에 진입하여 일거에 주주총회를 장악했다. 이렇게 하여 주주들은 적대적 인수합병 등을 통해 경영권을 인수하거나 경영자를 굴복시킬 수 있게 되었다.

실제로 1991~1992년 두 해 동안 미국의 주주들은 이사회를 움직여 제너럴모터스(GM), IBM, 아메리칸 익스프레스, 웨스팅하우스 등 초대형 기업의 CEO를 해고했다. 동시에 주가를 끌어올린 경영자들에게 막대한 스톡옵션(주식 보너스)을 선사함으로써 경영자를 주주

---

* 신자유주의 세계화 전략은 시기와 적용되는 나라에 따라 다소 차이가 있지만 기본적으로 다음과 같은 요소를 지니고 있다.
첫째, 투자 공간을 전 지구적으로 확장한다. 이를 위해 기존 국민국가 단위의 장벽을 허물고 세계 시장을 단일하게 통합시킨다. 둘째, 사적 자본의 활동을 제약했던 국가의 기능을 축소 혹은 철폐한다. 각종 규제는 폐지해야 하고 공기업은 민영화시켜야 하며 재정적자 해소를 목표로 사회복지 부문은 전면적으로 축소한다. 국가는 더 이상 시장 위에 군림하여 조절하고 통제하는 존재가 되어서는 안 된다. 셋째, 노동의 유연화를 통해 이윤율을 최대한 끌어올릴 수 있어야 한다. 노동력은 더 이상 국가의 보호대상이 아니라 자유롭게 구매하고 처분할 수 있는 상품의 하나로 간주해야 한다. 무엇보다도 대대적인 인원 감축과 노동 강도의 강화, 비정규직으로의 전환을 자유롭게 추진할 수 있어야 한다.

이익의 절대적 옹호자로 만들었다. CEO들은 주주이익 극대화에 절대 복종함으로써 믿기 어려울 정도의 고액 소득을 거머쥐든가 아니면 해고되든가 둘 중의 하나를 선택해야 하는 상황에 직면한 것이다.

이러한 과정을 거쳐 기업 지배권은 전문경영인을 중심으로 한 지식근로자로부터 주주라는 이름의 자본 소유자에게로 빠르게 이동했다. 역사적 맥락에서 볼 때 그 같은 권력 이동은 명백히 기업의 지배권을 재탈환하고자 하는 자본 소유자의 역습에 해당하는 것이었다.

기업의 지배권이 주주들의 손으로 넘어가자 주주가치, 즉 주주이익의 극대화를 위한 다양한 시도들이 봇물처럼 쏟아졌다.

우선 대량 감원 및 비정규직 확대를 포함한 고강도 구조조정은 인건비 절감 효과를 통해 단기간에 주가를 상승시키는 가장 확실한 방법으로 통용되었다. 기업 자금을 동원해 자사주를 매입함으로써 주가를 인위적으로 끌어올리는 것 또한 극히 일반적인 현상이었다. 예를 들면 GM의 경우 1992년 22억 달러어치의 보통주를 매각했지만 그 후 6년에 걸쳐 그 세 배에 달하는 물량의 자사주를 매입했다. 아울러 이전 시기와 비교가 되지 않을 정도로 초고배당이 이루어졌다. 구조조정으로 인해 발생한 여유 자금도 생산에 재투자하지 않고 주주에게 배당하는 경우가 많았다. 그 과정에서 기술개발투자 등 장기투자를 축소시키는 일이 빈번하게 일어났다. 기업의 장기투자를 주주의 단기이익을 잠식하는 것으로 간주했기 때문이다.

이 모든 것의 결과로 주주들의 이익은 급격한 증가세를 보였다. 미국의 경우 배당과 시세차익을 포함한 주주들의 총 지분 수익률은 1973~1982년간 6.6퍼센트였으나 1983~1992년간에는 16.2퍼센트, 1993~2003년간에는 21.0퍼센트로 가파르게 증가했다.

그렇다면 주주들의 급속한 이익 증가가 전체 경제에는 어떤 영향을 미쳤을까. 앞서 이야기했듯이 신자유주의의 핵심 요지는 금융자본의 이익 극대화를 전체 경제를 살리는 지름길로 보는 데 있다. 놀랍게도 현실은 신자유주의의 손을 확실하게 들어주는 듯했다. 미국 경제는 1990년대에 주주자본주의로 완전히 진입하면서 역사상 유례없는 장기호황을 누렸던 것이다. 단적으로 미국의 종합주가지수가 종전의 경기순환 사이클에서 벗어나 10년여 간에 걸쳐 지속적으로 상승했다. 이는 기존 경제이론으로는 도무지 설명할 수 없을 만큼 완전히 새로운 현상으로서 내로라하는 경제학자들조차 당혹감을 감추지 못했다. '신(新)경제'는 이러한 배경에서 나온 용어였다.

도대체 어떻게 해서 이러한 현상이 가능했을까. 먼저 1980년대 이후 강도 높게 진행된 빈번한 인수합병, 엄청난 규모의 감원, 비정규직의 증가 등 일련의 구조조정은 주주가치를 상승시키는 효과를 가져왔다. 아울러 1990년대 이후 신자유주의 세계화에 발맞추어 거대한 규모의 금융자본이 전 세계로 뻗어나갔다. 그들은 최첨단 기법을 동원해 거액의 이윤을 뽑아 올렸고 이를 다시금 미국 시장에 쏟아냈다. 그 결과 미국의 종합주가지수는 더더욱 상승일로를 걷게 되었다.

폭발적인 주가 상승은 거꾸로 미국 시장으로 유입되는 외국 자본의 양을 증대시켰다. 외국 자본의 순유입은 1990~1993년 사이에는 590억 달러였던 데 비해 1994~1995년 사이에는 약 1,400억 달러, 1996년에는 1,950억 달러, 1997년에는 2,640억 달러로 가파르게 증가했다. 이러한 외국 자본은 곧바로 주식시장에 유입되어 미국의 주가는 계속 고공비행했다. 덕분에 1998년의 미국 종합주가지수는 1993년에 비해 무려 2.5배나 상승할 수 있었다.

주가 상승의 효과는 확실히 대단한 것이었다. 단적으로 미국인들의 소득 중에 주가 상승에 의존한 금융소득의 비중은 절반에서 많게는 3분의 2에 이르렀다.* 그러다 보니 지속적인 주가 상승은 소득 증가와 함께 소비 지출을 늘렸고 이는 다시 생산 확대를 자극함으로써 추가적인 주가 상승을 촉발시키는 선순환구조를 형성했다.

이렇듯 신자유주의가 주장하는 그대로 주주가치의 지속적 상승을 통한 금융자본의 이익 극대화는 미국 경제 전체를 살리는 것으로 이어졌다. 그다음 어떤 일이 벌어질지는 불 보듯 분명했다. 미국 경제는 주가 상승을 통한 선순환구조 유지에 모든 초점을 맞추게 되었고 주가 상승을 위해서라면 어떤 희생도 감수하는 방향으로 나아갔던 것이다.

2. 악마의 유혹

햇빛이 비추는 대낮에 사물은 또렷이 보인다. 하지만 시간적으로는 현재, 공간적으로는 가시거리 안에서만 보일 뿐이다. 반면 어둠이 깔리는 밤이 되면 광대한 우주가 펼쳐진다. 수백, 수천 광년 먼 곳의 별들이 우리를 향해 쏟아져 들어온다. 기나긴 세월 쉼 없이 달려온 그 별빛 속에서 우리는 까마득히 먼 과거를 본다. 지금 우리가 보는 북극성의 빛도 실은 1,000년 전에 반짝였던 것이다. 이렇듯 인식은 어둠의 파고를 타고 끝없이 뻗어간다. 어둠은 인식의 장애물이 아니라 해방자인 것이다. 미네르바의 올빼미가 황혼녘이 되어서야 날갯짓을 하는 것도 이 때문이다.

1990년대 신자유주의는 밝은 대낮을 통과하고 있었다. 어두운 밤

---

* 장영희, 「한국 경제 '장기입원' 하는가」, 『시사저널』, 2001. 4. 26.

은 아직 저 멀리 있었다. 사람들의 시야에 들어온 것은 오직 사상 최고의 호황을 누리고 있는 미국의 신경제뿐이었다. 더욱이 대척점에 있었던 소련 사회주의 체제는 1991년에 허망하게 무너진 상태였다. 이 극적인 대비 효과는 사람들의 사고를 오직 한쪽으로만 흐르도록 만들었다. 신자유주의는 번영을 약속하는 최고의 대안이자 낡은 것을 혁파할 최신의 개혁 이데올로기였다. 그에 따라 전 세계의 정치인과 지식인들이 앞 다투어 신자유주의 대열에 합류했다.

그러나 신자유주의의 밑바탕에는 사태를 파멸로 몰고 갈 악마의 유혹이 도사리고 있었다. 불행히도 이 점을 제때에 간파한 사람은 그다지 많지 않았다. 사람들이 문제의 본질이 무엇인지를 깨닫기 시작한 것은 신자유주의 위에 짙은 어둠이 깔리기 시작할 무렵이었다. 신자유주의 속에 도사리고 있었던 악마의 유혹은 크게 세 가지였다.

'돈이 돈을 번다'는 유혹

신자유주의는 기본적으로 금융자본의 이익 극대화를 중심으로 움직이는 금융자본주의며 그 핵심 메커니즘은 주주자본주의다. 그러다 보니 금융자본 스스로 자신의 역할에 최상의 가치를 부여하는 다양한 관념을 유포할 수밖에 없었다. 그 대표적인 것이 바로 '돈이 돈을 번다'는 관념이었다.

사실 돈이 돈을 번다는 것은 자본주의 신봉자들 사이에서는 일반화된 관념이었다. 돈이 모여 자본을 형성하면 이윤을 창출할 수 있다는 사실이 그러한 관념을 낳은 것이다. 이렇게 돈이 돈을 번다는 관념을 극단적 형태로 강화한 것이 바로 신자유주의 시대 금융자본이었다.

첨단 금융기법을 통해 엄청난 수익을 창출하는 과정에서 돈이 돈을 번다는 관념은 사람들의 마음을 강력히 사로잡았다. 그 결과 자연스럽게 금융업은 최상의 결과를 보장하는 최고의 산업으로 받아들여졌다. 전통적인 제조업체마저 금융업에 더 많은 관심을 기울이는 현상이 나타났다. 대표적인 사례로 GM을 들 수 있다. GM은 당시 미국 사회의 분위기에 편승하여 본업인 자동차 제조를 소홀히 한 채 금융업에 많은 힘을 쏟았다. 그 결과 GM은 2005년 1/4분기 금융 자회사인 GMAC(General Motors Acceptance Corporation)에서 7억 달러의 흑자를 냈으나 정작 회사의 모체인 자동차 부문에서는 13억 달러의 손실을 기록했다. 주객이 완전히 전도된 것이다.

돈이 돈을 번다는 관념은 돈을 쉽게, 빠르게, 많이 버는 것에 우월한 가치를 부여하도록 했다. GM의 사례에서도 드러나듯이 이러한 분위기 속에서는 기업들도 굳이 쉬운 방법을 놔두고 어렵고 고생스러운 방법으로 돈을 벌려고 하지는 않을 것이다. 결국 돈이 돈을 번다는 관념이 강력히 지배하는 조건에서 생산적 활동은 크게 둔화될 수밖에 없다. 이는 곧 금융자본을 먹여 살리는 실물경제가 필연적으로 약화될 수밖에 없음을 의미한다.

여기서 우리는 금융자본이 선도하는 신자유주의가 결코 지속가능한 것이 될 수 없는 첫 번째 이유를 발견할 수 있다.

단기이익 극대화의 유혹

경영자 자본주의 아래서 금융은 종속적인 위치에 있었다. 금융은 생산적인 기여를 하는 조건에서 배당, 시세차익, 이자 등의 형태로 이익을 보장받을 수 있었다. 그리하여 금융의 흐름 또한 기업의 생산 활동 패턴에 크게 좌우되었다. 그런데 신자유주의 시대에 이르러 금융이 모든 것을 규정하는 독립적 존재가 되면서 양상이 크게 달라졌다.

흔히 금융자본이 가치를 증식하는 과정을 '돈을 굴린다'고 표현한다. 돈을 굴리는 것은 눈덩이를 굴리는 것과 이치가 같다. 굴리는 속도에 비례해서 돈의 규모가 더욱 커지는 것이다. 바로 여기서 단기이익을 중심으로 움직이고자 하는 금융자본의 내재적 속성이 나타난다. 이러한 금융자본의 내재적 속성은 금융자본주의 아래서 펀드 매니저들의 급여 체계와 연동되면서 일거에 폭발했다. 일반적으로 펀드 매니저들의 급여는 1년간의 수익 창출에 의해 결정된다. 수익을 많이 올렸으면 급여가 높게 책정되지만 거꾸로 손해를 입혔으면 벌금을 내야 한다. 때문에 펀드 매니저들은 무조건 단기이익에만 매달릴 수밖에 없다. 금융자본은 종종 먹고 튀는 '먹튀자본'의 모습을 보여주었는데 이 역시 그로부터 빚어진 결과였다.

이렇듯 금융자본이 단기이익 극대화를 중심으로 움직임으로써 기업과의 관계에서 심각한 문제를 일으키게 되었다.

본래 주가는 기업의 가치를 표현하는 것이고 기업의 가치는 펀더멘털(fundamental), 즉 생산적 활동이 얼마만큼 왕성하게 이루어지는가에 의해 규정된다. 그런데 단기이익 극대화를 노리는 금융자본은 이 규칙을 뒤엎고 말았다.

우리는 앞서 주주자본주의 아래서 주주가치 극대화를 위해 어떤 수단들이 동원되었는지를 살펴보았다. 그런데 이들 수단은 하나같이 기업의 펀더멘털을 파괴시키는 것들이었다. 거듭되는 구조조정은 고용 불안을 초래함으로써 구성원의 충성심과 작업 집중도, 근로 의욕을 약화시켰다. 자사주 매입과 초고배당은 기업의 투자 능력을 떨어뜨렸다. 장기적 기술개발투자를 가로막은 것 역시 그 자체로서 기업의 발전 가능성을 억누르는 것이었다. 이 모든 것은 펀더멘털을 파괴하면서 궁극적으로 기업 가치의 하락으로 이어질 수밖에 없었다.

이런 점에서 주주자본주의 아래서 이루어진 주가 상승은 실제적인 기업의 가치와 무관하게 작위적으로 만들어낸 거품에 불과한 것이었다. 문제는 때가 되면 거품은 반드시 꺼지기 마련이라는 데 있다. 바로 여기서 우리는 주주자본주의에 기초한 신자유주의가 결코 지속되기 힘든 두 번째 이유를 발견할 수 있다.

승자독식의 유혹

금융자본주의는 아주 간단하게 표현하면 머니게임이다. 머니게임은 대규모 자금을 동원할 수 있는 '큰손'들이 단연 유리하다. 사실 큰손들이 판을 쥐락펴락한다고 해도 과언이 아니다. 머니게임에서는 승자가 모든 것을 차지하는 일이 쉽게 일어날 수 있다. 한국이 1997년 외환위기를 계기로 신자유주의 흐름에 전격 편입되는 과정에서 코스닥을 중심으로 벌어졌던 현상은 이를 잘 보여준다.

미래 가치를 기준으로 벤처기업에 투자하는 코스닥 시장이 한국에서 처음 문을 연 것은 1996년이었다. 그로부터 3년 후인 1999년도에 이르러 코스닥 시장은 불과 1년 사이에 시가 총액이 12배로 증가할 만큼 폭발적인 성장을 했다. 그 결과 코스닥에 상장된 새롬기술의 대표는 순식간에 3,000억 원대의 주식 거부로 등장하는 등 말 그대로 일확천금을 거두는 사례들이 속출했다.

상황이 이러하다 보니 투자자들이 대거 코스닥으로 몰렸고 앞뒤 안 가리고 투자를 하는 '묻지 마 투자' 열풍이 불었다. 그 과정에서 코스닥 시장에는 엄청난 거품이 형성되었고 결국 얼마 안 가서 그 거품은 일시에 꺼지고 말았다. 그 결과 1999년 말 98조 7,000억 원으로서 최고치를 기록했던 코스닥 시장의 시가 총액은 5년 후인 2004년

10월에는 30조 1,000억 원으로 곤두박질쳤다. 대략 68조 6,000억 원이 어디론가 사라진 것이다.

그 사이 큰손들은 이미 크게 한몫 챙겨 빠져나간 상태였다. 결론적으로 사라진 거액의 돈은 이 큰손들의 호주머니 속으로 빨려 들어 갔던 것이다. 반면 뒤늦게 합류한 중산층과 서민들은 투자금의 대부분을 날려야 했다. 코스닥에 투자했던 사람들은 평균적으로 투자원금의 5퍼센트밖에 건지지 못한 것으로 확인되었다. 한마디로 승자독식 현상이 일어난 것이다.

이러한 승자독식에 적극적 가치를 부여하고 사람들을 움직이는 동기로 삼은 것이 바로 신자유주의였다. 신자유주의는 자유로운 시장경쟁이 사회를 활력 있게 만든다는 점을 유달리 강조하는 입장이었다. 신자유주의는 그러한 시장경쟁을 최고조에 이르도록 하는 방법이 승자독식을 구조화하는 것이라고 보았다. 승자독식의 달콤한 열매가 사람들로 하여금 가장 치열하게 경쟁하도록 한다는 것이었다.

이런 이유로 신자유주의 체제는 승자에게 최대한 많은 것을 안겨 주기 위해 노력했다. 그 대표적인 경우로 신자유주의의 본고장인 미국에서 최고경영자들의 보수가 급증했던 사실을 들 수 있다.

2007년에 미국 주요 기업 최고경영자들은 직원들보다 평균 344배나 많은 보수를 받았다. 1980년 최고경영자들이 직원들보다 42배 많은 보수를 받은 것을 감안하면 그 사이 격차가 엄청나게 벌어진 것이다. 같은 시기 다른 나라와 비교해서 보더라도 미국 최고경영자들의 보수가 유별난 것임을 알 수 있다. 미국 대기업의 최고경영자들 연봉이 평균 1,330만 달러(2004~2006년)에 이르렀던 것에 비해, 유럽의 최고경영자는 660만 달러, 일본의 최고경영자는 150만 달러였다. 미국의 최고경영자들은 유럽의 최고경영자들보다 두 배, 일본의 최고

경영자들보다 아홉 배나 많은 보수를 받았던 것이다.

신자유주의는 여기에 머물지 않았다. 승자독식 게임에서 실제 승자가 되어 일확천금의 꿈을 이룰 수 있는 사람은 극소수에 불과하다. 그럼에도 신자유주의는 그 같은 일확천금의 기회를 누구나 누릴 수 있다고 이야기했다. 널리 일반화된 펀드는 바로 그 꿈을 담아 판매한 대표적 상품이었다. 여기에 발맞추어 언론은 일확천금의 꿈을 실현한 사람들의 모습을 시시각각 내보냈다. 그럼으로써 사회 전체가 일확천금의 꿈을 향해 질주하도록 유도했다.

그러나 승자독식 게임이 빚어낸 최종 결과는 사회적 양극화의 심화였다. 사회 전체가 거대한 부를 쌓아올린 소수와 빈곤의 나락으로 굴러 떨어지는 다수로 확연하게 갈라진 것이다. 단적으로 미국은 상위 20퍼센트가 전체 소득의 80퍼센트 이상을 차지하는 기형적인 사회가 되고 말았다. 그 과정에서 중산층이 빠르게 몰락했음은 두말할 나위가 없다. 한국 역시 이 점에서 예외가 아니다. 2007년 11월 『동아일보』의 기사에 따르면 1997년 외환위기 직전 자신이 중산층에 속한다고 생각한 경우는 전체의 41퍼센트였다. 절반 가까이가 넉넉하지는 않지만 그런대로 먹고살 만하다고 여긴 것이다. 그러나 외환위기 이후 10년을 넘기면서 그 비율은 28퍼센트로 크게 줄었다.

사회적 양극화는 그 자체로서도 심각한 문제였지만 한 걸음 더 나아가 모든 계층에서 화폐의 흐름을 둔화시키는 또 다른 부작용을 낳았다. 부자들은 주체할 수 없을 정도로 많은 돈을 벌면서 투자 기회를 찾기조차 어려운 지경이 되었다. 그 결과 상당 정도의 자금이 장롱 속에 처박히는 상황이 벌어졌다. 반면 반대편에 있는 다수의 빈곤층은 생활고의 압박 속에서 소비 지출을 최대한 억제해야 했다.

부유층과 빈곤층 모두에서 화폐 흐름이 둔화되자 필연적으로 상품 유통이 억제될 수밖에 없었다. 이는 곧바로 경제성장의 발목을 잡았다. 사회적 양극화의 심화가 저성장의 구조화로 이어진 것이다. 금융자본의 입장에서 볼 때 이윤 창출의 기회가 그만큼 적어진 것이다. 여기서 우리는 신자유주의가 지속가능할 수 없는 세 번째 이유를 발견할 수 있다.

지금까지 살펴본 것처럼 금융자본의 이익 극대화를 중심으로 운영되는 신자유주의 체제는 이래저래 실물경제의 악화로 이어질 수밖에 없었다.

결국 금융자본주의가 가장 강력한 힘을 발휘했던 미국에서 제조업이 처참하게 망가지는 사태가 벌어지고 말았다. 미국의 제조업을 대표했던 자동차 회사 빅3(GM, 포드, 크라이슬러)가 2005년 신용평가 기관으로부터 사형선고나 다름없는 투기등급으로 강등된 것은 그 단적인 예라고 할 수 있다. 그중에서 한동안 세계 최대 기업으로 군림했던 GM은 2009년 끝내 파산보호 신청을 하면서 국유화 절차를 밟아야 했다.

실물경제의 약화는 곧 그에 의존해 이윤을 창출했던 금융자본에도 위기를 안겨줄 수밖에 없었다. 결국 미국 금융자본주의가 붕괴 조짐을 보이면서 빨간불이 깜빡이기 시작했다. 2000년 4월 주가대폭락 사태가 일어난 것이다. 당시 나스닥 시장은 한 주 동안 무려 25.3퍼센트나 급락했다. 이는 한 주간의 낙폭으로서는 미국 종합주가지수 사상 최고치에 해당하는 것이었다. 특히 한 주의 장을 마감하는 금요일에는 무려 1조 달러가량이 주식시장에서 증발했다.

주가대폭락 사태가 발생하자 연방준비제도이사회(FRB)는 주가 부양을 위해 2001년 한 해 동안에만도 무려 11차례나 금리를 인하하면서 자금 공급을 확대했다. 덕분에 주가 폭락을 일시적으로 저지할 수 있었지만 더 큰 문제를 야기하고 말았다.

3. 무너지는 미국 금융자본주의

연방준비제도이사회가 주가 폭락을 저지하기 위해 초저금리로 통화 공급을 확대하자 덩달아 주택담보대출이 크게 늘면서 소비 지출이 촉진되었다. 하지만 이 같은 인위적 소비 확대는 실물경제 회복에 의해 뒷받침되지 않은 다분히 거품 경제에 의존한 것이었다. 결국 서브프라임 모기지론(subprime mortgage loan, 비우량 주택담보 대출)에서부터 문제가 불거지기 시작했다.

비우량 주택담보 대출이란 신용 등급이 낮아 일반 은행에서 돈을 빌리지 못하는 사람들을 상대로 고금리의 돈을 빌려주는 것이었다. 금융기관들은 먼저 주택을 담보로 주택 시세의 100퍼센트에 이르는 돈을 대출해주었다. 금융기관들은 한 걸음 더 나아가 '주택담보 대출금에 대한 원리금 상환 청구권'을 바탕으로 각종 파생금융상품을 만들어 판매했다.

여기에 발맞추어 돈을 빌린 사람들은 너도나도 주택 투기에 나섰다. 매입한 주택 값이 오르면 되팔아 빌린 돈도 갚고 시세차익도 챙겼다. 이 과정에서 무리하게 돈을 빌려준 금융기관들도 큰돈을 벌 수 있었다. 고객으로부터 높은 금리의 이자를 챙겼을 뿐만 아니라 고수익의 파생금융상품도 팔 수 있었기 때문이다.

이러한 과정이 지속되려면 주택 시세가 꾸준히 상승해야 하며 그러자면 더욱 높은 가격에 주택을 구입하려는 사람이 계속 나타나야 한다. 하지만 이러한 흐름은 어느 순간에 이르면 한계에 봉착하기 마련이다. 결국 주택 가격이 투기 바람을 타며 고공비행을 계속하다 일정한 한계선을 넘어서자 주택 구입이 쉽지 않게 되었다. 상황은 일거에 역전되고 말았다. 고객은 대출금을 상환하기 어렵게 되었고 그 여파로 대출금 상환 청구권을 바탕으로 만들어진 각종 파생금융상품들은 일시에 휴지 조각으로 전락하고 말았다. 대출금을 상환받지 못한 금융기관들이 막대한 규모의 부실채권을 떠안은 것은 두말할 나위도 없었다. 이른바 서브프라임 쇼크가 발생한 것이다.

본래 미국 금융자본주의는 수많은 파생상품으로 이어지는 복잡한 먹이사슬 중 하나의 고리만 끊어져도 전체가 휘청거릴 수 있는 구조였다. 그런데 실물경제의 약화, 초저금리 정책으로 인한 부채의 과도한 증가, 수위를 넘는 부동산 거품 등이 상호작용하면서 곳곳에서 고리가 끊어질 위험성이 커져왔다. 그러다가 서브프라임 사태가 발생하자 힘겹게 버티던 금융의 연쇄고리들이 잇따라 파열되면서 금융위기의 쓰나미가 초거대 금융기관들을 덮치기 시작했다.

2008년 주가 대폭락과 함께 세계에 군림하던 월가의 초거대 금융기관들이 차례로 쓰러졌다. 그 와중에 모기지 회사인 페니매(Fannie Mae)와 프레디맥(Freddie Mac)은 국유화되었고, 투자은행의 선두주자였던 리먼 브라더스(Lehman Brothers Holdings Inc.)는 파산보호를 신청했다. 또한 거대 증권회사 메릴린치(Merrill Lynch)는 아메리카은행(BOA)에 합병되었고, 세계 최대 보험사 AIG와 시티은행은 파산에 직면하여 막대한 공적 자금 투입을 바탕으로 국유화 절차를 밟았다. 투자회사 1, 2위를 다투었던 골드만삭스와 모건스탠리는 지주회사로 전환했다.

초거대 금융기관들이 무너져 내리면서 대규모 투자자뿐만 아니라 일반인들까지도 거덜이 났다. 2008년 한 해 동안 금융위기로 인한 미국 가정의 손실은 총 11조 달러에 이르렀다. 이는 독일, 일본, 영국의 연간 국민총생산을 합친 것과 맞먹는 액수다. 실로 엄청난 규모의 돈이 미국인들의 호주머니에서 사라져버린 것이다.

금융위기의 파괴적 영향은 미국에 머물지 않고 전 세계로 퍼져나갔다. 2008년 9월 미국발 금융위기로 인해 세계 주식시장은 대략 20조 달러 이상의 손실을 보았다. IMF에 따르면 금융위기 이후 2년 동안 전 세계에서 상각(償却)된 부실자산 규모는 1조 7,000억 달러나 되었다. 주식시장 손실액과 자산 상각 액수를 합친 금액은 금융위기가 터지기 전인 2007년 전 세계 GDP 46조 달러의 절반에 해당하며, 경제대국인 미국과 EU의 1년 GDP와 맞먹는 액수다. 전 세계가 1년 동안 생산한 부의 절반 정도가 금융위기를 거치면서 한 방에 날아간 것이다.

사태를 수습하기 위해 미국 정부는 2008년 한 해 동안에만 7,000억 달러 이상의 재정을 투입해야만 했다. 결국 국가의 개입을 거부하고 철저하게 시장방임주의를 추구하던 신자유주의는 위기의 순간에 자신의 운명을 국가에 의탁해야만 했다. 시티그룹의 한 시장 정보지가 "환영 사회주의합중국"(Welcome to the USSR)이라는 표제를 썼던 것은 이러한 상황에 대한 자조 섞인 표현이라고 할 수 있다. 참고로 머리글자 USSR(United States Socialist Republic)은 옛 소련의 약자이기도 했다.

그런데 미국 정부가 사태를 수습하는 과정에서 월가 금융자본주의의 속성이 어떤 것이었는지 다시 한번 확인해주는 황당한 사건이 발생했다.

미국 정부가 지원 자금을 풀기 시작한 직후, 공적 자금을 지원받은 일부 기업이 임원들에게 거액의 상여금을 지급했다는 뉴스가 흘러나왔다. 가장 어이없는 사례는 금융상품에 대한 무분별한 투자로 파멸을 맞이한 초거대 보험회사 AIG였다. 모두 1,730억 달러에 이르는 막대한 정부의 자금 지원으로 살아난 이 회사는 위기를 초래한 바로 그 부서의 임원들에게 상여금으로 1억 6,500만 달러를 지급했다. 다른 직원 73명도 100만 달러 이상의 상여금을 받았다.

뉴스를 본 사람들의 항의가 빗발치기 시작했다. 전 세계 금융 체계를 거의 붕괴시키다시피 한 바로 그 사람들을 납세자의 돈으로 포상했다는 사실에 대한 분노였다. 누가 봐도 문제가 있어 보였다. 공적 자금 투입으로 미국 정부가 이 회사 지분의 80퍼센트를 소유한 조건에서 재무장관이 AIG 최고경영자에게 상여금 지급을 철회해달라고 호소했지만 먹혀들지가 않았다. 최고경영자로부터 돌아온 대답은 이런 것이었다. "직원들이 재무장관의 지속적이고 임의적인 개입에 따라 보수가 왔다 갔다 한다고 생각한다면, 우리는 우수하고 똑똑한 인재를 끌어올 수 없다." 그는 회사의 주인이나 마찬가지인 납세자를 위해서라도 직원의 재능에 부실자산이라는 짐을 얹지 말아야 한다고 주장했다.

사람들은 분개했다. 타블로이드 신문 『뉴욕 포스트』는 한 면을 통째로 할애한 머리기사의 제목에 대다수 사람들의 정서를 담았다. "천천히 해먹어, 탐욕스러운 자들아!" 미국 하원은 상당한 금액의 구제금융을 받은 기업을 대상으로, 지급된 상여금의 90퍼센트를 세금으로 부과하는 법안을 통과시켰다. 이러한 가운데 뉴욕 주 법무장관 앤드루 쿠오모의 압력으로, AIG에서 거액의 상여금을 받은 상위 열다섯 명의 임원들이 상여금을 반환하기로 했고, 그 결과 약 5,000만 달러가 회수되었다.

이로써 사람들의 분노가 어느 정도 가라앉았고, 상원에서 징벌 과세를 옹호하는 목소리도 수그러들었다. 하지만 유사한 사건이 월가 금융기관에서 잇따라 발생했다. 금융자본이 최악의 위기를 겪었음에도 여전히 탐욕을 버리지 않고 있음이 뚜렷이 드러난 것이다. 결국 금융자본은 사람들 사이에서 모든 경제위기의 원흉으로 지목되었고 지속적인 비판과 공격의 표적이 되어야 했다.

미국 금융자본주의의 몰락과 함께 자본의 역습은 참담한 실패로 끝났다. 금융자본의 심장부인 월가는 폭격을 맞은 듯이 무너져 내렸다. 거액의 연봉을 받으며 월가를 활보하던 수많은 금융전문가들이 하루아침에 빈털터리로 전락했다. 월가 최고층인 AIG 본사 빌딩은 1997년 외환위기를 거치며 월가 금융자본이 거의 접수하다시피 했던 한국의 금융기관들에 매각되는 수모를 겪었다.*

금융자본주의의 몰락과 함께 그 핵심 메커니즘이었던 주주자본주의 역시 크게 후퇴할 수밖에 없었다. 주주들이 주주총회를 장악하고 경영자를 쥐고 흔들며 노골적으로 이익을 챙기던 행태가 대폭 사라진 것이다. 경제를 엉망진창으로 만들었다는 주변의 따가운 시선을 의식한 것도 있지만 그러한 방식이 자신에게도 결코 이롭지 못하다는 것을 뼈저리게 느꼈기 때문이었다. 신자유주의 광풍에 휩싸였던 한국 역시 사정은 비슷했다. 대표적으로 경영자로 하여금 주주이익을 일방적으로 옹호하도록 했던 경영자에 대한 스톡옵션 부여가 대부분 사라졌다.

그 결과 기업의 지배권은 다시금 전문경영인을 주축으로 경영을

---

* 공교롭게도 AIG 빌딩을 인수한 한국 금융기관의 주축은 우리은행이었다. 우리은행은 외환위기를 겪으면서도 민영화되지 않아 외국인 지분이 없는 상태였다. 만약 외국인이 다수의 지분을 갖고 있던 한국의 금융기관이 인수를 했다면 이야기가 달라졌을 것이다.

일선에서 책임지는 사람들에게 이동하기 시작했다.

한편 주주자본주의 아래서 맥없이 휘둘리던 기업 경영자들은 미국 금융자본주의의 몰락과 함께 초거대 글로벌 기업들이 잇따라 쓰러지는 것을 목도하면서 엄청난 충격에 휩싸였다. 그들은 곧바로 정신을 차리고 기업의 지속가능성을 보장받을 수 있는 길이 무엇인지에 대해 고민하기 시작했다.

그로부터 윤리경영, 상생경영, 녹색경영, 사회책임경영 등 다양한 화두가 쏟아져 나왔다. 과도한 이윤 추구 과정에서 빚어진 반사회적 행위로 숱한 비난을 받아오던 기업 경영자들의 태도가 갑자기 달라진 것이다. 역사 이래 기업 경영자들이 이토록 '건강한 문제의식'을 한꺼번에 쏟아낸 적은 일찍이 없었을 것이다.

물론 기업 경영자들의 태도 변화에 대해 여전히 불신의 시선을 거두지 않는 사람들이 많다. 한낱 가식행위에 불과하다고 보는 것이다. 물론 그런 점이 전혀 없다고 할 수는 없을 것이다. 그럼에도 지속가능경영이 사활적 과제로 제기될 만큼 기업의 생존조건이 녹록하지 않은 것은 분명해 보인다. 마찬가지로 앞서 열거한 화두들을 외면하고는 지속가능성을 보장받기 어렵다는 것 또한 분명해 보인다.

2008년 미국 금융자본주의의 몰락은 기업 경영에서 중대한 역사적 전환점이 되었다. 이를 뒷받침하기라도 하듯 금융자본주의와는 사뭇 다른 길을 걸었던 기업들이 주도적 위치를 확보해나갔다.

대표적으로 전 세계 IT산업을 주도하고 있는 구글은 2004년 상장 당시 월가와 정면대결을 벌일 정도로 금융자본주의와 거리를 두었던 기업이다. 2000년대 접어들어 가장 중요한 기업인으로 부상한 스티브 잡스 또한 본디 금융자본의 단기이익 극대화 논리와는 정반대의 길을 걸었던 인물이다. 스티브 잡스는 컴퓨터 그래픽 애니메이션 제작업체인 픽사(Fixar)에 매년 100만 달러 이상 손해를 보면서 장기적으로 투자했고 결국 크게 성공을 거둘 수 있었다. 이후 스티브 잡스가 이끄는 애플은 승자독식과는 성격이 크게 다른 비즈니스 모델을 선보임으로써 미래로 나아가는 출구를 열었다.

2004년에 설립되어 최근 급성장하고 있는 소셜 네트워크 서비스 업체 페이스북(Facebook)은 초기 배너 광고도 받지 않고 2006년 야후의 10억 달러 인수 제안도 거절할 만큼 수익과는 무관한 듯이 움직였다. 창업자 마크 저커버그가 우선했던 것은 수익이 아니라 세상을 더 개방적으로 연결시키겠다는 비전을 실천하는 것이었다. 덕분에 천문학적인 수익을 거둘 수 있었지만 말이다.

그렇다면 미국 금융자본주의의 몰락이 갖는 역사적 의미는 무엇일까?

미국 금융자본주의가 붕괴하기 몇 해 전에 있었던 일이다. 전 백악관 경제 담당 보좌관 로버트 린지는 자본주의는 역사상 최대의 위기에 직면해 있다고 말했다. 그러면서 위기의 진정한 원인은 위기가 발생하고 있다는 사실 자체가 아니라 위기를 타개할 방법을 아무도 갖고 있지 않다는 데 있다고 지적했다. 과연 로버트 린지의 말을 어떻게 이해하고 받아들여야 할까?

다시 한번 이야기하지만 지식사회의 도래와 함께 권력이 자본 소유자로부터 지식근로자에게로 이동하면서 자본주의는 역사적 퇴장이 상당 정도 불가피해졌다. 이러한 조건에서 수립된 금융자본주의 체제는 자본 진영의 권력을 재탈환하기 위한 마지막 시도였다. 그것도 모든 수단을 동원한 총력전의 성격을 띤 것이었다. 그런데 그 시도는 참담한 실패로 끝났다. 그렇다면 자본 진영이 권력 재탈환을 위한 또 다른 시도를 할 수 있을까. 그것도 실패를 반복하지 않으면서 말이다. 현재로서는 그럴 가능성이 거의 없으며 그런 구상을 갖고 있는 사람 또한 없다. 안을 제시할 만한 똑똑한 사람이 없어서가 아니라 객관적으로 적절한 안이 존재하지 않기 때문이다.

이런 점에서 보자면 로버트 린지의 말은 예언이 아니라 액면 그대로 현실이 되었다고 볼 수 있다. 자본주의는 스스로를 지속시킬 방법을 찾기가 쉽지 않은 상태가 되었기 때문이다. 정녕 그렇다면 자본주의는 조용히 역사의 무대 뒤로 퇴장할 수밖에 없을 것이다. 다만 그 과정은 매우 느리게 진행될 것으로 보인다. 일시에 전복되거나 붕괴할 가능성 또한 희박하다. 자본주의의 여러 형식들은 더욱 오래 유지될 수 있다. 시야를 좁혀서 보면 자본주의가 서서히 퇴장하고 새로운 질서가 태동하는 과정은 자본주의가 새로운 단계로 진화하는 것처럼 비칠 가능성도 충분히 있다. 덕분에 사람들 눈에는 자본주의가 큰 이상 없이 그럭저럭 유지되고 있는 듯이 보일 수 있다.

아무튼 미국 금융자본주의의 몰락은 자본주의의 역사적 퇴장에서 되돌릴 수 없는 출발점이 될 가능성이 매우 크다. 물론 이 역시도 어디까지나 잠정적 결론일 뿐이다. 최종 판단을 내리자면 더 많은 사실들을 확인해야 하는 것이다.

4. 위기는 이제 시작일 뿐이다

미국의 서브프라임 쇼크로 시작된 금융위기는 세계 경제를 극도의 위기로 내몰았다. 세계 경제는 신용경색으로 얼어붙었다. 아울러 위기를 수습하는 과정에서 각국의 정부와 개인의 부채가 급속히 증가했다. 예컨대 2008~2011년 사이 GDP 대비 정부 부채 규모는 미국은 71.6퍼센트에서 100퍼센트 수준으로, EU는 70.1퍼센트에서 90퍼센트 수준으로 급상승했다. 이러한 부채의 급증은 곧바로 정부의 재정위기와 개인의 부채위기를 심화시켰다. 결국 미국 금융위기의 찬바람이 채 가시기도 전에 유럽의 그리스와 스페인, 아일랜드, 이탈리아, 포르투갈 등에서 금융·재정 위기가 잇따라 터졌고 이를 수습하기 위해 EU는 매번 수천 억 유로를 쏟아부어야 했다.

이러한 과정을 거치면서 위기를 예방하거나 수습할 수 있는 정부의 능력이 빠르게 고갈되어갔다. 이 점은 2011년 세계 증시 폭락 과정에서 여실히 드러났다. 위기의 규모가 정부의 자금 동원 능력을 훨씬 상회하고 있을 뿐만 아니라 정부 또한 재정위기에 직면할 가능성이 커지면서 운신의 폭이 몹시 좁았던 것이다.

그 결과 인류는 그 어느 때보다도 불안한 시대를 살 수밖에 없게 되었다. 증시 폭락, 금융·재정 위기, 부동산 거품 붕괴 등 각종 형태의 경제위기가 끝없이 반복되고 있지만 이를 예측하는 것조차 쉽지 않다. 먹구름이 짙게 드리워져 있는 가운데 언제 어디에서 폭풍우가 몰아칠지 알 수 없는 상황이 된 것이다. 게다가 위기를 수습할 수 있는 가능성은 더욱 희박해져가고 있다. 위기 수습을 위해 풀 돈도 없고, 나설 소방관도 마땅치 않기 때문이다. 그 결과 반복되는 경제위기는 마치 마법사의 통제를 벗어난 괴물처럼 되어버렸다. 이래저래 오늘보다 나은 내일을 기약하기가 쉽지 않은 상황이다.

이 점에서는 동아시아도 예외가 아니다. 일본은 장기적인 경기침체 과정에서 정부 재정적자가 GDP 대비 230퍼센트로 세계 최고 수준에 이르렀다. 이는 한국의 40퍼센트에 비교해보더라도 지나치게 높은 수준이다. 많은 투자자들이 일본을 위험 국가로 간주하기에 충분한 것이다. 다만 재정위기를 맞은 유럽 국가들과 달리 국외 차입이 별로 없다는 것이 그나마 일본을 버티게 해주는 요소다. 중국 또한 곳곳에 위험이 도사리고 있다. 장기간에 걸친 고속성장 과정에서 부동산 거품이 상당 규모로 부풀어 올라 있는데 이것이 언제 터질지 모르는 것이다.

지난날 금융자산이든 부동산이든 자산은 끊임없이 증식하면서 소유자에게 더 많은 부를 안겨다주었다. 그런데 이 같은 상황이 더 이상 지속되기 어렵게 된 것이다. 현재 대부분의 선진국에서 금융자산은 직접적으로 가치를 창출하는 실물경제에 비해 지나치게 덩치가 커져 있다. 균형을 되찾기 위해서는 금융자산의 가치 파괴가 불가피한 상황이다. 부동산 가격 또한 실제 수요에 비해 터무니없이 높게 올라 있다. 부동산 거품 붕괴 역시 필연적인 것이다.

이런 점에서 전문가들은 한결같이 2008년 미국의 금융위기는 위기의 출발점에 불과하다고 보고 있다. 앞으로도 거듭되는 증시 폭락, 금융·재정 위기와 부동산 거품 붕괴로 자산 가치는 계속 파괴될 것이라는 예측이다. 돈이 돈을 벌어주는 자산 가치 증식의 시대가 가고 돈이 돈을 집어삼키는 자산 가치 파괴의 시대가 온 것이다.

어쩌면 이러한 위기의 지속은 긴 역사적 안목에서 볼 때 낡은 질서가 무너지고 새로운 사회가 태동하는 과정일 수 있다. 위기의 지속으로 인해 발생하는 고통조차도 자본주의 이후의 새로운 사회가 잉태하는 과정에서 겪는 일종의 '산고'일 수 있는 것이다. 그런 만큼 위기를 소극적으로 수습하는 데 머무르는 것이 아니라 이를 적극적으로 돌파하는 역동적 관점을 가질 필요가 있다.

이런 점을 염두에 두면서 한국의 상황은 어떤지 살펴보자. 결론부터 이야기하자면 한국 역시 결코 안전지대가 아니다. 먼저 정부와 공공기관 부채가 예사롭지 않다. 2010년 정부의 부채 규모는 GDP

대비 40퍼센트 정도다. 여기에 여차하면 정부가 떠안아야 할 공공기관의 부채까지 더하면 GDP 대비 70퍼센트 정도가 된다. 재정위기를 겪었던 스페인, 포르투갈 등 EU국가와 비슷한 수준이다. 자칫 방심했다가는 큰일을 치를 수도 있는 상황인 것이다.

기업의 경우 외환위기 이후 차입 경영으로부터 탈피하면서 부채 규모를 크게 줄였다. 그럼에도 2010년 3월 기준으로 상거래 신용 등을 포함한 기업의 금융 부채는 1,782조 원에 이르고 있다. 결코 작은 규모가 아니다. 개인의 경우는 한층 심각하다. 2010년 3월 가계부채는 모두 922조 원에 이르고 있다. '빚 폭탄'을 안고 있는 주의·위험 등급자가 전체의 30퍼센트 정도에 이른다. 한국 역시 금융·재정 위기에서 결코 자유롭지 않음을 알 수 있다.

미국의 예에서 드러나듯 금융·재정 위기를 폭발시키는 뇌관 구실을 하는 것은 대체로 부동산 거품 붕괴다. 바로 이 지점에서 한국 또한 상당히 위험스러운 상태에 놓여 있다. 부동산 거품 붕괴 가능성이 급속히 높아지고 있는 것이다.

한국 경제에서 부동산 관련 산업이 차지하고 있는 비중은 무려 20퍼센트 정도다. 그러다 보니 역대 정부는 부동산 경기를 유지하기 위해 물량 공급을 지속적으로 확대하면서 동시에 높은 가격을 유지하는 정책을 취해왔다. 그 결과 전국적으로 주택 공급률이 100퍼센트 수준에 이르렀음에도 주택 가격은 여전히 높은 상태를 유지하고 있다. 덕분에 서울의 경우 직장인이 저축을 통해 아파트를 장만하려면 적어도 30~50년 정도 걸려야 한다.

문제는 이 같은 부동산 경기가 더 이상 유지될 수 없는 한계점에 이르렀다는 데 있다. 저출산·초고령화 사회에 진입하면서 추가 수요는 갈수록 줄어들고 있다. 설상가상으로 감당하기 힘든 가계 부채로 인해 주택을 구입하려는 사람이 더욱 줄어들고 있다. 반면 은퇴를 한 노년층은 기존에 살던 주택을 팔고 규모가 작은 곳으로 옮겨가는 추세다. 노후 준비가 안 되어 있는 경우 부동산을 팔아서 생계비를 조달할 가능성은 더욱 크다. 이 와중에도 신규 공급은 무차별적으로 확대되어왔다. 정부가 추진한 보금자리 주택과 신도시 개발로 공급되는 주택만 해도 수백만 채가 된다. 이래저래 심각한 과잉 공급 사태가 발생하고 있는 것이다.

이 모든 상황에 비추어볼 때 부동산 거품 붕괴는 필연이다. 아시아미래인재연구소는 2010년 이후 10년 동안 세 차례에 걸쳐 거품 붕괴가 일어날 것으로 예측한 바 있다. 이미 거품 붕괴의 조짐은 곳곳에서 나타나고 있다. 최근 몇 년 동안 수도권에 있는 10억 원짜리 대형 아파트가 4억 원대로 떨어졌고, 서울 강남의 초고층 주상복합아파트 타워팰리스는 10억 원 정도씩 가격이 하락했다. 지방에서는 분양가의 40~50퍼센트를 할인한 가격으로 주택을 판매하는 경우가 속출했으며, 곳곳에 미분양 아파트와 사무실이 넘쳐나고 있다. 부자들의 가슴을 설레게 했던 뉴타운은 팔리지 않은 주택이 곳곳에 널려, 밤이면 짙은 어둠 속에 휩싸이는 유령도시가 되었다. 야심 차게 추진했던 인천의 송도 국제신도시는 텅 빈 건물이 즐비한 황량한 벌판으로 전락해 있다.

부동산 거품 붕괴는 부동산 가격만 놓고 보면 정상화 과정으로 볼 수도 있다. 과도하게 높이 책정되었던 가격이 제자리를 찾아가는 과정이기 때문이다. 그러나 일본의 예에서 볼 수 있듯이 그로 인한 후유증은 끔찍하기 그지없다.

일본 국토교통성의 자료에 의하면 1970~1980년대 말까지 일본의 부동산 가격은 하늘 높은 줄 모르고 치솟았다. 1974년을 100으로 보았을 때 1991년 부동산 거품이 꺼질 무렵 주택 지구의 땅값은 296.4, 상업 지구의 땅값은 271.6에 달했다. 17년 동안 세 배가량 뛰어오른 것이다. 특히 1991년 직전에는 51개월 연속으로 부동산 가격이 올랐다. 이렇게 부동산 가격이 뛰자 자금이 대거 부동산으로 몰렸고 너도 나도 대출을 받아 부동산을 매입하는 것이 큰 붐을 이루었다.

하지만 부동산 가격은 1991년 이후 16년 동안 계속 하락했다. 일본 전체로 보면 주택의 경우 60퍼센트, 상업용 부동산의 경우 87퍼센트가 떨어졌다. 거액의 대출을 받아 부동산을 매입한 사람들이 대거 파산에 직면했고, 부동산을 담보로 대출해주었던 금융기관 역시 덩달아 나자빠졌다. 소비는 극도로 위축되었고 경제는 장기간 침체의 늪에서 벗어나지 못했다. 이른바 '잃어버린 10년'이 일본을 덮친 것이다.

이제 한국이 일본의 전철을 밟을 가능성이 커지고 있다. 부동산 거품이 붕괴되고 그 여파로 금융위기가 발생하면서 경제 전반이 타격을 받을 가능성이 높아진 것이다. 적어도 그럴 가능성을 충분히 염두에 두고 대비해야 하는 상황이 되었다.

종합적으로 볼 때 지난 수십 년 동안 기승을 부렸던 개발주의는 서서히 종언을 고하고 있다. 삽질만 하면 쉽게 돈을 버는 기회는 더 이상 기대하기 힘들게 된 것이다. 이 같은 상황 변화는 금융 등 다방면으로 영향을 미치면서 한국 사회 전체를 소용돌이치게 만들 것이다.

자본주의 체제 아래서 다수의 사람들은 행복은 소유에 비례한다고 믿었다. 그리하여 더 많이 소유하기 위해 끊임없이 경제 규모를 키우고자 애썼다. 오랫동안 성장지상주의가 풍미했던 것은 부분적으로 이러한 욕망이 빚어낸 현상이었다. 하지만 경제성장이 기대했던 만큼의 행복을 가져다주었는지에 대해서는 여러모로 되짚어볼 필요가 있다. 경제성장의 부산물인 빈부격차, 환경파괴, 정신적 빈곤의 심화가 행복의 상당 부분을 집어삼켰기 때문이었다.

그러던 중 금융자산의 가치 파괴와 부동산 거품 붕괴가 연이어 일어났다. 그 결과 필요 이상으로 많은 자산을 가진 사람일수록 기쁨과 행복보다는 불안과 고통을 더 많이 느끼게 되는 상황이 되었다. 더불어 교환경제에서 접속경제로의 전환이 시작되면서, 소유를 통해 욕망을 충족시켰던 것에서 접속을 통한 체험을 중시하는 쪽으로 사람들의 선택 방향이 바뀌어가고 있다. 이는 우리 시대에서 무엇인가를 소유해야 할 필요성이 그만큼 줄어들고 있다는 것을 의미한다.

상황이 이렇다 보니 많은 사람들이 기존의 삶의 방식을 반성하고 새로운 삶을 모색하기 시작했다. 나와 영혼, 나와 사회, 나와 지구와의 관계를 근본적으로 재정립하기 위한 다양한 시도가 이루어졌다. 무엇보다도 물질적 소비보다는 정신적 충만을 우선하고, 소유가 아닌 관계 속에서의 풍부한 체험을 통해 행복을 찾고자 하는 노력이 널리 확산되고 있다.

한 조사에 따르면 이 같은 조류에 동참하고자 하는 사람들의 수는 미국의 경우 성인의 4분의 1 수준인 5,000만 명 정도에 이른다고 한다. 유럽 역시 비슷한 수준에 이르고 있다.* 일본에서도 유사한 현상이 나타나고 있다. 경제침체가 장기화되면서 돈도 많이 쓰지 않고, 자동차도 갖지 않으면서 생활 규모를 최소화하는 일명 '미니멈 라이프', '다운사이징 라이프'가 유행하고 있는 것이다.

---

* 노소영, 「행복한 부자가 되는 길」, 『중앙SUNDAY』, 2011. 2. 13.

이렇듯 일련의 위기를 겪으며 삶의 가치와 양식에서도 근본적 변화의 조짐들이 나타나고 있다. 이는 사회적 환경을 변화시키는 또 하나의 요소로 작용할 것이 분명하다. 이래저래 역사는 전혀 새로운 국면을 향해 치닫고 있다.

3장

전쟁 상태에 돌입한
글로벌 경제

• 2008년 미국 금융자본주의 몰락을 계기로 글로벌 경제는 전혀 새로운 국면을 맞이하고 있다. 글로벌 경제가 가히 전쟁이나 다름없는 상태에 돌입하고 있는 것이다. 과연 우리는 이러한 상황을 어떤 관점을 갖고 맞이해야 할 것인가. 진정으로 세상을 바꾸고자 하는 사람은 주어진 상황을 자신의 힘을 키울 수 있는 적극적 기회로 활용한다. 그런 사람들이 능히 역사의 다음 국면을 주도한다.

이를 입증하는 고전적 예로서 로마와 카르타고 사이에 벌어졌던 포에니 전쟁을 들 수 있다. 로마는 카르타고의 명장 한니발의 공격을 받으면서 절체절명의 위기에 직면했다. 그러나 로마는 이를 기회로 내부의 힘을 최대한 결집함으로써 위기를 극복했을 뿐만 아니라 한 걸음 더 나아가 지중해의 패권을 차지하는 데 성공할 수 있었다. 제2차 세계대전 당시 일본의 침략을 받았던 중국에서도 비슷한 모습을 발견할 수 있다. 위기의 순간 중국 공산당은 일본에 대한 저항을 주도함으로써 대중의 전폭적인 지지를 바탕으로 급속히 세력을 키울 수 있었다. 마침내 중국 공산당은 일본을 물리친 뒤 대륙을 석권하기에 이르렀다. 오늘날의 중국은 그렇게 해서 탄생했다.

그런데 글로벌 전쟁에서 직접 전투를 치르는 것은 기업들이다. 기업들은 치열한 글로벌 경제 전쟁의 한복판에서 살아남기 위해 끝없는 변신을 시도할 것이다. 글로벌 경제 전쟁이 기업들로 하여금 전혀 새로운 모습으로 진화하도록 강하게 압박하는 것이다. 바로 이런 점에서 우리는 글로벌 경제 전쟁을 기업들의 경영혁명을 촉진하는 적극적 기회로 활용할 필요가 있다. •

1. 코스모스에서 카오스로

1980년대 자본주의 세계는 미국과 유럽, 일본이 각축전을 벌이는 3극 체제를 형성하고 있었다. 미국은 여전히 세계 최대 시장이었지만 전통산업의 경쟁력 약화로 절대 우위를 상실한 상태였다.

그러나 1990년대 접어들어 상황은 극적으로 바뀌었다. 소련을 무너뜨리는 데 성공한 미국은 승리의 여세를 몰아 신자유주의 세계화 전략을 전격적으로 추진했다. 그 결과 지구상에 있는 대부분의 나라들이 미국 주도의 신자유주의 세계화 흐름에 편입되기에 이르렀다. 요컨대 미국 중심의 일극 체제가 수립된 것이다.

그러던 중 2008년 금융위기가 발생하면서 이 모든 것을 뿌리째 뒤흔들어놓고 말았다. 금융위기와 함께 미국은 위기 수습을 위해 다른 나라의 도움을 받아야 하는 처지로 전락했다. 미국은 더 이상 홀로 세계 질서를 유지하고 이끌어갈 힘이 없음이 확연해진 것이다. 도리 없이 미국은 유일 초강대국의 지위를 조용히 내려놓아야 했다.

미국 중심의 일극 체제가 붕괴하자 글로벌 경제는 극심하게 요동치기 시작했다. 일순간에 글로벌 경제는 수많은 힘이 서로 엉키고 충돌하면서 생사를 다투는 대혼전 속으로 빠져들어갔다. 이 같은 글로벌 경제의 상태를 표현할 수 있는 단어는 아마도 '전쟁'밖에 없을 것이다. 말 그대로 글로벌 경제 전쟁이 시작된 것이다.

과연 이러한 글로벌 경제 전쟁에서 새롭게 주도권을 잡을 수 있는 곳은 어디인가? 1980년대를 기준으로 보면 미국을 대신하여 세계 경제의 주도권을 잡을 가능성이 가장 큰 곳은 유럽과 일본이었다. 그러나 현재로서는 두 곳 모두 세계 경제의 주도권을 잡기에는 매우 여의치 않은 상태다.

유럽 국가들이 유로(Euro)라는 공통 화폐를 채택하면서까지 유럽 연합(EU) 건설에 박차를 가한 것은 그들 나름대로 원대한 비전을 갖고 있었기 때문이다. 그들은 적어도 미국과 대등한 지위를 확보하고 싶었고 나아가 세계 경제의 주도권을 행사할 수 있기를 꿈꾸었다. 2008년 미국 금융위기가 발생한 직후 세계 각국이 다투어서 불안정한 달러를 피해 유로를 국제결제 수단으로 채택할 때만 해도 이러한 꿈은 현실화되는 듯했다.

그러나 회원국들 사이에서 잇따라 금융·재정 위기가 발생하면서 EU는 크게 휘청거리고 말았다. 그에 따라 기대했던 것과 달리 유로는 국제무대에서 달러보다도 더 불안한 화폐로 취급받기에 이르렀다. 세계 경제의 주도권을 행사하기는 고사하고 그 자신을 추스르기도 벅찬 상황이 된 것이다.

1980년대 일본 경제는 세계 시장을 파죽지세로 점령하면서 엄청난 위세를 떨쳤다. 그러나 부동산 거품 붕괴와 함께 '잃어버린 10년'이 일본 경제를 덮치면서 상황은 일시에 반전되고 말았다. 그럼에도 일본 경제의 잠재력은 여전히 상당한 수준이다. 일본은 미국 내 특허 등록 수에서 세계 2위로서 풍부한 기술력을 자랑하고 있다. GDP 규모도 한국의 다섯 배가 넘는다. 문제는 이러한 잠재력을 구현할 새로운 성장 모델을 창조하고 있지 못하다는 데 있다. 산업 시대의 기업 문화와 성장 모델에서 크게 벗어나지 못하고 있는 것이다. 그 결과 '잃어버린 10년'이 계속 연장되면서 이제는 '잃어버린 20년'으로 표현을 바꾸어야 할지도 모르는 상황이 되었다.

이렇듯 EU와 일본이 고전하고 있는 사이 재빨리 힘을 키우면서 세계 경제에서의 비중이 급속히 커진 나라는 이른바 브릭스(Brics)로 불리는 중국, 러시아, 인도, 브라질 네 나라였다.

러시아는 드넓은 영토와 풍부한 자원을 무기로 구소련의 영화를 되찾고자 의욕에 찬 발걸음을 계속하고 있다. 푸틴 정권 이후 원유와 천연가스 수출을 통해 벌어들인 막대한 자금을 바탕으로 높은 경제 성장세를 지속하고 있다. 인도 또한 우수한 소프트웨어 역량을 바탕으로 높은 경제성장률을 구가하고 있다. 카스트 제도 등 복잡한 사회 구조와 높은 문맹률 등 장애물이 곳곳에 널려 있지만 중국과 맞먹는 인구를 바탕으로 풍부한 성장 잠재력을 과시하고 있다. 룰라 정부 8년을 거치며 면모를 일신한 브라질은 중남미를 대표하는 국가로서의 위상을 굳힘과 동시에 글로벌 경제에서의 입지를 넓혀나가고 있다. 드넓은 국토, 풍부한 천연자원, 많은 인구 등이 브라질의 성장 잠재력을 뒷받침하고 있다.

하지만 미국 중심의 일극 체제 붕괴와 함께 세계의 시선이 가장 집중되고 있는 나라는 단연 중국이라고 할 수 있다.

중국은 일본을 제치고 세계 2위의 경제대국으로 부상했고, 이제는 GDP 규모에서 미국마저 추월할 수 있는 위치에 서게 되었다. 수출 규모에서는 이미 미국을 제치고 세계 1위 국가가 된 상태다. 외환 보유고 역시 2011년 현재 3조 달러를 넘어섬으로써 세계 1위 자리를 굳히고 있다. 중국은 이제 세계의 공장이자 투자 자본의 블랙홀로서 전 세계의 자원과 자본을 거침없이 빨아들이는 한편 생산된 제품을 전 세계에 쏟아내고 있다. 무엇보다도 내륙을 향해 끊임없이 팽창하는 거대한 시장이 무한한 가능성을 보여주고 있다. 개혁·개방을 추진한 지 불과 30여 년 만에 일구어낸 놀라운 성과다. 5,000년 역사를 통해 축적된 중국의 잠재력이 거침없이 폭발하고 있는 양상이다.

많은 논자들이 중국의 부상을 지켜보면서 미국과 중국이 자웅을 겨루는 G2 시대가 개막되었다고 말한다. 일견 타당한 이야기다. 그렇다고 세계가 미국과 중국을 중심으로 양분될 가능성은 거의 없다. EU와 일본, 러시아, 인도, 브라질은 독자적인 영역을 구축하는 방향에서 행보를 거듭할 것이기 때문이다. 동남아시아, 중동, 아프리카, 중남미의 크고 작은 나라들 역시 거인들이 벌이는 각축전의 틈바구니 안에서 자기들만의 생존 공간을 마련하기 위해 부심할 것이다.

중요한 것은 그 과정에서 상호 보완적 지점보다는 충돌의 지점이 더욱 커지고 있다는 데 있다. 말 그대로 세계는 미국 중심의 일극 체제를 통해 유지되었던 코스모스 상태에서 대혼전의 카오스 상태로 급속히 바뀌고 있는 것이다. 글로벌 경제가 카오스 상태로 돌입하고 있다는 것을 가장 압축적으로 보여주는 것은 다름 아닌 기축통화를 둘러싼 불안정한 상황이다.

제2차 세계대전 이후 달러는 오랫동안 기축통화로서 역할을 했지만 미국 정부의 재정적자가 위험 수위를 넘어서고 금융위기까지 발생하면서 그 지위가 크게 흔들리기에 이르렀다. 그러자 EU의 유로와 중국의 위안화가 새로운 기축통화 지위에 도전장을 던지고 있다. 이미 국제 교역의 상당 정도가 유로와 위안화로 결제되고 있는 상태다. 하지만 단기간 안에 유로와 위안화가 달러를 대체하는 새로운 기축통화로 등장할 가능성은 희박하다. 유로는 앞서 이야기했듯이 거듭되는 EU 회원국들의 금융·재정 위기로 신뢰가 많이 떨어진 상태다. 위안화 역시 국제 시장에서 충분한 신뢰를 얻기에는 아직 거리가 멀다. 결국 확고한 기축통화가 없는 혼란스러운 상태가 오랫동안 지속될 가능성이 높은 것이다.

아마도 인류 역사상 세계 시장을 둘러싸고 이토록 혼란스러운 상황 속에서 치열하게 각축전이 벌어진 적은 없었을 것이다. 중요한 것은 그 누구도 이러한 글로벌 경제 전쟁으로부터 자유로울 수 없다는 사실이다. 특히 직접 전투를 치러야 하는 기업은 그 무엇보다도 강한 영향을 받을 수밖에 없다.

글로벌 경제 전쟁은 기업들을 극심한 경쟁으로 내몰면서 조금이라도 구태의연한 요소가 있으면 가차 없이 퇴출시키도록 압력을 넣을 것이다. 더불어 생산 시스템, 경영전략, 비즈니스 모델을 혁명적으로 재창조하도록 강제할 것이다. 요컨대 매우 높은 수준에서 경영혁명을 수행하도록 압박하는 것이다. 이러한 과정을 거쳐 이전에는 찾아볼 수 없었던 전혀 새로운 형태의 기업이 등장할 것으로 예상된다.

2. 미국의 반격

글로벌 경제 전쟁을 더욱 격한 상태로 몰고 갈 강력한 변수가 있다. 그것은 바로 미국의 반격이다.

미국은 1970년대부터 전통산업에서 생산력 우위를 상실하기 시작했다. 이러한 상황은 미국 경제가 금융자본 중심으로 시스템을 전환하면서 더욱 심화될 수밖에 없었다. 금융자본의 이윤 극대화는 상당 정도 실물경제를 잠식하면서 이루어졌기 때문이다. 그럼에도 오랫동안 체질화된 고소비구조는 그대로 유지될 수밖에 없었다(미국의 고소비구조는 저축률이 1퍼센트 대에 머물 정도로 매우 높다).

생산기반의 약화와 고소비구조 사이의 모순은 무역적자의 지속적인 확대로 나타났다. 2004년 미국의 경상수지 적자는 GDP의 5.7퍼센트인 6,659억 달러였는데 이 중 99퍼센트 이상이 무역수지 적자로 인해 발생한 것이었다. 이렇게 누적된 미국의 대외순채무 잔액은

2004년 말 기준으로 3조 2,856억 달러에 달했다. 이는 미국 GDP의 28퍼센트에 해당하는 매우 높은 수치다.

일반적으로 무역적자가 지속되면 자국 통화의 평가절하를 통해 수입을 감소시키는 조정국면을 거친다. 그런데 미국은 그러한 조정 국면을 거치지 않은 채 계속해서 무역적자를 확대해왔다. 도대체 어떻게 하여 이러한 일이 가능했던 것일까? 그 비밀은 바로 달러의 국제 순환(Recycle)에 있었다.

그동안 세계에서 미국의 달러를 가장 많이 보유해온 나라들은 중국, 일본, 대만, 한국 등 동아시아 국가들이었다. 이 나라들은 공통적으로 미국 시장에 대한 의존도가 매우 높았다. 그런 만큼 미국의 수입이 줄면 함께 타격을 받을 수밖에 없는 처지였다. 어떻게 해서든지 미국의 무역적자를 메워주어야 했던 것이다. 이를 위해서 동아시아 국가들은 미국 시장에 수출해서 벌어들인 달러로 미국 정부가 발행한 국채를 매입해왔다. 덕분에 미국은 이 돈으로 무역적자를 보충할 수 있었다. 이런 식으로 미국 정부가 2004년 한 해 발행한 국채만 해도 5,950억 달러에 이르렀다. 결국 미국의 높은 수준의 소비와 동아시아의 지속적인 수출 확대, 그로 인한 미국의 무역적자와 동아시아의 무역흑자가 두 개의 톱니바퀴처럼 서로 맞물려 돌아갔던 것이다.

달러의 국제 순환을 바탕으로 중국은 미국 시장에 대한 수출을 지속적으로 확대할 수 있었다. 물론 이는 중국에 대한 미국의 전략적 고려가 작용한 결과이기도 했다. 미국은 중국으로 하여금 자국 시장에 의존하게 함으로써 미국 주도의 세계 질서 안에 묶어두고자 했던 것이다.

중국은 이 모든 기회를 십분 활용하면서 고속성장을 지속할 수 있었고 이는 곧바로 한국에 새로운 기회를 안겨다주었다. 1990년대 이후 중국이 한국의 최대 교역국이자 투자국으로 부상했던 것이다. 단적으로 한중의 교역 규모는 한미 간의 그것에 비해 무려 세 배 정도나 컸다. 1990년대 이후 한국의 성장은 사실상 중국 시장의 확대에 의존했다고 해도 과언이 아니다.

그런데 이제 한국과 중국, 미국 사이에 형성되었던 성장의 고리가 끊어져나가고 있다. 수출의 20퍼센트 이상을 미국 시장에 의존하는 중국과 중국의 성장에 의존했던 한국 모두에 위협적인 상황이 불어닥친 것이다. 바로 미국의 전략 변화가 이러한 상황을 야기하고 있다.

미국은 2008년 금융위기를 겪으면서 기존의 틀로는 더 이상 자국 경제를 유지할 수 없다고 판단했다.

2010년 1월 27일 미국의 오바마 대통령은 국정연설에서 "5년간 수출을 두 배로 늘려서 미국 내에 200만 개의 일자리를 만들어낼 것이다!", "차입과 소비의 시대를, 국내에서 덜 소비하고 나라 밖으로 수출하는 시대로 바꾸는 새로운 성장과 번영의 토대를 닦아야 한다"고 거듭 강조했다. 또한 로렌스 서머스 백악관 국가경제위원회(NEC) 위원장도 "새로운 미국 경제는 수출 지향적이고 소비에 덜 의존하게 될 것이다. 글로벌 불균형은 해소되어야 하며 미국이 최종 소비자로서의 역할을 그만두게 된다면 다른 나라들도 그에 따라 입장을 바꾸어야 할 것이다"라는 강도 높은 발언을 했다.

정치 지도자들이 쏟아낸 일련의 발언은 미국이 열심히 물건을 사주는 식으로 다른 나라를 키워주고 이를 통해 헤게모니를 행사한 그간의 특별한 지위를 과감히 벗어던졌음을 말해준다. 다시 말해 미국 역시 여느 나라와 마찬가지로 소비를 줄이고 열심히 물건을 팔아서 먹고살 길을 찾겠다는 것이다. 세계를 호령하던 미국이 생존의 위기에 직면하면서 상당히 자세를 낮춘 것이다.

미국이 수출경쟁력을 확보하기 위해서 가장 역점을 두고 있는 것은 신기술 분야를 선점하는 것이다. 오바마 정부가 2009년 줄기세포 연구에 연방정부의 재정 지원을 허용하는 행정명령에 서명했고, 향후 제2차 인터넷혁명을 위한 인프라 투자에 많은 힘을 쏟고 있는 것도 그러한 노력의 일환이라고 할 수 있다.

현재 전기 자동차, 바이오산업, 차세대 에너지산업, 나노산업, 항공우주산업 등 신기술 분야에서 가장 앞서 있는 곳은 미국이다. 게다가 신기술 산업을 뒷받침할 수 있는 고급 인력의 60퍼센트 정도가 미국에 몰려 있다. 신기술 개발을 선도하는 벤처기업이 발전하기에 가장 좋은 환경을 지니고 있는 나라 역시 미국이다. 금융위기로 출구를 찾기 힘들어진 막대한 규모의 자금이 이들 신기술 분야로 몰릴 가능성도 더욱 커지고 있다. 여기에 정부 차원에서의 전략적 지원이 결합한다면 효과는 배가될 것이다.

여러모로 신기술 분야에서 미국이 주도권을 발휘할 수 있는 가능성이 매우 큰 것이다. 미국은 이러한 신기술 분야에서의 성과를 통해 전통산업에서의 열세를 만회하고자 할 것이고 실제 그런 방향으로 움직이고 있다. 그렇게 되면 금융위기로 실추되었던 미국의 지위도 상당 정도 회복될 것으로 보인다.

흔히들 이제 미국의 시대는 갔다고 말한다. 미국이 유일 패권을 행사하던 시대가 간 것은 분명하다. 더 이상 세계는 미국을 유일한 구심점으로 하여 움직이지 않을 것이다. 그렇다고 해서 미국이 강대국의 지위마저 상실했다고 보는 것은 매우 성급한 결론이다. 현재 미국은 전열을 정비하고 반격에 나서고 있다. 그 결과가 어떻게 나타날지는 아무도 장담하지 못한다. 모든 가능성을 열어두고 지켜보는 자세가 필요한 것이다.

3. 또다시 기로에 선 한국 경제

한국은 GDP 대비 수출 비중이 40퍼센트가 넘는 나라다. 이웃 일본의 수출 비중이 7퍼센트 정도임을 감안하면 절대적으로 높은 수준이다. 그 어떤 나라보다도 글로벌 경제 전쟁으로부터 강한 압박을 받을 수밖에 없는 입장이다. 대외의존도를 낮추기 위한 장기계획과 글로벌 경제 전쟁의 돌파 방안을 함께 마련해야 하는 처지인 것이다. 그렇다면 한국 경제가 글로벌 경제 전쟁을 헤쳐 나가기 위해 필요한 것은 무엇일까. 이 점을 정확히 파악하기 위해서는 먼저 1960년대 경제건설이 본격화된 이후 한국 경제가 어떤 길을 걸어왔고 현재 어떤 어떤 상황에 놓여 있는지를 되돌아볼 필요가 있다.

추격전략에서 창조전략으로

70여 년 전만 해도 한국은 일제 식민 지배를 경험한 참담하기 그지없는 나라였다. 해방이 되자마자 분단이 되었고 끝내는 전쟁마저 겪어야 했다. 한국전쟁 직후 한국은 외부 관찰자 입장에서 볼 때 도무지 희망이라고는 찾아볼 수 없는 나라였다. 세상에서 가장 가난한 나라에 속해 있었고 자본과 기술, 시장, 그 어느 것도 제대로 갖춘 것이 없었다. 한국의 경제건설은 바로 이 같은 악조건 속에서 출발했다.

한국의 기업들은 대부분 외국의 자본과 기술에 기대어 출발했다. 그러면서도 외국으로부터 도입한 중고기술을 완전히 소화했고 외국인의 어깨너머로 기술을 훔쳐보면서 실력을 키웠다. 그렇게 해서 어느 정도 수준에 오르자 1990년대 이후에는 일본을 따라잡기 위해 치열한 노력을 기울였다. 마침내 도무지 다가설 수조차 없을 것 같았던 일본을 전자·조선 등 많은 분야에서 넘어서기 시작했다.

이러한 과정을 거쳐 한국의 국제적 위상은 괄목상대할 만한 변화를 겪었다. 1960년대 초까지만 해도 미국의 원조 없이는 생존을 보장받을 수 없었고, 외국 자본을 끌어들이지 않으면 공장 하나 제대로 지을 수 없었던 한국이 지속적인 경제성장을 거치면서 면모를 일신한 것이다.

과거 한국의 제품을 뜯어보면 그 안에 장착된 핵심 부품은 대부분 일본산이었다. 그에 따라 한국 경제를 둘러싼 종속 시비가 끊이지 않았다. 이러한 문제가 아직 완전히 해결된 것은 아니지만 최근 한국의 기업들은 전혀 다른 면모를 보여주고 있기도 하다. 가령 애플이 출시하여 큰 성공을 거둔 아이폰의 부품은 가격 기준으로 볼 때 70퍼센트 정도가 한국산이었다. 프로세서와 반도체, 낸드플래시는 삼성 제품이었으며, 디스플레이는 LG 제품이었고 배터리도 한국산이었다. 핵심 부품 대부분이 한국산이었던 것이다.

수출 시장 또한 다변화되면서 미국 시장에 절대적으로 의존했던 상황에서 차츰 벗어날 수 있었다. 수출방식에서도 국제 하청생산인 OEM(Original Equipment Manufacturing, 주문자 상표 부착 생산) 수출에서 탈피하여 자기 상표를 갖고 독자적인 영업망을 구축할 수 있었다. 자본 능력의 경우에는 2000년 이후 외환보유고가 세계 5위 안에 들면서 유력한 채권국으로 전환했다. 적어도 자본·시장·기술의 측면에서 보면 상당한 수준에서 자립적 토대를 구축한 것이다. 비록 식량과 에너지의 절대량을 해외에 의존한다는 치명적 약점이 존재하지만 말이다.*

---

* 정치 분야에서도 경제 분야와 비슷한 현상이 일어났다. 오랫동안 한국의 정치는 미국의 강력한 영향력 아래 머물러 있었다. 그러나 지난한 민주화투쟁이 승리하면서 한국의 유권자들은 국가권력을 자신의 통제 아래 둘 수 있었다. 단적으로 다수의 유권자 눈에 벗

이러한 가운데 한국 자본의 해외 진출 또한 크게 늘었다. 2011년 현재 한국 자본으로 설립된 해외법인은 약 5만여 개에 이른다. 레닌이 다시 태어났다면 한국을 신흥 제국주의로 지목했을 법하다. 물론 해외투자가 반드시 나쁜 것은 아니다. 투자 대상국의 경제발전에도 큰 도움이 될 수 있기 때문이다. 하지만 중국과 동남아시아 등에 진출한 한국 기업이 저임금 수탈을 목적으로 강압적 군사문화를 이식시키면서 현지인들의 강한 반발을 불러일으킨 점 등은 결코 간과해서는 안 될 것이다.

돌이켜보면 한국의 기업들은 매번 자신의 능력을 훨씬 넘어서는 목표를 정하고 죽을힘을 다해 돌파하기를 거듭했다. 초고속 압축 성장은 그렇게 해서 일구어낸 것이었다. 그 과정에서 여러 차례 위기를 겪기도 했지만 그때마다 발상의 전환을 통해 위기를 헤쳐 나갔다. 1970년대 석유위기로 국가 경제가 부도위기에 내몰렸을 때는 중동 건설현장에 적극 진출하여 위기를 성장의 기회로 전환시켰다. 그리고 1990년대에 접어들어 그때까지 최대 수출 시장이었던 미국 시장의 진입이 어려워지자 새롭게 열린 중국 시장에 적극 진출하여 위기를 타개했다.

이처럼 한국 경제는 매번 위기를 잘 헤쳐 나갔다. 하지만 최근에 와서 또다시 기로에 섰다.

한국은 1996년 OECD에 가입할 당시 1인당 국민소득이 1만

어난 정권은 언제든지 교체의 대상이 되었다. 외교 관계 역시 과거 미국에 편중되었던 것과 달리 중국, 러시아 등과의 관계가 강화되면서 어느 정도 균형을 찾을 수 있었다. 물론 한국이 대외 종속에서 완전히 탈피하기 위해서는 아직 해결해야 할 과제가 많이 남아 있는 것은 사실이다. 그러나 적어도 미국의 식민지라는 오명을 벗는 데 성공한 것은 충분히 인정받아야 할 것이다.

2,000달러였는데 1997년 외환위기를 맞으면서 크게 하락했다. 그 후 점차 회복세를 보인 끝에 2007년 2만 1,653달러를 기록할 수 있었다. 그러다가 2009년 미국발 금융위기의 여파로 다시 1만 6,000달러 선으로 내려앉고 말았다. 1만 달러를 돌파한 이후 무려 16년 동안 2만 달러를 제대로 넘어서지 못한 것이다. 이는 한국 경제가 일련의 위기를 맞이하여 미끄러지기를 반복한 결과지만 긴 호흡으로 봤을 때 정체 상태에 빠져 있음을 말해주는 것이기도 하다. 세계 최대의 컨설팅 업체로 부상한 IBM도 자체 분석을 통해 한국 경제가 정체 상태에 빠져 있는 것으로 결론 내린 바 있다.

한국 경제가 정체 상태에 빠져 있다는 것은 단지 양적 성장의 지체만을 의미하지 않는다. 이보다 더 큰 문제는 창조적 에너지를 제대로 발산하지 못하고 있는 질적 측면에 있다. 무엇보다도 비즈니스에서 혁신적인 모습을 보여주지 못하고 있다. 과거 소니의 워크맨이나 애플의 아이폰과 같이 시장 판도를 완전히 뒤바꾸어놓을 '와해성 제품'을 개발하고 있지도 못할 뿐만 아니라 새로운 비즈니스 모델을 선보이고 있지도 못하다.

한국 경제는 서둘러 이러한 정체 상태에서 벗어나 새로운 도약을 시도하지 않으면 안 된다. 한국 경제를 둘러싸고 있는 객관적 상황 또한 이를 절실히 요구하고 있다. 최근 삼성과 애플이 스마트기기를 둘러싸고 치열한 접전을 벌이고 있다. 이는 여러 가지 점에서 상징적 의미가 있다. 무엇보다도 삼성과 애플의 싸움은 이제 한국의 기업이 미국의 초우량 기업마저 넘어서야 하는 시점에 와 있음을 보여준다. 이는 한국의 기업들이 새로운 국면을 향해 적극적으로 도약해야 함을 말해주는 것이다.

한국 경제가 정체 상태에서 벗어나 새로운 도약을 이루기 위해서는 무엇보다도 기업들이 발상을 전환하지 않으면 안 된다. 그렇다면 과연 한국 기업들이 발상을 전환해야 할 가장 절실한 문제는 무엇일까.

그동안 한국의 기업들은 주로 남들이 일구어놓은 시장에 뛰어들어 추격전을 벌인 끝에 1위 자리를 차지하는 식이었다. 삼성전자가 그 대표적인 경우라고 할 수 있다. 삼성전자는 시장 동향을 예의주시하다가 될 성싶다고 판단하면 막대한 인력과 자금을 집중 투입하여 일거에 전세를 뒤집었다. 삼성전자는 이러한 과정을 반복하면서 마침내 매출액 기준 세계 최대 전자업체 자리에 오를 수 있었다.

하지만 이러한 '추격전략'으로는 글로벌 시장에서 더 이상 주도적인 위치를 확보하기 힘들다. 한국의 기업들이 추격해야 할 대상보다는 한국 기업을 추격해오는 경우가 더욱 많아졌기 때문이다. 이제 필요한 것은 미지의 영역에 뛰어들어 지금까지 존재하지 않았던 제품을 개발하고 새로운 비즈니스 모델을 선보이는 것이다. 말하자면 '창조전략'으로 전환해야 하는 것이다.

창조전략으로 전환하기 위해 반드시 주목해야 할 지점이 있다. 그것은 미지의 영역에서 새로운 것을 창조하는 주요 무대가 하드웨어에서 소프트웨어로 빠르게 옮겨가고 있다는 사실이다. 스마트기기도 하드웨어 기능보다는 장착되는 소프트웨어와 콘텐츠가 훨씬 높은 비중을 차지하고 있다. 이는 한국의 기업들이 창조전략을 구사하자면 서둘러서 소프트웨어 영역으로 무게중심을 이동시켜야 함을 말해주는 것이다. 이 같은 변화는 하드웨어 생산을 담당하는 제조업이 '고용 없는 성장' 상태에 빠져 있음을 감안하면 더더욱 절실하다.

앞으로 매출 규모에서 하드웨어의 비중은 빠르게 줄어들면서 소프트웨어가 경쟁의 중심이 될 것이다. IT산업에 국한해서 보더라도 전 세계 하드웨어 부문의 매출은 2010년 기준 7,521억 달러에 불과했지만 소프트웨어 부문은 1조 278억 달러를 넘어섰다. 아울러 그 격차가 시간이 흐르면서 더욱 커지고 있다. 무엇보다도 우리가 주목해야 할 점은 소프트웨어 산업은 하드웨어 산업에 비해 부가가치가 높고 고용 창출 효과도 크다는 사실이다. 제조업의 부가가치율은 평균 24.6퍼센트인 데 반해 소프트웨어 산업은 49.6퍼센트로서 두 배가량이나 높다. 매출 10억 원당 고용 창출도 제조업이 10.5명인 데 반해 소프트웨어 산업은 16.5명으로서 50퍼센트 이상 높다.

이러한 맥락에서 한국이 글로벌 경제 전쟁의 한복판에서 미래를 보장받으려면 거품 붕괴 위험에 처해 있는 부동산 관련 산업과 제조업 의존도를 낮추어가면서 소프트웨어와 콘텐츠 관련 산업으로 과감하게 무게중심을 이동시켜야 한다. 말하자면 전면적인 산업구조 재조정이 필요한 것이다.*

늦은 감이 있지만 변화의 조짐은 나타나고 있다. 대표적으로 삼성전자는 소프트웨어 기술자들을 20퍼센트 이내에서 채용하던 종전의 관행을 180도 바꾸어 신규 채용 인력 중 80퍼센트 이상을 소프트웨어 기술자로 채우고 있다. 이러한 변화를 더욱 가속화시키고 확산시켜야 하는 것은 물론이다. 하지만 그에 앞서 풀어야 할 숙제가 있다. 한국 소프트웨어 산업이 안고 있는 고질적 문제를 해결해야 하는 것이다.

---

* 하드웨어에서 소프트웨어로의 중심 이동은 사회 전 분야에 걸쳐 이루어지고 있다. 소프트웨어를 장악한 자가 하드웨어를 지배한다는 것은 이미 하나의 법칙으로 자리를 잡아가고 있다. 정치 또한 조직 등 하드웨어보다는 비전, 가치, 프로그램, 이미지 등 소프트웨어적 요소가 주도적 역할을 하고 있다. 이러한 상황에서 하드웨어 중심의 사고에 빠지면 실패할 확률이 높다. 정당들이 통합을 추진하면서 기대하는 성과를 거두지 못하는 경우가 많은데 대체로 대중이 공감할 수 있는 공통의 비전과 가치를 제시하고 그를 중심으로 접근하기보다는 조직 통합에 치중하는 데 그 원인이 있다. 요컨대 소프트웨어가 아닌 하드웨어 통합을 위주로 접근한 결과라고 할 수 있다.

문제는 문화다

소프트웨어 산업과 가장 관련이 깊은 산업은 두말할 필요도 없이 IT 산업이다. 소프트웨어 산업과 IT산업은 서로 맞물려 발전하기 때문 이다. 어느 한쪽이 발전하지 못하면 다른 쪽도 발전 가능성이 제약당 하는 관계인 것이다. 그런데 한국은 바로 이 지점에서 심각한 문제에 봉착해 있다.

한국의 IT산업은 1990년대 후반만 해도 세계 IT산업을 주도할 수 있을 만큼의 풍부한 가능성을 보여주었다. IT산업을 주도할 새로운 기술과 아이디어들이 엄청나게 쏟아져 나왔던 것이다. 아이디어의 창의성 측면에서는 실리콘 밸리를 능가했다고도 할 수 있다. 무료 인 터넷 전화 기술인 다이얼패드, 채팅 문화를 선도했던 스카이러브, 소 셜 네트워크의 선구자였던 아이러브스쿨과 싸이월드 등이 그 대표적 인 경우라고 할 수 있다. 그러나 현재 한국은 IT산업의 주요 무대인 인터넷에서 새로운 아이디어와 기술을 선보이고 있지 못하다. 말하 자면 선도적인 역할을 상실한 셈이다. 여러 가지 요인이 복합적으로 작용한 것이기는 하지만 무엇보다도 소프트웨어 산업이 함께 맞물려 발전해야 하는데 그렇지 못함으로써 빚어진 결과였다.

그동안 한국은 IT 강국을 자처해왔는데 실상을 따지고 보면 소프 트웨어 산업의 발전을 동반하지 않은 채 하드웨어와 인프라에 치우 친 지극히 기형적인 것이었다. 단적으로 한국은 IT 관련 하드웨어 수 출이 1,300억 달러로 세계 시장의 18퍼센트 정도를 점유하고 있지만 소프트웨어 수출은 1.8퍼센트에 불과하다. IT 분야 글로벌 100대 기 업 중에서 한국의 소프트웨어 기업은 찾아볼 수조차 없다. 세계 시장 에서 한국 소프트웨어 산업의 비중은 미미하기 그지없는 것이다.

이 모든 것은 한국 소프트웨어 산업의 상황을 있는 그대로 반영한 것이다. 한국에서 소프트웨어 분야는 비전이 없는 4D(3D+Dream-less) 업종으로 전락한 지 오래다. 특히 중소 소프트웨어 업체들의 현실은 참혹하기 그지없다. 단적으로 지금까지 10년 이상 버틴 업체가 10개 중 3개 정도밖에 되지 않는다. 대표적인 소프트웨어 기업인 한글과컴퓨터도 경영난으로 주인이 여덟 번이나 바뀌어야 했다. 그러다 보니 대학의 소프트웨어 관련 학과의 정원도 예전에 비해 절반 이하로 줄어들었다.

한국의 소프트웨어 산업이 이렇게까지 쇠락한 요인으로는 여러 가지가 있을 수 있다. 그중 가장 중요한 요인으로 소프트웨어 산업에 전혀 어울리지 않는 후진적인 생산 시스템과 조직문화, 그리고 이를 재생산한 천박한 경영철학을 들 수 있다.

소프트웨어 생산은 일사불란함이 강조되는 하드웨어 생산과 달리, 달라도 무언가 달라야 한다는 독창성이 생명이다. 하드웨어 생산을 지배했던 것과는 전혀 다른 시스템과 조직문화를 요구하는 것이다. 단적으로 지시와 통제 위주의 조직문화에서 소프트웨어 산업은 제대로 꽃을 피울 수 없다. 그런데 한국의 소프트웨어 산업은 대부분 전통산업인 제조업보다도 못한 후진적 시스템과 조직문화를 유지해왔다.

한국의 소프트웨어 산업은 대체로 건설업과 유사한 프로젝트 수주 중심의 하도급 체제 아래서 움직여왔다. 신제품 개발을 통해 새로운 시장을 창출하는 능동적 입장에서 접근하지 못한 것이다. 예컨대 정부기관이나 대기업 등이 발주를 하면 그 과정에서 과당경쟁이 빈번하게 일어났다. 발주자는 이를 이용해 '단가 후려치기' 식으로 최대한 가격을 낮출 수 있었다. 그나마 몇 단계를 거쳐 최종 개발업체로 넘어가는 경우가 많았다. 그러다 보니 개발업체들은 시간에 쫓기면서 비용을 낮추기 위해 직원들을 최대한 쥐어짤 수밖에 없었다. 이 같은 조건에서 프로그램 개발자들은 낮은 보수에 장시간 철야작업을 지속하는 등 매우 열악한 환경에 시달려야 했다.

소프트웨어 산업의 위계질서 또한 건설업의 그것과 매우 유사했다. 가장 고급스러운 작업을 하는 프로그래밍 언어 개발자는 건설현장 소장과 유사한 위치를 차지했던 반면 단순 프로그래머는 '막노동꾼' 취급을 받아왔다. 소프트웨어 산업에 전혀 어울리지 않는 철저한 수직적 위계질서가 지배하고 있었던 것이다.

경영자들의 경영철학 역시 소프트웨어 산업에 전혀 어울리지 않는 후진적인 모습을 보였다. 단적으로 경영자들 중에는 직원이 책상에 오래 앉아 있으면 일을 많이 하는 것으로 착각하는 경우가 수두룩했다. 그러한 경영자들이 주로 관심을 갖는 것은 직원이 책상을 떠나지 못하게 하는 것이고, 밤늦게까지 자리를 지키도록 하는 것이었다. 상당수의 경영자들이 소프트웨어 산업의 작업 특성에 대해 기본적인 이해조차 못하고 있었던 것이다. 그로 인해 나타난 결과는 대부분 비슷했다. 직원들은 대충대충 낮 시간을 때우다가 밤 시간이 되어서야 목표량을 채우는 식으로 대응했던 것이다.

한마디로 지난날 한국 경제를 관통했던 온갖 후진적인 요소들이 소프트웨어 산업에까지 고스란히 스며들었던 것이다. 그런 요소들은 한결같이 소프트웨어 산업에는 치명적인 것인데도 말이다. 당연히 이러한 문제점들을 근본적으로 해결하지 못한다면 한국 소프트웨어 산업의 미래는 암울하기 그지없을 것이다. 이미 도처에서 조짐이 나타나고 있지만 이러한 상황은 IT산업의 완전한 몰락으로 이어질 공산이 크다. 뿐만 아니라 소프트웨어 산업을 기반으로 한 창조전략 구사마저 불가능하게 만들 수 있다. 한국 경제 전반에 실로 엄청난 타격을 안기는 셈이다.

이러한 맥락에서 소프트웨어 산업의 혁신은 사활이 걸린 과제가 아닐 수 없다. 여기서 우선적으로 해결해야 할 과제가 하나 있다.

IBM을 위기에서 구출한 루이스 거스너는 기업의 운명을 좌우하는 핵심 요소는 문화라고 했다. 또한 GE의 제프리 이멜트 회장은 기업문화의 혁신 없이 기업의 지속적 성장은 불가능하다고 말했다. 최근 세계적으로 주목받고 있는 인도의 HCL테크놀로지 CEO 비니트 나야르는 기업에서 중요한 것은 '무엇을'이 아니라 '어떻게'라고 이야기했다. 애플이 연속으로 히트작을 내놓자 미국을 방문한 국내 전자업체 관계자들이 그 비결을 물었다. 그때마다 돌아오는 답은 한결같았다. "문화다!" 모두가 기업문화의 중요성을 강조한 말들이라고 할 수 있다.

한국의 기업들은 소프트웨어 산업의 특성에 걸맞게 기업문화를 획기적으로 변화시키지 않으면 안 된다. 당연히 그러한 과정은 경영철학의 재정립과 조직 시스템의 혁신을 함께 수반할 수밖에 없다. 그 구체적 해답은 앞으로 다루게 될 여러 주제 속에서 찾을 수 있을 것이다.

또 다른 낡은 잔재

한국의 기업들이 소프트웨어 산업을 기반으로 창조전략을 제대로 구사하려면 반드시 해결해야 할 과제가 또 하나 있다.

한국은 과거 권위주의 정부의 통치 아래서 갖가지 규제와 장벽이 둘러쳐진 가운데 재벌기업들이 비정상적으로 성장했던 경험을 갖고 있다. 그런데 그와 거의 유사한 현상이 소프트웨어 산업에서도 나타났다. 그것도 주요 부문인 인터넷 산업에서 집중적으로 재현되었다.

간략히 문제를 짚어보자.

어느 순간부터 한국에서 인터넷 사이트에 가입하려면 실명 인증을 거쳐야 했다. 그로부터 인터넷에 오르는 모든 글은 사실상 실명이 되고 말았다. 이는 전 세계적으로 유례가 없는 일이었다. 이러한 가운데 권력기관은 인터넷의 언론 자유를 방종으로 보고 지속적으로 감시했으며, 마음에 들지 않는 글은 제멋대로 삭제할 수 있는 법까지 제정했다. 심지어 실시간 검색어 순위가 인위적으로 조작되는 사태까지 벌어졌다. 전자상거래에서는 간편한 국제표준 안전거래 방식을 외면한 채 사용자들을 극도로 피곤하게 만드는 각종 보안 프로그램과 공인인증서 절차를 강제했다.

이러한 상황이 빚어낸 결과는 매우 치명적인 것이었다. 인터넷 공간에는 애초부터 국내외 사이의 경계선이 존재하지 않는다. 그런데 그간 진행된 각종 규제장치는 수많은 인터넷 사이트를 국내에 갇힌 협소한 공간으로 전락시키고 말았다. 외국인들이 실명 공개와 권력기관의 감시를 감수하고 피곤하기 그지없는 보안검색을 통과하면서까지 한국의 사이트에 접속하기를 기대할 수 없게 된 것이다.

그 결과 한국의 인터넷 업체들은 좁은 국내 시장을 둘러싸고 과당경쟁에 돌입할 수밖에 없었다. 이러한 상황은 결국 상위 포털 사이트들이 폐쇄적인 독점 정책을 바탕으로 이익을 독식하는 것으로 귀결되고 말았다. 말하자면 승자독식 논리가 매우 노골적인 형태로 구현된 것이다.

포털이란 애초에 그곳을 거쳐 다양한 사이트나 콘텐츠에 접근할 수 있는 '관문'의 의미를 갖고 있었다. 이러한 포털 사이트가 제 기능을 할 때 다양한 사이트에 대한 접근이 활성화되면서 인터넷 기반의 생태계가 왕성하게 발전할 수 있다. 그런데 포털 사이트는 어느 순간부터인가 '종합 서비스 사이트'란 의미로 변질되고 말았다. 네이버 등 대표적인 포털 사이트들이 그 안에서 모든 것을 해결할 수 있도록 서비스를 제공하기 시작한 것이다. 검색조차도 구글처럼 일반적 중요도에 따라 순위를 매기는 것이 아니라 자신들이 보유하고 있는 콘텐츠를 우선적으로 보여주었다. 사용자 수와 접속시간을 최대한 늘려서 광고 수입을 증가시키겠다는 계산에서였다.

사정이 이러하다 보니 사용자 입장에서는 포털 사이트에 한 번 접속하면 다른 전문 사이트를 방문할 가능성이 크게 줄어들 수밖에 없었다. 이는 곧 다른 사이트나 콘텐츠를 연결시키는 포털 사이트 본연의 기능을 상실했음을 의미하는 것이었다. 그 결과 전문 사이트들이 설 자리를 잃고 끝내 몰락했을 뿐만 아니라 살아남은 사이트들조차 흡수할 수 있는 콘텐츠가 줄어들어버리는 결과로 나타났다. 생태계가 파괴되면서 포식자의 먹잇감이 사라지는 것과 같은 이치다. 이러한 가운데 외국 사이트의 파상 공격이 진행되면서 국내 시장을 지키는 것조차 갈수록 어려워지고 있다.

이렇듯 한국의 인터넷 업계는 과거 한국 경제를 지배했던 구습을 고스란히 재현했다. 비단옷 입고 소달구지 타고 가는 것 이상의 촌스러움을 보여준 것이다. 앞으로 자세히 살펴볼 기회가 있겠지만 이러한 모습은 웹2.0 정신인 '개방과 공유, 협력'과 정면으로 배치되는 것이다. 그로 인해 겪게 될 운명은 매우 뚜렷해 보인다. 그것은 다름 아닌 공멸이다! 그 조짐은 이미 곳곳에서 나타나고 있다. 한국 IT산업의 몰락이라는 비관적 전망이 쏟아져 나오기에 충분한 것이다.

결론은 분명하다. 인터넷 공간에 가해졌던 각종 규제는 철폐되어야 한다. 아울러 인터넷 업체들은 폐쇄적인 독점에서 벗어나 개방과 상호 협력을 추구해야 한다. 그 구체적 해답은 앞으로 살펴보게 될

'상생의 생태계 구축'에서 찾을 수 있을 것이다. 한국판 구글과 같은 개방적 검색업체가 새로이 등장하는 것도 문제 해결에 도움이 될 것이다. 이를 바탕으로 협소한 국내 시장에 국한하지 않고 처음부터 글로벌 시장을 겨냥하는 방향에서 모든 것을 재설계해야 한다.

한국은 미국이나 EU, 일본처럼 망해도 3대가 먹고살 만큼 넉넉하게 부를 축적한 나라가 아니다. 또한 중국, 인도, 러시아, 브라질처럼 인구, 영토, 자원 등에서 풍부한 성장 잠재력을 지닌 대국도 아니다. 반면 그 어느 나라보다도 대외의존도가 높기 때문에 글로벌 경제 전쟁의 영향을 강하게 받을 수밖에 없다. 과연 이러한 상황에서 한국은 어떻게 살아남을 수 있을 것인가.

한국이 취할 수 있는 길은 사실상 유일한 자산이라고 할 수 있는 사람들의 창조적 에너지와 그들 사이의 시너지 효과를 극대화하는 것뿐이다. 그러자면 한국의 기업들은 체질과 시스템을 통째로 바꾸는 고강도 경영혁명을 추진하지 않으면 안 된다.

그런데 정작 지금까지 한국 경제를 이끌어온 기성세대는 이러한 상황을 감당하기에는 너무 많은 한계를 가지고 있다. 각자 나름대로 사력을 다해 헤쳐 나가고는 있지만 상당히 지쳐 있고 머리가 많이 굳어 있으며 창조적 에너지도 서서히 바닥을 드러내고 있다. 이는 한국 경제를 둘러싼 객관적 요구와 그를 담당하고 있는 주체 사이에 심각한 모순이 존재함을 말해주는 것이다. 과연 이 모순을 어떻게 극복할 것인가? 그 결과에 따라 한국 경제는 새로운 상승 국면을 탈 것인지 아니면 일본의 뒤를 따라 장기침체의 늪에 빠질 것인지가 판가름 날 것이다. 말 그대로 한국 경제는 중대한 기로에 서 있다.

2부 ㅣ 패러다임의 대전환

역사가 변곡점을 통과하면서 진행 방향이 크게 바뀌면 필연적으로 패러다임의 변화를 수반하기 마련이다. 그것도 천동설에서 지동설로 바뀌는 것만큼의 큰 폭에서 말이다. 그에 따라 사람들의 사고와 행동방식, 더 나아가 사회 전반의 문화가 완전히 달라지는 것은 두말할 필요도 없다.

사실 상생의 인본주의 사회로의 이행과 관련하여 앞으로 다루게 될 내용은 대부분 패러다임의 전환을 수반하는 것들이다. 자본이 아닌 사람을 모든 것의 근본으로 보는 것이나 승자독식을 지양하고 상생을 추구하는 일 자체로도 패러다임의 전환이라고 할 수 있다. 그런데 이 같은 패러다임의 전환을 촉진하면서 동시에 어떤 식으로 패러다임이 바뀔 것인지를 예고하는 것으로서 세 가지 기본 요소가 있다. 인간과 기술의 관계에서의 패러다임의 변화, 새로운 패러다임을 바탕으로 사고하고 행동하는 신세대의 등장, 근대 경제학의 해체에 따른 새로운 패러다임 설정이 바로 그것이다.

우리는 이러한 세 가지 지점에서의 패러다임 변화를 살펴봄으로써 새로운 틀과 각도에서 문제를 볼 수 있는 안목을 가질 수 있다. 더불어 털어버려야 할 낡은 사고 틀이 무엇인지도 더욱 분명하게 알 수 있다. 이어지는 논의는 모두가 그러한 안목의 변화를 통해 이해될 수 있는 성질의 것들이다.

4장

인간과 기술의
관계 재정립

· 많은 사람들이 지난 100년간의 기술 진보는 인류 역사 전체의 그것과 맞먹는다고 이야기한다. 또한 최근 20년간의 기술 진보는 지난 100년간의 역사가 일궈낸 것에 해당한다고 말하는 사람들이 많다. 물론 먼 훗날 역사가의 평가는 이와 상당히 다를 수도 있다. 그럼에도 최근 몇십 년 동안의 기술 진보가 인간이 따라잡기 힘들 정도의 속도를 보인 것은 매우 분명해 보인다.

산업혁명 등 역사적 경험을 통해 알 수 있듯이 기술 변화는 어떤 형태로든 사회경제 전반에 영향을 미친다. 그런데 작금의 기술 변화의 속도가 예사롭지 않다는 것은 그것이 미칠 사회경제적 영향 또한 예사롭지 않을 것임을 암시하는 것이다. 역사적인 국면 대전환이 예고되고 있는 것이다.

여기서 가장 주목해야 할 것은 놀라운 기술 진보의 결과 인간과 기술의 관계에서 질적인 변화가 일어나고 있다는 사실이다. 말하자면 기술을 둘러싼 패러다임이 바뀌고 있는 것이다. 무엇보다도 사람을 소외시키고 삶을 황폐화시켰던 근대 산업사회의 기술과는 전혀 다른 모습이 나타나고 있다. 이는 본질적으로 사회경제 체제의 근본적 변화를 위한 기술적 조건이 창출되고 있음을 의미하는 것이기도 하다. 바로 여기서 우리는 앞으로 다루게 될 사회경제 체제의 근본적 변화가 단순한 주관적 열망이 아닌 객관적 조건의 성숙에서 비롯된 지극히 합법칙적인 과정임을 확인할 수 있다. ·

1. 빠르게 이동하는 경계선

조금은 오래된 이야기다. 1980년대 중반 세계 애니메이션 시장을 석권하고 있던 디즈니는 존 래스터라는 전도유망한 애니메이터를 해고했다. 이유는 래스터가 컴퓨터 그래픽 애니메이션 도입을 주장함으로써 전통방식에 의존해 작업을 하던 다른 직원들을 불안에 떨게 했다는 것이다. 두말할 필요도 없이 디즈니가 래스터를 해고한 것은 기술 변화를 전혀 예측하지 못한 근시안적 결정이었다. 참고로 래스터는 이후 픽사로 자리를 옮겨 핵심적 역할을 수행했다.

1990년대에 들어와서도 유사한 일이 계속 벌어졌다. 특히 인터넷의 무한한 잠재력을 깨닫는 데서 상당한 인식의 지체 현상이 나타났다.

1994년 당시 IBM 임원진은 인터넷이라는 것이 있는지조차 몰랐다. 얼마 후 인터넷을 접하기는 했으나 그를 통해 돈을 벌 수 있다는 생각을 조금도 하지 않았다. 1996년 마이크로소프트 회장 빌 게이츠 역시 언론사와의 인터뷰에서 인터넷을 대수롭지 않게 여기는 것 같은 이야기를 했다. 그는 여전히 네트워크보다는 독립적 PC에 무게 중심을 두고 있었다. 그 1년 뒤인 1997년 스탠퍼드 대학원생 래리 페이지와 세르게이 브린은 자신들이 발명한 인터넷 검색엔진 특허권을 사줄 사람들을 물색했으나 아무도 거들떠보지 않았다. 도리 없이 둘은 검색 전문업체를 창업했고, 그렇게 해서 만들어진 회사가 바로 구글이다. 아마 지금 이 순간에도 이와 비슷한 일들이 수없이 벌어질 것이다.

이렇듯 오늘날에 이르러 기술은 사람들의 의식이 따라잡기 어려울 만큼 빠르게 발전하고 있다. 몇 달만 게으름을 피워도 금방 뒤처지고 말 정도로 빠르게 발전하는 IT, 상상을 뛰어넘는 극미의 세계에서 벌어지는 나노 기술, 생명의 비밀을 훔쳐 숱한 난제를 해결하는 바이오 기술, 환경위기를 극복할 대안으로 떠오르고 있는 차세대 에너지와 전기 자동차 기술, 광막한 우주를 향해 끊임없이 도전 중인 항공우주 기술 등은 그러한 기술 진보를 선도하고 있는 대표적인 분야들이다.

급격한 변화를 겪고 있는 첨단기술은 부(富)의 지도를 일순간에 바꾸어놓는다. 생판 이름도 모르던 사람이 불시에 업계를 주름잡는 다크호스로 떠오른다. 반면 불과 얼마 전까지도 세계를 호령하던 기업들이 일순간에 무너지기도 한다. 짐 콜린스의 『좋은 기업을 넘어 위대한 기업으로』가 출간된 지 채 10년도 안 되어 그곳에서 소개된 위대한 기업 중 상당수가 몰락의 길을 걸은 것은 이를 극적으로 보여준다.

부의 지도가 일순간에 바뀔 수 있음을 가장 드라마틱하게 보여주는 곳 역시 기술 진보를 선도하고 있는 IT 분야라고 할 수 있다.

1970년대 중반까지 대부분의 사람들은 개인용 PC라는 것을 상상조차 하지 못했다. 관련 기업 경영자들의 반응도 "일반인이 컴퓨터가 왜 필요한데?"라는 식이었다. 당시만 해도 컴퓨터는 오직 기업이나 정부기관에서만 필요한 것이었다. 이러한 상황에서 1976년에 설립된 애플은 개인용 PC 애플 II를 출시하여 대박을 터뜨렸다. 일반인이 컴퓨터를 통해 행복을 얻을 수 있다는 애플 창립자들의 상상이 현실로 입증된 것이다.

바로 뒤이어 마이크로소프트(MS)는 회사와 가정의 모든 책상 위에 놓인 PC를 상상했다. MS는 여기에 머물지 않고 문서 편집, 게임, 음악, 사진, 영화 등 모든 것을 해결하는 멀티미디어 PC를 상상했다.

"PC 안에서 모든 것을!" 이 MS가 내세운 슬로건이었다. 이를 바탕으로 MS는 PC 운영체제(MS-DOS·윈도)와 사무용 소프트웨어 오피스(엑셀·워드·파워포인트)를 잇따라 출시함으로써 단기간에 최강의 기업으로 떠올랐다.

PC가 보편화되자 이들 사이를 연결하는 인터넷이 선을 보이면서 빠르게 세상을 변화시켰다. 바로 그때 인터넷에서 가장 중요한 기능인 검색 분야를 장악함으로써 기업 역사를 새롭게 쓴 것이 구글이다. 또한 인터넷 덕분에 모든 정보를 쉽게 손에 넣을 수 있게 된 상황에서 애플은 언제 어디서나 접속이 가능한 모바일 단말기(아이폰·아이패드 등)를 잇따라 출시하여 대박 신화를 창조했다. 그러나 이 모든 것은 궁극적으로 사람과 사람 사이의 커뮤니케이션을 매개하는 것일 뿐이었다. 이 점을 정확히 간파하고 소셜 네트워크 서비스를 개시한 페이스북은 최근 가장 빠르게 성장하는 기업으로 부상했다.

IT기업의 성공 드라마는 하나의 기술적 성취는 새로운 가능성을 열어주며 그 가능성을 향해 신속하게 진입한 기업이 성공을 거둔다는 것을 잘 보여준다. 그런데 좀더 자세히 들여다보면 그러한 과정은 새로운 것으로 권력을 이동시키고자 하는 기업 간의 심각한 투쟁을 수반한다는 사실을 알 수 있다.

애플의 성공은 메인 프레임 위주의 전산 시스템에서 PC로 권력을 이동시키는 과정이었다. 또한 MS의 부상은 하드웨어에서 소프트웨어로 권력을 이동시키는 과정이었다. 반면 구글의 부상은 MS가 전제로 삼았던 개별적이고 독립적인 PC 시스템에서 네트워크로 권력을 이동시키는, 곧 권력 이동의 과정이었다. 애플의 재부상은 네트워크의 접속 지점을 가정과 사무실이라는 고정된 공간으로부터 모바일로 이동시키는 과정이었다. 그리고 페이스북의 부상은 정보의 검색과 처리라는 기능의 영역에서 서로 감정을 나누는 감성의 영역으로 권력을 이동시키는 과정이었다.

이러한 권력 이동은 한편으로 기술의 진보를 반영한 것이지만 본질적으로는 사용자의 요구에 더 가까이 다가서는 과정이라고 할 수 있다. 요컨대 IT에서의 권력은 사용자들의 지지를 표현하는 것에 다름 아닌 것이다. 그간의 역사는 이 점을 제대로 간파하는 자가 항상 승리를 거머쥐었음을 입증해주고 있다.

2. 기득권이라는 이름의 장애물

IT 분야를 통해 확인했듯이 기술 진보는 끊임없이 권력의 중심을 새로운 영역으로 이동시킨다. 그 과정에서 새로운 것에 민감하게 반응하지 못하고 기성의 것에 갇혀 있는 자는 일순간에 나락으로 떨어진다. 그런데 많은 기업들이 그러한 운명을 쉽게 피해가지 못했다. 결정적으로 그동안 일구어놓은 기득권을 포기하지 못했기 때문이다.

1844년 새뮤얼 모스가 최초로 전신기를 통해 전보를 보내는 데 성공했다. 웨스턴유니온은 이러한 전신 사업을 바탕으로 유력한 대기업으로 발전할 수 있었다. 그러던 중 1876년에 그레이엄 벨이 전화기 특허 등록을 마친 뒤 웨스턴유니온에 자신의 특허를 10만 달러에 사라고 제안했다. 웨스턴유니온은 이 제안을 검토하기는 했으나 자신들에게 아무런 도움이 되지 않는다는 이유로 거절하고 말았다. 웨스턴유니온 입장에서 전화기는 그동안 자신들이 구축해놓은 전신 사업을 위협하는 것으로 보였던 것이다. 결국 웨스턴유니온은 역사상 가장 잘못된 결정을 한 대가로 몰락의 길을 걸을 수밖에 없었다.

이와 비슷한 최근의 예로서 휘발유 자동차를 둘러싸고 형성된 기득권에 집착함으로써 전기 자동차 개발에 뒤처진 자동차 생산업체를 들 수 있다. 그런 우를 범한 기업은 다름 아닌 GM이었다.

1996년 미국의 GM은 EV1이라는 이름의 전기 자동차를 장기리스 형태로 출시했다. 캘리포니아 주정부가 심각한 공해를 막기 위해 '배기가스 제로법'(자동차 회사들이 캘리포니아에서 자동차를 팔려면 전체 판매량의 10~20퍼센트 정도를 배기가스가 나오지 않는 전기 자동차로 채우도록 강제하는 법)을 제정한 것에 대응하기 위해서였다.

울며 겨자 먹기로 출시한 EV1의 성능은 예상과 달리 놀라웠다. EV1은 완전히 충전하는 데 네 시간밖에 걸리지 않았으며 한 번의 충전으로 160킬로미터를 주행할 수 있었고 최고 시속 130킬로미터까지 낼 수 있었다. 전기 자동차다 보니 배기가스도 소음도 없었다. 놀라운 성능이 입소문을 타고 퍼지자 EV1을 리스하겠다는 신청자들이 쇄도했다.

GM은 이러한 현상에 환호한 것이 아니라 자칫 휘발유 자동차의 판매가 위협받을 수 있다는 걱정에 사로잡혔다. 그러한 우려의 분위기는 곳곳으로 번져나갔다. 전기 자동차의 특성상 자동차 부품을 만드는 수많은 부품회사들이 타격을 받는 것은 물론이요, 기름을 넣지 않아도 되기 때문에 정유업계도 함께 타격을 받을 것이라는 예상이 나왔다. 국가적 차원에서는 전기 자동차가 많이 팔리면 휘발유 소비가 줄어들면서 덩달아 조세 수입도 감소할 것이라는 우려가 제기되기도 했다.

얼마 후 GM은 FBI까지 동원해 전기 자동차를 수거해 사막 한가운데서 모두 폐차시켰다. 곧이어 전기 자동차는 배터리에 문제가 있고 가격이 너무 비싸 부담이 된다는 식의 악성 루머가 퍼져나갔다. 이러한 분위기 속에서 2003년 '배기가스 제로법'마저도 폐기되고 말았다.

그로부터 몇 년 뒤 금융위기가 발생하고 덩달아 환경에 대한 위기위식이 심화되자 도요타 자동차는 발 빠르게 '프리우스'라는 이름의 하이브리드 자동차를 내놓았다. 프리우스는 단박에 인기를 끌면서 단시일 내에 200만 대 이상 팔려나갔다. 이는 곧 전기 자동차에 대한 잠재적 수요가 매우 컸음을 입증하는 것이었다.

결국 GM은 전기 자동차 시장을 선점할 수 있는 기회를 스스로 내팽개쳐버린 셈이었다. 여러 가지 요인이 복합적으로 작용한 결과이기는 했지만 GM은 결국 파산했고 국유화되는 운명을 겪어야 했다.

몇 가지 사례가 입증하듯이 기술 변화가 극심한 시기에는 크게 버리지 않으면 크게 얻을 수 없는 상황이 자주 발생한다. 종종 신생 기업이나 후발 주자가 새로운 기술 분야의 주역으로 떠오르는 것도 이와 밀접한 관련이 있다. 신생 기업이나 후발 주자의 경우 잃을 것이 별로 없기 때문에 과감한 도전을 통해 신속하게 유리한 위치를 차지할 수 있었던 것이다.

한국의 기업들이 디지털 분야에서 빠른 시일 안에 세계적 수준에 오를 수 있었던 것도 아날로그 시대의 후발 주자였기 때문이었다. 아날로그에서 디지털로 전환하는 시기에 기업들의 준비 정도는 대체로 비슷했다. 문제는 누가 더 과감하게 도전하는가에 있었다. 그런데 잃을 것이 많은 일본 기업들은 주저하다가 기회를 놓쳐버린 반면 한국의 기업들은 과감하게 승부수를 띄우면서 큰 성공을 거둘 수 있었다.

그랬던 한국의 기업들이 이제는 가진 것이 너무 많은 상태가 되었다. 바로 이 점이 한국 기업들의 미래를 우려하게 만드는 요소의 하나다. 불행하게도 이러한 우려는 이미 현실로 나타나고 있다. 한국을 IT 강국의 반열에 올려놓는 데 크게 한몫했던 통신 분야를 예로 들어보자.

그동안 통신 분야의 기술은 하루가 다르게 발전해왔다. 이러한 통신 분야의 기술은 궁극적으로 언제 어디서나 움직이면서도 데이터를 송수신할 수 있는 이동성 무선인터넷 한 가지로 통일될 수밖에 없다. 그간의 유무선 음성 통신은 비교적 용량이 적은 데이터 전송 애플리케이션 하나로 간단히 해결된다. 당연히 비용도 훨씬 저렴해진다. 결론적으로 이동성 무선인터넷은 통신망의 최후 승자인 것이다.

이동성 무선인터넷 기술로서 가장 먼저 등장한 것은 광대역 이동 인터넷 통신망 '와이브로'였다. 이러한 와이브로의 원천기술을 보유하고 있고 가장 빨리 상용화 능력을 갖춘 나라는 다름 아닌 한국이었다. 비록 정부 주도로 일구어낸 성과이기는 했지만 한국의 통신업체들은 와이브로를 선점하면서 관련 하드웨어와 소프트웨어를 전 세계에 수출할 수도 있었던 것이다. 하지만 결과는 정반대로 나타났다.

한국의 통신업체들은 와이브로의 도입으로 그동안 유무선 통신망을 통해 구축한 기득권을 상실할 것을 두려워했다. 결국 와이브로 사업을 계속 지연시키면서 사실상 기술을 사장시키기에 이르렀다.* 그러자 기다렸다는 듯이 무선인터넷 후발 주자인 나라들이 무섭게 치고 올라오기 시작했다. 과연 한국의 통신업체들과 웨스턴유니온의 선택 사이에 어떤 차이가 있는 것일까.

뒤에서 다시 살펴보겠지만 기업은 그 어떤 조직보다도 혁신적이다. 글로벌 경제 전쟁에서 살아남기 위해서는 철저한 자기 혁신이 불가피하기 때문이다. 그러한 특징으로 말미암아 기업은 미래로 나아가는 출구를 여는 데서 선도적 역할을 수행할 수 있다. 그런데 우리

---

* 자세한 내용은 김인성, 『한국 IT산업의 멸망』, 북하우스, 2011, 189~198쪽 참조.

는 방금 전 그와는 정반대의 모습을 발견한 것이다. 요컨대 기업이 기술의 혁신과 진보를 가로막는 장애물로 등장하기도 하는 것이다. 이는 모든 것을 기업에 내맡길 때 어떤 위험이 초래될 수 있는지를 암시하는 대목이기도 하다.

그렇다면 어떤 조건에서 기업은 변화와 혁신을 거부하는 보수적인 모습을 보이는가? 일반적으로 볼 때 원인은 두 가지로 집약된다.

먼저 기업은 경쟁 구도에서 벗어나 독점적 지위를 누리고 있을 때 쉽게 보수적 입장에 빠져든다. 즉, 기존의 기술만으로도 시장을 계속해서 지배할 수 있다는 확신이 변화와 혁신을 거부하게 만드는 것이다. 물론 그러한 확신은 대부분 기업을 몰락으로 이끄는 오만에 불과할 뿐이다. 앞서 살펴본 웨스턴유니온의 사례가 이를 단적으로 입증해준다.

정부가 본연의 역할을 하지 못할 때 독점 대기업의 오만은 더욱 심해진다. 정부는 개별적이고 단기적인 이익이 아닌 일반적이고 장기적인 이익을 추구해야 한다. 그런 점에서 정부의 역할은 기업과는 전혀 차원이 다른 것이다. 이러한 역할을 수행하기 위해서 정부는 기존 기업을 적극 견제할 수도, 필요하면 새로운 기업의 설립을 주도할 수도 있다. 실제로 기간산업 분야에서는 오랫동안 정부가 설립한 공기업들이 주도적 역할을 해왔다. 정부가 이러한 역할을 포기할 때 독점 대기업은 거리낌 없이 변화와 혁신을 거부하는 보수의 함정에 빠져들고 마는 것이다.

한국의 통신업체들이 와이브로 기술 도입을 거부한 것은 바로 이러한 요인들이 함께 작용한 결과였다. 현재 한국의 통신업계는 소수의 업체가 독점적으로 지배하고 있다. 이 점에서 치열한 글로벌 경쟁에 노출되어 있는 다른 산업과도 뚜렷한 차이점을 보여준다. 2008년 새롭게 출범한 한국 정부는 기업친화 정책을 내세우면서 결과적으로 기업의 요구를 무비판적으로 수용하는 태도를 보였다. 그 종합적 결과가 바로 와이브로 기술의 사장(死藏)이었다.

이 모든 것은 기술 진보 역시 기득권 세력과의 치열한 투쟁을 통해 이루어질 수밖에 없음을 말해준다. 기술은 결코 사회적·정치적 모순과 무관한 중립적 영역에 존재하는 것이 아니다. 그런 만큼 뒤에서 살펴보게 될 기술 진보의 방향도 사람들의 의식적인 노력을 전제로 할 때에만 의미를 가질 수 있다.

3. 인간 중심의 기술 진보

현재 일어나고 있는 기술 변화는 상당히 환상적이다. 모두가 꿈의 기술로 표현되고 있다. 바로 여기서 문제가 발생하고 있다. 기술이 워낙 환상적이다 보니 기술이 모든 것을 결정할 것이라는 또 다른 환상을 만들어내는 것이다. 미래의 과학기술을 다룬 공상과학 영화나 소설을 보면 종종 거대한 빌딩 숲으로 둘러싸인 도시를 첨단기계들이 가득 채우고 있는 장면들이 나온다. 그곳에서의 주인공은 인간이 아니라 기계이며 인간은 무척 왜소한 존재로 묘사될 뿐이다. 하지만 이러한 장면들은 사람들이 기술결정론 혹은 기술신비주의 함정에 빠지면서 빚어낸 그릇된 허구일 뿐이다.

모두가 근엄한 왕이 되다

산업혁명 이후 새로운 기계의 등장 덕분에 생산력이 인간 근육의 한계를 뛰어넘어 비약적으로 발전할 수 있었다. 하지만 그 대가는 혹독

한 것이었다. 산업 시대 인간은 기계의 하인이 되어 기계에 봉사해야 했다. 기계는 자체에 내장된 논리대로 정해진 동작을 반복했고 인간이 이를 거들어주는 식이었다. 인간이 기계의 부속물이 되어 왜소한 모습으로 존재했던 것은 미래가 아니라 과거의 이야기였던 것이다. 그런데 인간과 기계와의 관계를 180도 바꾸어놓을 놀라운 발명품이 등장했다.

20세기 인간이 발명한 최고의 걸작은 단연 컴퓨터라고 할 수 있다. 컴퓨터만큼 인간의 생활을 혁명적으로 바꾸어놓은 기기도 없을 것이기 때문이다. 과연 컴퓨터가 일으킨 혁명적 변화의 본질은 무엇일까. 컴퓨터는 그때까지 발명된 것 중에서 가장 똑똑한 기계였다. 그런데 역설적이게도 가장 똑똑한 컴퓨터는 종전의 기계처럼 자기 논리대로 움직이면서 인간을 일방적으로 강제하지 않는다. 컴퓨터는 오직 인간의 명령을 기다리며 인간이 명령한 대로 움직인다. 인간의 명령은 클릭 한 번으로 컴퓨터에 입력되며 컴퓨터는 그에 조금도 벗어남이 없이 작동한다. 컴퓨터는 인간의 가장 충실한 하인으로서 인간을 위해 봉사하는 것이다.

한 걸음 더 나아가 컴퓨터는 다른 기계들조차 인간의 의사에 따라 움직이도록 다스리는 역할을 한다. 오늘날 대부분의 기계는 컴퓨터 제어장치가 부착되어 있다. 덕분에 인간은 자신의 의사대로 기계들을 움직일 수 있다. 기특하게도 컴퓨터는 인간 위에 군림하던 기계들을 인간의 하인으로 봉사하도록 만든 것이다. 물론 기계 중심의 산업사회 잔재들이 아직은 많이 남아 있지만 말이다.

기술은 각종 기기들이 사람 앞에서 머리를 조아리도록 만드는 방향으로 나아가고 있다. 결국 그런 기술만이 사람들로부터 사랑받으며 살아남을 것이다. 정보 서비스조차도 사람이 정보를 찾아가는 것이 아니라 정보가 사람을 찾아가는 것으로 바뀔 것이다. 사람의 위치에 따라 필요한 정보를 제공하는 위치추적 서비스는 그중 하나다. 이러한 과정을 거쳐 지금의 구글 검색마저 머지않아 구닥다리로 전락할지 모른다. 네이버의 지식IN과 유사한 맞춤형 검색이 새롭게 등장할 가능성이 커진 것이다.

이렇게 사람은 기술의 세계에서 근엄한 왕으로 등극하고 있다. 중요한 것은 왕의 자리를 차지한 것은 정부나 기업과 같은 조직만이 아니라는 사실이다. 자유롭고 독립적인 개인들 모두 그 자리를 보란 듯이 차지하고 있다. 이 역시 기술 진보가 야기한 필연적 결과다.

무엇보다도 PC가 일반화되고 인터넷이 확산되면서 모든 개인이 정보를 획득하고 유통시킬 수 있게 되었다. 문화 콘텐츠의 경우에는 이미 사용자 개개인이 생산자로 변모한 지 오래다. 신재생에너지 산업 분야에서는 개인이 직접 에너지를 생산하여 사용하고 경우에 따라서는 팔 수 있는 길이 열리고 있다. 이와 비슷한 현상이 곳곳에서 벌어지고 있다. 조직조차도 종전의 수직적 위계질서 중심에서 각자가 중심이면서 수평적으로 소통하고 협력하는 네트워크로 변해가고 있는 추세다.

이렇듯 기술 진보는 기계에 종속되었던 인간을 해방시킴과 동시에 조직에 의해 억눌리고 소외되었던 개인들을 자유롭고 독립적인 개체로 변모시키는 데 기여하고 있다. 가히 혁명적 변화가 일어나고 있는 것이다. 하지만 사람들이 기술 진보를 통해 얻고자 하는 것은 그 이상의 것이다.

삶은 어디로 향하는가?
사람들이 기술 진보를 통해 궁극적으로 얻고자 하는 것은 황폐해진 삶을 복원하고 이를 좀더 인간답게 디자인하는 것이다. 그럴 때 사람들의 삶은 종전과는 그 모습이 크게 달라질 것이다. 먼저 사람들은 기술 진보를 바탕으로 물질적 재화 생산에 쏟는 노력을 대폭 줄일 것이다.

많은 사람들이 잘못 생각하는 것과 달리 기술 진보는 인간 생활에 필요한 물질적 재화의 양을 늘리는 것이 아니라 거꾸로 줄여줄 것이다. 이미 복사기와 팩스, 프린터 등은 복합기 하나로 통합되어 있다. 스마트기기도 여러 기기로 분산되어 있던 정보처리 기능을 하나로 통합시키는 역할을 하고 있다. 이러한 현상은 모든 물질적 재화에 두루 적용될 것이다. 가령 계절 변화와 활동에 따라 달라지던 옷도 신소재의 발명으로 언제 어디서나 입을 수 있는 것으로 가지 수가 대폭 줄어들 것이다.

두말할 필요도 없이 다양한 기능이 통합된 재화조차 컴퓨터가 장착된 자동화기기에 의해 생산될 것이다. 물질적 재화 생산을 위해 인간의 노동력을 투입하는 정도가 갈수록 줄어드는 것이다. 어느 모로 보나 제조업의 축소는 필연적인 것임을 거듭 알 수 있다. 그렇다면 인간의 경제 활동은 어느 쪽으로 이동할 것인가? 당연히 물질적 재화인 하드웨어 생산에서 비물질적 재화인 소프트웨어와 콘텐츠 생산으로 중심이 이동할 것이다. 음향기기를 예로 들면 MP3플레이어를 만드는 것보다 그곳에서 재생되는 음악을 만드는 것이 훨씬 큰 비중을 차지하게 된다.

이로부터 우리는 문화 콘텐츠 산업의 비중이 크게 증가하리라는 것을 쉽게 예감할 수 있다. 물질적 재화의 생산과 소비가 크게 줄면서 삶의 중심이 비물질적인 문화 콘텐츠를 생산하고 향유하는 것으로 옮겨질 것이기 때문이다. 이렇듯 문화 콘텐츠 산업이 발전하면서 자연스럽게 문화예술 활동과 경제 활동 사이의 경계선 또한 빠르게 사라질 것으로 예상된다. 경제 활동의 양상이 산업사회의 그것과 확연히 달라지는 것이다.

거듭되는 기술의 진보는 이러한 변화를 더욱 촉진할 것이다. 새로운 기술이 계속해서 선을 보이면서 문화 콘텐츠 생산이 한층 고도화되고 풍부해질 수 있는 것이다. 그중에서도 우리가 가장 주목해야 할 것은 가상현실 기술이다. 앞으로 가상현실 기술은 더욱 놀랍게 발전할 것이다. 머지않아 3차원 입체 영상을 자유자재로 재현하는 홀로그램 기술이 일상화될 것으로 보인다. 그에 따라 가상현실과 실제 현실의 차이는 더욱 좁혀질 것으로 예상된다. 문화 콘텐츠 생산에서 새로운 지평이 열리는 것이다.

일부에서는 가상현실 기술에 대해 적지 않게 우려하고 있다. 가상현실을 실제 현실로 착각함으로써 빚어질 부작용을 걱정하는 것이다. 그런데 가상현실은 인류 역사에서 그 뿌리가 매우 깊은 것이다. 사실 소설이나 그림, 연극, 영화 등 인류의 문화유산을 대표하는 장르들은 모두가 가상현실을 표현한 것들이라고 할 수 있다. 사람들은 이러한 가상현실을 체험함으로써 삶을 고양시켜왔다. 다시 말해 사람들은 가상현실을 통해 다양한 삶을 체험함으로써 현실 세계의 부조리를 객관화시키고 삶의 본질을 성찰할 수 있었으며 이를 바탕으로 더욱 높은 단계로 도약할 수 있었던 것이다.

이러한 맥락에서 볼 때 놀라운 기술의 진보가 사람의 삶을 어떻게 변모시킬지는 매우 분명해 보인다. 기술의 진보는 사람들의 삶을 가장 고차원적인 영역인 문화예술의 영역에 한층 가까이 접근시킬 것이다.

인문학과 기술의 교차로

놀라운 기술의 진보는 사람들의 심성마저 빠르게 변화시키고 있다. 사람들은 이미 새로운 기술 환경에 직면하면서 산업사회가 안겨다준 이러저러한 것들에 대해 지겨움을 느끼기 시작했다. 사람들은 이제 산업사회에서 억눌렸던 욕망을 자유롭게 분출하고 충족시키고 싶어 한다. 말하자면 사람으로서 본연의 모습을 되찾아가고 있는 것이다. 단적으로 요즘 사람들은 하나의 기기를 손에 넣더라도 차가운 기능보다는 그 속에 담긴 따뜻한 감성에 더 크게 마음이 움직인다. 감성을 표현하는 디자인이 유난히 강조되는 것도 이러한 사정을 반영한 것이다.

분명 사람들의 욕망은 탈산업사회를 향해 거침없이 달려가고 있다. 빠른 기술의 진보는 그러한 사람들의 욕망에 부응하기도 하고 거꾸로 자극하기도 하면서 산업사회의 잔재들을 거침없이 쓸어낼 것이다.

이러한 변화는 사람에 대한 깊이 있는 이해를 경제 활동의 필수적 요소로 만들고 있다. 사람에 대한 이해를 돕는 것은 문학·역사·철학으로 구성되는 인문학이다. 결국 사람과 삶을 성찰하고 가치를 재구성할 수 있는 인문학적 소양이 절대적으로 중요해지는 시대가 도래한 것이다. 최근 기업을 중심으로 인문학 열풍이 부는 것도 모두가 이러한 사정을 반영한 것이라고 할 수 있다.

페이스북의 성공은 인문학적 소양이 얼마나 중요한지를 잘 설명해준다. 페이스북 창업자 저커버그를 실명으로 등장시킨 영화 〈소셜 네트워크〉에서는 사회성이라곤 거의 없던 컴퓨터 천재인 저커버그가 여자 친구에게 버림받자 홧김에 페이스북을 창업하는 것으로 그려져 있다. 그러나 실제 저커버그의 모습은 이와 많이 다르다. 저커버그는 하버드 대학에서 컴퓨터 공학을 전공했고 천재적인 프로그래밍 능력을 보유한 것은 사실이지만 동시에 심리학을 전공한 인물이다. 특히 정신과 의사인 어머니 밑에서 세 누나와 함께 자라면서 복잡 미묘한 인간 심리를 누구보다도 잘 이해하고 있었다. 인문학적 소양도 매우 풍부하고 감성지수(EQ)도 높다는 것이 주변의 공통적인 평가다.

이러한 저커버그를 주축으로 인문학·공학·건축학·미술 등 다양한 분야의 전공자들이 창립 멤버를 구성함으로써 인간에 대한 진지한 성찰을 바탕으로 페이스북을 설계할 수 있었다. 미국 본사 사무실 복도에 붙어 있는 "우리는 기술 회사인가?"라는 문구도 페이스북 구성원들 스스로 기술 회사의 한계에 갇히지 않겠다는 의지를 보여주는 것이라고 할 수 있다.

애플을 이끌었던 스티브 잡스는 2010년 6월 "애플은 기술과 인문학의 교차로에 있어왔다"며 "우리는 단지 기술 기업이 아니라 그 너머에 있는 기업"이라고 말한 바 있다. 이 또한 기술과 인문학의 결합을 강조하는 최신 트렌드를 보여준 장면이라고 할 수 있다. 사람에 대한 깊은 이해를 바탕으로 창조된 기술만이 사람의 마음을 움직일 수 있음이 점점 더 분명해지고 있는 것이다.

정리하면 이렇다. 산업사회에서는 인간이 기계로부터 소외되었고 거대한 조직이 개인을 일방적으로 지배하는 가운데 개인의 삶은 극도로 황폐해져 있었다. 그러나 최근 그에 대한 역사적 반전이 이루어지고 있다. 놀라운 기술적 진보를 바탕으로 사람이 주도적 위치를 되찾고 개인의 삶이 복원되고 있는 것이다. 이는 향후 경영혁명이 어떤 모토 위에서 전개되어야 할지를 암시하는 동시에 궁극적으로 새롭게 다가올 사회가 사람을 모든 것의 근본으로 삼을 것임을 내비치는 것이다.

5장

모든 것을 바꾸어놓을
신세대의 등장

• 사회 질서는 새로운 패러다임을 기초로 사고하고 행동하는 사람들이 등장하면서 크게 바뀌기 시작한다. 새로운 지층이 형성되어 움직이기 시작할 때 지각변동이 일어나는 것처럼 말이다. 이런 점에서 신세대의 등장은 역사적으로 그 의미가 매우 크다. 신세대는 기성세대와는 전혀 다른 패러다임을 기초로 사고하고 행동한다. 더욱이 그들의 패러다임은 대단히 미래지향적이다. 이념적으로도 덜 경직되어 있다. 그만큼 새로운 세상을 상상하는 데 있어서 기성세대보다 자유롭다.

신세대의 등장은 기업을 포함해서 기존 사회가 그들에게 적응하기 위해 어떤 형태로든지 변화를 모색할 수밖에 없도록 만들 것이다. 한 걸음 더 나아가 신세대 스스로가 변화를 만들어가는 강력한 추진력이 될 것이다. 마침내 신세대는 세상을 자신의 속성에 맞게 재구성하고자 시도할 것이다.

물론 이 모든 것은 아직까지는 잠재된 채 남아 있는 측면이 많다. 현실에서의 신세대는 미완성일 뿐만 아니라 본래의 속성과 배치되는 모습을 자주 보이기도 한다. 그럼에도 신세대가 새로운 미래를 열어가는 주역이 될 수 있는 확실한 이유는 그들이 전혀 새로운 계급 정체성을 갖고 있기 때문이다. 신세대의 절대다수는 피터 드러커가 말한 지식근로자로서의 정체성을 갖고 있다. 하지만 현실에서의 신세대는 그보다 훨씬 풍부하고 진화된 모습을 보여주고 있다. 뒤에 가서 밝히겠지만 신세대의 절대다수는 새로이 출현한 '창조자 계급'에 속한다. 그런 만큼 '신세대 지식근로자'라는 표현을 사용하더라도 어디까지나 잠정적인 것일 수밖에 없다. •

1. 디지털 문명이 키운 첫 세대

1970년대 후반 이후 태어난 신세대는 사고와 행동에서 기성세대와는 판이한 모습을 보여주었다. 이러한 신세대의 등장은 전 세계적 현상이었다. 신세대의 모습은 나라마다 일정한 차이가 있었으나 디지털 문명 속에서 자란 첫 번째 세대라는 점에서는 대체로 일치했다.

신세대에게 컴퓨터는 어릴 때부터 가장 친한 친구 중 하나였다. 또한 온라인에서의 접속은 세상과 관계를 맺는 출발점이었고, 인터넷 공간은 늘 뛰어노는 친숙한 놀이터였다. 신세대는 이러한 디지털 문명의 세례를 듬뿍 받으면서 이전 세대와는 전혀 다른 정체성을 확립해갔다.

비즈니스 전략가 돈 탭스콧은 신세대를 네트워크 세대라는 의미에서 'N세대'라고 칭하면서 다음과 같은 여덟 가지 특징을 들었다.

첫째, 그들은 모든 일에서 자유를 원한다. 그들은 자신들이 일할 장소와 시간을 선택하고 싶어하며 전통적인 사무실의 굴레에서 벗어나고 싶어한다. 그러면서 자기만의 길을 걸어가고자 한다.

둘째, N세대는 자신의 특성에 맞게 주변 환경을 바꾸는 데 적극적이다. 그들은 자기 입맛대로 인터넷이든 미디어든 뭐든지 바꾸고 싶어한다. 심지어 표준화된 업무 매뉴얼까지 바꾸고 싶어한다.

셋째, N세대는 많은 정보를 얻는 데 열심이지만 항상 경각심을 갖고 임한다. 그들은 새로운 감시자가 되어 있는 것이다. N세대는 인터넷에는 신뢰할 수 없는 정보가 넘쳐난다는 사실을 잘 알고 있을 뿐만 아니라 사실과 거짓을 구분하는 데도 매우 익숙하다.

넷째, N세대는 기업의 성실성과 정직함을 중요시한다. N세대는 정직하지 않은 조직에서 일하거나 그런 조직에서 파는 상품을 사려하지 않는다. 그들은 기업의 가치가 소비자들의 가치와 일치하는지를 따진다.

다섯째, 그들은 일·교육·사회생활에서 놀이를 원한다. N세대는 일도 즐거워야 한다고 믿는다. 그래서 업무시간에 페이스북을 하거나 온라인게임을 하는 게 잘못이라고 생각하지 않는다.

여섯째, 그들은 관계와 협력을 중시한다. N세대는 타고난 협력자들이다. 그들은 인터넷 채팅룸에서 협력하고 함께 멀티유저 비디오게임을 즐기고 이메일로 파일을 공유한다. 그들은 일터와 시장에서도 커뮤니케이션을 바탕으로 협력문화를 조성하는 데 뛰어난 능력을 발휘한다.

일곱째, N세대는 속도를 중시한다. 빠른 커뮤니케이션은 N세대의 새로운 기준이다. 그들은 평소 디지털을 통한 커뮤니케이션에 익숙하다 보니 모든 메시지는 즉각적인 반응을 얻어야 한다고 생각한다.

여덟째, N세대는 혁신 지향적이다. 그들은 전통적인 명령과 통제에서 벗어나 협력적이고 창조성이 넘쳐나는 곳에서 일하기를 원한다. 그러한 곳에서 함께 즐기며 배울 수 있는 기회를 갖고 싶어한다.

이상과 같은 N세대의 특성은 N세대들이 주도하는 기업들의 조직문화를 통해서도 뚜렷이 확인된다.

2011년 현재 구성원의 평균 연령이 30대 초반인 구글은 젊은이들의 놀이터 같은 분위기로 유명하다. 권위주의에 입각한 수직적 위계질서는 찾아보기 힘들다. 구성원들은 창업자들마저도 친구처럼 대한다. 캠퍼스로 불리는 회사 공간 곳곳에는 무료로 즐길 수 있는 쉼터가 있으며 언제나 사람들로 북적거린다. 강제적인 근무규정은 없으며 각자 알아서 근무시간을 정한다. 본사에서는 매주 금요일 오후에 최고경영자(CEO)부터 신입사원까지 모여 회의를 하는데 그 자리에서는 누구나 자유롭게 의견을 낼 수 있다. 회의 내용은 인터넷을 통해 세계 곳곳에 있는 지사에 생중계된다.

최근 강력한 다크호스로 떠오르고 있는 페이스북은 20대가 주축이 되어 신세대 파워를 과시하고 있는 곳이다. 심지어 CEO도 20대 후반이다. 본사 사무실은 청바지와 티셔츠 차림의 20대 청년들이 뿜어내는 자유분방함과 발랄함으로 넘쳐난다. 곳곳에 낙서판이 설치되어 있고 컴퓨터 모니터 위에는 인형이나 장난감이 널려 있다. 일하는 것인지 노는 것인지 알 수 없는 청년들이 삼삼오오 소파에 눕거나 파묻혀 노트북을 들여다본다. 사무실 공간에는 조직의 위계질서를 알려주는 그 어떤 표시도 없다. CEO도 직원들 틈에서 평범한 책상 하나를 이용하고 있을 뿐이다.

신세대와 관련하여 우리가 주목해야 할 지점은 절대다수가 지식근로자로서의 정체성을 가진 역사상 최초의 세대라는 점이다.

디지털 문명의 세례를 받고 자라난 신세대는 디지털 문명에 기반을 둔 지식사회와 문화적 코드가 쉽게 일치될 수 있다. 더욱이 신세대는 앞선 세대에 비해 교육 수준이 훨씬 높다. 대부분의 선진국에서는 신세대의 다수가 대학교육을 받았거나 받을 예정에 있다. 이러한 요소들이 함께 작용하면서 신세대는 자연스럽게 지식사회의 주역인 지식근로자의 정체성을 갖게 되었다.

앞서 돈 탭스콧이 말한 N세대의 특징에서도 확인되었지만 신세대들은 이전 세대의 노동자들처럼 주어진 일을 시키는 대로 하고 싶어하지 않는다. 신세대들은 자신의 지식을 바탕으로 하여 혁신적으로 업무를 추진하고자 하는 욕망이 강하다. 이 같은 신세대의 욕망은 자신의 입맛대로 경영하기 위해 창업에 도전하는 것으로 이어지고 있다. 비교적 창업의 조건이 잘 갖추어져 있는 미국은 창업에 대한 신세대의 열망이 이전 세대에 비해 얼마나 강한지를 잘 보여준다.

세계청소년지원단체 JA 월드와이드(Junior Achievement Worldwide)의 의장인 션 러시에 따르면, 400만 명 이상의 미국 학생이 기본적인 기업가 정신과 금융지식을 가르치는 JA 월드와이드의 커리큘럼으로 교육을 받았는데 이는 10년 전보다 50퍼센트 이상 증가한 수치다. JA 월드와이드는 10대를 대상으로 설문조사를 진행한 적이 있는데 답변자의 69퍼센트가 창업을 원한다는 결과가 나왔다. 또한 미국 중소기업청(SBA)은 대학생의 3분의 2가 창업을 원한다는 조사 결과를 얻었다고 밝혔다. 이러한 가운데 대학에는 그 어느 때보다도 창업 관련 프로그램이 많이 생겨나고 있다. 단적으로 10여 년 전에는 미국 전체에서 경영자 과정을 운영하는 대학이 400여 개에 불과했으나 지금은 다섯 배가 넘는 2,100여 개에 이른다. 경영자 과정에 참여하는 학생 상당수가 이미 사업을 시작하고 있으며, 벤처기업 육성소를 운영하고 있는 대학 또한 빠르게 늘어나고 있다.*

이 모든 것은 창업에 대한 학생들의 요구가 급증하고 있으며, 신세대의 관심이 취업에서 창업으로 옮겨지고 있음을 보여주는 것이다. 미국의 미래연구소가 신세대는 그 어떤 세대보다도 가장 기업가적인 세대로 떠오를 것이라고 예측한 것도 이러한 맥락에서라고 할 수 있다. 많은 관찰자들이 이야기하고 있듯이 이전과는 완전히 다른 의미에서 기업가 시대, 경영자 시대가 열리고 있는 것이다.

그렇다면 한국은 어떠한가. 각종 설문조사 자료는 한국의 신세대 직장인들 대부분이 한두 번쯤은 창업을 꿈꾸어본 적이 있었음을 확인해주고 있다. 가령 취업·인사 포털 인크루트가 2010년 11월 직장

---

* 도나 펜 지음, 윤혜영 옮김, 『젊은 창조자들』, 이상미디어, 2010, 15쪽.

인 526명을 대상으로 설문조사한 결과에 따르면, 창업하고 싶다고 답한 응답자가 전체의 97.1퍼센트에 이르렀다.

그러나 한국 신세대의 바람은 미국 젊은이들의 그것과 달리 창업을 위한 실질적인 노력으로 이어지지는 못하고 있다. 앞서 인크루트 설문조사에서도 실제로 창업 준비 중이라고 말한 응답자는 27.8퍼센트에 그쳤다. 대학을 졸업한 신세대 인재들이 가장 선호하는 것도 창업이 아니라 대기업에 입사하는 것이다. 그러다 보니 2009년 한 해 동안 새로이 창업한 사람들 중에서 20대가 차지하는 비중은 2퍼센트밖에 되지 않았다.

왜 이런 현상이 벌어지고 있는 것일까. 뒤에서 좀더 자세히 살펴보겠지만 한국은 창업을 해도 성공 가능성이 높지 않을 뿐만 아니라 실패를 두려워하지 않고 창업을 시도할 수 있는 환경이 제대로 마련되어 있지 않다. 이는 곧 신세대의 창업에 대한 열정이 사회적 환경에 의해 극도로 억눌려 있음을 말해주는 것이다.

2. 경계선을 넘는 한국의 신세대

세대 차이와 그로 인한 갈등은 어느 시대에나 있기 마련이다. 기원전 7세기에 만들어진 그리스의 돌비석에 '요즘 젊은이들은 버르장머리가 없다'고 적혀 있다는 것은 널리 알려진 이야기다. 그런데 최근에 한국에서 나타나고 있는 세대 차이는 이전 시기에 나타났던 것과는 성격이 판이하다.

통신업체 KT(정확하게는 KT로 합병되기 전의 KTF)에서 있었던 일이다. 임원들이 SK텔레콤 'T'에 맞서는 이동통신 사업 브랜드를 확정하기 위해 여러 후보안을 놓고 투표를 했다. 그 결과 가장 적은 표를 받은 것은 'Show'였다. 하지만 최종안으로 채택된 것은 다름 아닌 'Show'였다. 40~50대인 임원들이 괜찮다고 생각하는 것은 젊은이들에게 외면당하고 반대로 임원들이 별로라고 생각하는 것들이 젊은이들에게 환영받는다는 다소 엉뚱한 이유 때문이었다. 실제 'Show'는 젊은이들 사이에서 크게 환영을 받았다.

1990년대에 처음 그 모습을 드러내어 신세대의 정서를 대변하면서 폭발적 호응을 얻은 그룹 가수가 있다. 한국 대중음악의 새 장을 연 '서태지와 아이들'이 그들이었다. '서태지와 아이들'의 일원이었던 양현석은 이후 기획사 YG 엔터테인먼트를 운영하면서 '빅뱅', '2NE1' 등 인기 아이돌 그룹을 탄생시켰다. 그러면서 한 이야기가 있다. "요즘 젊은 세대들은 정말 이해가 잘 안 된다."

비록 우스갯소리 같지만 이 일화들로부터 우리는 한국의 신·구세대 간의 정서 차이가 얼마나 큰지를 확인할 수 있다. 신세대와 기성세대는 정반대의 세계에서 살고 있다고 해도 과언이 아니다. 그렇다면 이토록 극심한 세대 차이가 나타나는 이유는 무엇일까? 그리고 이를 어떻게 이해하고 받아들여야 할까?

새로운 종의 등장

한국에서 지금의 신세대가 처음 그 모습을 드러낸 것은 1990년대였다. 대략 1980년대 이후에 출생하여 1990년대에 10대를 보낸 신세대는 기성세대와는 완전히 다른 종의 인간으로 등장했다. 세계적으로 나타난 것 이상으로 한국의 신·구세대 사이에는 극심한 차이가 있었던 것이다. 이러한 차이를 보이게 된 일차적 원인은 이전과는 전혀 다른 시대적 환경이 조성된 데 있었다. 급격한 환경 변화가 새로운 종을 태동시키는 진화의 법칙이 한국의 신세대 탄생에 그대로 관철된 것이다.

1990년대 접어들어 경제성장의 성과가 가시화되면서 신세대는 한층 여유로운 생활을 누릴 수 있었다. 먹고사는 문제를 해결하는 데 매달렸던 기성세대와 달리 신세대는 자기계발과 자아실현에 더 큰 가치를 둘 수 있었다. "흥, 배가 부른가 보군!" 식의 표현은 신세대에게는 통하지 않았던 것이다. 또한 민주화가 진척되면서 억압적인 상황에서 주눅 든 삶을 살아야 했던 기성세대와 달리 신세대는 당당하게 자신을 표현하는 데 익숙해졌다. 신세대 입장에서는 표현하지 않으면 존재하지 않는 것이나 다름없었다. 더불어 냉전 체제의 해체와 함께 탈이념의 시대가 열리면서 기성세대를 지배했던 흑백논리에서 벗어나 한층 다원주의적인 사고를 할 수 있었다. 그들이 보기에 세상은 흑과 백이 아닌 수많은 색깔들로 구성되어 있었던 것이다.

여기에 덧붙여 출산율의 저하로 한두 명의 자녀가 일반화됨에 따라 가족 안에서의 위치가 크게 달라졌다. 눈칫밥을 먹고 자라던 기성세대와 달리 신세대는 철저히 자신을 중심으로 주변 세계를 대할 수 있었던 것이다. 이러한 가운데 그 어느 나라보다도 빨랐던 초고속 인터넷의 보급으로 한국의 신세대는 어릴 적부터 디지털 문명에 흠뻑 빠져들 수 있었다. 그럼으로써 대면 토론과 수직적 위계질서에 익숙했던 기성세대와 달리 온라인을 통한 소통과 그 기본 속성인 수평적 관계에 매우 익숙해져갔다. 이 모든 요인들이 복합적으로 작용하면서 신세대 특유의 정체성이 형성될 수 있었다.

신·구세대 사이에 나타난 가장 중요한 패러다임의 차이는 집단과 개인 중 무엇을 중심으로 사고하는가에 있었다.

1960~1980년대 한복판에서 자신의 생을 불사른 한국의 기성세

대는 대체로 개인보다는 가족과 기업, 나아가 국가와 민족 등 집단을 우선했다. 기성세대에게는 집단을 위해 개인을 희생하는 것이 가장 아름다운 덕목이었다. 심지어 휴가지에 가서도 회사 걱정을 잠시도 떨쳐버리지 못하는 것이 기성세대의 대체적인 모습이었다.

한국이 빠른 시일 안에 경제건설에서 성공하고 동시에 민주화를 달성할 수 있었던 것은 바로 이 같은 개인의 희생을 바탕으로 한 것임에 틀림없었다. 노벨상의 꿈과 높은 보수를 포기하고 해외에서 귀국했던 많은 과학 기술자들도 그러한 희생의 일부였다. 이러한 분위기 속에서는 자기 문제에 골몰하고 자기를 앞세우는 사람은 쉽게 경멸의 대상이 될 수밖에 없었다. 단적으로 이들 세대 사이에서 "저 친구는 대단히 개인주의적이다"라는 말은 지극히 부정적인 평가에 해당했다.

그런데 1990년대 이후 모습을 드러낸 신세대는 이러한 기성세대와 달리 철저하게 개인으로서의 '나'를 중시했다. 나는 모든 것의 출발점이었고 세상의 중심이었으며 궁극적 목표였다. 기성세대가 잃어버린 나를 복권시키는 것이야말로 신세대의 가장 중요한 징표였던 것이다. 단적으로 자기주장이 앞서는 사람을 경멸했던 기성세대와 달리 신세대는 당당하게 자기를 주장하는 것을 선호했다. "내 감각대로 내 개성대로 톡톡 튀는 나의 표현", "천만 번을 변해도 나는 나", "나는 세계의 중심"과 같이 1990년대 10대들을 겨냥해서 만들어진 광고 카피들은 이러한 신세대의 특성을 잘 반영한 것이었다.

나를 세계의 중심으로 사고하는 신세대의 특징으로부터 그 밖의 여러 가지 특징이 파생되어 나왔다. 기성세대는 개인보다는 집단의 가치를 우선하다 보니 집단 공통의 도덕률로서 옳고 그름을 위주로 판단하는 경향이 강했다. 옳으면 싫어도 해야 한다는 강박관념에 내내 시달린 것이 기성세대라고 할 수 있다. 그러나 신세대는 개인의 삶을 우선하면서 좋고 싫음을 위주로 판단하는 경향을 보였다. 이렇듯 좋고 싫음을 위주로 판단하다 보니 신세대는 논리적 분석을 앞세웠던 기성세대와 달리 감성적 접근을 중시했다. 좋고 싫음은 주로 감성의 영역이기 때문이다.

이 밖에도 신세대는 기성세대와 많은 부분에서 차이를 드러냈다. 아래의 〈표〉는 이러한 신·구세대의 차이를 모아서 정리해본 것이다.

〈표〉 신·구세대의 특성 비교

신세대	구세대(기성세대)
개인의 삶을 중시한다	집단에 대한 헌신을 우선한다
수평적 관계 중심이다	수직적 관계 중심이다
좋고 싫음을 위주로 판단한다	옳고 그름을 위주로 판단한다
감성적 접근을 중시한다	논리적 분석을 중시한다
다원주의적 사고에 익숙하다	이분법적 사고에 익숙하다
온라인 토론을 선호한다	대면 토론을 선호한다
이미지 중심으로 소통한다	텍스트 중심으로 소통한다
자신을 표현하는 것을 우선한다	주변의 평가에 관심이 먼저 간다
멋있어 보이기를 원한다	권위 있어 보이기를 원한다
시끌벅적한 분위기에 잘 적응한다	엄숙한 근무 분위기를 선호한다
경영을 중심으로 세상을 본다	정치를 중심으로 세상을 본다
구시대 이념으로부터 자유롭다	구시대 이념에 집착한다

상처받은 영혼들

신세대의 정체성은 역사적 경험을 바탕으로 더욱 뚜렷하게 확립되어 갔다. 1990년대에 첫 선을 보인 신세대들이 어느 정도 세상에 눈을 뜰 무렵인 1997년에 외환위기가 터졌다. 신세대는 외환위기를 겪으면서 개인들이 조직에 의해 허망하게 내팽개쳐지는 장면들을 수도 없이 목격했다. 신세대들이 보기에 그러한 상황 속에서 개인의 운명을 책임질 수 있는 것은 궁극적으로 자기 자신밖에 없었다.

그 결과 신세대는 그 어떤 조직에도 마음으로부터 충성을 바치지도 않았고, 거꾸로 의존하려고 하지도 않았다. 영업사원의 경우를 예로 들어보자. 영업 활동을 하다 보면 다양한 정보를 수집하게 되고 다양한 네트워크가 형성되기 마련이다. 과거에 이 모든 것은 자연스럽게 회사에 귀속되었다. 그러나 외환위기 이후 변화된 상황에서 신세대 영업사원들은 상당 부분을 자신에게 귀속시키기 시작했다. 지금 있는 회사에서 잘릴 경우 새로운 회사에 취직하거나 창업할 때를 대비해서였다.

또한 신세대 직장인들은 자신의 스펙 쌓기와 관련이 없는 업무에 대해서는 얄미울 정도로 소홀히 했다. 경우에 따라서는 5년 동안 이 회사에서 경력을 쌓은 다음 그만두겠다고 공언하기도 했다. 회사를 위해 개인의 삶을 일방적으로 희생하는 것을 못 견뎌했다. 그러면서 시간을 쪼개 자기계발에 열정을 쏟았다. 자신을 책임져줄 것은 자기 자신밖에 없다는 생각에서였다.

이러한 신세대의 삶은 끊임없는 단절과 고립, 무기력감을 수반하는 고통스럽기 짝이 없는 것이었다. 여기에다 치열한 생존 경쟁 과정에서 겪는 엄청난 심리적 압박이 더해졌다. 그로 인해 신세대가 겪은 심리적 고통은 생각 이상으로 심각한 것이었다. 세대 전체가 집단적 우울증에 시달렸다고 해도 과언이 아니다. 이러한 신세대의 심리 상태에 대해 기성세대들은 대체로 이해하기 힘들다는 태도를 보였다. 정치적 상황이나 경제적 조건 모두가 기성세대들이 젊은 시절을 보냈을 때보다 훨씬 나아졌는데 왜 그렇게 힘들어 하느냐는 것이었다.

안타깝게도 대부분의 기성세대들은 신세대가 왜 그토록 고통스러워했는지 그 본질적 이유에 대해 깊이 고민하지 못했다.

신세대가 처음 발을 들여놓은 현실 세계는 감히 어찌해볼 수 없는 두려움의 대상이었다. 신세대는 현실 세계가 만들어놓은 룰에 따라 잠시도 멈춤 없이 생존 경쟁을 벌여야 했다. 말하자면 이런 것이었다. 신세대에게 현실 세계는 출구 하나 없이 사방이 꽉 막힌 벽 속처럼 다가왔다. 신세대는 그 안에서 살아남기 위해 홀로 외로움을 견디며 끊임없이 쫓겨 다녀야 했다. 누군가가 그러한 장면을 지켜보며 마냥 즐거워할 것만 같은 소름끼치는 상상을 하면서 말이다.

앞서 이야기했듯이 신세대에게 '나'는 모든 것의 출발점이었고 세상의 중심이었으며 궁극적 목표였다. 그러나 정작 세상에 발을 들여놓았을 때 나의 모습은 애초에 생각했던 것과는 정반대였다. 내가 세상을 요리하는 것이 아니라 세상이 임의로 나를 요리했다. 그것도 아주 가혹하게 말이다! 나는 모든 것의 출발점이 아니었던 것이다. 또한 나는 세상의 중심이 아니라 주변을 배회하는 처량한 존재에 불과했다. 아울러 나는 소중한 목표가 아니라 알 수 없는 그 무엇의 도구로 전락해 있었다. 신세대의 내면을 지배하는 본성과 현실 세계 속에서의 모습이 정면으로 충돌을 빚은 것이다.

개인과 시기에 따라 어느 정도 차이가 있었겠지만 외환위기 이후 신세대의 삶은 대략 이런 것이었다. 그들의 가슴속에 커다란 트라우마가 아로새겨지고, 그들의 영혼이 깊은 상처를 입을 수밖에 없는 상황이었던 것이다. 하지만 신세대가 고통스러워했던 더욱 본질적인 이유는 다른 곳에 있었다.

해답의 실마리를 찾기 위해 잠시 1980년대로 돌아가보자. 그 당시 20대 젊은이들은 암울하기 짝이 없는 군사독재 치하에 놓여 있었고 경제적으로도 매우 곤궁한 상태였다. 하지만 당시 20대들은 그러한 상황에서 벗어날 수 있는 길을 분명하게 알고 있었다. '민주화'가 바로 그것이었다. 1980년대 20대 젊은이들은 탈출구를 알고 있었기에 제적, 해고, 수배, 구속, 심지어 죽음에 이르기까지 숱한 희생을 치르면서도 확신과 열정을 갖고 새로운 미래를 향해 힘차게 달려갈 수 있었다. 문제의 핵심은 바로 여기에 있다. 즉, 객관적인 조건보다는 현실을 초극할 수 있는 좌표가 있는지 여부가 사람들의 심리 상태를 더욱 크게 좌우하는 것이다. 바로 이 지점에서 신세대들은 심각한 한계에 봉착해 있었다. 현실을 초극할 좌표가 뚜렷하지 않았던 것이다.

1990년대에 처음 모습을 드러냈던 신세대가 20대에 진입할 무렵인 1990년대 후반은 앞선 세대들을 뜨겁게 달구었던 좌표들이 의미를 상실하거나 크게 퇴색한 상태였다. 대표적으로 사회주의는 더 이상 대안이 될 수가 없었고, 민주화는 이미 지나간 이야기였다. 이러한 조건에서 사회 전반적인 분위기를 지배한 것은 자본주의를 유일한 대안으로 간주하면서 시장만능주의를 표방했던 신자유주의였다. 가히 신자유주의 광풍이 몰아쳤다 해도 과언이 아닐 정도였다. 그 상황에서 신세대에게 주입된 것은 생존 게임에서 무조건 이겨야 하며, 경쟁에서 밀리면 끝이라는 강박관념뿐이었다. 그 이외에 다른 세계를 상상할 여지는 전혀 주어지지 않았다. 말하자면 지도와 나침반도 없이 살벌하기 그지없는 낯선 땅 한복판에 내던져진 것이나 다름없었다.

결론적으로 벽 속에 갇혀 끊임없이 쫓겨 다녀야 한다는 사실 자체보다도 벽을 뚫고 드넓은 세계로 탈출할 길을 찾을 수 없다는 것이 신세대를 고통스럽게 만든 본질적 이유였던 것이다.

여기서 우리가 주목해야 할 또 한 가지 사실이 있다. 따지고 보면 신세대와 기성세대를 둘러싼 상황은 크게 다르지 않았다. 어차피 같은 하늘 아래서 같은 세상을 살고 있었기 때문이다. 기성세대 역시 치열한 경쟁에 시달리면서 각박한 나날을 보냈던 것이다. 그런데 기성세대는 신세대처럼 심리적 고통을 심하게 겪지 않았다. 왜 이런 차이가 나타났던 것일까? 과연 기성세대가 생각하고 있는 것처럼 기성세대는 강인하게 단련된 것에 비해 신세대는 고생을 모르고 자라나 나약한 심성을 가졌기 때문일까. 그러나 신세대는 기성세대가 생각하고 있는 것처럼 그렇게 나약하지 않다. 그들은 자신의 앞을 가로막고 있는 난관을 헤쳐 나가는 데서 기성세대 못지않은 강한 투지와 치열함을 보여주었다. 차이가 나타난 원인은 다른 곳에 있다.

지금의 기성세대는 젊은 시절 부조리한 현실에 맞서 치열하게 저항했으나 어느 순간부터 현실을 인정하고 그에 순응하여 살기 시작했다. 그렇기 때문에 내면세계와 객관적 현실 사이의 괴리가 그다지 크지 않다. 차이가 있다고 하더라도 감수하면서 사는 데 익숙하다. 그 결과 출구가 없는 벽 속에서 생활하면서도 답답함을 크게 느끼지 않는다. 바로 이 지점에서 신세대는 확연히 다른 것이다.

신세대는 외적 요구에 의해 강요된 삶이 아닌 자신의 욕망에 이끌린 삶을 살기 원하며, 진정한 의미에서 세상의 중심에 서고 싶어한다. 출구 없는 벽 속에 갇혀 끊임없이 쫓겨 다니는 삶에서 하루 빨리 벗어나기를 원한다. 회색빛으로 변질된 기성세대의 영혼과 달리 신세대의 영혼은 여전히 푸른빛으로 반짝이고 있는 것이다. 신세대가 심각한 심리적 고통을 겪고 있다는 것은 내면세계와 객관적 현실 사이의 괴리가 그만큼 크다는 것을 의미한다. 이는 곧 신세대가 현실 세계에 순응하지 않은 채 자신의 본성을 지키고 있음을 입증하는 징표다.

그렇다면 과연 신세대가 고통스러운 삶의 굴레에서 벗어날 수 있는 근본적 해법은 무엇인가? 분명한 것은 그들에게 고통을 안겨준 세상이 스스로 변화하지 않을 것이라는 점이다. 그 누군가가 나서서 대신 문제를 해결해줄 것을 기대할 수도 있겠지만 이 또한 환상에 불과하다. 세상을 변화시킬 수 있는 것은 그로 인해 고통을 겪은 신세대 자신뿐이다. 그런 점에서 신세대에게 가장 절실한 것은 잠시 현실 세계에 의해 잠식당했던 주체성을 회복하고 고양시키는 것이다. 요컨대 세상의 룰에 나를 맞추는 것이 아니라 룰 자체를 바꾸고자 노력하는 창조적 주체로 변신해야 한다. 그러한 과정을 능히 즐길 수 있을 때 트라우마를 씻어내고 상처받은 영혼을 치유할 수 있다.

주체성의 회복과 고양을 위해 반드시 해결해야 할 과제가 있다. 현실을 초극할 수 있는 좌표를 명확하게 설정해야 하는 것이다. 말하자면 고통스러운 현실 저 너머의 새로운 세계와 그리로 갈 수 있는 길을 선명히 밝혀야 하는 것이다. 작금의 정세는 이를 우리 모두가 풀어야 할 숙제로 던져주면서, 그 해답의 실마리도 함께 제시하고 있다. 이 책 역시 그 해답을 찾는 것을 목표로 삼고 있다.

P세대로의 진화

신세대가 주체성을 회복하고 고양시키는 것은 그 누가 대신해줄 수 있는 성질의 것이 아니다. 그것은 오직 신세대 자신의 노력을 통해서만 획득할 수 있다. 바로 이 지점에서 신세대는 의미 있는 행보를 시작했다. 그 자신과 주변 세계를 재창조할 수 있는 잠재력을 빠르게 축적해나갔다.

신세대들이 가장 먼저 몸부림친 것은 단절되고 고립된 상황으로부터 벗어나는 것이었다. 결국 그들은 어릴 적부터 익숙해져 있던 온라인 활동에서 탈출구를 찾았다. 한국의 신세대는 온라인 활동에 세계 어느 나라 사람들보다도 많은 열정을 쏟아부었다. 신세대는 온라인에서 '찢고, 까불고, 놀면서' 수많은 사람들과 소통·교감하고 각종 커뮤니티를 구축하는 등 폭넓게 네트워크를 확장해갔다.

앞서 잠시 언급했지만 온라인 공간의 소통구조는 기성세대를 지배해온 수직적 위계질서와는 확연히 다르다. 온라인에서의 소통구조는 각자가 중심이면서 수평적으로 소통하는 것을 기본으로 한다. 이러한 수평적 소통구조에서 권위를 앞세우면 비웃음거리가 된다. 말하자면 이런 것이다. "봉건 시대에 왕은 세습되었다. 근대 민주국가에서 왕은 선출되었다. 그러나 온라인 공간에 이르러 모두가 왕이 되었다." 신세대는 이러한 온라인 특유의 소통구조와 그 속에서 맺어지는 인간관계에 익숙해지면서 수평 지향적인 정체성을 더욱 강화해갔다.

이러한 가운데 신세대는 자기계발에 매진함과 동시에 목표를 성취하기 위해 특유의 열정(Passion)을 불태웠다. 그렇다고 자기 안에 갇혀 산 것은 결코 아니었다. 신세대는 지속적으로 네트워크를 확장해가면서 거대한 힘(Power)을 비축했고 이를 바탕으로 자신 앞에 펼쳐진 세계를 향해 적극 참여(Participation)하기 시작했다. 그러한 과정을 거쳐 마침내 사회 전반에 걸쳐 패러다임(Paradigm)의 변화를 주도할 수 있는 위치에 설 수 있었다. 이른바 P세대로의 진화가 빠르게 이루어진 것이다.

과연 신세대는 어떤 지점에서 패러다임의 변화를 일으킬 수 있을까. 아마도 가장 가능성이 큰 것은 가치관에서의 변화가 아닐까 싶다.

아직까지도 기성세대는 자유와 평등, 개인주의와 집단주의 중 어느 한쪽만을 강조하고 다른 쪽을 경원시하는 경향이 강하다. 대체로 우파에 속하는 사람 중에는 자유와 개인주의를 선호하면서 평등의 가치와 집단주의에 대해서는 강한 거부감을 드러내는 경우가 많다. 거꾸로 좌파에 속하는 사람 중에는 평등과 집단주의를 선호하면서 자유의 가치와 개인주의를 경원시하는 경우가 많다.

이 지점에서 신세대는 확연히 다른 태도를 보이고 있다. 앞서 말한 대로 신세대는 그 어떤 조직에도 충성을 바치지 않고 또한 의지하지도 않는다. 아울러 신세대는 매우 개성이 강한 존재이며 자신만의 고유한 특성에서 존재 이유를 찾는다. 이런 점에서 신세대는 자유의 가치를 중시하면서 개인주의 전통을 잇고 있다. 또한 디지털 문명 속에서 자란 신세대는 모두가 세계의 중심임을 인정하면서 수평적으로 소통하고 협력하는 데 익숙하다. 기성세대에 비해 훨씬 네트워크 지향적인 것이다. 이는 신세대가 평등의 가치를 중시하면서 집단주의 전통을 잇고 있음을 의미한다.

이렇듯 신세대는 자유와 평등, 개인주의와 집단주의 모두를 창조적으로 수용하고 있다. 신세대는 '원자화된 개인주의'나 '몰개성적인 집단주의' 둘 다 거부한다. 신세대는 '모두가 함께 자유스러운 평등'을 추구하며 '자유롭고 독립적인 개인들이 맺는 집단적 관계로서 네트워크'를 지향한다. 한마디로 신세대는 자유와 평등, 개인주의와 집단주의 사이의 조화와 통일을 추구하는 것이다. 그들에게는 두 가지가 분리·대립하는 것이 지극히 기형적인 것으로 느껴질 뿐이다.

신세대는 경쟁과 협력에 대해서도 기성세대에 비해서 비교적 균형 잡힌 시각을 갖고 있다. 그들은 경쟁 없는 사회를 추구하지도 않고 그것이 가능하다고 생각하지도 않는다. 그들은 시장(市場)이 변함없이 존재할 수밖에 없음을 잘 알고 있으며 경쟁은 불가피할 뿐만 아니라 또한 유익할 수 있다고 생각한다. 그러면서도 그들은 최선의 협력이 최고의 경쟁력을 낳는다는 사실을 비교적 잘 인지하고 있다. N세대의 특성에서 묘사되었듯이 협력문화를 조성하는 데 매우 익숙한 것이다.

돌이켜보면 기성세대는 세상을 흑과 백, 선과 악으로 나누고 어느 한쪽을 무조건 옹호하고 다른 쪽을 매도하는 데 매우 익숙하다. 이념 대결의 시대를 살아오면서 자신도 모르게 몸에 밴 습성이라고 할 수 있다. 그런데 신세대 속에서는 서로 대립했던 가치들이 비교적 조화롭게 통일되어 있다. 신세대는 흑백논리가 지배했던 근대적 담론구조에서 크게 벗어나 있는 것이다.

신세대가 새로운 패러다임을 바탕으로 사고하고 행동한다는 것은 좌우 대결 구도로 집약되는 기존 질서를 뛰어넘어 새로운 질서를 창출할 가능성이 매우 크다는 사실을 암시하는 것이다. 필자는 여러 차례에 걸쳐 신세대 직장인들과 대화를 나눔으로써 이 점을 더욱 분명하게 확인할 수 있었다.

필자는 신세대 직장인들과 만난 자리에서 좌우 대결 구도와 관련된 몇 가지 질문을 던졌다. 첫 번째 질문은 이랬다. "기성세대들은 좌·우파로 사람들을 구분하는 데 익숙하다. 그렇다면 당신들은 좌·우파 중 어디에 속한다고 생각하는가?" 그에 대한 대답은 대체로 애매모호한 것이었다. 가령 어떤 때는 좌파인 것 같고 어떤 때는 우파인 것 같다는 식이었다. 일부는 좌파든 우파든 어느 한쪽에 편입되어야 한다는 것에 대해 강한 거부 반응을 보이기도 했다.

곧이어 두 번째 질문을 던졌다. "지금의 좌우 대결 구도가 적합한 것이고 앞으로도 계속 유효하다고 생각하는가?" 그러면 대답은 대부분 일치했다. 그렇지 않다는 것이었다. 일부 신세대 직장인은 지금의 좌우 대결 구도는 이분법적 사고를 하는 기성세대가 만들어낸 것에 불과하다고 지적하기도 했다.

물론 이 대화는 충분한 이론적 근거를 바탕으로 한 것이 아닌 주로 직관에 의존한 것이었다. 그럼에도 향후 한국 사회 구도가 어떻게 바뀔지를 예상하는 데 매우 중요한 근거를 제시하고 있다. 요컨대 지금의 20~30대를 중심으로 한 신세대가 본격적으로 정세를 주도하면서 기존의 좌·우파를 뛰어넘는 신주류로 부상할 가능성이 매우 커졌다. 한마디로 역사의 경계선을 넘어 한국 사회가 전혀 새로운 국면을 향해 나아가고 있는 것이다. 그 조짐은 이미 곳곳에서 나타나고 있다. 수십 년간 지속된 낡은 질서가 밑바탕에서부터 요동치고 있는 것이다.

역사의 무대로 진출한 그들

2008년 신세대가 세상을 바꿀 풍부한 잠재력을 지닌 존재임을 입증하는 놀라운 사건이 발생했다. 광우병 위험 미국산 쇠고기 수입 결정으로 촉발된 촛불시위가 바로 그것이었다.

2008년 촛불시위는 두 달 넘는 기간에 연인원 300만 명(주최 측집계) 정도가 참여했을 만큼 보기 드문 대규모 시위였다. 이러한 촛불시위에 대해서는 보는 시각에 따라 평가가 매우 다를 수 있다. 그런데 그 평가와 관계없이 우리가 반드시 주목해야 할 지점이 하나 있다. 바로 2008년 촛불시위는 신세대의 속성이 액면 그대로 발현된 투쟁이었다는 사실이다.

2008년 촛불시위의 불을 지핀 것은 10대 학생들이었다. 여기에는 그럴 만한 사정이 있었다. 10대 학생들은 자율적 공간이라고는 전혀 없는 상태에서 새벽부터 밤늦게까지 어른들이 만들어놓은 틀 속에서 어른들이 짜놓은 스케줄에 따라 움직여야 했다. 그러던 중 정부가 영어 몰입교육 도입, 특목고 확대, 0교시 수업 허용 등을 추진하자 '뿔'이 돋고 말았다. 설상가상으로 정부가 광우병 위험 미국산 쇠고기를 수입하기로 방침을 정하자 10대들의 분노가 드디어 폭발해버렸다. 수입된 쇠고기가 학교 급식을 통해 자신들에게 공급될 가능성이 매우 크다고 본 것이다.

곧바로 온라인 공간은 10대들의 광우병 위험 미국산 쇠고기 수입에 대한 성토로 도배되기 시작했다. '안단테'라는 아이디의 고2 학생이 대통령 탄핵서명을 제안하자 폭발적인 호응이 일어났다. 짧은 기간에 무려 130만 명이 서명에 동참했다. 경찰이 안단테에 대해 수사를 시도하자 수많은 네티즌들은 그를 경찰의 추적에서 보호하기 위해 일제히 자신의 아이디를 안단테로 바꾸어버렸다.

마침내 57만여 명의 회원이 참여하고 있던 '미친소를 몰아내는 10대연합'을 위시하여 '미친소닷넷' 등 온라인 단체들이 연합하여 촛불집회를 추진하기에 이르렀다. 10대들이 주축을 이룬 이 온라인 단체들은 촛불집회를 제안하고 실무 준비까지 담당하는 등 촛불시위의 초기 국면을 주도했다. 촛불시위 초기 참가자의 50~60퍼센트를 차지한 것 역시 이들 단체의 10대 회원들이었다.

5월 2일 서울 청계천 광장에 모여 처음 촛불을 든 것은 10대 여학생들이었다. 사람들은 그들에게 '촛불소녀'라는 이름을 선사했다. 10대 여학생들은 "아직 연애도 못해봤고 하고 싶은 것도 많은데, 빨리 죽고 싶지 않아요"라면서 "미친 소, 너나 먹어!"라고 외쳤다. 소녀들의 입에서 터져 나온 이 간명하고 직설적인 구호는 어른들의 감성을 뒤흔들어놓았다. 결국 소녀들의 외침은 거대한 촛불시위의 대폭발을 일으키는 뇌관이 됨과 동시에 촛불시위의 전개방식까지 결정하고 말았다.

촛불시위는 각자가 중심이면서 수평적으로 소통하고 연대하는 신세대의 특성을 절묘하게 반영한 투쟁 형식이었다. 촛불시위는 수직적 위계질서를 허물고 시위를 수평적이면서 개방적인 것으로 만들었다. 촛불시위에서는 촛불을 드는 것만으로 누구나 자신의 의사를 충분히 표현할 수 있었다. 촛불시위의 중심은 촛불을 든 각자였으며, 참가자 모두는 동격이었다. 국회의원도 연예인도 한 명의 촛불에 불과했고, 나이 어린 여중생도 당당히 촛불의 일원이 될 수 있었다.

2008년 촛불시위는 참여방식에서도 신세대의 특성을 그대로 반영했다. 2008년 촛불시위에는 넥타이부대, 유모차부대, 가족과 연인 단위 등 시민들이 다양한 모습으로 참여했다. 그러나 절대다수를 차지한 것은 다음 아고라 등 온라인 커뮤니티를 통해 참여한 경우였다. 이들은 평소 온라인 공간에서 치열한 토론을 통해 투쟁의 의미를 공유했고, 구체적 행동방식을 정하고 필요한 시위도구를 마련하는 등 만반의 준비를 거쳐 촛불시위에 참여했다. 촛불시위에 힘을 불어넣어주었던 '무적의 김밥부대' 역시 온라인 공간을 통해 추진된 것이었다. 신세대의 놀이터와 다름없는 온라인 커뮤니티가 명실상부하게 대규모 투쟁을 이끄는 아지트 구실을 한 것이다.

투쟁의 양상 또한 각자가 중심이면서 수평적으로 관계 맺는 신세대의 특성을 그대로 재현했다. 참가자들이 한곳에 모여 집회를 할 때는 준비된 연사의 정치연설이 아닌 참가자들의 자유로운 발언이 줄을 이었다. 가두시위가 진행될 때에도 전체 대열을 이끌어가는 지도부가 따로 존재하지는 않았다. 시위 참가자들 각자가 판단하여 움직였고 필요하면 즉석에서 토론을 벌이기도 했다. 촛불시위 참가자들의 다수는 그 어떤 조직에도 구속되는 것을 꺼렸고 또한 의존하지도 않았던 것이다. 심지어 그 누구라도 자신을 가르치려들거나 이끌려고 하면 강한 거부감을 드러냈다.

2008년 촛불시위가 어떤 의미를 남겼는지에 대해서는 다양한 평가가 있을 수 있다. 그럼에도 2008년 촛불시위가 한국 사회를 통째로 뒤흔들어놓을 만큼 엄청난 파괴력을 발휘했음은 누가 봐도 분명했다. 신세대는 바로 그러한 촛불시위를 통해 역사의 광장 한복판으로 대담하게 진출했던 것이다. 그리고 이 엄청난 사건을 자신의 속성에 맞게 디자인했고 그를 통해 놀라운 힘을 과시했다.

3. 역사의 산물, 역사의 선물

신·구세대 간의 차이는 매우 컸다. 그들은 서로 다른 틀로 세상을 보며 서로 다른 목표를 향해 길을 걷는 존재였다. 그러다 보니 이 두 세대 사이에는 늘 갈등과 충돌이 있기 마련이었다. 2000년대 접어들어 신세대들이 직장인으로서 사회에 본격적으로 진출하기 시작하면서 그 같은 사태가 본격화되었다. 사회 한복판에서 서로 다른 세계가 만나면서 정면으로 충돌하기 시작한 것이다. 그러한 충돌은 기업 경영진들이 알고 있는 것 이상으로 심각한 양상을 띠고 있다.

세대 충돌

많은 기성세대들이 지금까지 보아왔던 직장인의 모습과는 사뭇 다른 태도를 취하는 신세대를 접하면서 당혹감을 감추지 못했다. 그들의 눈에 비친 신세대는 도무지 정체를 파악할 수 없는 아리송한 존재들이었다. 기성세대들이 신세대에게 내린 최종 결론은 대체로 부정적인 것이었다.

많은 기성세대들이 신세대 직장인들을 '개념도 없고 희생정신도 없는, 싸가지 없는 족속'으로 규정했다. 나이 든 기성세대들이 모이면 요즘 젊은이들은 고생을 모르고 자라서 힘든 것을 참지 못하고 위아래도 없고 자기밖에 모른다고 성토하기 일쑤였다. 아울러 죽을 고생을 해서 일구어낸 그간의 성과를 젊은이들이 제대로 지켜낼 수 있을지 모르겠다는 걱정이 뒤를 따랐다.

반면 신세대 직장인들이 보기에 기성세대는 고리타분하고 답답하기 그지없는 존재들이었다. 알량한 권위만을 앞세우는 그들의 모습은 역겹기까지 했다. 많은 신세대 직장인들이 기성세대를 '능력은 쥐뿔도 없으면서 사람을 배려할 줄도 모르는 무책임한 족속'들로 규정했다. 신세대 직장인들이 자기들끼리 쓰는 상사 지칭용 별명에는 이러한 그들의 감성이 짙게 배어 있었다. 예컨대 가장 많이 사용하는 별명의 하나로서 '개토레이'가 있는데 이는 '개또라이'를 비튼 말이었다.

세대 간 문화 충돌의 지점은 매우 광범위했다. 대표적으로 회식을 둘러싼 두 세대의 차이를 들 수 있다.

기성세대에게 회식은 격무에 시달린 직원들을 위로하면서 그간의 갈등을 해소하는 자리였다. 부장이 "오늘 회식이다!"라고 말하면 모두가 '와!' 하며 함성을 질렀다. 그러나 신세대는 "오늘 회식이다!" 하면 속으로 '윽!' 소리를 내며 인상을 썼다. 그들은 일방적인 회식 결정을 개인 생활을 침해하는 것으로 여기기 때문이다. 결국 많은 신세대 직장인들은 개인 일정이 있다며 회식 불참을 선언했다. 그러면 기성세대는 요즘 젊은 세대 중에는 군소리 없이 회식에 참여하는 경우가 없다며 거친 불만을 쏟아놓았다. 회식이 갈등을 해소하는 것이 아니라 거꾸로 증폭시키는 계기가 된 것이다.

세대 차이는 회식 후 으레 이어지는 노래방 코스에서도 그대로 재현되었다. 노래방을 찾는 일반적 이유는 '단합'을 위해서다. 그러나 정작 노래방에서 두 세대는 제대로 단합하지 못했다. 고참 간부가 자기 세대에 맞는 노래를 부를 때 신참은 자기 입맛에 맞는 노래를 고르느라 정신이 없었던 것이다. 결국 노래방은 두 세대의 문화적 간극을 확인하는 자리에 불과했다.

사정이 이러함에도 여전히 많은 기업들이 과거의 방식으로 신세대 직장인을 대해왔다. 단적으로 기를 죽여 주눅 들게 한 다음 알아서 복종하게 만드는 전통적(?) 리더십이 관행처럼 유지되어왔다. 조직의 생명은 일사불란함에 있다며 이유 여하를 막론하고 상사의 명령에 복종할 것을 요구하는 상명하복의 조직문화 역시 변함없이 힘을 발휘했다. 하지만 이러한 조직문화는 신세대 직장인들 사이에서 불신과 불만만을 누적시켜왔을 뿐이다.

2010년 10월 『중앙일보』에 게재된 인크루트 설문조사에서 신세대 직장인들의 75퍼센트가 의사소통이 잘 안 된다고 응답했다. 또한 임원을 포함해 상사들 사이에서 자신의 역할 모델을 찾지 못하고 있는 경우가 훨씬 많았다. 회사에 대한 로열티(애사심)를 갖고 있지 못한 경우도 전체의 75퍼센트에 이르렀다. 절대다수의 신세대 직장인들이 자신이 속한 곳에 마음을 붙이지 못하고 있는 것이다.*

비합리적인 근무 환경은 이러한 신세대 직장인들의 불만을 더욱 증폭시키는 요소가 되었다. 대표적으로 일상화된 초과근무를 들 수 있다. 최근 일부 기업에서는 '패밀리데이' 같은 제도를 통해 주 1회,

---

* 김기환, 「신입사원 99% "입사해보니 딴판 … 이직 고민 중"」, 『중앙일보』, 2010. 10. 5.

혹은 월 1회 정시 퇴근을 강제하고 있다. 이는 뒤집어서 말하면 초과 근무가 일상화되어 있음을 보여주는 것이다. 문제는 많은 경우 상사가 퇴근하지 않고 있다는 이유만으로 신세대 직장인들도 덩달아 퇴근을 못 한다는 데 있다. 그러다 보니 신세대 직장인들은 정상 근무시간에 최선을 다해 업무를 수행하지 않는 것이 습관화되고 말았다. 일을 마쳐도 어차피 정시에 퇴근하지 못하기 때문이다.

이런 요인들로 인해 수많은 신세대 직장인들이 몸담고 있던 곳을 뛰쳐나갔다. 취업난의 심화로 직장 구하기가 하늘의 별 따기만큼이나 어려운 시대에 이는 자못 심상치 않은 현상이었다. 어렵사리 살아남는다 해도 대부분 신세대의 정체성이 거세되고 잠재력의 상당 부분이 소진된 상태였다. 단적으로 지시와 통제 없이는 아무것도 하지 못하는 수동적 존재로 전락하는 경우가 비일비재했다.

풍부한 잠재력

기성세대가 자신들에게 익숙한 질서와 관습에 비추어 판단하면 신세대는 약점투성이로 보일 수밖에 없다. 그러나 시각을 바꾸어서 보면 풍부한 잠재력을 가진 존재임을 알 수 있다. 급변하는 기업 환경을 고려하면 신세대가 지닌 특성은 더욱 빛을 발한다. 신세대는 역사의 산물이면서 동시에 선물일 수 있는 것이다.

오늘날 글로벌 경제는 불확실성으로 가득 차 있다. 언제 어디서 증시가 폭락하고 금융·재정 위기가 터지면서 부동산 거품이 붕괴할지 모른다. 또한 글로벌 경제는 전쟁 상태나 다름없다. 이러한 가운데 경제 활동의 중심은 일사불란함을 요구했던 하드웨어 생산에서 독창성이 생명인 소프트웨어 영역으로 빠르게 이동하고 있다. 더불어 남들의 뒤를 쫓는 '추격전략'이 아니라 미지의 영역에서 새로운 것을 일구어내는 '창조전략'으로의 전환이 시급해지고 있다. 그렇지 않으면 살아남을 수 없다.

이러한 상황에서 절실하게 필요한 것은 투철한 모험 정신과 변화를 즐길 수 있는 자세, 톡톡 튀는 재기발랄함을 바탕으로 다양한 요소를 융합하여 새로운 것을 창조할 수 있는 능력이다. 그런데 자칫하면 잃을 것이 많고 자신의 경험과 관습에 얽매이는 정도가 강한 기성세대에게는 이러한 모습을 기대하기 어렵다. 그에 적극적으로 응답할 수 있는 것은 잃을 것이 별로 없기에 겁 없이 덤빌 수 있으며 동시에 다원주의적 사고를 바탕으로 풍부한 창의성을 발휘할 수 있는 신세대다. 말하자면 신세대는 불확실성의 시대를 돌파할 수 있는 최적의 공격수인 것이다.

더욱이 신세대는 어릴 적부터 디지털 문명 속에서 생활하면서 그에 매우 익숙해져 있다. 이는 지식사회와 문화적 코드가 일치한다. 당연히 신세대는 최신 트렌드를 파악하고 신기술을 흡수하는 능력에서 월등히 앞선다. 아울러 정연한 조직 체계 속에서 주어진 업무를 수행하는 데서는 상당히 서툴지만 네트워크를 바탕으로 새로운 영역을 개척하고 창조하는 데서는 탁월한 능력을 발휘한다. 말 그대로 신세대는 미래를 대표하는 것이다.

풍부한 지적 능력을 지니고 있는 신세대 직장인들은 기성세대에 비해 경영자 마인드가 매우 강한 편이다. 그들은 단순히 조직의 부속품이나 업무의 도구가 되는 것을 원치 않는다. 그들은 하나의 영역을 책임지는 또 다른 경영자가 되기를 원한다. 그들은 판에 박힌 일만을 반복하는 꿀벌이 아니라 도발을 꿈꾸는 게릴라가 되고 싶어한다. 그러한 욕망이 충족될 때 열정적으로 몰입하면서 폭발적인 에너지를 발산한다. 그 과정에서 종종 놀라운 성과를 일구어낸다.

신세대의 특성과 잠재력을 적극 살리기 위해서는 기업의 조직문화 혁신이 필수적이다. 신세대 직장인이 기존 기업의 조직문화에 적응하는 것이 아니라 거꾸로 기업이 신세대 직장인에게 적응해야 하는 것이다. 더불어 그동안 조직의 후미에 배치하여 기성세대의 뒤를 따라오도록 했던 것에서 벗어나 신세대를 선두에 배치하여 앞장서도록 하는 결단이 필요하다. 그럴 때 앞서 제기한 한국 경제의 객관적 요구와 경제 주체 사이의 모순이 해소될 수 있다.

문제 해결의 단서를 찾아서

문제 해결의 단서를 찾기 위해 잠시 미국으로 건너가보자. 미국의 많은 기업들은 역사가 오래되다 보니 자연스럽게 노쇠화 현상을 보여왔다. 여기에다 2008년 금융위기까지 덮치면서 많은 기업들이 휘청거려야 했다. 그 와중에도 승승장구하면서 미국 경제를 이끌고 있는 기업들이 있는데 그들에게는 한 가지 공통점이 있다. 신세대의 창조적 에너지를 거침없이 발산시킬 수 있는 젊은 기업문화가 정착되어 있었던 것이다.

앞서 소개한 구글과 페이스북은 젊은 신세대들이 중심이 되어 기업을 운영하고 있는 곳이다. 그에 따라 기업 자체가 젊은 혈기로 넘쳐흐른다. 2000년 이후 고공행진을 거듭했던 애플 역시 유사한 점이 있다. 애플을 이끈 스티브 잡스는 1955년생으로 기성세대에 속하지만 청년의 열정을 잃지 않기 위해 노력했던 인물이었다. 단적으로 스티브 잡스는 아무리 중요한 자리라고 하더라도 절대 정장 차림을 하지 않았다. 사운이 걸린 신제품 발표회 자리에서조차 청바지에 셔츠 차림으로 등장했다.

오랜 역사를 지닌 미국 기업들 사이에서도 신세대의 에너지가 발산되기 좋게끔 기업문화를 혁신함으로써 회춘에 성공한 경우가 있다. 제너럴일렉트릭(GE)은 그 대표적인 회사라고 할 수 있다.

1990년대 후반 GE 회장으로 부임한 잭 웰치는 e-비즈니스를 회사의 중요한 전략으로 삼았다. 그러면서 자신의 디지털 능력이 부족한 것을 솔직히 인정하고 IT에 능통한 젊은 직원을 멘토로 삼아 관련 지식을 배웠다. 그 후 GE는 이를 회사 전체로 확대해 약 600여 명의 임원을 대상으로 1~2주에 최소 1회 이상 젊은 직원이 디지털 기술을 가르치는 리버스 멘토링(Reverse Mentoring) 제도를 운영했다. 이러한 리버스 멘토링을 실시하면서 GE 안에 혁신의 바람이 불었다. 젊은 세대일수록 최신 트렌드에 밝고 참신한 아이디어를 제공할 가능성이 컸기 때문이다.

미국의 종합 생활용품 제조사인 프록터앤드갬블(P&G) 역시 비슷한 방법으로 큰 성과를 거뒀다. P&G는 경영에는 능통하지만 의약 관련 지식이 부족한 간부들을 위해 연구소 연구원들을 1:1로 묶어 생명공학기술이 실제 사업과 어떻게 연계·운영되고 있는지에 대한 지식을 전수하도록 했다. 말하자면 일반 직원이 간부를 가르친 것이다.

상당한 효과가 입증되자 리버스 멘토링 제도는 폭넓게 확산되었다. 그 결과 현재 미국 기업 가운데 40퍼센트 정도가 이 제도를 실시 중이다. 그중 상당수의 기업에서 신세대 직장인이 멘토가 되어 경영진에게 신기술을 전수하고 있다.

4. 거대한 변화의 시작

다시 한국으로 돌아와보자. 한국 기업들 사이에서도 그 나름대로 문제의식이 빠르게 확산되고 있다. 아직 시작 단계이기는 하지만 신세대의 잠재력을 주목하고 그들의 강점을 살리는 방향에서 조직문화를 혁신하기 위해 노력하는 기업이 늘고 있는 것이다. 그 과정에서 종종 의미 있는 사례들이 선을 보이기도 했다.

보안업체인 ADT캡스 임원들은 시간만 나면 아이돌 가수의 노래와 걸 그룹의 댄스를 연습하느라 진땀을 뺐다. 부하직원의 절대다수를 차지하는 20~30대 신세대 직장인의 문화에 가까이 다가서기 위해서였다. 이렇게 다진 실력은 워크숍 등의 사내행사에서 선을 보였다. 그럴 때마다 행사장은 "오빠!" 소리가 터져 나오며 뜨겁게 달아올랐다.

이 회사가 세대 간 소통에 남다른 노력을 쏟게 된 것은 극심한 노사분규를 겪으면서부터다. 노사분규의 근원은 보안업체 특유의 경직된 분위기와 군대식 상명하복 문화가 경영진과 젊은 직원들 사이의 소통을 방해한 데 있었다. 이 때문에 사소한 갈등이 극단적인 대립으로 이어지곤 했던 것이다. 이후 ADT캡스 경영진은 젊은 기업문화를 만들기 위해 사력을 다했다. 그 결과 흩어졌던 마음이 모아지면서 경영 실적도 매우 좋게 나타났다. 매년 두 자리 수 성장률을 기록하며 업계 1위를 질주했던 것이다.

이번엔 구성원의 평균 연령이 30대 초반인 인터넷 업체 SK커뮤니케이션즈(SK컴즈)를 살펴보자. 서울 서소문 본사 3층에 있는 카페테리아는 근무시간인데도 항상 사람들로 넘쳐난다. 찻잔을 손에 들고 삼삼오오 이야기를 나누는 모습이 외부인의 눈엔 근무지를 벗어나 잡담하고 있는 것처럼 보인다. 하지만 그들 입장에서는 형태만 다를 뿐 엄연한 근무의 일부일 뿐이다. 내부 관계자들은 SK컴즈의 경쟁력은 바로 이처럼 놀이터 같은 직장 분위기에서 나온다고 이야기한다. 임원들 역시 신세대 직장인들에게 맞는 수평적 조직문화를 만들기 위해 노력하고 있다. 단적으로 이 회사엔 사장실이 따로 없다. 단지 칸막이 하나만 쳐져 있을 뿐이다. 또한 임원들은 사내 방송을 통해 코믹 연기를 선보이는 등 임직원 간의 정서적 간극을 해소하기 위해 다양한 노력을 기울이고 있다.

CJ 그룹에서 시작되어 여러 기업으로 확산된 호칭 파괴 또한 신세대 직장인들의 기를 살리기 위한 노력의 일환이다. CJ 그룹은 몇 년 전부터 호칭에서 직급을 떼고 '님'으로 통일했다. 아모레퍼시픽이 그 뒤를 따랐다. SK텔레콤은 팀장을 제외한 부장 이하 직원의 호칭을 매니저로 통일했다. 호칭만 놓고 보면 위아래가 대폭 사라진 것이다. 그러자 젊은 신세대 직장인들의 기가 크게 살아나면서 창의적 아이디어가 쏟아져 나왔다. CJ 그룹이 엔터테인먼트 분야에 진출하여 영화 〈해운대〉, 케이블TV 프로그램 〈슈퍼스타K〉 등의 성공작을 일구어낸 것은 상당 정도 호칭 파괴 덕분인 것으로 평가되었다.

기업의 조직문화 혁신을 향한 문제의식은 더욱 넓게 퍼져 나가고 있다. 초고속 성장을 하면서 구성원의 70퍼센트 정도가 30대 이하의 젊은 세대로 구성되어 있는 STX 그룹도 그중 하나다. STX 그룹의 경영진은 기존의 수직적 조직문화로는 신세대 직장인들의 장점을 살릴 수 없다고 판단하여 조직문화의 대대적인 혁신을 추진하고 있다. 그러지 않으면 미래를 보장받을 수 없다고 생각하고 있다.

보수적인 조직문화가 지배하는 금융권의 IBK시스템 역시 비슷한 과정을 밟고 있다. IBK시스템이 경력직만 채용하던 관행을 깨고 2007년부터 신입사원을 채용한 것도 신세대 직장인들을 통해 타성에 젖은 조직에 새로운 기운을 불어넣기 위해서였다. 최고경영자가 간부들에게 집중적으로 강조하는 것도 신세대 직장인들의 기를 살려주고 그들로부터 배우라는 것이었다.

이러한 가운데 신입사원들이 자신들의 입맛에 맞게끔 조직문화 혁신을 주도하도록 하는 기업들이 늘고 있다. 웅진코웨이에서는 최고경영자와 1~2년차 신입사원들이 '신기나라 운동본부'를 구성, 조직문화 혁신 방안을 만든다. SK컴즈는 구성원들의 추천으로 선정된 20여 명의 '해피위원회'가 조직문화 혁신 방안을 마련하는데 1년차 신입이 참여하는 경우도 종종 있다. IBK시스템 역시 신세대 직장인들이 중심이 된 '혁신 그룹'에서 조직문화 혁신 방안을 토론하고 있다.

그러나 전체적으로 보면 사정은 녹록하지 않은 편이다. 조직문화 혁신은 기존의 것을 버리는 것이고 많은 경우 기득권 포기를 전제로 한다. 그러다 보니 저항이 만만치 않다. 대표적으로 중년 이상 임직원을 중심으로 수직적 조직문화를 고수하려는 관성이 여전히 강하게 남아 있다. 나이가 들수록 호칭이나 입지 문제에 민감해지기 때문이다. 특히 제조업처럼 상명하복 문화가 강하게 남아 있는 전통산업에서 조직문화 혁신은 풀기 어려운 숙제처럼 다가온다. 단적인 예로 오리온과 해태제과는 직원들의 직급 대신 '님'으로 부르는 호칭 파괴를 시도했다가 결과가 좋지 않아 원래대로 돌아갔다.

분명 신세대에 맞게 기업의 조직문화를 혁신하는 것은 간단치 않은 과제다. 그렇다고 피할 수 있는 과제도 아니다. 자칫 이를 외면했다가는 나날이 긴박해지는 상황 속에서 살아남을 수 없을 것이기 때문이다. 그런 점에서 기업의 조직문화를 신세대에게 맞게 혁신하는 것은 이미 시위를 떠난 화살이 되었고, 시간이 흐르면서 거역할 수 없는 대세가 될 것임이 분명하다.

신세대에 맞추어 기업의 조직문화를 혁신하는 것은 세상을 바꾸는 경영혁명의 발화점이 될 것이다. 예상컨대 일련의 과정을 거쳐 지금과는 전혀 다른 형태의 기업이 선보일 것이며 사회 전반의 변화가 그 뒤를 이을 것이다. 신세대의 속성에 맞게 기업과 사회가 재구성되는 거대한 변화가 일어나는 것이다.

6장

근대 경제학의
해체와 재구성

• 역사의 변곡점을 통과하면서 기성의 것은 다투어서 낡은 것으로 전락하고 그 폐허 위에서 새로운 것이 움튼다. 그 과정에서 패러다임의 전환은 필수 불가결한 요소다. 학문의 세계 역시 예외가 아니다. 대표적 경우로서 근대 이후 최고의 사회과학으로 치부된 경제학을 들 수 있다.

그동안 경제학은 하나의 사회경제 체제를 구축하는 데 가장 중요한 이론적 기반이 되어왔다. 그런데 지금 경제학은 전혀 그런 역할을 하지 못하고 있다. 좌우를 막론하고 경제학이 극도로 무기력한 상태에 빠져 있는 것이다. 가장 기본적인 예측 기능마저도 전혀 수행하지 못하고 있는 형편이다. 2008년 금융위기를 예측하지 못한 것이 바로 그 대표적인 경우다. 2009년 7월 영국의 엘리자베스 여왕이 런던정경대학을 방문해서 "뛰어난 학자와 이론이 이렇게 많은데 왜 심각한 금융위기를 아무도 예측하지 못했는가?"라고 질타한 것은 이 같은 경제학의 무능을 압축적으로 드러낸 장면이었다.

이러한 맥락에서 경제학은 죽었다고 단정 짓는 사람들이 늘어가고 있다. 심지어 경제학자들의 무능은 유머의 소재로까지 되고 있다. 도대체 왜 이런 현상이 나타나고 있는 것일까. 그리고 해체되는 근대 경제학의 폐허 위에 새로운 경제학을 구축할 수 있는 출발점은 과연 무엇일까? •

1. 흔들리는 네 개의 기둥

영국의 저명한 역사가 에릭 홉스봄의 저작 중에 『극단의 시대』라는 것이 있다. 이 책은 1917년 러시아혁명부터 1991년 소련 붕괴에 이르는 20세기 역사를 다루고 있다. 책 제목만큼이나 20세기는 말 그대로 극단과 극단이 충돌하면서 거센 소용돌이를 일으켰던 시기였다.

많은 나라에서 자본과 노동 중 무엇을 중심으로 볼 것이냐를 두고 좌우 두 진영으로 갈려 첨예한 이념투쟁을 벌였다. 또한 지난 몇십 년 사이에 인류는 국가만능주의와 시장만능주의 사이를 오가는 위험스러운 곡예를 했다. 이러한 가운데 좌파 일부는 여전히 국가는 전능하다는 전제 아래 모든 문제에 대한 최종 답으로 "국가가 책임져라!"라고 외친다. 반대로 우파 일부는 여전히 시장은 전능하다는 전제 아래 모든 문제에 대한 최종 답으로 "시장에 맡겨라!"라고 외치고 있다.

그런데 자본이냐 노동이냐를 놓고 다투는 것은 갈수록 무의미해지고 있다. 아울러 "국가가 책임져라!", "시장에 맡겨라!"라는 외침 또한 모두가 공허한 메아리가 되어 돌아오고 있다. 왜 그럴까?

근대 경제학은 그 어떤 학문 분야보다도 이데올로기 지향이 강했다. 그런데 경제학은 어떤 이데올로기를 품고 있는가를 떠나 공통적으로 노동, 자본, 국가, 시장이라는 네 개의 기둥에 의지해서 형성된 구조물이었다. 경제학의 차이는 기본적으로 이들 네 개의 기둥 중 어느 것에 더 많은 비중을 두는가에 의해 발생했다.

두말할 필요도 없이 애덤 스미스를 원조로 하는 자유주의 경제학은 시장의 기능을 가장 중시했으며, 마르크스주의 경제학은 전적으로 노동을 중심에 놓고 이론을 전개했다. 또 다른 차원에서 소련 등

현실 사회주의 국가들은 국가의 기능을 극대화한 경제 이론을 수립했다. 반면 케인스주의 경제학은 국가의 주도적 역할을 바탕으로 시장의 기능을 결합시킨 것이었다.* 그와 달리 신자유주의 이론은 시장이 모든 문제를 해결해줄 것이라는 믿음 아래 국가의 기능을 약화시키고 시장 기능을 극대화하는 것을 목표로 했다. 문제는 최근에 이르러 근대 경제학을 떠받쳤던 이들 네 개의 기둥이 모두 권능을 상실하고 있다는 데 있다.

먼저 지식사회가 도래하면서 자본과 노동은 여전히 필수적이지만 더 이상 주도적이지 않은 생산요소가 되었다. 자본과 노동을 중심으로 경제를 설명하는 것이 이제 더는 타당하지 않은 것이다.

오늘날 대부분의 선진국에서는 자본이 넘쳐나고 있다. 이윤 획득 기회를 둘러싸고 자본 상호 간의 경쟁이 그만큼 치열해지고 있는 것이다. 이러한 가운데 지식과 지식의 융합을 통한 새로운 지식 창출이 생산 활동에서 차지하는 비중이 빠르게 증가하고 있다. 이 모든 것은 지식을 가진 사람이 자본을 자신의 의사대로 통제할 수 있는 여지가 그만큼 커지고 있음을 의미하는 것이다. 이는 곧 자본이 생산을 조직하는 주도적 요소라는 근대 경제학의 기본 전제를 흔드는 것에 다름 아니다.

---

* 존 메이너드 케인스의 이론은 케인스주의로 불리면서 엄청난 영향을 미쳤다. 제2차 세계대전 이후 몇십 년 동안 선진 자본주의 국가들은 대부분 케인스의 이론을 기반으로 움직였다고 해도 과언이 아니다. 케인스의 이론에 따르면 불황기에는 국가가 재정적자를 통해 유효수요를 확대해야 한다. 그에 대한 구체적 해답은 중앙은행이 지폐를 추가로 발행하고 이를 국가가 차입하여 지출하도록 하는 것이다. 이때 차입한 돈은 호황기의 흑자 재정을 통해 갚으면 된다. 결국 케인스의 발상은 미래의 소득을 미리 끌어다 쓰는 시스템이라고 할 수 있다. 선진 자본주의 국가들은 케인스주의적인 거시경제 관리를 바탕으로 새로운 도약의 발판을 마련할 수 있었다. 지속적인 유효수요 창출은 시장을 꾸준히 팽창시켰고 그 결과 자본주의는 전례 없는 장기호황을 구가할 수 있었다.

노동 또한 비슷한 길을 걷고 있다. 이미 살펴본 것처럼 노동은 지식을 생산에 적용하는 것에 비례해서 그 역할이 축소되고 있다. 전통적 산업조차도 지식의 적용 결과인 자동화기기가 노동을 급속히 대체해가고 있다. 애덤 스미스와 카를 마르크스가 주창한 대로 노동이 부의 원천이라는 사실을 액면 그대로 받아들이기 어려운 상황이 된 것이다. 이 역시 근대 경제학의 기본 전제를 흔드는 것에 다름 아니다.

국가와 시장 역시 전성기에 누렸던 예전의 지위를 되찾기 어려운 상태다. 한마디로 국가와 시장 그 어느 쪽도 자신을 중심으로 경제를 운용할 수 있음을 자신 있게 말하기 어려워졌다. 이 사실은 이 책의 기조와도 매우 깊은 연관이 있기 때문에 좀더 자세히 살펴볼 필요가 있다.

먼저 국가를 살펴보자. 1970년대 이후 자본주의 국가들이 장기불황의 늪에 빠지면서 국가의 적극적인 개입을 통한 유효수요 관리를 강조했던 케인스주의 시스템이 더 이상 먹혀들지 않았다.

케인스주의 시스템 아래에서는 기업이나 개인 역시 신용대부 형태로 미래의 수입을 미리 끌어다 쓰는 것이 관행이 되었다. 그런데 이러한 차입은 장기불황과 함께 고스란히 부채 누적으로 이어졌다. 부채 누적은 기업과 개인이 미래의 소득을 끌어다 투자와 소비를 늘리는 것을 어렵게 만들었다. 거꾸로 부채의 원리금 상환 압력은 투자와 소비지출을 억제하기까지 했다. 1950~1960년대 장기호황 시기에는 미래의 소득이 현재의 구매력을 키워주었으나 1970년대 이후에는 정반대로 과거의 부채가 현재의 구매력을 약화시키는 상황이 빚어진 것이다. 이 같은 상황에서는 케인스주의에 입각한 국가의 개입이 더는 효력을 발휘할 수 없었다.

그 와중에 기업들이 개별 국가를 뛰어넘어 지구 전체를 무대로 움직이는 글로벌 경제가 본격적으로 막을 올렸다.

제2차 세계대전 이후 제조업 성장보다 무역이 빠르게 확대되어왔고, 무역 확대보다 해외직접투자 증가율이 한층 높은 수준을 유지했다. 가령 1975년에서 1989년 사이 금융 이동을 제외한 경상수출액은 3.5배 늘어난 반면 해외직접투자는 7배 증가했다. 이러한 과정을 거쳐 개별 국가의 통제를 벗어나 활동하는 초국적기업들이 세계 경제를 장악하기에 이르렀다. 이른바 '세계화'가 본 궤도에 오른 것이다.

1980년에 초국적기업의 수는 대략 1만 개였으며 이들이 거느리고 있던 자회사는 9만 개 정도로 추산되었다. 그러던 것이 2009년에는 그 수가 대폭 증가해 8만 2,000개의 초국적기업이 81만 개의 자회사를 운영하고 있다. 이들 초국적기업이 경제 활동에서 차지하는 비중은 가히 절대적이라고 할 수 있다. 대략적인 추정치에 따르면 초국적기업은 전 세계 생산의 3분의 1 이상을 차지하고 있으며, 농산물 수출의 80퍼센트, 상품과 서비스 수출의 60퍼센트 이상을 담당하고 있다. 개별 국가들이 경제를 통제하기가 불가능한 상태가 된 것이다.

이는 국민경제를 기본 단위로 수립되었던 근대 경제학의 토대가 크게 약화되었음을 의미하는 것이기도 했다. 그러던 중 1991년 소련 사회주의 체제가 붕괴하면서 국가의 역할을 둘러싼 인식에서 또 다른 전기가 마련되었다.

소련 사회는 한마디로 국가가 모든 것을 책임지고 인민은 전적으로 국가에 의존하는 전형적인 국가만능주의 체제였다. 거의 대부분의 기업은 국가기구의 일부였으며, 중앙집권적인 계획과 통제 아래 움직였다. 소련은 국가 중심의 중앙집권적 계획 통제를 용이하게 하기 위해 철저하게 거대기업 위주의 체제를 유지했다. 이러한 거대기업의 비중은 2억 8,000만 명의 인민에게 공급되었던 제품의 77퍼센트가 단 하나밖에 없는 대규모 공장에서 만들어졌을 만큼 대단한 것이었다. 그럼으로써 중앙의 결정이 비교적 적은 단계를 거치고도 최종 작업 현장까지 전달될 수 있었다.

문제는 이 같은 중앙집권적 계획경제 아래서 소련 인민이 생산활동과 관련한 의사결정 과정에 참여할 여지는 거의 없었다는 데 있었다. 오직 결정은 국가계획위원회를 중심으로 한 관료 조직의 상층부에서 하고, 관료 조직은 이를 체계적으로 아래로 전달하며, 인민은 이를 이의 없이 수행하는 것만이 가능했을 뿐이었다. 이 과정이 반복되면서 소련 사회 전체가 위는 아래로 결정을 내리고, 아래는 위에서 결정해주기만을 기다리는 데 익숙해져버렸다. 요컨대 관료주의가 체질이 되고 만 것이다.

이러한 환경에서 인민이 상부의 명령만을 기다리고 있다가 주어진 할당량만을 채우는 수동적 존재로 전락하는 것은 필연적 결과였다. 극단적으로 할당량의 기준이 톤이라면 무게가 많이 나가는 물건을 만들면 되었고, 총 가치의 기준이 루블이라면 비싼 자재를 이용해 물건을 만들면 되었다. 그러다 보니 공장의 노동자는 어떻게 하면 좀 더 좋은 품질의 제품을 많이 생산할 것인가를, 국영식당 주방장은 어떻게 하면 맛있는 음식을 만들 것인가를 고민하지 않았다. 소련 사회는 시간이 흐르면서 심각한 무기력증에 빠질 수밖에 없었던 것이다.

더욱이 몇몇 관료가 책상머리에 앉아서 계획을 입안하는 것이 습관화되면서 문제는 한층 심각해질 수밖에 없었다. 소련 경제의 커다란 약점의 하나였던 농업을 예로 들어보자. 소련 당국은 농업생산력을 획기적으로 향상시킨다는 목표 아래 비료 공급을 대대적으로 늘리려고 시도했다. 하지만 비료를 담는 자루와 운송수단, 보관시설, 살포기계 등을 동시에 공급하지 못했다. 중앙의 계획 입안자는 단지

상부의 명령대로 비료 생산의 증대에만 관심을 가졌던 것이다. 그 결과 비료의 대부분이 농토에 뿌려지지 않은 채 철도 야적장에 방치되고 말았다.

이러한 문제들이 누적되면서 소련 사회는 극도의 혼미 속으로 빠져들었고 끝내 붕괴의 길을 걷고 말았다. 소련 체제의 붕괴가 미친 영향은 실로 엄청난 것이었다. 당연한 귀결로 국가만능주의에 대한 비판의식과 혐오감이 크게 확산되었다. 1990년대 이후 한동안 국가의 개입을 축소시키는 것이 보편적인 시대적 추이가 될 수 있었던 것도 상당 부분 그 같은 분위기 때문이었다.

이렇듯 일련의 역사적 계기들이 복합적으로 작용하면서 국가의 권위는 크게 약화될 수밖에 없었다. 국가는 전능한 존재이며 모든 문제에 대한 최종 답이라는 교의는 더 이상 통용될 수 없게 된 것이다.

그렇다면 시장의 상황은 어떤지 살펴보자. 이에 대한 답은 비교적 간단하다. 2008년 미국 금융자본주의의 몰락은 시장이 모든 문제를 해결해줄 수 없는 것은 물론이고 전적으로 시장에 내맡겼을 때는 사회적 양극화 등 심각한 폐해가 나타날 뿐이라는 것을 분명하게 확인시켜주었다. 시장 역시 모든 문제 해결의 최종 답이 아니었던 것이다. 한 걸음 더 나아가 시장 논리를 뛰어넘는 기업들이 시장을 지배하는 역설적 현상이 나타났다. 이에 관해서는 뒤에서 다시 다룰 예정이다.

시장의 역할과 관련해서 함께 주목해야 할 사실이 하나 있다. 산업사회가 물러가고 지식사회가 도래함에 따라 시장의 핵심 기능마저도 근대 경제학이 전제했던 것과는 크게 달라지고 있는 것이다.

근대 경제학이 전제로 했던 시장의 핵심 기능은 소유권 이전으로서의 교환이었다. 자동차 구입을 예로 들어보자. 구매자는 소유하고 있는 돈을 판매자에게 넘겨주는 대신 자동차를 자신의 소유로 만든다. 돈과 자동차의 소유권을 맞바꾸는 것이다. 이것이 바로 교환이다. 그런데 지식사회로 이행하면서 이러한 소유권 교환과는 형태가 완전히 다른 '접속을 통한 체험'의 비중이 빠르게 증가하고 있다. 가령 유료 사이트에 접속하여 음악을 듣는 경우를 예로 들어보자. 음악 콘텐츠의 소유권은 여전히 제작사에 있다. 우리는 단지 접속을 통해 음악을 듣는 체험을 할 뿐이다. 마찬가지로 극장에서 영화를 관람할 때 관객은 영화 소유권을 사는 것이 아니다. 단지 극장이라는 공간에 접속하여 영화를 관람하는 체험을 했을 뿐이다.

앞으로 콘텐츠 관련 산업이 가장 큰 비중을 차지할 것이며 그 대부분은 소유권 이전 없는 접속을 통한 체험이 될 것이다. 이는 접속을 통한 체험이 지배적 형태가 될 것임을 말해주는 것이다. 그에 따라 소유권 이전으로서의 교환 비중은 크게 줄어들 수밖에 없다. 요컨대 종전의 '교환경제'가 '접속경제'로 빠르게 전환하는 것이다. 이 같은 변화는 소유권 이전으로서의 교환을 시장의 핵심 기능으로 전제했던 근대 경제학의 기초를 흔드는 것에 다름 아니다.

이런 맥락에서 노동과 자본, 국가와 시장 그 어느 것을 중심에 놓고 경제학 이론을 전개하기는 매우 어려워졌다. 노동과 자본, 국가와 시장이라는 네 개의 기둥이 흔들리면서 그것에 의지해 구축되었던 근대 경제학이라는 구조물이 휘청거리고 있는 것이다. 말하자면 골조는 그대로 두고 모습을 크게 바꿀 수 있는 리모델링의 여지마저 거의 사라지고 있는 셈이다. 경제학이 극도로 무기력해진 것은 이러한 상황을 반영한 것이었다.

근대 경제학의 한 축으로서 자유주의 경제학의 대척점에 있었던 마르크스주의 경제학 역시 이 점에서 예외가 아니다. 어쩌면 가장 심각한 해체위기에 놓여 있는 것은 마르크스주의 경제학일지도 모른다.

마르크스주의 경제학의 위기는 단지 소련 붕괴를 계기로 현실 사회주의가 몰락의 길을 걸으면서 연유한 것만은 아니다. 그보다는 산업사회에서 지식사회로 이행하면서 마르크스주의 경제학의 기본 전제들이 유효성을 상실함에 따라 발생한 측면이 훨씬 크다고 할 수 있다.

무엇보다도 노동의 위상 변화가 미친 영향이 크다. 마르크스주의 경제학은 노동을 모든 것의 중심에 놓고 이론을 전개하고 있다. 그러나 지식사회가 도래하면서 노동은 이제 모든 것의 중심이 아닌 주변적 요소가 되어가고 있다. 그러다 보니 노동을 중심에 놓고 전개된 이론 전체가 흔들릴 수밖에 없다.

마르크스주의 경제학의 출발점은 상품의 가치는 노동으로부터 나오며 교환가치는 투입된 노동의 양에 의해 결정된다는 이론이다. 마르크스는 그의 대표 저작인 『자본론』 1권에서 상품의 가치 결정구조에 대해 다음과 같이 말하고 있다.

어떤 물건의 가치의 크기를 규정하는 것은 오직 사회적으로 필요한 노동의 양, 곧 그것의 생산에 사회적으로 필요한 노동시간인 것이다. 이 경우 개개의 상품은 일반적으로 그것이 속한 종류의 평균적 표본으로 간주된다. 따라서 동일한 크기의 노동량이 들어 있는 상품들, 곧 동일한 노동시간에 생산될 수 있는 상품들은 동일한 크기의 가치량을 가진다. 어떤 한 상품의 가치와 다른 상품의 가치의 비(比)는 전자의 생산에 필요한 노동시간과 후자의 생산에 필요한 노동시간의 비(比)와 같다.*

그렇다면 마르크스가 생각한 노동이란 어떤 것인가? 그에 대해

---

* K. 마르크스 지음, 김수행 옮김, 『자본론』 1(上), 비봉출판사, 1989, 48~49쪽.

마르크스는 같은 책에서 다음과 같이 말하고 있다.

부르주와 사회에서는 장군이나 은행가는 거대한 역할을 하는 데 반하여 보통의 인간들은 매우 보잘것없는 역할밖에 하지 못하는데 인간노동도 마찬가지다. 인간노동이라는 것은, 특별하게 발달하지 않은 보통의 인간이 자기의 육체 속에 평균적으로 가지고 있는, 단순한 노동력의 지출인 것이다. (……) 보다 복잡한 노동은 다만 단순한 노동이 강화된 것, 다시 말해서 몇 배로 된 단순노동을 의미할 뿐이며, 그리하여 적은 양의 복잡노동은 보다 많은 양의 단순노동과 동등하다.*

결론적으로 이 같은 마르크스의 이론은 육체노동이 중심이 되었던 산업사회에만 적용 가능한 것이다. 오직 표준화되고 규격화된 육체노동만이 노동을 시간이라는 양적 기준으로 측정할 수 있기 때문이다. 반면 지식사회의 주류를 이루는 지식작업은 작업시간이라는 양적 기준이 별 의미를 갖지 못한다. 똑같은 작업시간이라고 하더라도 사람에 따라 창출되는 가치가 엄청나게 다를 수 있기 때문이다. 이는 곧 지식사회에서는 투입된 노동의 양에 의해 상품의 교환가치가 결정될 수 없음을 의미한다.

더욱이 교환이 아닌 접속을 통한 체험이 지배적 형태로 자리잡게 되면 그 같은 이론은 더더욱 의미를 가질 수 없다. 접속을 위해 지불하는 비용과 콘텐츠 생산에 소요된 작업량 사이에는 직접적인 관계가 없기 때문이다. 지식사회로 전환하면서 마르크스주의 경제학의 기본 전제가 허물어지고 있는 것이다.

* 앞의 책, 55쪽.

2. 생산요소의 관계, 경제 주체의 관계

근대 경제학을 지탱했던 네 개의 기둥이 허물어지면서 경제학은 극도로 무기력해질 수밖에 없었다. 그렇다고 마냥 절망스러워할 필요는 없을 것 같다. 형제지간이라고 할 수 있는 경영학이 눈부신 발전을 하면서 새로운 활로를 개척하고 있기 때문이다. 어쩌면 경영학이 과거 경제학에 졌던 빚을 갚는 것은 물론이고 도리어 경제학이 경영학에 빚을 져야 하는 상황이 올지도 모른다.

최근 경영학은 무기력해진 경제학과 달리 역사상 최고의 전성기를 구가하고 있다. 가히 혁명적 발전을 하고 있다 해도 과언이 아니다.

경영학이 혁명적 발전을 할 수 있는 이유는 간단하다. 무엇보다도 경영학은 처음부터 비즈니스 현장에 밀착해 발전해왔다. 경영학의 콘텐츠를 생성하는 주 무대는 연구실이 아닌 비즈니스 현장이었던 것이다. 그런데 지금 비즈니스 현장은 그 어느 때보다도 혁명적으로 소용돌이치고 있다. 경영학이 끊임없이 내용을 혁신하면서 발전할 수밖에 없는 상황을 맞은 것이다.

이와 함께 경영학은 매우 자유분방한 학문이다. 경제학처럼 일반적으로 인정되는 이론 틀이 딱히 없다. 그러다 보니 경제학처럼 기존의 이론 틀에 갇혀 허우적거리지 않고 자유롭게 상상의 나래를 펼 수 있다. 이것이 바로 경영학이 거침없이 내달릴 수 있는 또 하나의 이유라고 할 수 있다.

사실 경영학이 하나의 학문 영역으로 자리잡은 것은 그렇게 오래되지 않는다. 제2차 세계대전 당시까지는 경영학이라는 것이 아예 존재하지도 않았다. 경영은 학문 연구의 대상이 아니라 경험을 통해서 충분히 습득할 수 있는 대상으로 인식되었기 때문이다. 그러다 보니 1950년대에 이르러서도 경영학은 어엿한 학문으로 대접받지 못했다. 그 무렵 피터 드러커가 경영학 연구에 몰두하고 있었는데 아버지의 친구인 경제학자 마제스가 드러커를 향해 학문 같지도 않은 걸 연구한다며 호통을 칠 정도였다. 그러던 경영학이 이제는 가장 활력 넘치는 학문의 하나가 되었다.

당분간은 경영학이 경제학을 이끌어갈 가능성이 크다. 경제학은 경영학의 성과가 축적되는 가운데 점차로 새로운 체계를 세워나갈 것이다. 어쩌면 경영학과 경제학의 경계선이 사라지면서 통합된 하나의 학문으로 자리잡을지도 모른다. 그럴 가능성은 충분하다고 본다. 경제 현상이 갈수록 경영학을 기반으로 하지 않는 한 설명하기 힘들게끔 전개되고 있기 때문이다.

여러모로 경영학을 딛고 새로운 경제학 체계를 수립해야 할 시기가 온 것은 분명하다. 그렇다면 경영학과 경제학의 교집합에 해당하는 주제는 무엇일까. 다시 말해 경영학이 반드시 해명해야 할 전략적 과제이면서 동시에 새로운 경제학 수립의 기초가 될 수 있는 주제가 무엇이냐는 것이다.

우리는 여기서 지난날 경제학을 둘러싸고 전개된 의견 대립의 핵심 지점이 무엇인지를 되돌아볼 필요가 있다. 결론적으로 그것은 두 가지 관계의 문제, 즉 '자본과 노동의 관계', '국가와 시장의 관계'를 어떻게 볼 것이냐였다. 자본주의와 사회주의 진영의 입장이 첨예하게 대립하고 한 시대를 풍미했던 경제학자의 이론이 서로 달랐던 것은 모두 이 두 가지 관계를 보는 시각의 차이에서 비롯된 것이었다.

자본주의 경제학은 자본을 중심에 놓고 노동을 사고한다. 노동력은 자본이 시장을 통해 구입할 수 있는 여러 생산요소 중 하나일 뿐이다. 이와는 반대로 사회주의 경제학은 노동을 중심에 놓고 자본을 사고한다. 자본은 노동의 결과물로서 노동을 뒷받침하는 하나의 요소일 뿐이다. 케인스가 제창한 경제학은 국가를 중심으로 놓고 시장을 조절·통제하는 것을 핵심 기조로 삼았다. 반면 하이에크의 신자유주의 경제학은 시장의 기능을 극대화하면서 국가의 역할을 최소화하도록 주문했다.

문제의 핵심이 무엇인지를 파악하기 위해 둘의 관계가 어떤 상위 범주에 속하는지 살펴볼 필요가 있다.

결론적으로 자본과 노동의 관계를 담는 상위 범주는 '생산요소의 관계'이며 국가(공적 주체)와 시장(사적 주체)의 관계를 담는 상위 범주는 '경제 주체의 관계'다. 바로 이러한 상위 범주에 비추어보면 문제가 무엇인지 즉각 드러난다. 최근의 흐름에 비추어봤을 때 '자본이냐 노동이냐', '국가냐 시장이냐'라는 이분법적 접근으로는 생산요소의 관계와 경제 주체의 관계를 제대로 설명할 수 없는 것이다.

지식사회의 도래와 함께 자본과 노동은 부차적 생산요소로 전락하고 있다. '자본이냐 노동이냐'라는 이분법적 구도가 낡은 틀이 된 것이다. 뒤에서 살펴보겠지만 국가와 시장의 관계는 지금까지처럼 주도권을 놓고 다투기보다는 협력을 통해 함께 생태계를 형성하는 쪽으로 흐르고 있다. 그에 따라 경제 주체는 더욱 다양해지고 있고, 그들의 관계 또한 한층 복잡해지고 있다. '국가냐 시장이냐'라는 이분법적 구도로는 경제 주체의 관계를 설명하기가 갈수록 어려워지고 있는 것이다.

이러한 맥락에서 우리는 생산요소의 관계와 경제 주체의 관계를 설명하기 위한 새로운 패러다임과 개념, 원리 등을 찾아내야 한다. 그럴 때 우리는 경영학과 경제학 사이의 교집합을 만들어낼 수 있으며, 나아가 새로운 사회경제 체제를 구축하기 위한 이론적 기반을 마련할 수 있다.

이 책은 이러한 문제에 대해 일정한 해답을 제시할 것이다. 제3부 '인본주의 사회로의 진화'에서는 바로 생산요소의 관계에서 어떤 질적인 변화가 일어나는지를 다룬다. 그리고 제4부 '상생의 생태계'에서는 경제 주체의 관계에서 일어나는 질적인 변화를 다룬다.

3. 국가의 지양, 시장의 초월

생산요소의 관계와 경제 주체의 관계를 재정립하는 것은 앞으로 이책에서 다룰 가장 중요한 과제다. 앞으로 다룰 내용은 모두가 이 문제를 해명하기 위한 것이라고 해도 과언이 아니다. 그런데 여기서 미리 짚고 넘어가야 할 문제가 있다. 그동안 경제 주체의 관계에서 가장 기본적인 주제였던 국가와 시장의 관계가 어떻게 변화하는가하는 것이다.

국가와 시장의 관계 재정립은 경제 주체의 관계만이 아니라 생산요소의 관계에도 깊은 영향을 미친다. 요컨대 국가와 시장의 관계가 어떻게 변화하는가에 따라 생산요소의 관계와 경제 주체의 관계 모두 크게 달라질 수 있는 것이다. 국가와 시장의 관계를 미리 살펴봐야 하는 이유가 여기에 있다.

근대 이후 국가와 시장은 기본적으로 갈등과 대립의 관계였다. 국가는 공적 이익의 파수꾼이었고 시장은 사적 이익을 추구하는 무대였다. 그러다 보니 국가는 시장에 개입하여 공적 이익을 확대하려는 경향을 보였던 반면 시장은 국가의 개입을 최소화함으로써 사적 이익을 극대화하려 했다. 좌·우파는 바로 이 지점에서 입장이 확연히 갈렸다. 좌파는 일관되게 국가의 시장 개입을 강화함으로써 공적 이익을 확대하고자 했고, 우파는 시장의 자유를 확대함으로써 사적 이익을 증대하고자 했다.

국가와 시장의 관계는 그동안 반전에 반전을 거듭해왔다. 적어도 1929년 대공황까지 자본주의 세계를 지배한 것은 자유방임적 시장주의였다. 반면 대공황 이후부터 1970년대까지는 국가의 우위가 확고하게 유지되었다. 그러다가 신자유주의 흐름이 대세가 되면서 주도권은 다시금 시장으로 넘어갔다. 하지만 2008년 미국 금융자본주의 몰락을 계기로 시장만능주의는 크게 후퇴할 수밖에 없었다. 말하자면 국가와 시장이 널뛰기 게임을 반복해온 것이다.

그렇다면 앞으로 국가와 시장의 관계는 어떤 식으로 재정립되어야 하는가? 2008년 미국 금융자본주의 붕괴를 계기로 시장만능주의가 후퇴하고 있는 시기인 만큼 국가의 역할을 강화하는 것이 답인가? 많은 논자들은 이미 그러한 방향에서 해답을 찾고 있다. 물론 국가의 주도성을 회복해야 할 지점들이 적지 않은 것은 사실이다. 하지만 국가의 강화에서 모든 답을 찾을 수 없다는 것 또한 분명하다. 무엇보다도 국가의 개입 능력 자체가 너무 취약해져 있기 때문이다.

결론적으로 지금은 국가만능주의와 시장만능주의 모두를 극복하는 것은 물론이고 국가와 시장이 주도권을 놓고 다투는 것마저 지양해야 할 상황이다. 이제는 국가와 시장이 널뛰기를 중단하고 함께 어깨동무하고 새로운 길을 모색해야 한다. 국가와 시장의 관계를 보는 패러다임을 바꿔야 할 때가 온 것이다.

국가와 시장이 서로 협력하는 방향에서 관계를 재정립하자면 각자 확실하게 자기 변신을 해야 한다. 이 장의 제목 그대로 국가는 스스로를 지양할 수 있어야 하고, 시장은 스스로를 초월할 수 있어야 하는 것이다. 그럴 때 국가와 시장은 이전과는 전혀 다른 방식으로 관계를 맺음으로써 각자 앞에 가로놓인 과제들을 보다 효과적으로 해결할 수 있다.

국가가 가야 할 길

1970년대 이후 국가는 불황 치유 능력이 약화되면서 그간 유지해왔던 절대적 우위를 상실했다. 또한 글로벌 경제로 전환되면서 기업을 통제할 수 있는 능력도 크게 약화되었다. 그러던 중 소련이 붕괴하면서 국가만능주의의 해악이 백일하에 드러났다.

이렇듯 국가의 지위가 약화되는 가운데 기업은 꾸준히 힘을 키워왔고 마침내 국가를 능가하기에 이르렀다. 이러한 양상은 1990년대 이후 한국에서도 거의 동일한 모습으로 나타났다. 재벌기업으로 권력의 중심이 이동하는 기업국가화 경향이 뚜렷이 나타난 것이다. 노무현 전 대통령이 재직 시 "권력은 시장으로 넘어갔다"고 표현한 것은 이러한 현상을 반영한 것이었다.

먼저 재벌기업들은 사내 유보금이 엄청난 규모로 늘어나면서 외부 자금에 대한 의존도를 크게 줄일 수 있었다. 한 걸음 더 나아가 재벌은 주식시장 활성화 덕분에 직접금융의 비중을 높임과 동시에 자신이 소유하고 있는 보험사 등의 금융기관을 통해 자금 동원력을 극대화할 수 있었다. 마침내 은행마저도 민영화를 통해 재벌들의 수중으로 들어가고 말았다. 그렇게 재벌기업들은 과거처럼 자금 조달을 위해 정부의 간섭을 감수해야 하는 상황에서 크게 벗어날 수 있었다.

막강한 자금 능력을 바탕으로 재벌기업들은 정보와 인적 자원 확보에서도 우위를 점하기 시작했다. 1960~1980년대에는 관료사회가 가장 많은 정보와 인재를 확보하고 있었다. 관료 집단은 이를 바탕으로 정책 방향 결정이나 국민경제의 의제 설정에서 재계를 이끌어갈 수 있었다. 하지만 1990년대 이후 그 관계가 역전되면서 정보나 인재 확보 측면에서 기업이 관료사회를 압도하기 시작했다. 그 결과는 관료집단이 정치권에 대해서는 목소리를 높이면서도 재벌의 요구에는 무조건 순응하는 양상으로 나타났다. 관료집단이 재벌 체제 깊숙이 포섭된 것이다.

현재 한국 사회에서 가장 막강한 영향력을 행사하고 있는 세력도 대표적 재벌기업인 삼성이다. 그동안 삼성이 추구해온 것은 한마디로 말하면 스스로가 '지배 권력'이 되는 것이었다. 요컨대 국가기관을 자신의 발아래 두고자 한 것이다. 결과적으로 삼성은 2000년 이후 청와대 등 주요 국가기관을 제치고 줄곧 영향력 1위로 평가받기에 이르렀다. '삼성공화국', '이건희 제국' 등의 표현은 이러한 사정을 반영한 것이었다.

삼성은 탄탄한 조직력을 바탕으로 방대하면서도 치밀한 인적 네트워크를 관리해왔다. 삼성은 이러한 네트워크에 자금력을 결합시켜 정부기관, 국회, 언론은 물론이고 그 밖의 사회 요로(要路)들에게 광범위한 영향력을 행사해왔다. 그 결과 정부기관 중 핵심적인 경제부처는 삼성과 일체화되었고, 검찰 또한 상당 부분 삼성이 관리해왔다. 노무현의 오랜 후원자였던 강금원은 언론과의 인터뷰에서 "삼성이 노무현 정부를 갖고 놀았는데 그 정도가 매우 심했다"고 털어놓기도 했다.

과연 이러한 상황에서 국가가 선택할 수 있는 길은 무엇인가? 쉽게 예상할 수 있는 바지만 좌파와 우파는 이 점에서 확연하게 입장이 갈려왔다. 좌파는 대체로 국가의 우위를 회복하고 싶어했다. 적지 않은 좌파들이 지난날 기업을 쥐고 흔들었던 영광스러운 국가의 부활을 꿈꾸었다. 설령 드러내놓고 이야기를 하지 않았더라도 은연중 이를 전제로 정책을 수립했다. 좌파는 국가만능주의에서는 어느 정도 벗어났는지 모르지만 여전히 국가 의존적이었던 것이다. 우파는 정반대였다. 우파는 작은 정부를 추구했을 뿐만 아니라 국가는 자기 영역만 충실히 책임지면 된다고 생각했다. 우파가 국가를 향해 던지는 주문은 간단했다. "당신들 일이나 열심히 하라!" 우파는 시장만능주의에서는 어느 정도 벗어났는지 모르지만 여전히 시장 의존적이었던 것이다.

먼저 다수의 좌파들이 집착했던 국가의 강화는 가능하지도 않고 옳지도 않다. 국가의 강화는 증세를 필수적 조건으로 하는데 이는 한계가 뚜렷하다. 글로벌 경제 체제에서 과도한 증세는 기업의 해외 탈주를 확산시킬 가능성이 크기 때문이다. 국가의 강화는 사회 진보의 원칙에도 위배되는 것이다. 진정한 사회 진보는 자유롭고 독립적인 개체들의 연대와 협력이 국가의 강제력을 대체하는 데 있기 때문이다. 국가는 기본적으로 극복해야 할 대상인 것이다.* 이러한 원칙은 오늘날 사회구성원들의 자주적 문제 해결 능력이 비약적으로 고양되면서 그 의미가 더 커지고 있다.

한국을 포함한 OECD 회원국에 초점을 맞출 경우 새롭게 사회에 진입하는 사람들 대부분이 고등교육 과정을 이수하면서 지식근로자로서의 능력을 획득하고 있다. 다시 한번 이야기하지만 한국의 대학 진학률은 2009년 현재 84퍼센트에 이르고 있다. 이러한 가운데 지식 사회가 열리며 다수의 사람들이 가장 중요한 생산수단인 지식을 체화함으로써 과거 노동자들이 쉽게 가질 수 없었던 독립적 경제 활동 능력을 지니게 되었다. 기술적 조건에서도 혁명적 변화가 일어났다. 무엇보다도 인터넷이 크게 확산되면서 정보 획득과 유통이 비교할 수 없이 쉬워졌다.

이러한 조건에서 과거 피동적인 관객의 지위에 머물러 있던 대중이 무대 한복판으로 진출하여 능동적인 주역으로 변신했다.

한때 구글은 전문가들이 만든 콘텐츠를 위주로 동영상 사이트를 운영하고자 시도한 적이 있었다. 사용자를 피동적인 수용자로 상정한 것이다. 그러나 이러한 시도는 완벽한 실패로 끝나고 말았다. 반면 20대 중반의 프로그래머 자웨드 카림이 주도하여 만든 유튜브(YouTube)는 대성공을 거두었다. 유튜브는 사용자들이 만든 동영상을 서로 자유롭게 올리고 볼 수 있도록 했다. 전문가가 아닌 대중이 주체가 된 동영상 사이트라는 점이 대중의 마음을 사로잡았던 것이다. 결국 구글은 자신의 실패를 인정하고 16억 달러의 거액을 들여 유튜브를 인수해야 했다.

오늘날 온라인 활동이 일구어낸 가장 놀라운 기적의 하나로 위키피디아(wikipedia)를 빼놓을 수 없다. 위키피디아는 백과사전 제작이

---

*　국가의 극복은 좌파 본래의 전통이기도 하다. 카를 마르크스는 파리 코뮌의 경험을 분석하면서 프롤레타리아는 기존의 국가권력을 접수하는 것이 아니라 이를 철저하게 분쇄한 뒤 새로운 형태의 권력을 창출해야 한다고 결론 내렸다. 아울러 권력의 재창출은 궁극적으로 인민의 연대와 협력을 바탕으로 자율적으로 사회를 운영하는 방향으로 나아가야 하며, 그 과정에서 국가는 소멸되어야 하는 것으로 파악했다. 이른바 국가소멸론을 주창한 것이다.

러시아 혁명의 지도자 레닌 역시 국가소멸론을 그대로 계승했다. 레닌은 자신의 저서 『국가와 혁명』에서 다음과 같이 주장했다.

"인민이 수백 년 전부터 알고 있었고 수천만 번 반복되어 이제는 고루한 격언처럼 되어버린 사회적 교류의 기본적인 규칙들을 준수하는 데 점차 익숙해져갈 때, 그들이 무력이나 강압, 복종 없이도, 국가라고 불리는 특별한 기구 없이도 그러한 규칙을 준수하는 데 익숙해져갈 때 마침내 국가는 사멸할 것이다."

하지만 소련은 스탈린 시대를 거치면서 레닌의 주장과는 정반대로 국가만능주의의 길을 걷고 말았다. 소련의 붕괴는 그에 따른 필연적 결과일 수도 있다.

오직 전문가의 몫이라는 종전의 통념을 완벽하게 깨뜨렸다. 위키피디아에서는 수많은 사용자들이 참여하여 항목을 설정하고 고치고 다듬고 채워나가는 과정을 반복하면서 콘텐츠를 만들어가고 있다. 그 결과 위키피디아는 가장 신뢰할 만한 온라인 백과사전으로 자리를 잡는 데 성공할 수 있었다.

이러한 가운데 대중은 다양한 영역에서 상황을 적극 주도하고 있다. 그들은 결정을 기다리는 것이 아니라 결정을 주도하고 있으며, 네트워크 형성을 통해 강력한 사회적 영향력을 발휘하고 있다. 2008년 미국산 광우병 위험 쇠고기 수입 결정으로 촉발된 촛불시위는 이를 생생하게 입증한 대표적 사례다. 앞서 살펴본 것처럼 2008년 촛불시위는 과거 대규모 시위처럼 상층부 전문가들이 기획하고 추진한 것이 아니었다. 촛불시위는 우리가 대중이라고 부를 수 있는 사람들이 온라인 공간에서의 토론을 통해 함께 추진한 것이었다. 전문가들은 상황이 벌어진 다음에야 뒤늦게 현장에 나타났고 그제야 자신의 역할이 무엇인지를 고민하기 시작했다.

이렇듯 대중의 자주적 문제 해결 능력은 비약적으로 강화되고 있다. 중요한 것은 사람은 스스로 문제를 해결했을 때 높은 성취감과 함께 삶의 보람과 기쁨을 느낄 수 있다는 사실이다. 요컨대 사회구성원들이 연대와 협력을 통해 문제를 자주적으로 해결해나갈 때 그에 비례하여 삶의 질이 고양될 수 있는 것이다.

이 모든 것은 국가에 대한 의존도를 적극 줄여나가야 함을 의미한다. 사회 위에 군림함으로써 사회구성원을 수동적 존재로 전락시키는 권위주의 국가는 물론이고, 국가 자체를 일관되게 극복 대상으로 삼아야 하는 것이다. 진정한 의미의 사회 진보는 그러한 조건에서 이루어질 수 있다.

그러면 우파가 추구하는 자기 영역에만 충실한 작은 정부가 답인가? 결코 그렇지 않다. 다수의 좌파가 추구하는 크고 강한 정부가 답이 아니듯이 우파가 추구하는 작고 약한 정부 또한 답이 아닌 것이다. 국가는 사회 전체에 대해 통합적 리더십을 발휘할 수 있는 유일한 조직이기 때문이다.

기업은 문제 해결 능력이 있으나 개별적 이익에 집착하기 쉽다. 시민운동 조직은 사회 공동의 이익을 추구하지만 문제 해결 능력이 상대적으로 취약하다. 반면 국가는 공적 이익만이 아니라 사회구성원의 사적 이익까지 보호해야 한다는 점에서 가장 일반적인 이익을 추구하는 조직이다. 그러면서도 그 어떤 조직보다도 풍부한 문제 해결 능력을 지니고 있다. 그런 점에서 국가는 사회 전체가 조화롭게 이익을 추구할 수 있도록 통합적 리더십을 발휘해야 할 임무를 지니고 있다. 국가는 그러한 임무 수행을 통해 과도한 사적 이익 추구로 인한 사회적 갈등과 충돌을 최소화시킬 수 있어야 한다. 국가가 이같은 임무를 포기하는 순간 사회는 약육강식의 정글지대로 전락할 가능성이 크다.

문제는 국가가 무엇을 기반으로 어떻게 리더십을 발휘하는가에 있다. 당연히 국가기구의 팽창을 기반으로 한 권위주의적 리더십은 더 이상 통용될 수 없다. 말하자면 하드웨어 기반의 수직적 리더십은 답이 아닌 것이다. 국가는 다양한 사회 구성요소들이 연대와 협력을 통해 스스로 문제를 해결하도록 여건을 조성해줌과 동시에 조화롭게 이익을 추구하도록 조정하고 안내할 수 있어야 한다. 그러자면 무엇보다도 다양한 사회 구성요소들을 움직일 수 있는 비전을 제시하고, 이를 바탕으로 연대와 협력을 고취할 프로그램을 마련할 수 있어야 한다. 요컨대 소프트웨어 기반의 수평적 리더십을 발휘해야 하는 것이다. 이는 하드웨어를 기반으로 한 수직적 리더십보다 훨씬 고차원적인 수준의 리더십이다.

국가는 이러한 수평적 리더십을 바탕으로 사회 공동의 목표를 함께 추구할 수 있는 동반자를 지속적으로 확대해나가야 한다. 뒤에서 구체적인 예를 다시 들겠지만 이는 매우 다양한 영역에서 다양한 형태로 이루어질 수 있다. 국가는 이러한 사회적 협력을 바탕으로 기업 국가화 경향이 빚어낼 수 있는 부작용들, 예컨대 승자독식 논리가 횡행하는 것을 최대한 억제시킬 수 있다. 중요하게는 사회구성원들이 그러한 과정에 객체가 아닌 주체로 참여함으로써 삶의 질을 더욱 고양시킬 수 있다. 그에 따라 사회는 더욱 높은 단계로 진보한다.

결론적으로 국가는 극복의 대상이 되어야 하지만 동시에 더욱 높은 수준의 리더십을 발휘해야 한다. 작더라도 강한 정부가 되어야 하는 것이다. 그런 의미에서 국가는 지양되어야 한다. 국가가 가야 할 길은 바로 여기에 있다. 그렇다면 과연 시장은 이러한 국가의 지양에 어떻게 응답할 것인가? 다시 말해 시장을 기반으로 움직이는 경제 주체들은 어떻게 국가의 동반자가 될 수 있을 것인가. 우리의 관심은 자연스럽게 시장 주체의 핵심인 기업으로 쏠릴 수밖에 없다.

시장의 선택

시장이란 어떤 곳인가? 이익을 중심으로 움직이는 곳이다. 이익이 있어야 거래가 성사되는 곳이 시장이다. 문제는 이러한 시장을 기반으로 움직인다고 해서 전적으로 시장의 생리대로 움직이는가에 있다. 시장 주체의 핵심인 기업은 이 지점에서 결코 간단치 않은 모습을 보여준다.

우파 경제학자들은 대체로 기업을 시장의 일부로 간주하는 경향이 강했다. 우파 경제학자들에 따르면 기업은 오직 철저하게 돈으로 환산되는 이익을 좇아 움직이는 존재였던 것이다. 말하자면 기업은 뼛속까지 시장의 원리가 체화된 존재였다. 좌파 진영의 많은 사람들이 기업을 부정적인 시각으로 대해온 것 역시 똑같은 이유에서였다. 그렇다면 이러한 생각은 어느 정도 타당한 것일까. 기업을 시장의 일부로 간주하는 견해는 적어도 과거에는 상당 부분 타당했다고 볼 수 있다. 그렇다고 해서 미래에도 변함없이 옳은 것일까? 결코 그렇지 않다.

앞으로도 시장은 다양한 경제 주체를 효율적으로 조절·통합하는 영역으로 존재할 것이고, 기업이 그러한 시장을 기반으로 움직일 것은 분명하다.* 문제는 기업이 시장을 기반으로 움직이면서도 시장원리를 벗어나는 경향이 갈수록 강해지고 있다는 데 있다.

아주 단순한 예를 들어보자. 기업에서 상사가 부하직원에게 프로젝트를 맡기며 동기부여를 할 수 있는 방법은 여러 가지다. 시장원리에 충실한 경우라면 이렇게 말할 것이다. "당신이 이 프로젝트를 잘 해내면 다음번 연봉협상 때 최대한 반영하도록 노력하겠습니다. 열심히 해보세요." 그러나 요즘 이런 식의 동기부여는 가장 낮은 수준에 해당하는 것이다. 먹고사는 문제가 전부다시피 했던 기성세대라면 몰라도 비전과 가치를 중심으로 사고하는 신세대에게는 잘 먹혀

---

* 다양한 경제 주체의 생산 활동과 유통, 분배를 조절·통합할 수 있는 것은 기본적으로 시장과 국가 둘밖에 없다. 과거 소련 사회주의 체제에서 그러한 역할을 담당한 것은 전적으로 국가였다. 그런데 다품종 소량생산 시대로 진입하면서 제품의 종류가 엄청나게 다양해지고 라이프 사이클이 극도로 짧아짐에 따라 국가가 생산과 유통을 조절·통합하는 것은 원천적으로 불가능해졌다. 결국 국가 주도의 계획경제는 생산 제품의 종류가 지극히 단순했던 소품종 대량생산 시대에나 작동 가능한 시스템이었던 것이다. 결론적으로 현재의 조건에서 다양한 경제 주체의 활동을 조절·통합할 수 있는 것은 오직 시장밖에 없다.

들지 않을 것이다. 적어도 이렇게 이야기해야 한다. "당신은 5년 후 이런 목표를 갖고 계시죠. 이번 프로젝트가 그 목표에 다가서는 훌륭한 디딤돌이 될 수 있을 것입니다. 열정을 갖고 해보세요."

시장은 이익을 중심으로 움직인다. 금전상 이익이 분명할 때 거래가 성사된다. 그러나 기업이라는 조직은 반드시 금전상의 이익만으로 움직이지 않는다. 도리어 금전상의 이익으로 환원하기 곤란한 비전이나 가치에 의해 움직이는 경우가 더 많을 수도 있다. 오늘날 기업 조직에서는 구성원에게 비전을 주고 자발적 열정을 불러일으키는 것이 무엇보다도 중요한 과제가 되고 있다. 이러한 과제의 해법은 시장원리보다는 좌파 혁명가들에게 익숙한 정치원리에서 찾을 수 있다. 앞으로 기업 조직에서 그러한 정치원리의 효용성은 갈수록 더해 갈 것이다.

또한 대기업과 중소기업, 군소 프로그램 개발자의 관계도 통상적인 시장원리처럼 반드시 한쪽이 이익을 보면 다른 쪽이 손해를 보는 제로섬 게임 관계가 아니다. 오늘날 기업의 경쟁력을 보장하는 효과적 방안의 하나로 떠오르고 있는 것은 다양한 경제 주체들이 상생의 생태계를 구축하는 것이다. 그에 따라 시장경쟁 구도는 기업과 기업의 경쟁이 아닌 다양한 생태계 간의 대결로 나아가고 있다. 그런데 이러한 상생의 생태계는 시장원리 자체에서 쉽게 도출되는 것이 아니다. 그것은 오히려 나눔을 통해 상생을 모색하는 공동체의 원리에 가깝다.

이렇듯 오늘날 기업은 조직 내부적으로나 외부와의 관계에서 정치나 공동체의 원리를 차용하는 정도가 갈수록 커지고 있다. 기업은 여전히 시장을 기반으로 활동하지만 동시에 시장을 '초월'하는 것이다. 더욱이 이렇게 시장을 초월하는 기업들이 시장을 지배적으로 이끌어가기 시작했다. 뒤집어서 말하면 시장은 자신을 초월하는 자를 선택하기에 이른 것이다.

이러한 현상은 분명 이전에는 흔치 않았던 것이다. 그렇다면 이러한 변화가 나타난 배경은 무엇일까?

미국 금융자본주의 몰락을 계기로 기업들 사이에서는 지속가능경영이 초미의 관심사가 되었다. 녹색경영·사회책임경영·상생경영·윤리경영은 그러한 지속가능경영을 보장하기 위해 도입된 화두들이다. 그런데 이 모든 것은 하나의 지점으로 귀결된다. 그것은 바로 시장 거래를 통해 관계를 맺었던 다양한 경제 주체들을 상생의 동반자로 만드는 것이다. 내부 구성원, 외부 고객, 협력업체, 군소 프로그램 개발자 등과의 관계 재정립을 위한 혁신적 시도들은 모두가 상생의 동반자 관계를 형성하기 위한 것들이다. 기업의 지속가능성은 바로 이러한 상생의 동반자를 얼마나 많이 확보하는가에 달려 있다고 해도 과언이 아니다.

상식적 수준에서 보더라도 동반자는 더 많은 이익을 차지하기 위해 서로 경쟁하고 다투는 관계에서는 결코 만들어질 수 없다. 동반자 관계는 오로지 비전과 가치, 기회와 이익을 나누고 이를 위해 협력할 때 성립될 수 있다. 즉, 시장을 초월할 때 가능한 것이다. 결론적으로 시장을 초월해야만 상생의 동반자 관계를 형성할 수 있으며 이를 기반으로 기업은 지속적으로 성장·발전할 수 있는 것이다.

그동안 좌파는 시장을 통제의 대상으로 간주했다. 소련 사회주의 체제의 경우는 시장 자체를 거의 폐기하다시피 했다. 반면 우파는 시장이 그 어떤 통제로부터도 자유로운 시장방임을 추구했다. 그러나 이제 시장에 대한 좌·우파의 생각은 모두가 낡은 관념으로 전락하고 있다. 그 대신 '시장의 초월을 통한 시장 지배'가 새로운 해답으로 떠오르고 있다.

국가와 시장의 협력

이 책의 제3부와 제4부에서 다루게 될 주제들은 주로 그 어떤 '관계'를 밝히는 것을 목적으로 한다. 크게는 생산요소의 관계와 경제 주체의 관계에서부터 그 안에 존재하는 여러 관계들이 어떻게 재정립되는지를 밝히고자 하는 것이다. 그런데 이러한 관계는 궁극적으로 동일한 성격을 지향한다. 과연 그것은 무엇일까.

우리는 방금 전 논의를 통해 그 단서를 확보했다. 앞으로 국가는 다양한 사회 구성요소들을 동반자로 확보함으로써 사회의 조화로운 발전을 추구할 것이다. 또한 기업은 다양한 경제 주체들과 상생의 동반자 관계를 형성함으로써 지속가능성을 확보하고자 할 것이다. 이러한 사실들은 사회적 관계가 혁명적 진화를 거듭하면서 도달하게 될 최종 지점이 동반자 관계임을 암시해준다.

이러한 맥락에서 국가와 시장의 관계 역시 종전의 갈등·대립 관계에서 동반자 관계로 재정립되어야 한다.

이를 위해서는 엄격한 조건이 있다. 너무 당연한 이야기지만 국가가 종전처럼 시장을 규제와 통제의 대상으로 간주하고, 시장은 사적 이익 극대화에만 골몰하면서 국가의 개입을 거부한다면 국가와 시장이 동반자 관계를 형성하는 것은 불가능하다. 방금 전 이야기한 것처럼 국가는 스스로를 지양함으로써 수평적 리더십을 발휘하고, 시장은 스스로를 초월함으로써 상생의 가치를 추구할 수 있을 때 국가와 시장은 비로소 동반자 관계를 형성할 수 있는 것이다.

앞으로 국가와 시장이 동반자 관계를 형성할 수 있는지 여부는 한 사회의 발전을 좌우하는 가장 기본적인 요소가 될 것이다. 무엇보다도 국가와 시장이 동반자 관계를 바탕으로 새로운 협력 모델을 만들 때 생산성이 비약적으로 상승할 수 있다. 이 점을 뚜렷이 확인해주는 것은 다름 아닌 클러스터다.

클러스터는 특정 공간 안에 연관된 대학, 연구소, 기업, 정부기관이 모여서 정보, 기술, 인프라를 공유하고, 상호 협력을 고도화하는 시스템이다. 현재 세계 시장에서 경쟁력을 갖고 있는 경우는 대체로 이러한 클러스터에 입각하고 있다고 해도 과언이 아니다. 일본의 도요타 자동차 클러스터, 미국의 할리우드 영화 클러스터와 샌디에이고 바이오 클러스터, 중국의 상디 전자 클러스터 등은 그 대표적인 예라고 할 수 있다. 핀란드의 울루 IT 클러스터 역시 그중 하나다.

울루 IT 클러스터는 인구 500만의 소국 핀란드를 세계적인 IT 강국으로 만든 장본인이라고 할 수 있다. 본디 핀란드는 풍부한 삼림을 바탕으로 펄프, 제지 등 임업이 중심이 되어 경제를 발전시켜왔는데, 1990년대 러시아 시장의 붕괴 등으로 경제위기를 맞았다. 이러한 상황에서 핀란드경제연구소(ETLA)가 주도하여 울루에 IT 클러스터를 조성한 것이다. 이곳에는 핀란드의 대표적인 IT업체인 노키아와 관련 대학, 연구소 등이 삼각편대를 형성하여 자리를 잡았다. 여기에 관련 중소 벤처기업이 적극적으로 결합했고, 핀란드 정부는 기술개발센터(TEKES)를 설립하여 민간과의 공동연구를 수행했다. 이러한 클러스터가 본격적으로 작동하면서 IT제품은 핀란드 수출 1위 품목이 되었고 노키아는 세계 시장에서 휴대전화 점유율 1위 업체로 떠올랐다.

국가와 시장의 동반자 관계를 바탕으로 협력 모델을 만들 수 있는 여지는 매우 많다. 앞으로 살펴보게 될 '벤처 생태계'는 그러한 협력 모델의 하나라고 할 수 있다. 이러한 국가와 시장의 협력이 증대할수록 사회구성원들이 자주적으로 문제를 해결하기가 한층 용이해진다. 가령 벤처 생태계가 구축됨으로써 창업을 통한 일자리 마련이 쉬워진다. 또한 국가와 시장의 협력을 바탕으로 시장의 효율성과 국가의 공공성을 적절하게 결합한 새로운 경제 주체들이 창출될 수 있다. 그럼으로써 사회가 더욱 조화로우면서도 활력 있게 발전해나갈 것이다. 최근 빠르게 확산되고 있는 '사회적 기업'은 그 대표적인 경우다.

이렇듯 국가와 시장이 이분법적 대립을 극복하고 협력을 추구할 때 시너지 효과를 극대화시킬 수 있다.

3부 | 인본주의 사회로의 진화

미래 사회는 지평선 너머에 납작 엎드리고 있다가 불현듯 그 모습을 드러내는 것이 아니다. 미래 사회는 우리가 발 딛고 있는 현실 세계 한복판에서 태동한다. 그런 만큼 미래 사회를 보려면 지평선 너머로 시선을 돌릴 것이 아니라 발아래에서 두꺼운 지층을 뚫고 올라오는 새싹을 유심히 관찰해야 한다.

　앞서 우리는 잠정적 결론이기는 하지만 지식사회가 도래하면서 탈자본주의 사회로의 이행이 불가피하다는 사실을 확인했다. 과연 탈자본주의 사회로의 이행은 정말 불가피한 것일까? 불가피하다면 탈자본주의 사회는 자본주의 사회와 어느 지점에서 근본적인 차이가 나는 것일까?

　탈자본주의 사회로의 이행이 불가피한 현실이 되기 위해서는 자본주의 안에서 그것을 부정하는 강력한 요소가 형성되어야 한다. 3부에서는 그러한 요소가 어떻게 생성되고 발전하고 있는지를 파헤치고자 한다. 아울러 그러한 요소가 경제 활동 전반에 어떤 변화를 야기하며, 기업 경영에는 어떤 영향을 미치고 있는지를 확인할 것이다. 그럼으로써 우리는 낡은 사회의 껍질에 가려 잘 보이지는 않지만 현실 세계 속에서 태동하여 자라고 있는 새로운 사회의 싹을 좀더 분명하게 감지할 수 있을 것이다.

7장

자본에서
'창조력' 중심으로

• 자본주의는 말 그대로 자본이 모든 것의 중심에 놓인 사회다. 자연스럽게 자본을 어떻게 조달하고 다룰 것인지는 기업 경영자들에게 가장 중요한 관심사가 되어왔다. 그런데 최근 기업 경영자들의 관심사에서 매우 의미심장한 변화가 일어나고 있다. 경영자들에게 기업의 운명을 좌우하는 가장 중요한 요소가 무엇인지 질문하면 가장 많이 나오는 대답은 단연 '사람'이다. 기업 경영자들을 대상으로 개설된 인문학 강좌에 사람들이 몰리는 현상도 이를 반영한 것이라고 할 수 있다.

이 모든 것은 기업 경영 환경에서 매우 중요한 변화가 일어나고 있음을 암시하는 것이다. 과연 그 변화의 실체는 무엇일까? 지금부터 집중적으로 파헤쳐야 할 주제는 바로 이것이다. •

1. 하나의 개념과 두 개의 법칙

새로운 사회로의 이행 문제는 가장 어렵고도 복잡한 주제다. 단순한 경험적 이해 이상의 통찰력을 필요로 하는 것이다. 그런 만큼 사회경제 체제 변화의 구조와 방향을 일관되게 설명해줄 수 있는 정교한 이론 틀이 필요하다. 무엇보다도 모든 문제 해결의 열쇠가 될 핵심 개념을 정립하는 것이 가장 중요하다. 이를 바탕으로 사회의 이행을 지배하는 법칙들이 무엇인지 밝혀야 한다.

과연 새로운 사회로의 이행을 해명하는 데서 핵심 개념에 해당하는 것은 무엇일까? 그 해답은 이미 여러 차례 언급했던 '주도적 생산요소'다. 이제 그 개념을 좀더 뚜렷이 정립해보도록 하자.

주도적 생산요소는 노동, 자본, 토지 등 여러 가지가 생산요소 중 가장 주도적인 지위에 있는 것을 가리킨다. 주도적이라는 것에는 세 가지 의미가 있다. 첫째, 그것을 지니고 있으면 나머지 생산요소를 쉽게 확보할 수 있다. 둘째, 생산성을 좌우한다. 셋째, 생산에 투입되는 총 가치 중에서 상대적으로 큰 비중을 차지한다. 그러면 이전 사회에서는 주도적 생산요소가 무엇이었는지 살펴보자.

봉건사회에서의 주도적 생산요소는 토지였다. 토지를 소유하고 있으면 인력이나 가축, 농기구 등은 쉽게 확보할 수 있었다. 농업 생산성을 좌우하는 것 역시 위치, 토질, 관개 등의 요인으로 구성된 토지의 질이었다. 생산에 투입되는 총 가치 중에서 많은 비중을 차지한 것 역시 토지였다.

그렇다면 자본주의 사회에서 주도적 생산요소는 무엇인가. 자본주의 사회에서의 주요 생산요소는 노동과 자본이다. 그런데 노동은 그것을 지니고 있다고 해서 자본 등 다른 생산요소를 쉽게 확보할 수 있는 것이 아니라는 점에서 주도적 생산요소가 아니다. 자본주의 사회에서의 주도적 생산요소는 단연 자본이다. 자본을 소유한 자는 노동력, 기계, 원료 등 필요한 생산요소를 시장에서 쉽게 확보할 수 있었다. 생산성 역시 자본이 좌우했다. 자본을 바탕으로 얼마나 우수한 생산요소를 확보하고 이를 효율적으로 관리하는가에 따라 생산성이 좌우되었던 것이다. 나중에 살펴볼 노동생산성 혁명조차도 자본가가 생산요소의 하나인 노동력의 효율성을 극대화시킨 결과였다. 생산에 투입되는 총 가치 중에서 압도적으로 많은 비중을 차지한 것 역시 자본이었다.

이어서 20세기 사회주의 사회에서의 주도적 생산요소는 무엇이었는지 살펴보자. 사회주의 이념에 비추어보면 마땅히 노동이 주도적 생산요소였어야 했다. 그러나 사회주의 국가들은 노동을 주도적 생산요소로 세우지 못했다. 다시 말해 노동력을 보유하고 있으면 다른 생산요소를 쉽게 확보할 수 있고, 노동과정이 생산성을 좌우하는 시스템을 개발하지 못한 것이다. 객관적 조건이 무르익지도 않았지만 주체적 노력 또한 부족했다. 이러한 가운데 사회주의 사회에서 주도적 생산요소의 역할을 대행한 것은 다름 아닌 국가였다. 국가권력은 필요한 생산요소를 쉽게 확보할 수 있는 유일한 원천이었고, 생산성을 좌우하는 요소 또한 국가의 계획과 지휘 기능이었다. 생산에 투입되는 총 가치 중에서 절대적으로 많은 비중을 차지한 것 역시 '국유 자산'이었다.

소련 사회주의 체제를 관통했던 국가가 모든 것을 책임지고 인민은 전적으로 국가에 의존하는 국가만능주의는 이로부터 빚어진 필연적 결과였다. 문제는 바로 여기에 있었다. 본디 국가는 생산요소가 아니다. 그러한 국가가 주도적 생산요소의 역할을 한다는 것 자체가 처음부터 심각한 모순이었던 것이다. 이러한 모순은 비효율성을 초래했고 시간이 흐르면서 생산성을 극히 낮은 수준에 머물게 했다. 그 최종 결과는 소련 사회주의 체제의 붕괴였다.

그러면 이러한 주도적 생산요소라는 개념으로부터 파생하는 두 가지 '이행의 법칙'이 무엇인지 살펴보도록 하자.

첫 번째 이행의 법칙은 '주도적 생산요소를 지닌 자가 궁극적으로 지배 권력을 행사한다'는 것이다.

주도적 생산요소를 지니고 있으면 부의 창출을 주도하면서 경제

잉여를 수중에 장악할 수 있다. 이는 곧 지배 권력을 행사할 수 있는 물적 토대를 확보했음을 의미한다. 봉건사회에서 토지를 소유한 지주가, 자본주의 사회에서 자본을 소유한 자본가가, 사회주의 사회에서 국가기구를 장악한 당 엘리트들이 지배 권력을 행사할 수 있었던 것은 바로 이러한 맥락에서였다.

물론 주도적 생산요소를 지니고 있다고 해서 곧바로 지배 권력을 행사하는 것은 아니다. 역사적 과도기에는 새로운 주도적 생산요소를 지니고 있더라도 지배 권력을 행사하지 못할 가능성이 크다. 낡은 주도적 생산요소를 지닌 자들이 여전히 지배 권력을 장악하고 있기 때문이다. 하지만 그러한 상황이 영원히 지속될 수는 없다. 결국 지배 권력은 궁극적으로 주도적 생산요소를 지니고 있는 자들에게 넘어갈 수밖에 없으며 그에 따라 새로운 사회가 도래한다.

두 번째 이행의 법칙은 '주도적 생산요소의 속성이 경제 주체의 관계를 규정한다'는 것이다.

예를 들면 이렇다. 봉건사회의 주도적 생산요소인 토지의 속성은 '순응'이다. 토지는 계절 변화, 날씨, 토질 등 자연 현상에 순응할 때 원하는 수확을 안겨다준다. 이러한 속성으로 인해 봉건사회에서의 경제 주체들 사이의 관계는 지극히 순응적이었다. 자본주의 사회의 주도적 생산요소인 자본의 속성은 '독점'이다. 독점할 때 최고의 이익을 거둘 수 있었던 것이다. 그로 인해 개별 기업 안에서는 자본가가 생산수단의 소유와 권력 행사, 이익 배분을 독점했고, 기업과 기업 간의 관계에서도 독점기업 체제가 수립되었다. 20세기 사회주의 사회의 주도적 생산요소였던 국가의 속성은 상명하복의 '관료주의'였다. 실제로 소련은 사회 전체가 관료주의를 바탕으로 움직이다시피 했다.

지금까지 이야기한 두 이행의 법칙은 앞서 이 책의 가장 중요한 주제로 언급했던 '생산요소의 관계'와 '경제 주체의 관계'를 관통하는 것이다. 첫 번째 이행의 법칙은 생산요소의 관계를 관통하는 것이고, 두 번째 이행의 법칙은 경제 주체의 관계를 관통하는 것이다. 결국 생산요소의 관계와 경제 주체 관계의 재정립은 이 두 법칙의 지시에 따라 방향이 결정된다.

이러한 맥락에서 주도적 생산요소를 밝혀내는 것이 무엇보다도 중요하다. 새롭게 부상하는 주도적 생산요소가 무엇인지를 알면 생산요소와 경제 주체의 관계가 어떤 방향으로 재정립될 수 있을지 알 수 있기 때문이다. 다시 말해 주도적 생산요소를 통해 새로운 사회에서 누가 지배 권력을 행사할 것이며, 다양한 경제 주체들이 어떤 형태로 관계를 맺을지를 모두 알 수 있는 것이다. 이를 바탕으로 우리는 능히 새로운 사회의 상(像)과 이행 경로를 추적할 수 있다.

2. 한계에 봉착한 자본의 능력

현재 주도적 생산요소가 무엇인지를 알기 위해서는 순서를 거꾸로 하여 주도적 생산요소의 세 가지 특징이 구체적으로 어떻게 나타나고 있는지 확인하고 이를 바탕으로 역추적하면 된다.

세 가지 특징 중에서 가장 파악하기 쉬운 것은 생산성을 좌우하는 요소다. 문제는 현재 우리가 생산성을 좌우하는 요소가 크게 바뀌고 있는 시기를 살고 있다는 데 있다. 그 무엇보다도 변화의 맥을 짚는 것이 중요한 것이다. 그렇기 때문에 지난날 자본주의 체제 아래서 생산성이 어떤 식으로 향상되어왔고 또한 어느 지점에서 한계에 봉착했는지를 이해하는 것이 반드시 필요하다. 그럴 때 무엇이 더 이상 집착해서는 안 되는 낡은 것이고 무엇이 적극 추구해야 할 새로운 것인지를 정확히 알 수 있다.

인류의 역사는 사람 한 명이 생산할 수 있는 재화의 양이 늘어나는 생산성 향상의 과정이었다. 돌을 깨트려 도구를 만들던 구석기 시대에서 돌을 갈아 도구를 만든 신석기 시대로 넘어오는 과정에서 엄청난 생산성 향상이 일어났다. 철기의 도입은 더 말할 필요가 없는 생산성 혁명으로 이어졌다.

그러나 인류 역사상 생산성이 가장 폭발적으로 향상된 시기는 두말할 나위도 없이 산업혁명 이후라고 할 수 있다. 지난 몇백 년 사이의 생산성 향상은 가히 수직에 가까웠던 것이다. 피터 드러커는 이러한 생산성의 상승은 기본적으로 지식을 생산에 적용한 결과라고 파악했다. 그런데 드러커에 따르면 각 국면마다 지식이 적용되는 구체적 양상은 서로 다르게 나타났다.

첫 번째 국면인 산업혁명 이후 약 100년 동안은 기계를 중심으로 한 생산도구의 혁신이 생산성 상승을 주도했다. 산업혁명 역시도 증기기관이나 방적기 등 기계의 발명으로부터 촉발된 것이었다. 이렇듯 인간의 근육노동을 대체할 수 있는 훨씬 강력하면서도 효율적인 기계가 발명될 수 있었던 것은 기본적으로 자연에 대한 지식을 생산도구에 응용한 결과였다. 자본가들은 이렇게 해서 만들어진 성능 좋은 기계를 구입했고 그럴 때마다 생산성이 크게 상승했다. 반면 같은 기간에 노동생산성은 거의 증가하지 않았다. 이러한 조건에서 생산성 상승의 결과는 대부분 자본가의 몫이 되었다.

그러나 두 번째 국면에 이르러서는 양상이 크게 달라졌다. 자본가들은 점차 시장에서 구입한 재화 중 유일하게 살아 있는 재화인 노동력의 효율성을 개선하는 데 더 많은 노력을 기울였다. 그로부터 노동생산성 혁명이 일어나 생산성 상승을 주도하기 시작했다. 생산도구의 개선이 생산성 상승에 영향을 미치기도 했지만 노동생산성 혁명에 비하면 그 비중은 그리 크지 않았다. 이러한 노동생산성 혁명을 촉발시킨 인물은 지식을 작업에 적용함으로써 과학적 관리법을 확립한 미국인 프레더릭 테일러(1856~1915)였다.

테일러가 작업 연구를 시작한 것은 19세기 후반 노동자와 자본가 사이에 만연해 있던 극심한 불신과 증오를 목격한 뒤 받은 충격 때문이었다. 테일러 역시 자본주의의 전복을 꿈꾼 마르크스와 복지정책을 고안한 비스마르크가 보았던 바로 그 현상을 목격한 것이다. 그런데 테일러는 똑같은 문제를 놓고 전혀 다른 해법을 추구했다. 테일러는 노동자와 자본가가 협조하여 노동생산성을 상승시키고 그 성과를 노동자에게 돌려줌으로써 갈등을 해소할 수 있다고 본 것이다.

테일러는 좌파 혁명가와 노동운동가들에게는 고약한 존재로 인식되어왔다. 그들에게 테일러는 문제의 초점을 흐리는 인물일 뿐만 아니라 노동의 기계화를 한층 심화시킨 자본가의 하수인이었다. 그러나 정작 테일러 자신은 자본가들에게 저주받은 인물이었으며, 종종 '말썽꾸러기', '사회주의자'라는 비난을 받아야 했다. 테일러의 동료나 제자들 중에도 자신들을 '좌익'이라고 선언하는 경우가 많았다. 여기에는 그럴 만한 이유가 있었다.

테일러는 기업 소유주들을 종종 '돼지'라고 부르며 경멸했고 기업의 경영은 소유주가 아니라 전문적 지식을 지닌 사람이 맡아야 한다고 주장했다. 아울러 노동생산성 향상의 결과는 소유주가 아닌 직접적으로 기여한 노동자가 더 많이 가져가야 한다는 입장을 취했다. 이러한 테일러의 생각은 이후 많은 나라에서 수용되었지만 당시로서는 과격하기 그지없는 것이었다.

테일러는 작업을 연구하고 분석했다. 이를 통해 테일러는 어떤 도구를 사용하여 어떤 동작을 반복하는 것이 최고의 성과를 낳는지를 밝혔다. 이러한 테일러의 작업 연구는 곧바로 직업 훈련을 극도로 단순화시키는 효과를 낳았다. 그 결과 이전까지는 적어도 몇 년에 걸쳐 이루어지던 직업 훈련이 불과 몇 달 정도로 단축되었다. 이러한 테일러의 작업 연구는 노동생산성의 획기적인 상승으로 이어졌다. 테일러의 과학적 관리법이 도입된 이후 노동생산성은 평균적으로 18년마다 두 배씩 증가했다. 그 결과 20세기 후반에 이르기까지 대부분의 선진국은 노동생산성이 거의 50배 정도 상승할 수 있었다.

노동생산성 상승의 결과 중 많은 부분이 노동자의 몫으로 돌아갔다. 덕분에 선진국 노동자들의 상당수는 생활이 중산층 수준에 이를 수 있었다. 아울러 적게 일하고도 더 많은 수입을 얻을 수 있게 되면서 노동시간도 지속적으로 단축되었다. 이 모든 결과는 자본주의 체제에 대한 노동자들의 적대심을 크게 완화시키는 데 기여했다.

노동생산성 혁명은 20세기 후반에 이르러서도 계속 이어졌다. 모토롤라에서 시작되어 제너럴일렉트릭(GE)을 거쳐 전 세계로 퍼져나간 6시그마 운동도 그러한 노력의 하나였다. 일본 도요타 자동차에서 시행한 '가이젠'(개선)은 이러한 노동생산성 혁명의 정점을 보여준 것이었다. 도요타는 마른 수건을 쥐어짜는 기세로 인간으로서는 도무지 도달할 수 없을 것 같은 노동생산성의 극한에 도전했다. 그럼으로써 타의 추종을 불허할 만큼 높은 노동생산성을 기록할 수 있었다.

하지만 도요타의 노동생산성 상승은 어디까지나 노동 강도의 극단적 강화를 바탕으로 이루어진 것이었다. 1990년대 중반에 있었던 일이다. 당시 국내 완성차 업체의 노동자들은 단위 시간당 작업량이 크게 늘어나면서 퇴근 후 집에 들어가 쉬기에 바빴다. 그러던 완성차 업체 노동자들이 일본 도요타 자동차에 연수를 갔다 오더니 모두 고개를 흔들었다. 도요타의 노동 강도는 국내 완성차 업계의 그것과 비교할 수 없이 세다는 것이었다. 심지어 도요타 노동자들은 쉬는 시간에조차도 다음 작업을 준비하느라 바빴다고 한다.

그런데 2010년 도요타 자동차는 1,000만 대 리콜이라는 최악의 상황에 직면했다. GM을 제치고 세계 1위 자동차 기업에 등극한 지 얼마 안 된 시점에 발생한 사태였다. 이는 도요타가 노동생산성을 극한으로 끌어올리는 과정에서 심각할 정도로 피로가 누적되어 있었음을 반증하는 것이었다. 엄청난 피로에도 불구하고 그동안 버틸 수 있었던 것은 세계 1위 자동차 기업 등극이라는 목표가 도요타 구성원을 초긴장 상태로 묶어두었기 때문이었다. 그러나 목표가 달성되자 긴장의 끈이 풀리기 시작했고 결국 잠재해 있던 문제가 일거에 터지고 만 것이다.

도요타 사태는 노동생산성이 더 이상 상승 국면을 맞이하기가 쉽지 않음을 말해준다. 노동생산성에 관한 한 도요타를 넘어서기가 거의 불가능하기 때문이다. 이는 노동의 한계생산성이 거의 제로에 가까워졌음을 의미하는 것이다.

노동생산성 혁명 속에는 이중적인 '강화과정'이 존재했다. 먼저 노동생산성 혁명은 기본적으로 노동 강도의 강화를 수반하는 것이었다. 여기에 덧붙여 도요타 자동차의 사례에서 확인되듯이 노동생산성 혁명은 노동에 대한 자본가의 통제가 한층 강화되는 과정이었다. 이는 노동생산성 혁명이 노동자가 자본의 지배로부터 자유로워지는 과정이 결코 아니었음을 의미하는 것이다. 노동생산성 혁명 역시 자본이 주도적 생산요소임을 뒷받침해주는 사실 중 하나였다.

역사적 맥락에서 볼 때 노동생산성 혁명은 자본가의 주도 아래 진행된 생산성 혁명에서 사실상 마지막 페이지에 해당하는 것이었다. 문제는 노동생산성마저 상승 여지가 거의 사라져버렸다는 데 있다. 이 모든 것은 생산성 향상을 좌우할 수 있는 자본의 능력이 한계에 봉착했음을 말해준다. 요컨대 자본이 아닌 전혀 다른 요소에 의해 생산성 상승이 주도될 수밖에 없는 상황인 것이다. 이는 곧 자본을 대신하여 새로운 주도적 생산요소가 부상할 것임을 예고한다.

3. 왜 사람이 모든 것의 근본인가

자본이 생산성 상승을 좌우하기 어려워진 국면에서 새로이 생산성 상승을 주도할 수 있는 요소는 과연 무엇일까. 지식사회로의 전환과 함께 생산성을 좌우하는 요소로 떠오른 것은 일차적으로 지식이다. 지식과 지식이 융합하여 새로운 지식을 창조하는 과정에서 생산성이 좌우되는 것이다.

반도체를 예로 들어보자. 반도체는 거의 1년 반마다 용량이 두 배로 증가해왔다. 이러한 반도체의 진화는 주로 반도체 설계와 생산설비 운영에 대한 고도의 지식이 축적된 결과다. 생산설비의 기능 향상과 작업방식의 개선이 지속적으로 이루어기는 했으나 생산성 향상에 미친 영향은 상대적으로 크지 않았다.

그런데 최근에 나타난 일련의 흐름은 지식조차도 생산성을 결정짓는 하나의 요소에 불과하다는 것을 알려주고 있다. 생각하기에 따라 지식보다도 더 중요한 요소들이 존재하는 것이다. 이는 지식사회

조차도 국면 변화의 일부만을 표현하고 있음을 드러내는 것에 다름
아니다. 국면 변화를 좀더 정확하게 표현하자면 기존 지식사회를 뛰
어넘는 보다 확장된 개념이 필요하다는 것을 알 수 있다.

이러한 점을 염두에 두면서 지식 이외에 생산성을 좌우하는 것들
이 과연 무엇인지를 살펴보도록 하자.

감성의 마력

놀라운 기술 진보는 사람, 개인, 삶을 복원하는 방향으로 진행되고
있으며, 사람들은 이러한 기술 진보를 바탕으로 자신의 삶을 더욱 인
간답게 디자인하고 싶어한다. 그 과정에서 사람들은 산업사회에서
억눌렸던 본연의 모습을 빠르게 되찾아가고 있다. 요즘 사람들이 무
엇을 중시하고 있고, 어떤 요소에 마음이 움직이는지 한 가지 사례를
들어보자.

삼성은 잉글랜드 프리미어리그의 명문 구단인 첼시에 1,000억 원
이 넘는 거액을 투자했다. 그 대가는 첼시 선수들이 매 경기마다 삼
성 로고가 가슴에 새겨진 유니폼을 입고 그라운드를 뛰는 것이었다.
그래서 언뜻 보기에는 첼시가 삼성이 운영하는 구단처럼 보이기도
했다. 한국 사람이라면 대단히 가슴 뿌듯한 일일 수도 있었다. 국내
축구팬들이 첼시에 남다른 관심을 가질 만도 했다.

그런데 정작 국내 축구팬들은 첼시에 별로 관심을 두지 않았다.
국내 축구 팬이 압도적으로 많은 관심을 보였던 곳은 또 다른 프리미
어리그 명문 구단인 맨체스터 유나이티드(맨유)였다. 국내 미디어들
도 맨유에 포커스를 맞추어 보도했다. 이유는 간단했다. 그곳에는 한
국 축구 국가대표 주장이기도 했던 박지성 선수가 뛰고 있기 때문이
었다. 더욱이 박지성 선수에게는 사람들을 감동시키는 스토리가 있

었다. 박지성 선수는 축구선수로서는 치명적인 평발을 갖고 있다. 일반적인 기준으로 보면 뛰는 것 자체가 불가능에 가까운 조건이다. 평발을 지닌 사람은 장거리 행군에 부적합하다는 이유로 군 입대조차 면제될 정도다. 박지성 선수가 얼마나 피나는 노력을 통해 축구선수가 되었는지 다소나마 짐작케 하는 대목이다. 바로 그러한 점이 많은 사람들로 하여금 박지성 선수에게 열광하고 박지성 선수가 뛰는 맨유에 관심을 갖도록 만들었던 것이다.

결국 막대한 자금력을 쏟아부은 삼성이 단 한 사람을 넘어서지 못한 셈이다. 물론 삼성이 첼시에 투자한 것은 자사를 해외에 알리기 위한 목적에서였다. 국내 축구팬들이 첼시에 관심을 두지 않는 것은 그다지 중요한 문제가 아닐 수도 있었다. 그럼에도 국내 축구팬들이 삼성이 투자한 첼시가 아니라 박지성 선수가 뛰는 맨유에 더욱 많은 관심을 보였다는 사실은 사람들이 어떤 요소에 의해 마음이 움직이는지를 잘 보여주는 대목이 아닐 수 없다.

위의 사례를 통해 알 수 있듯이 사람들은 차가운 마케팅 논리에 마음이 쉽게 움직이지 않는다. 사람들의 마음은 진한 감동이 전해져 올 때 크게 움직인다. 이는 제품이나 서비스를 구입할 때도 마찬가지다. 감동적 체험이 제품과 서비스 구입의 가장 중요한 기준으로 떠오른 것이다.

2010년 애플이 출시한 태블릿 PC 아이패드는 첫 해에 1,000만 대 이상 판매되는 큰 성공을 거두었다. 그러자 흥분한 일부 논자들은 태블릿 PC가 TV마저 대체할 것이라는 견해를 내놓기도 했다. 하지만 그런 일은 결코 일어나지 않을 것이다. 태블릿 PC와 TV를 통해 얻을 수 있는 체험의 양상이 확연히 다르기 때문이다. 태블릿 PC는 개인 체험을 위한 것이지만 TV는 주로 가족들이 함께 시청하면서 즐거운 시간을 보내는 데 그 용도가 있는 것이다. 태블릿 PC가 아무리 진화를 한다고 해도 이 같은 TV의 역할을 대신할 수는 없다.

이제 체험은 소비자들의 가장 중요한 선택 기준이 되고 있다. 그러다 보니 덩달아 새로운 체험을 제공하는 영역들이 끊임없이 개척되고 있다. 광고도 직접 체험하고 선택하도록 하는 방향으로 점차 바뀌어갈 것으로 예상된다. 최근 체험을 통한 광고 효과를 노리는 할인 티켓 판매가 크게 확산되고 있는 현상도 이를 반영한 것이라고 할 수 있다. 체험이 미래 경제의 중심 테마로 떠오르고 있는 것이다.

그렇다면 체험의 본질은 무엇인가? 체험은 물리적 체험부터 학습 체험, 문화 체험에 이르기까지 다양한 모습으로 존재할 수 있다. 그러나 사람들이 제품과 서비스를 구입하면서 가장 보편적으로 기대하는 것은 오감으로 느끼고 만족하는 '감성 체험'이다. 그런 점에서 체험을 제공한다는 것은 감성을 자극하고 충족시킬 적절한 기회와 환경을 제공하는 것과 거의 같은 의미라고 할 수 있다.

이러한 맥락에서 제품과 서비스를 기획할 때는 기능을 넘어서 어떻게 감성을 자극하고 충족시킬지를 가장 중요하게 고려해야 한다. 이는 제품 서비스 기획자 스스로가 감성이 풍부할 때 가능한 일이다. 향후 주도적 산업으로 부상할 문화 콘텐츠 산업의 경우는 더 말할 나위도 없다. 문화 콘텐츠는 생산자의 감성을 얼마나 풍부하게 소비자에게 전달하는가에 따라 품질이 좌우되기 때문이다. 이래저래 제품과 서비스 생산에서 감성이 차지하는 비중이 갈수록 커지고 있는 것이다.

감성이 부족하면 설령 뛰어난 기능을 보유하고 있더라도 제대로 빛을 낼 수 없다. 고공행진을 하던 구글이 2010년 페이지뷰와 방문자 수 모두에서 페이스북에 추월당하는 등 영역을 잠식당하고 있음에도 뚜렷한 해결책을 찾지 못하는 것 또한 이와 연관이 있다. 지나치게 기능을 중시하는 엔지니어 위주의 문화가 구글을 지배하면서 감성 경시가 체질화되었다. 그 결과 구글은 갈수록 감성적 요소에 의해 마음이 움직이는 사용자들의 요구를 정확히 읽고 대응하는 데 어려움을 겪었던 것이다.

상상력이 권력이다

지금까지 살펴본 것처럼 새로운 국면에서 생산성은 지식과 감성의 결합에 의해 좌우된다. 하지만 더 결정적인 요소가 있다. 똑같은 수준에서 지식과 감성을 갖추었다고 하더라도 이 요소에 의해 생산성은 하늘과 땅 차이가 날 수도 있는 것이다. 그것은 바로 상상력이다! 상상력에 의해서 생산성이 얼마나 크게 달라질 수 있는지를 설명해주는 흥미로운 사례가 하나 있다.

　지난 2010년 미국 특허청에는 총 21만 9,614건의 특허가 등록됐다. 비율로 보면 미국에 본사를 두고 있는 기업의 특허 등록 비율이 64.3퍼센트로 압도적으로 많았으며, 일본 21.3퍼센트, 한국 5.4퍼센트, 독일 5.2퍼센트 그리고 대만이 3.8퍼센트의 비율을 차지했다. 한국 기업 중 미국 내 특허 출원 비율 상위 50위 내에 이름을 올린 회사는 삼성전자, LG전자, 하이닉스반도체, LG디스플레이 등이 있었다. 가장 많이 특허를 출원한 기업은 IBM으로서 모두 4,551건에 이르렀다. 2위는 3,094건을 등록한 한국의 삼성전자였다. 참고로 1, 2위인 IBM과 삼성전자는 특허 공동사용 협정을 맺었다. 두 거대 기업이 타의 추종을 불허하는 특허 왕국을 건설한 것이다.

　2000년대 들어와서 고공행진을 거듭한 애플은 특허 출원 숫자만으로는 삼성전자의 맞수가 되지 못했다. 2010년 애플은 563개의 특허를 출원해 46위에 턱걸이했다. 그런데도 애플은 아이팟, 아이폰, 아이패드 등 내놓는 제품마다 대박 성공을 거두었다. 과연 어느 쪽을 칭찬해주어야 할까?

그동안 삼성은 스스로를 '기술의 삼성'으로 표현해왔다. 이는 얼마 전까지 삼성의 강점을 부각시키는 표현으로 통용되었다. 그러나 최근 '기술의 삼성'이라는 말은 삼성의 약점을 드러내는 표현으로 간주되기 시작했다. 삼성이 기술지상주의 함정에 빠지면서 감성과 상상력의 가치를 소홀히 한 결과 아이디어 경쟁에서 밀리고 있다는 지적이다. 이는 곧 삼성이 구축한 막강한 기술력이 제대로 가치를 발휘하고 있지 못하다는 것을 말해준다. 단적으로 삼성은 스마트폰 판매에서 애플을 추월하는 등 선전했지만 큰 찬사를 받지는 못했다. 독창적 아이디어를 바탕으로 개발한 제품이 별로 없었기 때문이다. 이러한 삼성의 대척점에 있는 기업이 바로 애플이라고 할 수 있다.

애플을 보고 있노라면 특허 출원 못지않게 기존 기술들을 버무려서 사용자들의 가려운 지점을 긁어주는 것이 매우 중요하다는 것을 알 수 있다. 기술과 관련된 지식 축적도 중요하지만 이를 어떻게 이용하는지가 더욱 중요한 것이다. 여기서 결정적 역할을 하는 것이 바로 상상력이다. 기존의 기술을 활용하여 사람들이 원하는 제품을 새롭게 창조하는 것은 바로 상상력의 힘이기 때문이다. 애플은 바로 풍부한 상상력을 바탕으로 세상에 없던 꿈의 기기를 선보임으로써 큰 성공을 거둘 수 있었던 것이다.

과거의 경험에 비추어보더라도 기술의 변곡점에서 다음 국면을 여는 힘은 기본적으로 상상력이다. 한 가지 예를 들어보자. 전문가들은 미국 영화사상 가장 중요한 영화의 하나로 〈스타워즈〉를 꼽는다. 〈스타워즈〉는 28년 동안 모두 6부작이 만들어졌는데 1977년에 개봉

된 첫 작품 〈스타워즈 에피소드4—새로운 희망〉은 그때까지의 역대 영화 흥행 성적에서 1위에 오를 만큼 큰 성공을 거두었다. 〈스타워즈〉는 특수효과에서 영화사의 한 획을 그은 것으로 평가받고 있으며, 미국 액션 영화의 패러다임을 서부영화에서 SF영화로 바꾸는 계기가 되기도 했다. 가히 미국 영화사의 새로운 국면을 열었다고 해도 과언이 아니다.

이러한 〈스타워즈〉는 전적으로 감독 조지 루카스의 상상력으로부터 비롯된 것이었다. 조지 루카스는 대학 시절 우주전쟁을 다루는 영화를 구상했다. 물론 그것은 어디까지나 상상의 세계 속에서만 존재하는 것이었다. 그러나 루카스는 그러한 상상을 현실로 만들기 위해 한 걸음씩 앞으로 나아갔다. 루카스의 이러한 집념은 졸업 작품 〈THX-1138〉을 통해서도 잘 드러났다.

영화계에 입문한 조지 루카스는 청춘영화의 전형이 되다시피 한 〈아메리칸 그래피티〉를 만들어 흥행에 성공했다. 이를 발판으로 그는 오랫동안 꿈꾸어왔던 〈스타워즈〉 제작에 도전할 수 있었다. 그러나 제작사인 20세기 폭스는 〈스타워즈〉에 대해 대단히 회의적인 입장이었다. 결국 제작비 지원이 미미한 상태에서 루카스는 자비를 털었고 그것도 부족해서 빚을 내어 영화를 만들어야 했다.

이러한 가운데 영화사는 흥행 실패를 예상하고 전국 개봉을 포기한 채 20여 개 극장에서만 〈스타워즈〉를 상영하기로 결정했다. 하지만 결과는 정반대로 나타났다. 영화가 개봉되던 날 조지 루카스는 떨리는 가슴을 안고 극장을 찾았다. 그러고는 감추어두었던 눈물을 쏟고 말았다. 극장 앞에는 모두의 예상과 달리 끝이 보이지 않을 정도로 관객이 늘어서 있었던 것이다.

상상한다는 것은 기본적으로 이 세상에 없는 것을 머릿속으로 그려내는 것이다. 그렇기 때문에 상상의 세계를 현실로 만드는 과정은 루카스의 경우처럼 종종 주변의 몰이해와 조롱에 시달릴 수 있다. 그러나 진정으로 큰 성공은 모두가 무관심한 바로 그 영역에서 탄생할 가능성이 크다. 상상의 세계를 현실로 만들기 위해서는 신념과 열정이라는 엔진이 반드시 필요한 이유가 여기에 있다.

그런데 지금 우리는 무서운 속도로 변화가 일어나는 기술의 변곡점을 통과하고 있다. 미지의 영역에서 끊임없이 새로운 것을 일구어내야 하는 시기인 것이다. 이는 곧 상상력이 결정적 역할을 하는 시대가 왔음을 말해준다. 말 그대로 상상력이 생산력이고 권력인 시대로 진입하고 있는 것이다. 이를 극명하게 보여주는 것은 다름 아닌 스토리 산업의 급속한 성장이다.

아직 스토리 산업이 무엇인지 그 정의는 명확하지 않다. 다만 스토리를 담음으로써 제품과 서비스, 공간의 가치가 급상승한다는 것만이 분명할 뿐이다. 이를 입증하는 간단한 사례가 하나 있다. 1991년 일본 최대의 사과 생산지인 아이모리 현은 사과 수확을 앞두고 태풍으로 큰 피해를 입었다. 그런데 한 농부가 태풍 속에서도 떨어지지 않고 남아 있던 10퍼센트의 사과에 "이 사과는 태풍 속에서도 떨어지지 않은 것으로서 수험생이 먹으면 절대로 떨어지지 않는다"는 스토리를 담았다. 그러자 그 사과는 열 배 이상 비싼 가격에 날개 돋친 듯이 팔렸다. 그런 식으로 아이모리 현은 30만 상자의 사과를 판매할 수 있었다. 불운을 행운으로 전환시킨 것이다.

스토리는 어떤 대상에든지 담길 수 있다. 그런 점에서 본래부터 스토리를 기반으로 했던 문화 콘텐츠 산업은 말할 것도 없고 음식에서 주거 공간에 이르기까지 삶과 관련된 모든 영역이 스토리 산업으로 변모할 수 있다. 평범한 골목길조차도 스토리가 담기면 높은 가치를 지닌 문화 공간으로 거듭난다. 지방자치단체들이 도시 공간 안에 스토리를 담아내기 위해 애를 쓰는 이유도 여기에 있다.

스토리의 소재 또한 매우 다양하다. 실제 있었던 사건일 수도 있고 꾸며낸 이야기일 수도 있다. 지역마다 풍부하게 깃들어 있는 고유한 역사, 전설, 민담 등이 모두 스토리의 소재가 될 수 있다. 그러나 분명한 것은 이를 각색하고 필요한 곳에 적절하게 담아내는 능력은 일차적으로 상상력이라는 사실이다. 스토리를 매개로 제품과 서비스, 공간의 가치를 비약적으로 증폭시키는 힘이 바로 상상력인 것이다.

이 모든 것을 압축적으로 보여주는 곳이 있다. 바로 남이섬이다. 남이섬은 상상력을 바탕으로 풍부한 스토리를 창조함으로써 종전의 유흥지와는 전혀 다른 생태문화 공간으로 변신한 곳이다. 덕분에 남이섬은 수많은 사람들이 찾는 세계적 명소가 될 수 있었다. 그러한 변화의 일단에 대해 CEO 강우현은 자신의 저서인 『남이섬 CEO 강우현의 상상망치』에서 이렇게 이야기하고 있다.

하찮은 돌멩이들, 원래부터 있던 길들에 이름을 붙여주고 이야기를 만들어 놓았다. 섬 한가운데 이름도 없이 서 있던 조각상을 강가로 옮겨 '고향 바다를 그리워하는 남이섬 인어공주'라고 했더니 그 앞에서 많은 사람들이 사진을 찍고 간다.*

남이섬을 꾸미고 있는 각종 작품들의 재료는 대부분 평소 별다른 가치를 부여받지 못했던 하찮은 것들이었다. 그중에는 볼썽사납게 자라던 잡초나 아무렇게나 굴러다니던 돌멩이, 쓸데없이 자리만 차

* 강우현, 『남이섬 CEO 강우현의 상상망치』, 나미북스, 2009, 107쪽.

지하고 있던 나무토막도 포함되어 있었다. 그런데 상상력을 바탕으로 이러한 재료들에 스토리를 심자 커다란 가치를 지닌 예술작품으로 거듭났다. 상상력이 지닌 무궁무진한 힘을 보여주는 대목이 아닐 수 없다.

현재 스토리 산업은 매우 빠르게 발전하고 있으며 이미 상당한 규모에 이르고 있다. 2008년 세계 스토리 산업의 규모는 약 2조 달러 정도로 IT산업의 2.5배에 이르렀다. 국내 스토리 산업의 성장 속도 또한 상당하다. 문화관광부는 스토리를 기반으로 한 국내 콘텐츠 산업은 2005년에는 48조 원 수준에 불과했으나 2015년에는 126조 원, 2020년에는 203조 원에 이를 것으로 예측한 바 있다.*

새로운 주도적 생산요소, '창조력'

지금까지의 논의를 종합하면 지식사회와 함께 열린 새로운 국면에서의 생산성은 다음과 같이 도식화할 수 있을 것이다.

생산성=(지식+감성)×상상력

실제 생산과정에서 지식과 감성, 상상력은 별개로 움직이지 않고 함께 어우러진다. 말하자면 하나의 생산요소로 작용하는 것이다. 그렇다면 지식과 감성, 상상력을 하나로 묶어 표현하면 무엇이 될까? 이들의 공통적인 특성은 지금까지 없던 새로운 것을 창조하는 힘이라는 데 있다. 노동력도 새로운 것을 창조하지만 어디까지나 지식과 감성, 상상력의 도움을 받을 때 가능하다. 그러한 도움이 없으면 노

---

* 최윤식·배동철 지음, 『2020 부의 전쟁 in Asia』, 지식노마드, 2011, 362쪽.

동력은 기존의 것을 단순 반복해서 생산할 뿐이다. 결국 이 셋을 한 마디로 표현하면 사람 속에 내재된 '창조력'인 것이다.

이로부터 우리는 지식과 감성, 상상력이 하나로 어우러져 창조력이라는 이름의 새로운 생산요소로 등장했음을 알 수 있다.

여기서 주의할 점이 있다. 과거에도 주관적 능력으로서 창조력은 사람들 속에 존재했지만 객관화된 생산요소는 결코 아니었다. 이것이 무엇을 의미하는지는 노동력을 예로 들면 좀더 쉽게 이해할 수 있다. 주관적 능력으로서의 노동력은 봉건 시대 농민에게도 있었고 고대 노예에게도 있었다. 하지만 노동력이 객관화된 생산요소로 등장한 것은 근대 산업사회에 이르러서였다. 마찬가지로 창조력은 지식사회 이후 새로운 국면에서 비로소 객관화된 생산요소로 등장할 수 있었다.

그렇다면 창조력의 본질은 무엇인가? 창조력은 자연에는 없는 오직 사람에게만 고유한 것으로서 기계나 다른 작업수단에 의해 대체되지 않는다. 컴퓨터가 인공지능으로서 역할을 하고 있지만 보조적 역할일 뿐 결코 인간의 창조력을 대체할 수 없다. 창조력의 이 같은 특성은 사람이 지닌 또 다른 능력이자 산업사회의 주요 생산요소인 노동력과 비교해보더라도 근본적으로 다른 것이다.

노동력은 사람 속에 내재화된 자연 에너지다. 노동력이 자연 에너지의 일종이라는 것은 유사하거나 우월한 형태로 에너지를 지출할 수 있는 것이 달리 존재할 수 있음을 의미한다. 실제로 기계는 인간의 노동력보다 훨씬 강력하며 효율적으로 에너지를 낸다. 이러한 사실은 노동력이 보다 뛰어난 기계에 의해 언제든지 대체될 수 있음을 말해주는 것이다. 실제로 그간의 역사는 기계가 인간의 노동력을 끊임없이 대체해오는 과정의 연속이었다.

이와 같은 성질의 창조력이 지식사회 이후 새로운 국면에서 생산성을 좌우하는 요소로 떠올랐다. 이는 곧 창조력이 새로운 주도적 생산요소로 부상할 수 있음을 암시하는 것이다. 그렇다면 주도적 생산요소로서의 또 하나의 조건인 그것을 지니고 있으면 다른 생산요소를 쉽게 확보할 수 있는지 여부를 확인해보자.

이와 관련해서 먼저 확인해야 할 것은 창조력이 그동안 주도적 생산요소의 위치에 있었던 자본에 의존하지 않고도 새로운 가치를 창출할 수 있을 만큼 독립된 생산요소인가 하는 점이다.

그 무엇인가에 의존해서만 가치를 창출할 수 있다면 그것은 결코 주도적 생산요소가 될 수 없다. 논리적으로 보더라도 A가 B에 의존적이면 주도성은 이미 A에서 B로 넘어가 있기 때문이다. 그렇다면 독립적으로 새로운 가치를 창출할 수 있는 조건은 무엇인가. 결론적으로 가치 창출에 필수적인 생산수단을 갖고 있으면 된다. 앞서 이야기했듯이 생산수단이란 가치 창출에 필수적인 작업대상과 작업수단을 아우르는 개념이다. 산업사회를 기준으로 설명하자면 원료와 부품 등의 작업대상과 기계와 건물 등의 작업수단 모두를 가리키는 것이라고 할 수 있다.

이런 점에서 노동력은 생산요소이기는 하지만 생산수단은 아니었다. 노동력이 작업도구이거나 작업대상은 아니었기 때문이다. 문제는 자본주의 사회에서 노동자는 다른 생산수단을 갖고 있지 않았다는 데 있었다. 말 그대로 노동자는 가진 것이라고는 몸뚱이밖에 없는 존재였다. 그렇기 때문에 노동자는 노동력의 판매를 통해 자본의 일부가 될 때 생산수단을 이용해 가치를 창출할 수 있었다. 노동자의 생존은 오직 그러한 조건에서만 가능했다. 참고로 마르크스는 노동력을 총 자본 중에서 유일하게 본래의 가치보다 더 많은 가치를 창출하는 자본이라는 의미에서 '가변자본'이라고 불렀다.

　창조력은 바로 이 지점에서 노동력과 본질적인 차이를 보여준다. 지식사회의 중심을 이루는 지식작업은 지식을 지식에 적용하여 새로운 지식을 창조하는 과정이다. 그 과정에서 감성이 버무려지고 상상력이 작용하여 가치를 증폭시킨다. 요컨대 지식과 감성, 상상력의 융합으로서 창조력을 창조력에 적용하여, 새로운 창조력을 창출하는 것이다. 간단한 예를 들어보자. 작곡자는 창조력을 발휘하여 창조력의 또 다른 표현인 가사에 곡을 붙인다. 그렇게 해서 만들어진 노래는 가수의 창조력의 일부가 된다. 결국 창조력 자체가 작업수단이기도 하고 작업대상이 되기도 하며 작업의 결과이기도 한 셈이다. 결론적으로 창조력은 생산요소이면서 동시에 생산수단이다. 그런데 창조력은 사람의 내면에 존재한다. 결국 역사상 최초로 사람의 외부가 아닌 내면에 존재하는 생산수단이 등장한 것이다.

　이렇듯 창조력은 가치 창출에 필수적인 생산수단을 포함하고 있다. 그렇기 때문에 창조력은 자본에 의존하지 않고도 독자적으로 가치를 창출할 수 있다. 과연 이러한 사실이 현실에서는 어떻게 나타나고 있을까?

　휴렛 팩커드, 애플, 구글 등 실리콘 밸리에서 성공 신화를 창조한 기업들에는 공통점이 하나 있다. 바로 창업 당시 차고에서 시작했다는 점이다. 이 점은 매우 중요한 의미를 갖고 있다. 즉, 자본에 의존하기보다는 지식과 감성, 상상력의 융합으로서 창조력에 주로 의지해 창업했음을 상징적으로 드러내는 것이다. 물론 이들 역시 많든 적든 자금이 필요하기 때문에 자본 투자를 유치했다. 그렇지만 자본은 전체 가치 창출에서 지극히 부차적인 위치에 있었다. 주도적 역할을 한 것은 단연 창조력이었던 것이다. 실제로 이들 기업에서 주식 지분 가운데 압도적으로 많은 부분을 차지한 이들은 창조력을 보유한 창업자들이었다.

한국에서도 자본에 의존하지 않고 창업을 하는 경우가 자주 발견된다. 뒤에서 자세히 소개하겠지만 소셜 커머스 분야의 대표 주자로 떠오른 티켓몬스터는 2010년 5명이 자본금 500만 원을 가지고 출발했다. 사실 500만 원이라는 돈은 자본이라고 말하기도 민망한 액수다. 아마 그 돈이 없었어도 창업자들은 다른 방식으로 문제를 해결했을 것이다.

오늘날 최소한의 공간과 기기를 보유하고 있으면 각종 소프트웨어와 콘텐츠를 개발할 수 있는 영역이 빠르게 늘고 있다. 이는 곧 창조력을 보유하고 있으면 생산 활동을 전개할 수 있는 여지가 그만큼 커지고 있음을 의미한다. 이러한 특성으로 인해 창조력은 비교적 쉽게 다른 생산요소를 확보할 수 있다.

벤처기업을 통해 확인할 수 있듯이 잠재적 가치가 풍부한 창조력을 지니고 있으면 투자 유치를 통해 자본을 확보할 수 있는 가능성도 매우 크다. 이를 바탕으로 필요한 노동력이나 다른 생산요소를 쉽게 확보할 수 있음은 두말할 나위가 없다. 창조력을 담보로 다른 생산요소를 확보하기가 갈수록 용이해지고 있는 것이다.

벤처기업인들 사이에서는 전문경영인을 영입하고 투자(자본 투자)를 유치한다는 표현이 일반화되어 있다. 이는 기존 자본주의 기업의 관행과 매우 다른 것이다. 자본주의 사회에서 전형적인 기업은 자본 형성으로부터 출발한다. 자본 소유주가 전문경영인을 임명한 뒤 사람을 고용하는 것이 일반적 순서다. 그런데 벤처기업에서는 그 순서가 거꾸로 되어 있는 것이다. 요컨대 자본 형성이 아니라 창조력을 보유한 사람이 그 출발점에 있다. 이는 창조력이 독자적인 가치 창출 능력을 바탕으로 필요한 생산요소들을 확보할 수 있음을 보여주는 단적인 증거라고 할 수 있다.

주제를 바꾸어서 주도적 생산요소의 세 번째 조건을 충족시키고 있는지 확인하기 위해 생산에 투입되는 총 가치 중에서 창조력이 얼마나 큰 비중을 차지하고 있는지 살펴보도록 하자.

앞서 우리는 지식사회가 도래하면서 지식을 기반으로 하는 산업이 빠르게 성장하고 있음을 확인했다. 육체노동에 의존했던 제조업조차도 지식 관련 분야를 중심으로 재편되는 경우가 크게 늘고 있다. 그런데 앞에서 살펴본 것처럼 감성의 비중이 빠르게 커지고 있는 가운데 상상력의 선도적 역할이 비약적으로 강화되고 있다. 이 모든 것은 총 가치 중에서 창조력의 비중이 급속히 증가하고 있음을 의미하는 것이다. 요컨대 '창조력 기반 경제'(혹은 간단히 줄여서 '창조경제')로의 전환이 빠른 속도로 이루어지고 있는 것이다. 이미 다수의 국가들은 창조력 기반 경제로 진입해 있는 상태라고 할 수 있다. 여러 통계자료는 이 점을 우회적으로 입증해준다.

미국의 경우 예산관리국의 추정에 따르면 2005년 기준 사적으로 소유된 상업적 건물과 생산설비의 가치는 13조 달러인 데 비해 사람과 그들의 관계 속에 내재되어 있는 가치로서 인적 자본의 가치는 48조 달러에 이르는 것으로 나타났다.* 또한 1995년 세계은행이 발표한 부의 지수(Wealth Index)에 따르면 부의 60퍼센트는 사회적 관계와 지식 등 인적 자본으로부터 나오고 있으며, 순수한 의미에서 자본이 기여하는 비중은 20퍼센트밖에 되지 않는다. 참고로 부의 나머

---

* 여경훈, 『해밀튼 프로젝트─니 맘대로 경제학을 넘어』, 새로운 사회를 여는 연구원, 2007.

지 20퍼센트를 차지하고 있는 것은 환경요소로 파악하고 있다.** 비슷한 맥락에서 노벨 경제학상 수상자인 개리 베커는 지금의 자본주의를 인적 자본주의로 부르면서 교육, 훈련, 기술, 건강 등과 관련된 산업의 총합이 현대 국부의 75퍼센트를 차지한다고 주장하기도 했다.***

이처럼 창조력은 주도적 생산요소가 되기 위한 세 가지 조건 모두를 충족하고 있다. 창조력은 명백히 새롭게 부상한 주도적 생산요소인 것이다. 이 사실이 의미하는 바는 매우 크다. 무엇보다도 오직 사람에게만 고유한 것으로서 다른 작업수단에 의해 대체되지 않는 창조력이 주도적 생산요소로 부상했다는 것은 사람이 온전한 의미에서 경제 활동의 중심에 서기 시작했음을 강하게 암시한다.

물론 과거에도 경제 활동의 주체로서 사람이 있었다. 그러나 산업 시대 자본주의 체제 아래서 사람은 인간성이 거세된 비인간화된 모습이었다. 자본가는 자본의 인격화된 존재에 불과했고, 노동자는 노동력을 지출하는 기계의 부속품으로 전락해 있었다. 그나마도 노동력은 끊임없이 기계에 의해 대체되어왔다. 이 모든 결과로 따스한 온기를 지닌 사람이 아니라 차가운 '재화'가 산업 시대 경제의 중심에 자리잡을 수밖에 없었다. 그러한 상황에서 감성을 구현하고 자유롭게 상상력을 발휘할 수 있는 여지는 거의 없었다. 지식조차도 극히 제한된 사람에게만 필요한 것이었다.

산업 시대 생산현장에서 가장 흔히 들을 수 있는 이야기들 속에는 이러한 상황이 집약적으로 투영되어 있었다. "잔머리 굴리지 말고 시키는 대로만 해라", "감정 내키는 대로 했다간 큰 코 다친다. 감

** 마저리 켈리 지음, 강현석 옮김, 『자본의 권리는 하늘이 내렸나』, 이소출판사, 2003, 187쪽.
*** 구본형, 『사람에게서 구하라』, 을유문화사, 2007, 109쪽.

정을 최대한 죽여라", "쓸데없는 공상에 시간을 낭비하지 마라", "주변 사람에게 마음 쓰지 말고 네 일이나 열심히 해라."

마찬가지로 근대 경제학은 재화의 생산과 유통, 분배에 초점을 맞추었다. 아울러 수치로 환산 가능한 요소들을 중심으로 이론을 정립했고, 이를 과학적인 것이라고 보았다. 반면 인간의 감성과 상상력이 개입하는 것을 극도로 경계했다. 감성과 상상력을 과학을 위협하는 주관적 요소로 간주한 것이다. 근대 경제학에서 사람의 체온을 느끼기가 어려웠던 것은 이러한 이유에서였다.

그런데 이제 지식으로 무장하고 감성을 구현하면서 상상력을 발휘하는 사람이 경제 활동의 중심에 서기 시작한 것이다. 역사상 최초로 인간의 내면에 존재하는 생산수단인 창조력이 주도적 생산요소로 떠오르면서 일어난 현상이다. 중요한 것은 창조력은 오직 사람 속에만 존재하며 다른 작업수단에 의해 대체될 수가 없다는 사실이다. 이는 곧 사람을 모든 것의 근본으로 삼는 새로운 사회가 열릴 가능성이 매우 크다는 것을 암시한다.

4. 지금은 역사적 과도기다

창조력이 새로운 주도적 생산요소로 부상하고 다수의 국가들이 창조력 기반 경제로 진입함에 따라 거시적 관점에서의 새로운 사고 틀이 생성된다. 이러한 사고 틀은 한결같이 앞으로의 논의에서 밑바탕을 이루는 것들이다. 그런 점에서 반드시 짚고 넘어가야 할 사항들이다.

먼저 우리는 지금 낡은 사회에서 새로운 사회로 넘어가는 역사적 과도기에 살고 있음이 드러난다. 또한 새로운 사회로의 이행은 과거 사회주의가 걸었던 길과는 확연히 다르다는 것이 분명해졌다. 아울러 새로운 국면에서의 변화는 피터 드러커가 지식사회론을 통해 설명했던 것보다 훨씬 폭이 넓다는 것이 드러난다.

낡은 껍질 속의 새로운 싹

앞서 우리는 첫 번째 이행의 법칙으로서 '주도적 생산요소를 지니고 있는 자가 궁극적으로 지배 권력을 행사한다'는 것을 확인한 바 있다. 그에 따르면 새로운 국면에서 지식과 감성, 상상력의 융합으로서 창조력을 지닌 사람들이 지배 권력을 행사해야 한다. 하지만 기업에 대한 지배권은 여전히 자본 소유로부터 발생하고 있다. 요컨대 자본주의 체제가 지속되고 있는 것이다. 한국의 재벌기업은 이 점을 극적으로 보여주고 있다. 재벌 총수들은 총 자기자본의 2~3퍼센트 정도를 소유한 '쥐꼬리 지분'만으로도 수십 개의 계열사를 쥐고 흔드는 '황제 경영'을 하고 있는 것이다. 그런 점에서 재벌 체제는 자본 소유를 기반으로 한 기업 지배력을 극대화한 경우라고 할 수 있다.

자본주의 체제가 지속되고 있다는 사실은 구시대를 지배한 낡은 질서가 잔존하고 있음을 의미한다. 그에 반해 자본이 아닌 창조력이 주도적 생산요소로 등장했다는 것은 미래를 이끌 요소가 현실의 한복판에서 폭넓게 생성되고 있음을 말해준다. 결국 구시대를 지배한 낡은 요소와 미래를 이끌 새로운 요소가 모순되게 착종되어 있는 것이다. 인적 자본과 인적 자본주의라는 표현 자체도 이를 반영한 것이라고 할 수 있다. 창조력이 주도적 생산요소로 부상한 점과 생산에 투입되는 모든 요소는 자본의 일부가 되는 자본주의 체제의 특성이 함께 반영되어 있기 때문이다.

이 모든 것은 지금 우리가 자본주의 체제에서 새로운 사회경제 체제로 넘어가는 역사적 과도기(혹은 이행기)를 살고 있음을 말해주는 것이다.

역사적 과도기는 낡은 질서 속에서 새로운 질서가 태동하는 시기다. 과도기라는 사실 자체가 근본적 변화가 일어나고 있음을 알리는 징표인 것이다. 그런 점에서 지금은 건설적으로 다음 국면을 준비하고 열어나가야 하는 때다. 우리가 자본주의 이후의 새로운 사회를 보다 적극적으로 탐색해야 하는 이유가 여기에 있다.

과도기에는 그 어느 때보다도 낡은 요소와 새로운 요소 사이의 모순이 격화될 수밖에 없다. 그렇다면 이러한 현상이 가장 첨예하게 일어나는 곳은 어디일까?

오늘날 사람의 창조력 발산을 가장 절실히 요구하는 곳은 기업이다. 그런데 사람은 스스로 권력의 주체가 될 때 창조력을 가장 풍부하게 발산할 수 있다. 오직 주인만이 창조를 하며 종은 주어진 일을 시키는 대로만 하기 때문이다. 따라서 기업이 창조력 발산을 극대화하자면 구성원 모두가 권력의 중심에 서는 수평적 조직문화 정착이 필수적이다. 하지만 자본 소유를 바탕으로 한 권력 독점이 가장 공고하게 구축되어 있는 곳 또한 기업이다. 낡은 권력구조가 사람의 창조력 발산을 억누르는 질곡으로 작용하고 있는 것이다. 결국 기업이야말로 과도기의 모순이 가장 첨예하게 형성되어 있는 곳임을 알 수 있다. 향후 기업의 운명은 이러한 모순을 어떻게 극복하고 지양하는가에 크게 좌우될 것이 분명하다. 당연히 주도적 생산요소인 창조력이 효과적으로 발산될 수 있도록 권력구조를 혁신하는 기업들이 최종적으로 살아남아 미래를 이끌 것이다.

그렇다면 기업 권력구조는 어떤 변화의 과정을 거칠 것인가. 과도기 동안 기업 권력구조는 비교적 점진적으로 변화할 것이며 그것은 주로 수평적 조직문화 정착을 위한 노력으로 나타날 것이다. 그러나 이러한 노력만으로 문제가 근본적으로 해결되지는 않을 것이다. 이와 관련해서 우리가 주목해야 할 것은 창조력 기반 경제에서는 고용·피고용 관계 자체가 모순일 수 있다는 점이다.

본디 고용·피고용 관계는 생산수단을 갖고 있지 못한 노동자가 자신의 노동력을 판매할 수밖에 없는 조건에서 발생한 것이다. 그런데 창조력 기반 경제에서는 갈수록 많은 사람들이 주도적 생산요소인 창조력을 보유함에 따라 자본에 의존하지 않고도 가치를 창출할수 있다. 굳이 노동력을 팔지 않아도 생존할 수 있는 것이다. 그런데도 창조력을 보유한 사람들 다수가 피고용자 위치에 있다. 이는 명백한 모순이다. 이로부터 기업 권력구조에서의 근본적인 변화는 고용·피고용 관계가 사라지는 조건에서 이루어질 수 있음을 예상할 수 있다.

기업 권력구조의 변화는 사회경제 체제 전반에 변화를 일으키는 원동력이 될 것이다. 요컨대 새로운 사회로의 이행에서 중심 무대를 이루는 곳은 바로 기업인 것이다. 이러한 기업 권력구조의 변화는 주로 경영혁명을 통해 이루진다. 그런 점에서 새로운 사회로의 이행은 정치혁명이나 사회혁명이 아닌 경영혁명의 성격을 강하게 띨 것이다. 이전 시기에 없었던 전혀 새로운 성격의 혁명이 다가오고 있는 것이다.

이러한 맥락에서 이 책은 주로 기업을 무대로 일어나는 변화에 초점을 맞추어 이야기를 풀어나갈 것이다. 미리 밝혀두자면 제3부와 제4부는 과도기에 일어나는 변화를 위주로 다룰 것이며, 상생의 인본주의 사회로 본격 진입하면서 일어나게 될 변화는 제5부에서 살펴볼 것이다.

왜 사회주의는 답이 아닌가

자본주의 모순이 심화되는 가운데 노동자 계급이 지속적으로 확장되었던 시기에 사회주의는 매우 유력한 대안이었다. 또한 현실 사회주의의 확장은 자본주의 체제의 혁신을 강제함으로써 총량적 관점에서 역사의 전진을 가져오기도 했다. 이 점에 대해서는 정당한 평가가 내려져야 마땅할 것이다. 아울러 여전히 사회주의 체제를 고수하고 있는 일부 나라들에 대해서는 그들 나름대로의 역사성을 충분히 고려해주어야 한다. 그렇지만 산업사회가 물러가고 창조력 기반 경제가 도래한 시점에 이르러서는 사회주의에 대해 근본적으로 재검토할 수밖에 없다.

근대 이후 등장한 사회주의의 조류는 기독교의 수많은 교파만큼이나 다양하기 그지없다. 그럼에도 '생산수단의 사회적 소유'(집단 소유), '계획적 생산', '평등한 분배' 등을 핵심 가치로 삼았다는 점에서는 기본적으로 일치한다. 중요한 것은 창조력 기반 경제에서는 위에서 제시한 사회주의의 핵심 가치들이 그대로 실현되기가 불가능하다는 사실이다. 먼저 가장 중요한 생산수단의 사회적 소유부터 살펴보도록 하자.

자본주의는 소수가 생산수단을 독점적으로 소유하고 이를 바탕으로 지배 권력을 행사한 사회였다. 사회주의는 이러한 자본주의 사회의 근본적인 모순은 생산수단의 사적 소유에 있다고 보고 사적 소유를 사회적 소유로 전환하는 것에서 해답을 찾았다. 문제는 창조력 기반 경제에 이르러 생산수단의 소유 양상이 사회주의자들이 전제했던 것과는 완전히 달라졌다는 데 있다.

창조력 기반 경제에서 가장 중요한 생산수단은 창조력이다. 창조력 자체가 주도적 생산요소이기 때문이다. 그런데 이러한 창조력은 수많은 개인들에게 체화되어 있다. 아울러 개인들 각자가 고유한 특성을 보일 수 있을 때 창조력은 가치를 발생시킨다. 기왕의 것을 답습하거나 다른 사람의 것을 모방하는 것으로는 가치를 제대로 창출할 수 없다. 이런 점에서 창조력은 그것을 지니고 있는 개인으로부터 결코 분리될 수 없다. 분리되는 순간 창조력은 가치 창출 능력을 상실한다. 결론적으로 창조력을 개인으로부터 분리시켜 사회적 소유(집단 소유)로 만드는 것은 불가능할 뿐만 아니라 바람직하지도 않은 것이다. 이는 창조력 기반 경제에서 사회주의의 핵심 가치인 생산수단의 사회적 소유가 더 이상 유효하지 않음을 말해주는 것이다.

그렇다면 창조력 기반 경제에서 생산수단의 소유구조는 어떤 식의 질적 변화를 겪을 것인가. 그에 대한 답은 지극히 단순 명료하다. 자본주의 사회에서 가장 중요한 생산수단인 자본은 소수만이 소유할 수 있었다. 그러나 창조력 기반 경제에서 가장 중요한 생산수단인 창조력은 궁극적으로 모든 개인에게 체화된다. 결국 생산수단의 소유구조는 사회주의에서처럼 '사적 소유에서 사회적 소유로 전환'하는 것이 아니라 '소수의 소유에서 다수의 소유로 전환'하는 것이다.

생산수단 소유구조의 상이한 변화는 또 다른 차이를 낳는다. 사회주의가 생산수단의 사적 소유를 사회적 소유로 전환하면서 필연적으로 개인 소유 재산에 대한 몰수가 뒤따랐다. 대표적으로 지주 소유의 토지와 자본가 소유의 공장은 대부분 무상으로 몰수되었다. 사회주의와 자본주의 사이에 첨예한 이념 대결이 벌어졌던 결정적 요인이 바로 여기에 있었다. 하지만 창조력 기반 경제에서 그러한 몰수는 불필요해진다. 가장 중요한 생산수단이 각자 모두에게 체화되어 있는 조건에서 굳이 몰수를 단행할 이유가 없기 때문이다. 그런 만큼 자산가 계급이라 하더라도 자본주의 이후 새로운 사회로의 이행을 너무 두려워할 필요가 없을 것이다.

그러면 사회주의의 또 다른 핵심 가치인 '계획적 생산'에 대해 살펴보자. 사회주의는 시장에서의 무정부적 경쟁이 자원 낭비와 비효율을 초래한다고 보고 계획적 생산을 옹호했다. 하지만 소련의 예에서 볼 수 있듯 도리어 중앙집권적 계획경제가 숱한 자원 낭비와 비효율을 초래했을 뿐이다. 그러한 계획경제마저도 이제는 더 이상 가능하지 않게 되었다. 창조력 기반 경제에서는 소품종 대량생산에서 다품종 소량생산으로 생산방식의 전환이 일반화되면서 제품의 종류가 무한히 많아지고 개별 제품의 수명 또한 짧아진다. 계획적 생산을 실시하기에는 생산과정이 너무 복잡해지는 것이다. 이러한 조건에서 다양한 경제 활동을 조절하고 통합시킬 수 있는 것은 오직 시장뿐이다. 시장경제는 선택의 여지가 없는 필수인 것이다.

마지막으로 평등한 분배에 대해 살펴보자. 다른 것과 달리 평등한 분배는 앞으로도 변함없이 추구해야 할 가치다. 하지만 사회주의에서의 그것과는 다르게 두 가지 지점에서 중요한 변화가 일어날 것으로 예상된다. 먼저 소득의 평등한 분배 못지않게 혹은 그 이상으로 권력의 평등한 분배가 중시될 것이다. 그럴 때 진정으로 평등한 관계가 형성될 수 있기 때문이다. 권력이 소수 엘리트에게로 집중되었던 사회주의와 확연히 달라지는 지점이다. 또한 결과의 평등보다는 공정한 경쟁을 통한 기회의 평등이 강조될 것으로 보인다. 창조력 기반 경제에서 사회구성원들은 평균화된 개인이 아니라 저마다 개성이 뚜렷한 독창적인 존재다. 그러한 조건에서만 개인들은 가치를 창출할수 있다. 이는 곧 개인의 노력과 그에 따른 보상의 차이가 필연적일수밖에 없음을 말해준다. 이 역시 '차이'를 부정적으로 보았던 사회주의와 크게 다른 지점이다.

지금까지 살펴본 것처럼 창조력 기반 경제에서 사회주의는 더 이상 답이 될 수 없다. 자본주의 이후 새로운 사회는 사회주의의 변형이 아닌 전혀 새로운 형태의 사회가 될 가능성이 매우 높다.

드러커와의 작별

다음 주제로 넘어가기에 앞서 짚어야 할 또 한 가지가 있다. 그동안 우리는 피터 드러커의 '지식사회론'에 의존하여 많은 부분을 설명해왔다. 어쩔 수 없이 기존 이론에 의지해 설명해야 하는 필자의 입장에서 드러커의 이론이 가장 적합한 것이라고 판단했기 때문이다. 그런 점에서 이 책은 여러모로 피터 드러커의 이론에 많은 빚을 지고 있다. 앞으로 다룰 내용 중에서도 드러커의 이론에서 단초를 찾은 경우가 많다. 그러나 이제 드러커의 지식사회론과 작별해야 할 때가 온 것 같다.

창조력 기반 경제에서 지식은 중요한 생산요소의 하나다. 하지만 지식만을 강조하거나 지나치게 지식 위주로 접근하는 것은 이미 하나의 편향으로 간주되고 있다. 앞서의 논의를 통해 확인했듯이 창조력 기반 경제에서는 지식과 감성이 균형과 조화를 이루는 것이 매우 중요하다. 무엇보다도 상상력을 앞세워야 하며 지식은 상상력에 의해 인도되면서 동시에 상상력을 현실화시키는 힘이 되어야 한다. 그럴 때 주도적 생산요소로서 창조력은 가장 강력한 힘을 발휘할 수 있다.

이러한 맥락에서 지식사회, 지식작업, 지식근로자 등 지식사회론을 구성하고 있는 주요 개념들은 창조력 기반 경제의 특성을 정확히 반영할 수가 없다. 사람들의 신념에 내면화시키는 것 또한 쉽지 않다. 자식사회는 분석의 대상이 될 수는 있어도 추구해야 할 가치를 담기에는 어려움이 많다. 따라서 앞으로 이 책에서는 지식사회와 관련된 개념들을 더 이상 사용하지 않을 것이다. 대신 새로운 주도적 생산요소로서 창조력에 근거한 새로운 개념들을 채택할 것이다.

그동안 소개했던 지식사회로의 전환은 창조력 기반 경제로의 전환에서 일어나는 현상의 일부를 표현한 것이다. 이는 곧 그간 지식사회론에 근거하여 설명했던 내용들은 창조력을 중심으로 전개되는 논의 속에 흡수·용해될 수 있음을 의미한다. 분리되거나 배치되는 것이 결코 아니라는 뜻이다.

5. 새로운 선진 계급

역사적 과도기에는 새로운 주도적 생산요소가 부상하면서 연쇄적인 변화를 촉발시킨다. 그중 하나로서 결코 빼놓을 수 없는 것이 새로운 선진 계급의 출현이다.

새로운 시대를 이끌어갈 생산 능력이 선진 생산력이다. 그러한 선진 생산력을 담당하는 계급이 바로 선진 계급이며, 선진 계급의 이해를 대변하는 것이 그 시대를 이끌어가는 선진 사상이다. 선진 계급은 선진 생산력의 발전과 함께 그 수가 빠르게 증가하면서 사회 변화를 주도할 수 있는 세력으로 성장한다.

근대 이후 첫 번째 선진 계급으로 등장한 것은 자본가 계급이었다. 자본가 계급은 시민혁명을 주도함으로써 역사를 전진시키는 주역이 되었다. 그러나 노동자들이 중심이 되어 유럽 대륙을 뒤흔들었던 '1848년 혁명'을 거치면서 자본가 계급은 급격히 보수화되었다. 이러한 조건에서 새로운 선진 계급으로 부상하면서 역사를 앞으로 밀고 나온 것은 노동자 계급이었다.

역사적 경험을 통해 알 수 있듯이 선진 계급의 등장과 함께 그들의 이해와 요구를 반영한 새로운 사상과 이념, 사회 체제가 창출된다. 자본가 계급이 등장하면서 자본주의 체제가 만들어졌고, 노동자계급을 기반으로 사회주의 체제가 등장한 것처럼 말이다. 그런데 창조력 기반 경제가 도래하면서 새로운 선진 계급이 출현하고 있다. 이는 곧 기존의 자본주의와 사회주의 모두를 뛰어넘는 새로운 사상과이념, 사회 체제의 등장이 불가피함을 예고하는 것이다. 당연히 자본가 계급과 노동자 계급이 각축전을 벌이며 펼쳐냈던 근대 사회는 종식을 고할 수밖에 없다.

노동자 계급의 본원적 한계

19세기에 활동을 한 카를 마르크스는 산업 시대의 선진 생산력은 제조 공장에 있다고 보았으며, 그곳의 생산 활동을 담당하는 노동자 계급을 선진 계급이라고 파악했다. 이를 기초로 마르크스는 노동자 계급의 이해를 반영한 선진 사상을 창조하기 위해 필생의 노력을 기울였다.

적어도 19세기 중반 이후부터 노동자 계급이 선진 계급으로서 역할을 해온 것은 상당 정도 사실이다. 민주주의의 발전 역시 주로 노동자의 몫이었다. 민주주의의 핵심 제도 중 하나인 보통선거제를 도입하기 위한 노동자 계급의 노력은 이를 잘 보여준다. 근대 민주주의가 가장 먼저 꽃피운 나라인 영국을 예로 들어보자.

19세기 초 영국에서는 공장주, 은행가, 법률가, 교수, 지주 등 일정 규모 이상 재산을 가진 사람만이 선거권과 피선거권을 행사할 수있었는데 그 수는 대략 10만 명 정도인 것으로 추산되었다. 노동자들은 이러한 선거제도를 바꾸기 위해 적극 투쟁했다. 차티스트운동(인민헌장운동)으로부터 출발한 노동자의 참정권 투쟁은 오랜 시간이 흐르면서 점차 결실을 맺을 수 있었다. 마침내 1928년 21세 이상 영국의 모든 남녀가 선거권을 갖게 됨으로써 보통선거제의 꿈이 이루어졌다.

복지정책의 확대 역시 기본적으로는 노동자 계급의 영향력이 확대된 결과였다. 독일의 비스마르크가 복지정책을 처음 도입한 직접적 계기도 점증하는 노동자들의 불만을 무마하기 위한 것이었다. 이후 유럽에서 복지국가의 틀을 마련하고 발전시켰던 세력도 대부분 노동자 계급을 정치적 기반으로 한 정당들이었다.

이렇듯 노동자 계급은 민주주의 발전과 복지정책의 확대에서 주도적 역할을 수행했다. 카를 마르크스가 노동자 계급을 선진 계급으로 파악한 것은 충분한 근거가 있었던 것이다. 그런데 마르크스가 노동자 계급에 건 기대는 민주주의 발전과 복지정책의 확대를 훨씬 넘어서는 것이었다. 마르크스는 노동자 계급이 자본주의 체제를 타파하고 사회주의 사회를 건설하는 데 주도적 역할을 할 것이라고 내다본 것이다. 이 같은 마르크스의 생각은 『공산당 선언』에 집약적으로 표현되어 있는데 그 요지는 이렇다.

부르주아지는 생산 확대를 통해 노동자의 수를 증대시킬 뿐만 아니라 큰 규모의 공장을 설립함으로써 노동자를 한곳으로 집중시킨다. 그리고 노동자를 기계의 부속품으로 전락시켜 그들 사이의 차이를 소멸시킴으로써 결국은 완벽한 위계질서 아래에 있는 거대한 군대로 변모시킨다. 이렇게 대규모로 조직되고 군대 식으로 훈련된 프롤레타리아는 때가 되면 부르주아 계급이 봉건제를 무너뜨렸던 바로 그 혁명의 무기를 활용하여 부르주아 사회를 무너뜨릴 것이다. 결국 부르주아지는 왕성한 생산 활동을 통해 자기 무덤을 파는 자들을 만들어낸 것에 다름 아니다.

그러나 마르크스가 확신했던 것과는 달리 노동자 계급은 스스로의 노력을 통해 자본주의를 넘어서는 데 상당한 한계를 보였다. 역사적 경험에 비추어보면 누구든지 현장으로부터 변화를 일구어냄과 동시에 직접 권력 행사의 주체가 될 때만이 그 성과를 온전하게 자신의 것으로 만들 수 있다. 그런데 노동자 계급은 자신이 발 딛고 있는 생산현장으로부터 자본주의 이후 새로운 사회로 나아갈 고리를 찾지 못했으며, 직접적인 권력 행사의 주체로 나서지도 못했다. 왜 이런 현상이 나타났던 것일까? 결론적으로 그것은 노동자 계급의 본원적인 한계로부터 비롯된 것이었다.

노동자가 생산현장에서 상황을 돌파하기 위해 동원할 수 있는 최후의 수단은 파업이다. 파업은 노동력의 판매를 일시적으로 중지하는 것이다. 그런데 바로 이 지점에 파업투쟁의 한계가 존재했다. 노동력 판매가 유일한 생계수단인 노동자 입장에서 노동력 판매를 영구히 중단할 수는 없었다. 노동자에게 '영구파업'이란 원천적으로 가능하지 않았던 것이다. 그렇기 때문에 파업투쟁은 종국에는 노동자가 다시금 자본주의 틀 안에 갇히는 것으로 귀결될 수밖에 없었다. 이는 곧 노동자 계급이 '자신의 힘을 기초로', '현장으로부터 출발하여' 새로운 사회를 열기에는 역부족이었음을 보여주는 것이다.

노동자 계급의 또 다른 본원적 한계는 정신노동과 육체노동의 분리였다. 노동자에게 요구되었던 것은 기계의 부속품으로서 근육 에너지의 지출을 단순 반복하는 것뿐이었다. 이러한 정신노동으로부터의 분리는 권력 행사에 필수적인 지적 훈련의 기회를 박탈했다. 노동자들이 선택할 수 있었던 것은 기계의 일부로 단순노동을 반복했던 것처럼 권력기구의 일부로 순응적 삶을 사는 것뿐이었다.

　이러한 본원적 한계는 생산수단을 보유하고 있지 못해 노동력을 팔아야만 생존할 수 있는 노동자 계급의 본질이 발현된 것이었다. 생산수단을 보유하고 있지 못하기 때문에 영구파업이 불가능했고, 피고용자로서 기계의 부속품이 되어야 했기 때문에 권력의 주체가 되는 데 필요한 지적 훈련을 받을 수 없었던 것이다. 그런 점에서 본원적 한계는 노동자 계급의 주체적 노력만으로 극복하기가 쉽지 않은 것이었다.

　노동자 계급의 본원적 한계는 결국 20세기 현실 사회주의를 통해 집중적으로 드러나고 말았다.

　먼저 사회주의 혁명은 노동자 계급이 자신들의 고유한 힘을 바탕으로 현장으로부터 일구어낸 것이 아니었다. 그것은 노동자 계급의 입장에서 보면 다분히 외적 요인이라고 할 수 있는 특수한 계기들이 작용하면서 이루어졌다. 제1차 세계대전의 후유증으로 인한 차르 체제의 붕괴(러시아 혁명), 제2차 세계대전 말기의 소련군 진주(동부유럽 혁명), 농민대중을 주된 기반으로 민족적 요구를 앞세웠던 게릴라전의 승리(중국 등 동아시아 혁명)가 바로 그에 해당했다.

　사회주의자들의 입장에서 이러한 과정은 당시의 객관적 조건에 비추어봤을 때 가장 과학적인 최선의 선택일 수 있었다. 문제는 그 결과로서 노동자 계급이 직접적으로 권력을 행사할 수 있는 여지가 더욱 적어졌다는 데 있었다. 결국 노동자 계급이 선택할 수 있는 것은 소수의 정치 엘리트들에게 권력을 집중시키고 그들에게 의존하여 문제를 해결하는 것뿐이었다. 그러나 이러한 선택은 시간이 흐르면서 거대한 관성을 낳았고 결국 노동자 계급은 상부의 결정만을 기다리는 조직순응형 인간으로 전락하고 말았다.

지금까지 살펴본 것처럼 노동자 계급은 본원적 한계로 인해 상당한 곡절을 겪어야 했다. 온전한 의미에서 자기 해방에는 이르지 못했다고 볼 수도 있다. 그러한 한계 속에서도 그들은 민주주의 발전과 복지의 확대를 위해 선도적 역할을 다해왔다. 총량적 관점에서 볼 때 노동자 계급이 역사의 진보에 기여한 바는 참으로 컸던 것이다. 이에 대해서는 가감 없이 평가해주어야 한다.

　그러나 이제 모든 것을 새롭게 생각해야 할 때가 되었다. 노동자 계급이 선진 계급으로서의 지위를 계속 유지하기 힘든 시기가 온 것이다. 무엇보다도 노동자 계급은 더 이상 선진 생산력을 담당하고 있지 않다. 선진 생산력을 품고 있는 곳은 창조력 기반 경제이며 그곳은 전혀 다른 계급이 담당하고 있다. 이러한 가운데 제조업의 축소와 함께 노동자 계급의 비중 또한 빠르게 줄어들고 있다. 선진 계급이 되기 위한 필수 요건이 사라져가고 있는 것이다.

　그렇다면 노동자 계급으로부터 바통을 넘겨받을 새로운 선진 계급의 정체는 무엇일까. 과연 그들은 노동자 계급의 본원적 한계를 뛰어넘을 수 있을 것인가.

창조자 계급의 출현

창조력 기반 경제에서 중심을 이루는 활동은 주도적 생산요소인 창조력을 발산하는 과정으로서 '창조작업'이다. 창조작업은 새로운 시대 선진 생산력을 발현하는 과정인 것이다. 창조작업은 창조력과 노동력의 관계에서 노동과 정반대다. 노동의 과정은 작업에 관한 지식 등에서 창조력의 도움을 받지만 가치를 창출하는 중심은 노동력이다. 반면 창조작업은 의사가 강도 높은 육체노동에 의존하듯이 노동력의 도움을 받지만 가치를 창출하는 중심은 창조력이다.

그렇다면 창조작업을 수행하는 주체를 어떻게 부를 것인가. 그들의 속성을 정확히 표현할 수 있는 단어는 딱 하나, '창조자'밖에 없다. 따라서 지금부터는 창조작업의 주체를 '창조자'라고 부를 것이다. 사실 그동안 사용한 지식근로자라는 용어는 창조자의 특성 가운데 일부를 표현한 것이다. 이는 창조자가 지식근로자보다 대상의 특성을 좀더 정확하게 표현하고 있음을 말해준다. 그런 만큼 앞서 지식근로자로 표현했던 것을 모두 창조자로 바꿀 것이다. 예컨대 신세대 지식근로자는 앞서 예고한 대로 신세대 창조자로 대체한다. 이로써 '창조력', '창조력 기반 경제'(창조경제), '창조자', 창조작업', 뒤에서 소개할 '창조운동' 등이 내적으로 연결된 하나의 개념군을 형성하기에 이르렀다.

창조력이 주도적 생산요소로 부상하면서 창조자가 급속히 확대될 것이며 궁극적으로 다수가 될 것이 분명하다. 그에 따라 미래 사회에서는 "당신은 무엇을 창조하는가?"가 가장 중요한 질문의 하나가 될 것이다. 뿐만 아니라 이들 창조자는 모든 방면에서 주도적 역할을 수행할 것이다. 창조력을 바탕으로 새로운 가치를 창출하는 것이 사회 활동의 중심을 이룰 것이기 때문이다.

창조자의 포괄 범위는 매우 넓다. 엔지니어, 디자이너, 프로그래머 등 사무전문직 종사자는 물론이고 전문경영인, 교사, 교수, 의사, 변호사, 작가, 문화예술인처럼 창조력을 바탕으로 가치를 창출하는 사람들 모두를 포함하는 개념인 것이다. 창조자는 무엇을 창조하느냐에 따라 다양한 그룹으로 나눌 수 있다. 문화예술 창조자, 지식 창조자, 교육 창조자(새로운 사람을 창조한다는 의미에서), 건강 창조자, 각종 서비스 창조자, 공간 창조자, 맛 창조자 등등. 이러한 창조 그룹은 갈수록 다양해질 것이며 그에 따라 창조자의 경계선은 지속적으로 확장될 것이다.

창조자의 직업이 다양한 것만큼이나 그들의 사회적 지위 또한 단일하지가 않다. 먼저 창조자의 상당수는 피고용자 신분을 갖고 있다. 현재 기업에서 그들의 법적 지위는 노동자와 크게 다르지 않다. 또 다른 창조자로서 전문경영인을 들 수 있는데 이들은 기업에서 고용인 입장에 있다. 이 밖에도 변호사, 회계사, 의사, 디자이너처럼 고용·피고용 관계에서 벗어나 독립적으로 활동하는 창조자들이 존재한다. 이 같은 유형의 창조자들은 매우 빠르게 증가하고 있으며 갈수록 그 비중이 커질 것으로 예상된다.

산업사회의 기준으로 보면 앞서 소개한 창조자들은 서로 다른 계급이다. 피고용인 신분의 창조자는 노동자 계급의 일원이다. 전문경영인은 자본가 계급에 속하며, 독립적으로 활동하는 창조자들은 소생산자 계급이다. 그런데 창조력이 주도적 생산요소로 부상한 창조력 기반 경제에 이르러 이들은 창조자라고 하는 하나의 계급으로 묶인다. 도대체 어떻게 해서 그러한 일이 가능한 것일까?

계급을 가르는 가장 중요한 기준은 생산수단의 소유 여부다. 자본주의 사회에서 가장 중요한 생산수단은 자본이다. 그에 따라 생산수단으로서 자본을 소유한 사람들은 자본가 계급이 되었다. 반면 자본을 소유하지 못한 상태에서 자본가에게 노동력을 팔아야 하는 사람들은 노동자 계급이 되었다. 그리고 소규모 자본을 소유하고 있으면서 직접 노동을 하는 사람들은 소생산자 계급이 되었다.

그런데 창조력 기반 경제에 이르러 가장 중요한 생산수단이 자본에서 창조력으로 바뀌었다. 이는 곧 가장 중요한 생산수단인 창조력의 소유에 따라 계급 관계가 변화할 수밖에 없음을 의미한다. 창조력을 보유하고 있는 사람들의 집합체로서 창조자가 하나의 계급으로 묶일 수 있는 결정적 근거가 바로 여기에 있다.

여기서 우리는 중요한 전제 하나를 확인할 수 있다. 즉, 창조자로서의 정체성은 계급이라는 사회적 관계 속에서만 획득될 수 있다는 사실이다. 요컨대 창조자는 '계급적 존재'인 것이다. 이는 자본가나 노동자의 경우에도 똑같이 적용되는 이야기다. 자본가나 노동자와 유사한 모습을 지닌 사람은 근대 이전에도 충분히 존재했다. 그러나 근대 이전에 자본가나 노동자가 존재했다고 이야기하는 사람은 없다. 자본가와 노동자 모두 근대 이후 산업화가 진행되면서 해당 계급의 형성과 함께 비로소 모습을 드러낼 수 있었다.

창조력 기반의 경제가 형성되기 이전의 사회에서도 지금의 창조자와 유사하게 전문적 지식과 감성, 상상력을 지닌 사람들이 상당수 존재했다. 그렇지만 지금 우리가 이야기하는 창조자는 존재하지 않았다. 과거에 창조력은 중요한 생산수단이 아니었고 그에 따라 창조자 계급이 형성되지 않았기 때문이다. 창조자는 오직 창조력 기반 경제를 기반으로 새롭게 형성된 계급이며 그러한 계급의 일원으로서만 존재할 수 있다. 계급이 형성되지 않은 조건에서는 아무리 창조자와 똑같은 모습을 하고 있더라도 그저 노동자나 자본가 혹은 자영업자일 뿐이다.

이러한 맥락에서 이 책에서 사용하는 창조자라는 용어는 통상적으로 사용하는 수사어가 아니라 하나의 계급과 그 구성원을 지칭하는 새로운 개념임을 재차 확인할 필요가 있다.

창조자는 다수가 대학을 나왔을 만큼 충분히 배웠고 새로운 시대의 가장 중요한 생산수단인 창조력을 보유하고 있다. 생산수단이 그들 안에 체화되어 있는 것이다. 그런 점에서 피고용자라 하더라도 배운 것 없고 가진 것 없어 노동력을 팔 수밖에 없었던 과거의 노동자 계급과 동일시하기는 힘들다. 새로운 계급으로서 창조자는 여러 가지 점에서 노동자 계급과 차이를 보여준다.

육체노동자가 주류였던 산업사회에서 기획, 관리 등 정신노동과 물건을 만들고 나르는 육체노동은 엄격하게 분리되었다. 기업 경영과 관련된 영역은 어디까지나 정신노동에 속하는 것이었고 그런 만큼 노동자가 경영에 대해 관심을 갖거나 관여할 여지가 별로 없었다. 그러나 창조자에 이르러 정신노동과 육체노동은 분리되지 않고 통합된다. 창조자는 자신이 맡고 있는 영역에 대해 종합적인 판단을 할 수 있어야 하고, 독자적으로 기획하고 관리할 수 있는 능력을 갖추지 않으면 안 된다. 즉, 창조자는 스스로 기획하고 관리하는 자율적 존재인 것이다. 이러한 특성으로 인해 창조자에게 기업 경영은 일상적 관심사이면서 함께 책임져야 할 영역으로 다가온다.

노동자와 창조자는 기계와의 관계에서도 정반대다. 산업사회에서의 노동은 대부분 기계가 사람의 동작과 형태, 속도를 결정했다. 사람이 기계의 하인으로서 기계에 봉사했던 것이다. 그러나 창조자가 수행하는 창조작업의 경우는 정반대로 사람이 기계의 움직임을 지배한다. 창조작업에서 가장 중요한 기기의 하나인 컴퓨터는 사람의 선택에 따라 프로그램이 작동한다. 컴퓨터가 알아서 움직이고 사람이 그에 맞추어 동작하는 경우는 없다. 컴퓨터 이외의 다른 기계들의 움직임 역시 작업자가 어떤 프로그램을 입력하는가에 따라 결정된다. 이는 창조작업의 경우 사람이 생산 활동의 중심에 서고 기계가 사람의 하인으로 봉사함을 의미한다.

이러한 특성으로 인해 기업 경영자들은 종전에 노동자를 대했던 것과는 확연히 다른 방식으로 창조자를 대할 수밖에 없다. 그동안 대부분의 기업에서는 노동자를 비용으로 간주해왔다. 경영자들이 구조조정을 끊임없이 단행해온 것은 바로 그 비용을 줄이기 위한 방편이었다. 그러나 창조자는 비용이 아니라 자산으로 간주해야 한다. 얼마나 뛰어난 능력을 지닌 창조자를 확보하는가에 의해 기업의 운명이 크게 좌우되기 때문이다.

그에 따라 기업 조직에서의 관계 또한 상당히 다르게 나타날 수밖에 없다. 기업 경영자들은 그동안 노동자를 주로 통제 대상으로 간주해왔다. 하지만 창조자는 협력적 관계에 있는 파트너로 받아들여야 한다. 그렇지 않으면 창조자들이 자신의 잠재력을 제대로 발휘할 수 없다.

창조자는 하나의 계급이면서 이전에 없던 전혀 새로운 계급이라는 사실은 분명하다. 하지만 현실에서 보여주는 그들의 모습은 결코 간단치가 않다. 무엇보다도 자본주의가 여전히 지배 질서로 자리잡고 있는 조건하에서 그로부터 강력한 규정을 받을 수밖에 없다. 단적으로 창조자들은 법적 지위가 노동자, 경영자, 자영업자 등으로 크게 갈리며 이해관계에서도 빈번하게 충돌을 빚고 있다.

그럼에도 우리가 창조자를 하나의 계급으로 간주하는 실천적 의미는 무엇일까. 창조자들은 기존의 자본주의 체제 안에 갇혀 있으면 분열하고 대립할 가능성이 높다. 창조자들은 자본주의를 뛰어넘거나 적어도 매우 높은 수준에서 혁신하고자 할 때 하나가 될 수 있다. 이는 충분히 가능한 일이기도 하다. 지배 권력이 주도적 생산요소를 지닌 창조자들에게로 이동하는 것은 역사의 필연이다. 더욱 중요한 것은 그 과정에서 전문경영인을 포함한 창조자들 모두가 함께 최상의 결과를 얻을 수 있다는 사실이다. 요컨대 창조자들은 권력의 이동에서 이해관계가 일치할 수밖에 없는 것이다. 이는 창조자들이 하나의 계급임을 입증하는 가장 본질적인 지점이다.

결론적으로 창조자들은 지금의 자본주의를 훌쩍 뛰어넘는 비전을 공유하고 실천할 때 비로소 자신들이 하나의 계급임을 확인할 수 있다. 아울러 그러한 조건에서 창조자들은 엄청난 시너지 효과를 발생시키면서 능히 새로운 시대를 이끌어갈 주축 세력으로 떠오를 수 있다.

새롭게 열리는 지평

창조자들이 새로운 선진 계급이라고 한다면 노동자 계급보다 진전된 무엇인가를 지니고 있어야 한다. 그럴 때만이 역사의 진보를 기약할 수 있다. 적어도 노동자 계급을 숙명처럼 얽어맸던 본원적 한계에서 탈피할 수 있어야 한다. 과연 가능한 일일까?

앞서 우리는 노동자 계급의 본원적 한계는 생산수단을 보유하고 있지 못해 노동력을 팔아야만 생존할 수 있는 그들의 숙명에서 기인한 것임을 확인한 바 있다. 그런 점에서 창조자 계급은 이미 노동자 계급의 본원적 한계를 뛰어넘고 있다. 주도적 생산요소이자 가장 중요한 생산수단인 창조력을 자신 안에 체화하고 있기 때문이다. 이들은 자본에 의존하지 않고 독자적으로 가치를 창출할 수 있는 능력이 있으며, 권력의 주체가 되는 데 필요한 지식도 갖추고 있는 것이다. 그럼으로써 창조자 계급은 궁극적으로 첫 번째 이행 법칙이 지시한 그대로 지배 권력을 행사하는 위치에 설 수 있다. 그렇다면 이러한 잠재력이 현실화되는 단초를 찾아보도록 하자.

창조력 기반 경제에서 가장 중요한 생산수단인 창조력이 창조자들 안에 체화되면서 창조자들은 점차 기업에서 절대적인 비중을 차지하기에 이르렀다. 갈수록 많은 기업이 창조자들이 보유한 창조력과 그들의 역할을 빼고 나면 남는 것이 별로 없는 상태가 된 것이다.

이러한 상황은 창조자들의 선택에 의해 기업의 운명이 결정적으로 좌우될 수 있음을 암시하는 것이다. 영국 런던의 광고 대행사 세인트 루쿠스의 탄생과정은 이 점을 극적으로 보여준다.

이 회사는 원래 치아트 데이의 런던 지사였는데 1995년 옴니콤에 매각하기로 결정이 내려졌다. 그간의 관례에 비추어볼 때 정리해고는 불을 보듯 뻔한 것이었다. 바로 그때 직원이었던 앤디 로와 그의 동료들은 반란을 결심했다. 고객들에게 일일이 전화를 걸어 협조를 구한 다음 일시에 회사를 떠난 것이다. 직원들과 고객들이 모두 떠나자 회사에는 책상 몇 개와 문서파일만 남게 되었다. 결국 이 회사는 옴니콤에 단돈 1달러에 매각되었고 옴니콤은 도리 없이 로와 그의 동료들에게 똑같이 1달러를 받고 회사를 재매각하지 않을 수 없었다. 회사를 인수한 로와 동료들은 이름을 세인트 루쿠스로 바꾼 뒤 모든 직원이 공동으로 소유하는 기업으로 만들었다. 경영 또한 모든 직원들의 협력을 바탕으로 자신들이 직접 책임졌다. 세인트 루쿠스는 현재까지 관련 업계에서 매우 잘나가는 회사로 손꼽히고 있다.*

세인트 루쿠스 사의 탄생과정은 창조자 계급의 잠재력과 그들의 선택 범위를 강하게 시사해준다.

앞서 이야기했듯이 노동자 계급은 자신의 힘을 기초로 현장으로부터 새로운 질서를 창출하기가 쉽지 않았다. 그런데 방금 전 소개한 앤디 로와 그의 동료들은 집단 퇴사를 통해 일시에 기존 기업을 무력화시킨 뒤 이를 접수했다. 그러고는 자신들이 원하는 새로운 형태의 기업을 만들었다. 여기서 확인되듯이 창조자들은 여차하면 집단 퇴

---

* 마저리 켈리 지음, 강현석 옮김, 『자본의 권리는 하늘이 내렸나』, 이소출판사, 2003, 101~102쪽.

사 형태의 '영구파업'을 감행할 수 있다. 그들은 자신들이 보유하고 있는 창조력을 바탕으로 독자적으로 창업할 수 있는 비상구가 있기 때문이다. 이는 창조자들이 자신들의 힘을 기초로 현장으로부터 새로운 질서를 창출할 수 있음을 보여준다.

세인트 루쿠스 사의 탄생과정이 보여주는 또 하나의 중요한 점은 앤디 로와 그의 동료들이 기업을 인수한 뒤 자신들이 직접 경영을 책임졌다는 사실이다. 다시 말해 직접 권력을 행사한 것이다. 이는 그들이 평소 자기 영역을 책임질 수 있을 정도의 능력이 있었기 때문에 가능한 일이었다. 여기서 우리는 창조자들이 직접 권력을 행사할 수 있을 만큼 충분한 지적 능력을 갖추고 있을 뿐만 아니라 평소 상당한 수준의 훈련과정을 거치고 있음을 알 수 있다.

결론적으로 창조자 계급은 자신들의 힘을 기초로 현장으로부터 새로운 질서를 창출할 수 있을 뿐만 아니라 직접 권력을 행사할 수 있는 조건을 갖추고 있다. 이 점에서 명확하게 노동자 계급의 본원적 한계를 뛰어넘고 있다. 앞서 확인한 대중의 자주적 문제 해결 능력이 비약적으로 높아진 것 역시 창조자 계급이 새로운 선진계급으로 부상하면서 빚어진 현상이라고 할 수 있다. 창조자 계급은 바로 이 같은 잠재력을 바탕으로 역사의 새로운 단계를 열어나갈 것이다. 아울러 그러한 창조자들의 도전은 서서히 일정에 오르고 있다.

신세대의 계급 정체성

그동안 신세대는 자신의 계급 정체성에 대해 상당한 혼란을 겪어야 했다. 신세대에게 당신은 노동자인가라고 질문하면 대부분은 애매한 입장을 취했다. 그렇다고 해서 자본가라고 생각하는 경우도 많지 않았다. 그러면 당신의 정체는 도대체 무엇이냐고 물으면 딱히 대답을 하지 못했다. 이렇듯 신세대는 근대 이후 자신의 계급적 정체성에 대해 정확히 파악하지 못한 첫 세대였다.

신세대가 자신의 계급 정체성에 대해 혼란을 겪은 이유는 매우 분명하다. 문제의 핵심은 신세대의 절대다수가 이전에 없었던 전혀 새로운 계급이라는 데 있었다. 디지털 문명 속에서 자라난 신세대는 절대다수가 창조자 계급에 속하는 역사상 최초의 세대였던 것이다. 신세대의 특성 중 상당 부분도 창조자 계급의 본성이 발현된 결과라고 할 수 있다.

신세대의 다수는 대학교육을 이수했을 정도로 높은 지적 능력을 지니고 있으며, 좋고 싫음을 위주로 판단할 만큼 감성을 중시한다. 또한 구시대의 이념에 결박되어 있는 기성세대에 비해 새로운 세계를 상상하는 데서 한층 자유롭다. 지식과 감성, 상상력의 융합으로서 창조력을 풍부하게 지니고 있는 것이다.

새로운 주도적 생산요소인 창조력을 체화하고 있다 보니 신세대의 대부분은 창업을 꿈꾸고 있다. 더욱 중요한 것은 신세대들은 창업을 꿈꾸면서 새로운 사회를 상상한다는 점이다. 그들은 창업을 통해 이전과는 다른 방식으로 기업을 경영함으로써 새로운 사회의 기초를 닦고자 하는 것이다. 이는 신세대 창조자들이 새로운 사회를 여는 선진 계급임을 입증하는 가장 중요한 징표다.

계급이 다르면 이해와 요구도 달라지고 지향하는 목표 또한 달라질 수밖에 없다. 궁극적으로는 새로운 사상과 이념, 사회 체제를 지향하게 된다. 당연히 절대다수가 새로운 계급 정체성을 갖고 있는 신세대들은 기성세대의 뒤에 줄을 서는 것이 아니라 자신들이 설정한 좌표를 향해 나아갈 것이다. 작금의 세대 갈등이 전례 없는 양상을 띠고 있는 본질적 이유도 여기에 있다. 신세대들이 유달리 심각한 심리적 고통에 시달리고 있는 것 역시 같은 맥락에서 이해할 수 있다. 요컨대 신세대의 속성과 지금의 사회 체제가 근본적으로 충돌을 빚고 있는 것이다.

그런데 이러한 신세대가 무대의 한복판으로 진입하여 정세를 주도하기 시작했다. 이는 곧 기성세대가 생각했던 것과는 사뭇 다른 방향으로 세상이 변화할 가능성이 매우 크다는 사실을 암시하는 것이다.

8장

문화예술을
닮아가는 경제

• 창조력 기반 경제로 진입하고 있음을 보여주는 징표는 매우 많다. 그중에서도 가장 분명한 것은 경제가 문화예술을 닮아가고 있다는 사실이다. 문화예술은 창조지수가 가장 높은 분야다. 문화예술인은 여러 가지 도구의 도움을 받지만 도구에 의해 좌우되지 않는다. 문화예술인은 자신이 갖고 있는 사물에 대한 지식과 감성, 상상력을 버무려서 새로운 작품을 창조한다. 요컨대 전적으로 창조력에 의지해 새로운 가치를 창출한다. 경제 활동 역시 이러한 특성이 매우 강해지고 있는 것이다.

경제가 문화예술을 닮아가고 있다는 사실을 입증하는 데는 복잡한 이론을 필요로 하지 않는다. 이미 많은 사람들에게는 매우 익숙한 것으로 다가와 있는 상태라고 할 수도 있다. 그 대표적인 지점으로서 세 가지를 들 수 있다. 첫째, 모든 문화예술 분야와 마찬가지로 경제 활동 역시 차이로부터 가치가 발생하고 있다. 둘째, 문화예술인처럼 일반 기업에서도 몰입을 통한 끼의 발산이 강조되고 있다. 셋째, 문화예술 활동과 직접 연관된 문화 콘텐츠 산업이 최고의 성장 동력으로 부상하고 있다.

경제가 문화예술을 닮아가면서 새로운 과제들이 파생하고 있다. 경제 활동 주체들이 문화예술인과 유사한 모습을 갖추어야 하는 경우가 늘고 있고, 문화예술인들의 처우를 개선함으로써 그들의 역할을 획기적으로 강화해야 하는 과제가 제기되고 있는 것이다. 말하자면 문화예술인이 새로운 시대의 표상으로 떠오르고 있는 셈이다. 앞으로 우리는 각각의 지점에서 이를 확인할 것이다. •

1. 차이로부터 가치가 발생한다

산업 시대에 문화예술과 경제는 확연히 다른 원리로 움직여왔다. 말하자면 문화예술과 경제는 완전히 다른 세계에 속해 있었던 것이다.

문화예술의 본질은 독창성에 있다. 유일무이성이 모든 문화예술 작품의 생명인 것이다. 기능적으로 아무리 뛰어나더라도 다른 작품을 모방한 것은 가치를 인정받지 못한다. 가령 최첨단 기술을 이용해 다빈치의 〈모나리자〉와 똑같은 작품을 만들었다고 해도 문화예술 작품으로서의 가치는 전혀 인정받지 못한다. 모든 문화예술의 가치는 차이로부터 비롯되었다. 달라도 무언가 달라야 하는 것이 문화예술이었던 것이다.

그러나 소품종 대량생산을 특징으로 했던 산업 시대의 경제는 그 양상이 전혀 달랐다. 제품은 규격화되었고 생산과정은 동일한 동작의 반복이었다. 노동자들은 군대의 규율 속에서 통일된 복장과 동작을 유지해야 했다. 이 같은 시대적 분위기 속에서는 '일사불란'이 최고의 가치였다. 서로의 차이를 드러내지 않는 것이 미덕이었다. 다르다는 것은 차별의 근거이자 '왕따'의 이유가 되었다.

그 당시 차이를 가장 부정적으로 대했던 사람들은 다름 아닌 사회주의자들이었다. 앞서 이야기했듯이 마르크스는 자본주의가 노동자를 기계의 부속품으로 전락시켜 그들 사이의 차이를 소멸시키는 것을 노동자 계급을 완벽한 위계질서 아래 있는 거대한 군대로 변모시킨다는 차원에서 매우 긍정적으로 파악했다. 이 같은 관점은 현실 사회주의의 등장과 함께 하나의 문화로 정착했다. 단적으로 사회주의 사회에서는 오랫동안 모든 사람들이 똑같은 스타일의 복장을 했다.

이처럼 산업 시대 문화예술과 경제는 '차이'를 둘러싸고 확연히 반대되는 입장을 갖고 있었다. 문화예술은 차이가 모든 가치를 창출하는 근원이었던 데 반해 경제에서는 가치 창출을 방해하는 부정적 요소였다. 그런데 탈산업사회로 넘어오면서 '차이'를 둘러싼 문화예술과 경제의 입장 차이가 크게 해소되었다.

디지털 문명에 기반을 둔 탈산업사회에서는 전통적인 제조업조차도 소품종 대량생산에서 다품종 소량생산으로 180도 바뀌었다. 갈수록 비중이 커져가는 문화 콘텐츠 산업은 문화예술의 특성을 액면 그대로 반영하고 있다. 나머지 산업은 이 둘 사이 어느 곳인가에 존재한다. 이는 곧 탈산업사회에서의 경제 활동이 다양성을 선호하고 차이로부터 발생하는 가치를 중시한다는 것을 의미한다.

차이로부터 가치가 발생한다는 사실은 별다른 개성도 없이 주어진 업무를 기계적으로 반복하는 사람은 가치를 창출하기 힘들다는 것을 말해준다. 이미 그런 사람은 기업에서조차 환영받지 못하는 처지가 되어버렸다. 이에 관해 구본형은 『익숙한 것과의 결별』에서 다음과 같이 말하고 있다.

만일 당신이 하는 일이 단순 반복적이고 누구든지 할 수 있는 일이라면 그 직무는 곧 없어지거나 다른 보다 경쟁력 있는 방법으로 대체될 것이다. 만일 오랫동안 그런 류의 직무가 없어지지 않고 남아 있다면, 경쟁력을 잃은 당신의 회사가 통째로 없어질 것이다. 당신은 결국 회사의 경영 혁신 과정에서 없어질 직무를 끌어안고 있다가 해고되거나, 개혁에 실패한 회사가 문을 닫게 될 때 다른 동료와 함께 실직할 것이다.[*]

* 구본형, 『익숙한 것과의 결별』, 을유문화사, 2009, 144쪽.

차이로부터 가치가 창출되는 시대 흐름에 맞추어 기업들은 갈수록 개성이 뚜렷한 사람들을 선호하고 있다. 다양한 개성을 지닌 사람들이 모여야 경쟁력 있고 색다른 가치가 창출될 수 있다고 보는 것이다. 신입사원 채용과정에서도 천편일률적인 스펙이 아닌 그 사람만의 고유한 스토리로 관심의 초점이 옮겨가고 있는 추세다.

그래서 성공적인 벤처기업을 일구어낸 어느 기업인은 "동질적인 사람들만 모여 있는 기업은 발전 가능성이 없다"고 잘라 말하기도 했다. 『서번트 리더십』의 주인공 시몬이 "직원회의에서 한 가지 사안에 대해 10명 모두가 동의 의사를 밝혔다면, 아마도 여러분들 중 9명은 이 회사에 불필요한 사람들일 것입니다"라고 말한 것 역시 같은 맥락에서 이해할 수 있다.

차이로부터 가치가 발생한다는 사실로부터 가장 직접적으로 영향을 받는 영역은 아무래도 자기계발일 수밖에 없다. 차이를 만드는 것으로 자기계발의 기본 방향을 설정해야 하기 때문이다.

지금 우리는 차이의 시대를 살고 있다. 차이를 드러내지 못하면 도태되고, 사회적으로 인정받기 위해서는 도리어 차이를 드러내야 하는 시대가 온 것이다. 따라서 다른 사람이 대체할 수 없는 나만의 색깔, 나만의 능력, 나만의 세계를 창조하고 구축하는 것이 매우 중요하다. 내가 이 세상에 존재하는 이유가 되며 동시에 내가 생존할 수 있는 바탕이 되는 나만의 독특한 그 무엇을 갖추어야 하는 것이다.

지구상의 70억 인구 중에서 나와 같은 지문을 가진 사람은 오직 나 하나뿐이듯이 자기만의 독특한 '온리 원'(only one)을 추구해야 한다. 그러자면 무턱대고 다른 사람을 따라해서는 안 되며, 다른 사람의 기준에 나를 맞추어서도 안 된다. 기성사회가 제시한 규격 속에 나를 억지로 끼워 넣으려고 해서는 더더욱 안 된다. 사실 그러한 기준이나 규격이라는 것은 시시각각 변화하는 것이라서 오늘 쓸모 있던 것도 내일이면 쓰레기로 전락할 가능성이 얼마든지 있기 때문이다. 그런 만큼 일률적인 요소를 없애고, 규격과 틀을 과감하게 깨면서 차이를 즐기는 것이 필요하다.

여기서 주의할 것이 있다. 차이가 있다고 해서 무조건 가치를 갖는 것은 아니라는 사실이다. 강변의 돌멩이가 단지 모양이 다르다고 해서 모두 가치 있는 것은 아니듯이 말이다. 오직 창의성에 뿌리를 둔 차이만이 사회적으로 가치를 인정받을 수 있다. 따라서 존재 가치가 있는 나를 만들자면 문화예술인들처럼 창의성을 고양시키기 위해 지속적인 노력을 기울여야 한다. 여기서 가장 중요한 것은 낯익은 것, 누구나 익숙한 것의 반복 속에서는 창의성이 고양되기 어렵다는 사실이다.

창의성을 고양시키려면 끊임없이 자신을 낯설게 해야 한다. 익숙한 것일수록 창의성을 가로막는다. 익숙한 것, 친숙한 사람들과의 만남에만 집착하면 매너리즘이라는 병에 걸린다. 따라서 매일 보는 친구가 아닌 낯선 사람들을 만나야 한다. 낯선 곳을 여행해야 하고 낯선 문제에 부딪쳐보아야 한다. 그럼으로써 끊임없이 나를 낯설게 하고 곤혹스럽게 만들어야 한다. 이런 낯섦과 곤혹스러움이 우리에게 새로운 문제를 던지고, 새로운 해법을 찾도록 하면서 독창성을 자극하고 고양시킨다.

IBM은 매우 좋은 사례다. IBM에서는 매년 업무 성적이 뛰어난 구성원들 중에서 상당수를 선발하여 세계 각국으로 자원봉사 활동을 떠나도록 한다. 이는 IBM의 브랜드 이미지를 제고하는 것뿐만 아니라 구성원들이 낯선 경험을 통해 사고의 폭을 넓히고 창의성을 키우는 데 크게 도움이 되기 때문이다.

이렇듯 창의성은 낯선 것에 대한 호기심, 새로운 세계를 향한 모험심 등이 있을 때 크게 고양될 수 있다. 그래서 많은 사람들이 다섯 살 아이의 관점에서 세상을 보기 위해 노력할 것을 강조해왔다. 아이의 마음은 모든 것에 대한 경이로움과 풍부한 상상력, 모험심으로 가득 차 있다. 낯선 것을 향해 열려 있고, 새로운 가능성에 대한 욕망으로 넘쳐난다. 자기 검열 없이 세계를 받아들일 줄 아는 다섯 살짜리 아이는 편견을 가진 어른이 흉내 낼 수 없는 방식으로 사물과 사태의 본질을 꿰뚫는다.

어린아이의 눈으로 사물을 볼 때 창의성의 꽃은 활짝 피어난다. 문화예술계의 천재들이 창의성에서 남다른 모습을 보여줄 수 있었던 것도 어린아이의 감수성을 체화하고 있었기 때문이다.

2. 몰입을 통한 끼의 발산

문화예술 활동은 보편적으로 작업자의 몰입을 필수적으로 요구한다. 몰입하지 않으면 제대로 된 결과를 낳을 수 없는 것이 문화예술 활동이다. 그런데 창조작업의 비중이 커지면서 기업에서도 몰입을 강조하는 정도가 갈수록 강해지고 있다. 아예 몰입경영을 캐치프레이즈로 내거는 경우도 있다. 뒤에서 다룰 기업의 조직문화 혁신도 상당 부분 몰입에 적합한 환경을 조성하는 것을 목적으로 하고 있다. 실제로 창조작업에서 몰입은 자주 목격할 수 있는 장면이다. 몰입할 때는 며칠을 집에 들어가지 않고 작업에 매달린다. 잠은 간이침대나 의자에서 잠깐 눈을 붙이는 것이 전부다. 식사도 모니터를 보면서 김밥과 컵라면으로 때우는 경우가 자주 있다. 그렇게 초인적인 힘으로 버티면서 의외의 결과를 낳기 위해 정신없이 빠져든다. 여기서 우리는 경제 활동이 문화예술을 닮아가고 있음을 입증하는 또 하나의 징표를 발견할 수 있다.

기업에서 몰입을 강조하는 현상은 산업사회와 비교해볼 때 매우 의미심장한 변화에 해당하는 것이다.

산업사회를 지배한 육체노동은 지루하고 고통스럽기 짝이 없는 것이었다. 그러한 육체노동에서 몰입을 기대하기는 매우 힘들었다. 한순간이라도 벗어나고 싶은 마음만 간절했을 뿐이다. 그러다 보니 육체노동은 엄격한 통제 시스템 아래서 진행될 수밖에 없었다. 그러한 상황에서 삶은 발산하는 것이 아니라 마모되는 것이며, 작업행위는 욕망의 이끌림이 아니라 외적인 강박에 의해 이루어지는 것이었다. 몰입한다는 것은 바로 이 지점에서 완전히 달라진다는 것을 의미한다.

몰입은 외부로부터 강제될 수 있는 성질의 것이 아니다. 몰입은 오직 자발적 열정에 의해서만 이루어질 수 있다. 몰입은 내면의 욕망에 이끌려 잠재된 에너지를 폭발시키는 과정인 것이다. 이러한 특성으로 인해 몰입은 삶과 경제 활동의 관계가 근본적으로 재정립되는 계기가 된다. 삶과 경제 활동의 관계가 문화예술인들에게서 나타나는 삶과 창작 활동의 관계처럼 변모할 수 있는 것이다.

몰입이 삶과 경제 활동의 관계를 어떻게 변모시킬지를 파악하자면 먼저 몰입의 본질과 그것을 가능하게 하는 요소가 무엇인지 밝힐 필요가 있다.

몰입한다는 것은 쉽게 풀이하면 그 무엇인가에 푹 빠져드는 것이다. 좀더 분명하게는 미치는 것이다. 그렇다면 미친다는 것은 무엇인가. 적당히 즐길 수 있을 만큼 해보고, 시간이 나면 해보고, 자신에게 도움이 되면 나서고 손해가 될 듯하면 물러서는 것은 결코 미치는 것이 아니다. 이것저것 꼬불쳐두고 다양한 여지를 남겨둔 채 그럼 '요것도 한번 해봐야지' 하는 것은 미치는 것이 아니다. 미친다는 것은 그 하나를 위해 나머지를 기꺼이 버리는 것을 의미한다. 미친다는 것은 자신의 일부가 아닌 전부를 바친다는 것이며, 그 결과에 관계없이 과정 자체를 즐기는 것이다.

몰입의 순간 사람의 내면세계에서는 창조적 에너지의 발산을 극대화하는 강력한 엔진이 작동한다. 과연 그 엔진의 정체는 무엇일까? 사람은 누구나 '끼'라는 것이 있다. 종류가 다르고 강도의 차이가 있으며 표현방식이 다를 뿐이지 끼는 누구에게나 있다. 사람들 내면에 깊숙이 깃들어 있으면서 무한한 열정과 창의력을 뿜어내는 초강력 엔진의 정체는 바로 '끼'인 것이다.

끼의 종류는 수도 없이 많은데 그중 '무당끼'라는 것이 있다. 신내림 현상을 겪으면서 무당이 된 사람들이 품고 있는 끼다. 민속학자인 주강현 교수는 자신의 저서인 『우리 문화의 수수께끼』에서 무당끼에 대해 흥미 있는 경험담을 소개하고 있다. 어느 날 모 미술대학 3학년인 여학생이 주 교수의 연구실을 찾아왔다. 그녀는 정체를 알수 없는 병을 앓고 있었다. 백방으로 병원을 다녀도 병명조차 알 수 없었으며, 끼니조차 거르면서 하루 종일 잠만 잔 지 벌써 여러 달째였다. 주 교수는 무슨 병인가 찬찬히 여학생의 얼굴을 뜯어보다가 깜짝 놀랐다. 눈에서 확실한 신기(神氣)가 내비쳤기 때문이었다. 그녀는 무병(巫病)을 앓고 있었던 것이다. 주 교수는 여학생에게 내림굿을 통해 무당이 되는 길밖에 없다고 권했다. 여학생은 처음에는 완강하게 거부했으나 결국 체념한 듯이 주 교수의 권유를 받아들였다. 주 교수는 여학생을 데리고 평소 알고 지내던 큰무당에게 갔다. 큰무당이 여학생에게 내뱉은 첫마디는 "왜 이제 왔어!"였다. 큰무당의 주재 아래 내림굿이 시작되자 여학생은 신기가 발동하여 날뛰기 시작했다. 입에 거품을 품고 나뒹굴더니 돌연 벌떡 일어나 단숨에 날카로운 작두 위로 올라갔다. 그것도 맨발로!

끼의 발산은 삶의 질을 규정짓는 결정적 요소의 하나다. 끼를 발산하지 못하면 삶이 무미건조해지고, 항상 무엇인가 빠진 듯이 허전해지기 쉽다. 반대로 끼를 발산하면 신바람이 나고 가슴이 뛴다. 흥분이 된다. 그래서 힘들어도 쉽게 포기하지 못한다. 사람은 자신의 끼대로 살 때 온갖 열정을 쏟아부으며 후회 없는 삶을 살 수 있는 것이다. 이를 뒷받침하는 예는 무수히 많다. 전 세계 배낭여행가의 사표가 된 오지여행가 한비야의 삶 또한 그중 하나다.

한비야는 어릴 적부터 세계일주를 꿈꾸어왔다. 마침내 남들이 부러워하는 좋은 직장을 그만두고 6년에 걸쳐 세계의 오지를 여행하는 대장정에 돌입했다. 그 과정에서 한비야는 세계 곳곳에 흩어져 살아가고 있는 난민들의 처참한 현실을 목격했고, 결국 국제난민구호 활동에 뛰어들 것을 결심했다. 한비야는 그 결심을 그대로 실행에 옮겼다. 하지만 국제난민구호 활동은 생각했던 것 이상으로 힘든 일이었다. 죽음의 문턱을 수도 없이 넘나들어야 했으며, 도망치고 싶은 심정이 들 때가 한두 번이 아니었다. 그러나 한비야는 결코 그 일을 그만둘 수가 없었다. 이유는 간단했다. 자신이 좋아서 선택한 것이었기 때문이다. 그에 대해 한비야는 『지도 밖으로 행군하라』에서 다음과 같이 이야기하고 있다.

'정말 힘들어 죽겠군. 무쇠로 만든 사람이라도 녹고 말겠어.' 이렇게 입이 '댓발'이나 나와 죽겠다고 아우성치면 내 안의 내가 곧바로 튀어

나와 이렇게 묻는다. '누가 시켰어? 그렇게 힘들면 그만두면 되잖아.' '아니 누가 그만두겠대? 말이 그렇다는 거지.' '그럼 왜 계속하고 싶은 건데?' 답은 아주 간단하다. 이 일이 내 가슴을 뛰게 하기 때문이다. 내 피를 끓게 하기 때문이다. 몸은 고생하지만 하고 싶던 일을 하고 있는 지금이 훨씬 행복하다.

오늘도 나에게 묻고 또 묻는다. 무엇이 나를 움직이는가? 가벼운 바람에도 성난 불꽃처럼 타오르는 내 열정의 정체는 무엇인가? 소진하고 소진했을지라도 남은 에너지를 기꺼이 쏟고 싶은 그 일은 무엇인가?*

지금까지 확인한 것처럼 사람은 몰입을 통해 마음껏 끼를 발산할 때 가장 높은 삶의 경지에 오를 수 있다. 몰입함으로써 무아의 경지에서 살아 있음의 희열을 느낄 수 있고, 존재의 깊은 심연에 가까이 다가갈 수 있는 것이다. 삶을 마모시키는 것이 아니라 발산시킬 수 있으며, 강박된 삶에서 벗어나 내면의 욕망에 이끌린 삶을 살 수 있다. 이와 함께 사람은 몰입을 통해 마음껏 끼를 발산할 때 최고 수준의 창조적 능력을 발휘할 수 있다. 바로 그 순간 사람의 끼는 경제발전을 위한 가장 강력한 에너지가 된다. 결국 사람들의 경제 활동이 몰입을 통해 끼를 발산하는 과정이 될 때 최상의 삶의 질과 최고의 생산성을 동시에 보장할 수 있는 것이다.

결론적으로 사람은 몰입함으로써 삶과 경제 활동의 관계를 문화예술인들의 삶과 창작 활동의 관계처럼 만들 수 있다. 말 그대로 삶과 경제 활동을 예술적으로 조화시킬 수 있는 것이다.

경제 활동이 몰입으로 이어지자면 끼대로 사는 것이 필수적이다.

---

* 한비야, 『지도 밖으로 행군하라』, 푸른숲, 2009.

그러자면 무엇보다도 자신의 끼를 발산시킬 수 있는 직업을 선택해야 한다. 그렇지 않으면 끼의 발산은 한낱 취미 활동에 국한되고 경제 활동은 삶을 마모시키는 과정으로 전락할 수밖에 없다. 이런 경우는 결코 끼대로 사는 것이라고 볼 수 없다. 끼대로 산다는 것은 문화예술인처럼 취미와 일 사이의 경계선을 없애는 것이다.

3. 최고의 성장 동력, 문화 콘텐츠 산업

문화예술과 불가분의 관계에 있는 문화 콘텐츠 산업이 최고의 성장 동력으로 부상하고 있다. 이는 곧 경제 전반이 문화예술을 중심으로 돌아갈 것이며, 문화예술인들이 새로운 경제 활동의 주역으로 떠오를 것임을 예고하는 것이다. 우리는 여기서 경제가 문화예술을 닮아가는 또 하나의 징표를 발견할 수 있다.

1997년 외환위기 이후 한국 정부가 새로운 성장 동력으로 집중 육성한 것은 IT산업이었다. 덕분에 IT산업은 그 어떤 산업보다 빠르게 성장했고 여러 한계에서 불구하고 한국 경제의 견인차 구실을 톡톡히 했다. IT산업이 이토록 빠르게 발전할 수 있었던 것은 이것이 사람들의 '라이프스타일'의 변화와 맞물렸기 때문이었다. 이 시기 컴퓨터 작업, 인터넷 접속, 모바일 사용 등 사람들의 일상생활 중 IT와 관련된 시간이 폭발적으로 증가했다. 전체 지출에서 차지하는 IT 관련 비중이 크게 늘어난 것은 두말할 필요도 없다.

이렇듯 IT산업은 그동안 한국 경제를 이끌어왔지만 그 스스로 획기적인 변화를 겪지 않으면 안 되는 시점에 와 있다. 무엇보다도 앞서 확인한 것처럼 하드웨어와 인프라에서 소프트웨어로 무게중심을 이동해야 한다. 그런데 소프트웨어와 불가분의 관계에 있는 것이 콘텐츠 생산이다. 콘텐츠 생산이 뒷받침되지 않으면 대부분의 소프트웨어는 무용지물로 전락하기 때문이다. 소프트웨어 산업과 콘텐츠 관련 산업이 함께 발전할 수밖에 없는 이유가 바로 여기에 있다.

콘텐츠 관련 산업 중에서 가장 빠르게 발전할 수 있는 것은 단연 문화 콘텐츠 산업이다. 이는 IT산업의 성장과 마찬가지로 예상되는 라이프스타일의 변화와 밀접한 관계가 있다. 앞으로 사람들의 시간과 비용 지출에서 가장 빠르게 증가할 부문은 문화 체험일 것이 분명하다. 삶의 질 또한 문화 체험을 얼마만큼 질 높고 풍부하게 하는가에 크게 의존할 것이다. 이는 곧 문화 콘텐츠에 대한 수요가 폭발적으로 증가할 것임을 예고하는 것에 다름 아니다.*

시야를 글로벌 시장으로 확대시키면 문화 콘텐츠 산업의 발전 가능성은 더욱 무궁무진해진다. 이미 한국의 문화 콘텐츠는 세계적으로도 그 가치를 인정받고 있다. 20세기 후반 세계를 지배했던 미국의 대중문화를 넘어설 강력한 대안으로 주목받고 있을 정도다. 글로벌 시장에서 한국의 문화 콘텐츠에 대한 잠재적 수요가 엄청난 것이다. 단적으로 『한국 IT산업의 멸망』의 저자 김인성은 폐쇄적이고 불편하기 짝이 없는 국내 전자상거래 시스템을 글로벌 환경에 맞게 개선하기만 해도 문화 콘텐츠의 매출을 최소한 열 배 이상 증가시킬 수

---

* 여기서 필수적 과제로 제기되는 것이 불법 복제를 근절하는 것이다. 현재 불법 복제는 위험 수위를 넘어서서 콘텐츠 유통 자체를 지배하기에 이르렀다. 여기서 분명히 해야 할 점은 불법 복제와 오픈 소스 운동은 성격이 전혀 다르다는 점이다. 불법 복제는 어디까지나 콘텐츠 산업을 죽이는 범죄행위일 뿐이다. 불법 복제의 반대편에서는 창작자들이 수입 감소로 굶주리고 있다. 그럼에도 수많은 사람들이 아무런 문제의식 없이 불법 복제를 일삼고 있다. 불법 복제 근절을 위해 다양한 제도와 기술적 수단을 동원할 수 있으나 그에 앞서 자발적 시민운동을 통해 의식 전환을 이루는 것이 급선무다.

있다고 말한다.**

　일부에서는 한류로 표현되는 문화 콘텐츠의 세계 무대로의 진출을 일부 스타들에 국한된 것으로 폄하하고 있다. 그런 측면이 전혀 없는 것은 아니다. 하지만 이는 문화 콘텐츠가 지닌 엄청난 잠재력을 제대로 이해하지 못한 탓이라고 할 수 있다. 문화 콘텐츠가 지닌 파급력은 자동차나 반도체의 그것과는 비교할 수 없이 크다. 거의 모든 산업에 영향을 미친다고 해도 과언이 아니다. 이런 점에서 갈수록 탄력을 받고 있는 '한류의 세계화'를 한층 전략적으로 이해할 필요가 있다.

　한국의 반도체와 자동차 산업이 세계 시장을 질주하기까지는 장기간에 걸친 막대한 투자가 있었다. 삼성은 무려 17년 동안이나 적자 행진을 거듭하면서 반도체 산업에 자금을 쏟아부었다. 마찬가지다. 문화 콘텐츠 산업이 미래에 사람들을 먹여 살릴 중추 산업이 되려면 지금부터 적극적으로 투자해야 한다. 문화 콘텐츠 산업의 특성상 그것은 사람, 즉 문화예술인들에 대한 투자를 의미한다.

　한국 사회에서 문화예술인들의 대부분은 극도로 열악한 삶을 살고 있다. 연극·영화계 스태프 중에는 한 달에 몇십만 원으로 사는 사람들이 수두룩하다. 한국에서 디자인학과를 졸업하고 뉴욕에서 패션 디자인 스쿨을 수료한 사람조차 어시스턴트(Assistant, 비정규 보조직)로서 주 80시간 이상을 일해도 겨우 30만 원 남짓 받을 정도다. 차라리 중·고등학교만 나와 공장에 취직해서 일찍부터 노동자의 삶을 산 사람들이 이들보다 나은 형편이다. 사정이 이러하다 보니 중도에 꿈을 접고 다른 직업을 선택하는 경우도 비일비재하다. 짙은 절망의 그

**　김인성, 『한국 IT산업의 멸망』, 북하우스, 2011, 63쪽.

림자가 문화예술인들의 삶을 뒤덮고 있는 것이다.

이러한 상황을 타개하자면 무엇보다도 문화예술인들이 최소한의 삶을 보장받으면서 본연의 활동에 전념할 수 있도록 사회안전망이 구축돼야 한다. 근로자로서의 법적 권리를 누릴 수 있도록 하는 것은 물론 프랑스에서처럼 일정 기간 실업급여를 지급하는 등 다양한 제도적 방안이 모색되어야 할 것이다. 문화예술 관련 사회적 기업을 적극적으로 육성하는 것도 하나의 방안이 될 수 있다.

기업들 또한 더욱 적극적으로 문화예술인들을 끌어안아야 한다. 앞으로 모든 산업에서 감성과 상상력이 생산성을 좌우하는 정도가 더욱 커질 것이다. 이 지점에서 우월한 위치를 차지하려면 문화예술인들을 인적 자원으로 충분히 확보하고 있어야 한다. 문화예술인들은 그 누구보다도 감성과 상상력을 풍부하게 보유하고 있기 때문에 미래가치가 매우 높은 인적 자원인 것이다.

지난날 한국 경제의 성장과정에서 뚜렷이 확인되듯이 사람에 대한 투자가 최선의 결과를 낳는다. 그러한 투자가 이제는 문화예술인들을 향해 이루어져야 하는 것이다. 문화예술인들에 대한 투자를 바탕으로 문화 콘텐츠 산업이 융성하고 중추적인 산업으로 자리잡으면 연쇄적인 파급효과가 발생할 수 있다. 그에 따라 능히 끼대로 살 수 있는 사회적 환경이 마련될 수 있을 것이다. 당연히 그러한 환경 속에서 거침없는 끼의 발산은 경제발전의 가장 강력한 원동력이 된다.

9장

새로운 종으로
진화하는 기업

• 이제 제3부의 결론을 내려야 할 순서가 되었다. 즉, 창조력이 주도적 생산요소로 부상한 시기에 '주도적 생산요소를 지닌 자가 지배 권력을 행사한다'는 첫 번째 이행의 법칙이 구체적으로 어떻게 관철되는지 살펴봐야 하는 것이다. 이를 통해 우리는 새로운 사회로의 이행 경로를 좀더 구체적으로 밝힐 수 있을 것이다.

지금 우리는 창조력이 주도적 생산요소로 부상했지만 지배 권력은 여전히 자본 소유로부터 발생하는 역사적 과도기를 통과하고 있다. 앞서도 이야기했지만 과도기의 모순이 가장 첨예하게 집약되어 있는 곳은 기업이다. 기업 내부의 모순을 어떻게 해결할 것인지가 새로운 사회로의 이행에서 관건인 것이다.

기업 권력구조의 모순이 어떤 방향으로 해결되어야 하는지는 매우 분명하다. 창조력을 바탕으로 가치를 창출하는 창조자는 직접 권력을 행사할 수 있는 조건에서 에너지 발산을 극대화할 수 있다. 이렇다 할 권력도 없이 주어진 업무를 단순 반복하는 순응적 환경에서는 제대로 가치를 생산할 수 없다. 자본 소유에 기초한 권력 독점에서 탈피하여 기업 구성원 모두가 권력의 중심에 서는 수평적 조직문화로 전환할 때 최상의 결과를 낳을 수 있는 것이다. 이는 기업 권력의 주된 원천이 자본 소유에서 창조력을 지닌 사람으로 바뀌는 것을 의미한다. 이로부터 자본주의 이후 새로운 사회는 사람을 모든 것의 근본으로 삼는 인본주의 사회이며, 인본주의 사회로 나아가는 중심 고리는 기업에서의 '수평적 조직문화의 정착'임이 밝혀진다. •

1. 그 무엇보다 사람이 먼저다

창조작업이 중심인 기업의 경영자들 중에서 혁신의 첨단을 걷는 경우는 대체로 돈이나 일이 아니라 사람을 우선하는 것을 가장 중요한 원칙으로 삼고 있다. 그들은 조직문화 혁신과 관련된 나머지 이야기들은 모두가 이 원칙에 뿌리를 둔 것이라고 믿고 있다. 이 원칙을 포기하면 그 어떤 노력을 기울이더라도 목표 지점에 도달할 수 없다는 것이다.

그 무엇보다 사람을 우선해야 한다는 이야기는 사람이 모든 가치를 창출하고 생산성을 좌우하는 시대에 너무나 당연한 이야기로 들릴 수도 있다. 하지만 현실을 돌아보면 문제가 결코 간단치 않음을 알 수 있다. 경영자들 중에는 돈을 벌어야 한다는 강박관념에 사로잡혀 돈벌이가 되는 아이템을 찾는 데 골몰하는 경우가 매우 많다. 그러다가 적당한 아이템을 찾아내면 그에 맞게 사람을 배치하고 움직인다. 사고가 '돈→일→사람'의 순서대로 진행되는 것이다.

혁신적 경영자들은 바로 이 지점에서 정반대의 사고를 하고 있다. 그들에게는 사람이 가장 먼저고 그다음이 일이며 돈은 마지막이다. 간단히 말해서 혁신적 경영자들이 가장 우선하는 것은 유능한 인재를 발굴하고 키우는 일이다. 그러다 보면 유능한 인재들로부터 사업 아이템은 저절로 쏟아져 나오기 마련이며 뒤이어 돈도 자연스럽게 벌린다는 것이 혁신적 경영자들의 생각이다.

화살을 쏜 다음 과녁을 그리라는 이야기가 있다. 보통은 과녁을 먼저 그린 다음 거기에 맞추어 화살을 쏜다. 이는 일의 목표를 정하고 그에 맞게 사람을 움직이는 것을 의미한다. 그런데 혁신적 경영자들은 정반대로 접근하는 것이다. 요컨대 재능 있는 사람을 선택한 다음 그 사람이 정말 잘할 수 있는 일을 찾아내서 그것을 목표로 삼는다. 그럴 때 최상의 결과가 나올 수 있다는 것이다.

사람을 모든 것에 우선해야 한다는 것은 경영실적을 통해서도 충분히 입증되고 있다. 경영 컨설턴트인 키스 맥팔랜드는 미국에서 15년 이상 시장 평균의 3배에서 15배까지 매출이 급성장한 기업들을 조사한 바 있다. 그 결과 빠른 성장의 비결은 탄탄한 자금력이나 현란한 기술에 있는 것이 아니라 철저하게 사람을 우선한 데 있음을 확인할 수 있었다. 사람이 있고 나서야 돈과 기술도 의미가 있었던 것이다.*

그래서 국내 모 대기업의 최고경영자는 '경영의 60퍼센트는 인사'라고 말하기도 했다. 머릿속에는 늘 구체적인 사람의 모습이 어른거려야 한다는 것이다. 『좋은 기업을 넘어 위대한 기업으로』의 저자 짐 콜린스 또한 좋은 기업이 위대한 기업이 되는 핵심 요소는 사람을 적재적소에 배치하는 것이라고 말했다. 모두가 사람을 중심으로 사고하고 실천해야 한다는 것을 강조하는 말이라고 할 수 있다.

기업 경영 차원에서 사람을 모든 것에 우선하다 보면 매우 중요한 질적 변화가 일어난다.

산업사회에서 주요 생산요소는 자본과 노동이다. 자본주의 사회에서는 그중에서도 자본이 주도적 생산요소의 지위를 가졌다. 노동력은 자본이 시장에서 구입해 재생산과정에 투입하는 재화의 일부로서, 모든 시장교환이 그러하듯이 판매되는 순간부터 구매자인 자본가의 처분에 맡겨졌다. 실제로 노동의 과정은 엄격한 관리와 통제 아래서 진행되었다. 그런 만큼 노동자가 자율적이고 독립적인 존재가 될 수 있는 여지는 거의 없었다. 자본주의 사회에서 노동자를 가리켜

---

* 신현만, 「돈과 기술보다 사람이 우선이다」, 『중앙SUNDAY』, 2009. 7. 26.

'임금노예'라 부른 것은 이러한 맥락에서였다. 근대 이후 신분 차별이 사라지고 정치적 자유가 신장되었지만 기업의 세계에서 노동자는 여전히 쇠고랑을 차고 있었던 것이다. 창조작업에서 사람을 모든 것에 우선한다는 것은 바로 이 지점에서 질적 변화가 일어나야 한다는 것을 의미한다.

자본가가 노동력을 구매할 때는 항상 재화와 서비스 생산이라는 일이 먼저 정해져 있었다. 자본가는 정해져 있는 바로 그 일에 노동력을 투입했다. 노동자가 어떤 사람인가에 따라 일의 목표가 달라지는 경우는 없었다. 하지만 창조작업은 앞서 살펴본 것처럼 일이 아닌 사람으로부터 출발해야 한다. 사람이 먼저 있고 그가 잘할 수 있는 것을 일로 삼아야 하는 것이다. 그런데 그가 무언가를 잘할 수 있다는 것은 그의 내면세계에 그 어떤 능력이 존재함을 의미한다. 더욱 깊숙이 들어가면 그가 품고 있는 끼와 연관이 있을 수 있다. 창조작업에서는 이렇듯 재화와 서비스 생산이라는 외적 요구가 아니라 사람의 내면세계로부터 출발하여 모든 것이 결정된다. 이 사실은 창조작업의 주체가 어디로부터 통제를 받아야 하는지를 밝혀주는 근거가 된다.

자본주의 사회에서 노동은 외부의 강제적 힘에 의해 통제되었다. 그러나 창조작업은 작업 주체의 내적 요인에 의해 통제될 수밖에 없다. 내적 요인이 요구하는 대로 움직여야 하는 것이다. 그럴 때만이 창조작업은 성과를 낼 수 있기 때문이다. 이러한 점에서 창조작업을 수행하는 창조자는 자율적이고 독립적인 존재로서 '자유인'을 지향한다. 이는 곧 자본주의 제도가 낳은 임금노예로부터의 탈피를 의미하는 것이다. 참고로 한자어 자유(自由)는 자신으로부터 비롯된다는 의미를 갖고 있다. 내적 요구에 의해 통제되는 상태가 바로 자유인 것이다.

임금노예냐 자유인이냐 바로 이 점이야말로 기업이 자본주의에서 벗어나 인본주의 사회로 나아가는 도정에서 일어나는 매우 중요한 질적 변화라고 할 수 있다. 비록 임금노예의 상태에서 완전히 벗어나 자유인으로 우뚝 서기까지는 상당한 시간이 걸리겠지만 변화의 방향은 분명하다.

이렇게 하여 만들어지는 일련의 변화는 역사적으로 보더라도 매우 의미심장한 것이다. 자본주의 체제 아래서 기업은 임금노예를 기반으로 움직여왔다는 점에서 자유의 왕국에 존재하는 내부의 식민지나 다름없었다. 그러므로 창조자들이 자유인의 길을 걷는다는 것은 또 다른 의미에서의 식민지 해방투쟁을 전개하는 것과 같다. 이는 자유의 역사에서 새로운 지평을 여는 것이다.

2. 사라지는 일과 놀이의 경계선

위대한 예술가 레오나르도 다빈치는 이렇게 말했다. "일이 즐거우면 천국이요, 의무이면 지옥이다." 일이야말로 삶의 질을 결정하는 핵심적 요소라는 것이다. 그렇다면 기업이 새로운 종으로 진화하는 과정에서 일은 과연 어떤 변화를 겪을 것인가? 이를 통해서 우리는 기업의 조직문화가 어떤 방향으로 혁신되어야 하는지를 좀더 분명하게 확인할 수 있다.

단순동작을 반복했던 산업사회의 육체노동은 지루하기 짝이 없었다. 그렇기 때문에 애초부터 자발적 열정을 기대하기 어려웠다. 산업사회의 노동은 기본적으로 타율적 강제가 불가피했던 것이다.* 그리하여 자본주의 사회에서의 육체노동은 엄격한 감시·감독을 바탕으로 진행되었고 그 속에서 노동자는 기계의 움직임에 맞추어 정해진 동작을 반복해야 했다. 그렇지 않으면 자칫 쫓겨날 수도 있었다. 그 시절 기업의 중간 간부들을 일반적으로 관리자 혹은 감독관으로 불렀던 것도 이러한 사정을 반영한 것이다. 이들 중간 간부들 역시 사람이란 틈을 주면 딴짓을 한다고 사고했고, 두 눈 부릅뜨고 감시하는 것이 자신들의 임무라고 여겼다.

하지만 창조작업은 감시·감독 자체가 원천적으로 가능하지 않다. 컴퓨터 앞에서 모니터를 보고 키보드를 두드린다고 해서 그 사람이 제대로 작업하고 있다고 장담할 수는 없다. 그 사람의 머릿속에서 어떤 생각이 떠오르고 있는지 알 수가 없기 때문이다. 도리어 창조작업은 감시·감독이 없는 자유분방한 분위기에서 제대로 이루어질 수 있다. 감시·감독은 작업에 몰입하는 것을 방해할 뿐이다.

"이 친구들 회사가 놀이터인 줄 아나?", "잘 놀고들 있구먼!", "저 친구는 일을 하는 건지 노는 건지 도통 구분이 안 된단 말이야." 산업 시대에 직장상사가 이런 말을 했다면 당연히 심한 꾸지람에 해당한다. 하지만 창조작업을 하는 사람들에게 이런 말은 칭찬이 된다. 창조작업은 놀듯이 일을 할 때 제대로 몰입할 수 있기 때문이다. 놀

---

* 바로 이 지점에서 20세기 사회주의 국가들은 심각한 딜레마에 시달려야 했다. 대체로 사회주의 건설 초기에는 절대빈곤으로부터 벗어나고자 하는 열정이 높은 생산성을 낳았다. 그러나 초기의 열정이 사라지면 양상이 크게 달라졌다. 산업사회 육체노동의 특성상 엄격한 통제가 불가피했는데도 노동자 세상을 표방한 사회주의 국가에서는 그것이 쉽지 않았다. 결국 느슨한 통제는 생산성 저하로 이어지고 말았다. 반면 같은 시기 자본주의는 관리와 통제의 고도화를 통해 노동생산성 혁명을 이끌어냈다. 결과는 체제 경쟁에서 사회주의의 완패로 나타났다. 이러한 맥락에서 볼 때 같은 산업사회라고 하더라도 자본주의와 사회주의에서는 육체노동의 전개 양상이 상당히 달랐음을 알 수 있다.

이를 할 때처럼 강한 호기심과 흥미를 느끼면서 자유롭게 도전하고 실험할 수 있을 때 몰입이 가능한 것이다. 그래서 창조작업에서는 궁극적으로 놀이와 일의 경계선이 사라진다.

앞서 소개했던 미국의 구글과 페이스북, 한국의 SK컴즈 사례에서 볼 수 있듯 이미 많은 기업에서 놀이터와 같은 분위기가 형성되어 있다. 일부 기업에서 낮잠을 잘 수 있는 공간을 만들고, 누워서 회의를 하는 것 역시 놀이터 같은 직장을 만들기 위한 노력의 일환이라고 할 수 있다. 중요한 것은 그러한 분위기가 높은 생산성으로 이어지고 있다는 사실이다. 창조작업은 놀듯이 일을 해야 최상의 결과를 낳는다는 것을 생생하게 입증하고 있는 것이다.

지금 우리는 경제가 점점 더 문화예술을 닮아가는 시대를 살고 있다. 그에 따라 두 영역의 작업 양상 또한 비슷해져가고 있다. 문화예술인들은 그 어떤 격식에도 얽매이지 않는다. 그들은 가장 자유분방한 조건 속에서 열정을 갖고 몰입한다. 그들에게 일과 취미, 일과 놀이의 경계선은 애초부터 존재하지 않는다. 문화예술인들이야말로 진정한 자유인의 표상인 것이다. 그런데 창조작업이 바로 이러한 문화예술인들의 창작 활동을 닮아가고 있다. 이는 창조작업의 주체인 창조자들이 자유인으로 진화하고 있음을 입증하는 강력한 징표이기도 하다.

앞서 확인했듯이 신세대 창조자들이 기존 기업의 조직문화에 적응하는 것이 아니라 기업이 신세대 창조자들에게 적응해야 한다. 이는 곧 기업의 조직문화 혁신은 기업이 신세대 창조자의 특성에 적응하는 과정과 일치함을 의미한다. 그런데 앞서 N세대의 특징 중 하나로서 일과 놀이를 구분하지 않는다는 점을 확인했다. 그리고 N세대가 주도하는 직장에서는 그러한 특성이 액면 그대로 표출되고 있음을 확인했다. 결론적으로 놀이터 같은 직장 분위기가 만들어질 때 신세대 창조자들은 신나게 뛰어놀면서 자신의 에너지를 마음껏 발산할 수 있는 것이다.

바로 여기서 우리는 문화예술과 창조작업, 신세대 창조자들은 서로 코드가 절묘하게 일치함을 알 수 있다. 이는 곧 신세대 창조자들은 경제와 문화예술이 닮아가는 시대에 창조작업을 주도할 풍부한 잠재력을 지니고 있음을 말해준다. 이러한 맥락에서 지금부터는 신세대 창조자들의 장점을 최대한 살리는 것에 초점을 맞추어 기업의 조직문화 혁신을 다루고자 한다.

3. 수평적 조직문화의 정착

이제 이번 장의 중심 주제인 수평적 조직문화의 정착에 대해 살펴볼 차례다. 이와 관련해서 먼저 짚어봐야 할 것은 기업의 수평적 조직문화 정착의 원칙과 그것을 가능하도록 하는 조건이다.

기업에서의 수평적 조직문화 정착은 단순한 조직 형식의 변화를 의미하지 않는다. 수평적 조직문화 정착의 본질은 권력구조의 근본적 변화에 있다. 다시 말해 자본 소유주에게 집중되어 있던 권력이 구성원들에게 골고루 분배되는 것이 수평적 조직문화 정착인 것이다. 그렇기 때문에 수평적 조직문화 정착은 결코 만만치 않은 과제다. 과연 이러한 수평적 조직문화 정착은 어떤 원칙에 입각해서 이루어져야 하며 또한 그것을 가능하게 하는 조건은 무엇일까?

변화의 원칙과 조건들

좌파 세계에서는 기업 권력의 구조 변화에 관한 뿌리 깊은 고정관념이 있다. 그동안 좌파 혁명가들은 자본주의 체제 자체를 전복하지 않는 한 개별 기업 차원에서의 권력구조 변화는 기대하기 어렵다고 보았다. 아울러 자본주의 체제의 전복을 가능하게 하는 것은 오직 국가권력을 장악하는 것뿐이라고 생각했다.

하지만 국가권력을 바탕으로 기업의 권력구조 변화를 외부로부터 강제하는 것은 더 이상 가능하지도 않다. 이미 한국을 포함한 주요 자본주의 국가들은 총량적 관점에서 기업의 힘이 국가를 능가하고 있는 상태다. 아울러 글로벌 경제로의 전환과 함께 기업이 국경을 자유롭게 넘나들면서 국가가 기업을 통제할 수 있는 여지가 크게 줄어들었다. 설령 국가의 기업 통제가 가능하더라도 그 결과가 바람직하지 않을 가능성이 매우 높다. 과거 소련 사회주의 체제를 통해 드러났듯이 외부로부터 강제된 변화는 생명력이 약할 수밖에 없기 때문이다.

결론적으로 기업의 권력구조 혁신은 창조자들의 자발적 노력을 바탕으로 내부로부터 추진되지 않으면 안 된다. 국가권력에 의존한 위로부터의 변화가 아니라 아래로부터의 변화를 추구해야 하는 것이다. 그럴 때 창조자들이 직접적인 권력 행사를 바탕으로 변화를 자신의 것으로 만들면서 꾸준히 가꾸어나갈 수 있다. 요컨대 현장에 튼튼하게 뿌리를 내리고 그곳에서 싹을 틔운 변화만이 지속적이면서도 왕성한 생명력을 발휘할 수 있는 것이다. 그런 만큼 "내부로부터! 현장으로부터! 아래로부터!"는 기업 권력구조를 혁신하는 경영혁명에서 일관된 원칙이 되어야 한다.

사실 전체의 변화를 통해서만 부분이 변화할 수 있다고 보는 것은 매우 편향된 인식 태도다. 그 반대인 부분의 변화가 축적되어 전체가 변화할 수도 있기 때문이다. 운동경기를 하는 팀을 예로 들어보자. 감독은 특별한 이벤트를 통해 팀 전체의 분위기를 혁신함으로써 선수 개개인의 변화를 유도할 수도 있다. 그러나 유능한 감독이 일상적으로 더욱 많은 노력을 기울이는 것은 선수 개개인의 기량을 향상시키고 이를 바탕으로 팀 전체를 강화시키는 것이다.

사물은 전체를 통한 부분의 변화와 부분의 변화를 통한 전체의 변화가 함께 이루어질 때 더욱 원만하게 질적인 변화를 이룰 수 있다. 하지만 둘 중에서 더 중요한 것은 부분의 변화를 통한 전체의 변화다. 전체의 변화를 통한 부분의 변화에서 부분은 변화의 대상이 된다. 반면 부분의 변화를 통한 전체의 변화에서 부분은 변화의 주체가 된다. 그럼으로써 각각의 부분은 변화를 지속시키는 데 좀더 능동적인 태도를 갖는다. 마찬가지로 기업 스스로가 변화의 대상이 아니라 주체가 될 때 지속적이고 능동적으로 변화와 혁신을 만들어낼 수 있다.

과연 자본주의 체제가 유지되고 있는 조건에서 기업 내부의 자발적 노력을 바탕으로 수평적 조직문화의 정착이 이루어질 수 있을까? 몇 가지 요소들이 그러한 변화를 재촉할 것으로 보인다.

첫째, 기업들이 변화된 환경에 적응하여 살아남고자 몸부림치면서 새로운 종으로 진화할 가능성이 상대적으로 커졌다. 기업은 살아 있는 생명체와 같다. 급격한 환경 변화에 직면하면 그에 적응하기 위해 몸부림친다. 실패하면 몰락하지만 성공하면 더욱 강한 생명력을 지닌 새로운 종으로 거듭난다. 그런데 최근 글로벌 경제로의 전환, 주도적 생산요소의 변화, 반복되는 경제위기 등 전례 없는 환경 변화가 일어나고 있다. 기업들은 이러한 환경 변화에 적응하기 위해 사투를 벌일 수밖에 없고 그럼으로써 새로운 종의 기업으로 진화할 가능성이 그만큼 커졌다.

둘째, 글로벌 경제로의 전환에 따라 개별 기업 차원에서 기존 질서를 뛰어넘는 실험을 할 확률이 커졌다. 글로벌 경제를 무대로 활동하고 있는 수많은 기업들 사이에서 비록 소수의 기업일지라도 기존 질서를 뛰어넘는 새로운 실험을 할 가능성은 얼마든지 존재한다. 개방적인 글로벌 경제에서 그러한 실험들은 곧바로 국경을 뛰어넘어 파급 효과를 미친다. 이미 그러한 일이 빈번하게 발생하고 있다.

셋째, 수평적 조직문화를 정착시키는 기업이 경쟁력에서 우위를 보이면서 강한 확산력을 보여줄 것이다. 앞으로 반복해서 확인하겠지만 수평적 조직문화를 정착하는 기업이 생산성과 경쟁력, 삶의 질에서 월등히 우위를 점한다. 바로 그러한 이유로 수평적 조직문화 정착은 시장경쟁의 원리에 따라 빠르게 확산될 수 있다. 반면 수평적 조직문화 정착을 기피하는 기업은 궁극적으로 도태할 수밖에 없다.

이상과 같은 세 가지 요소들이 복합적으로 작용하면서 기업들은 수평적 조직문화를 정착시켜나갈 것이다. 그럼으로써 기업은 경영진의 주관적 의사와 무관하게 상생의 인본주의 사회에 가까이 다가간다.

물론 이 모든 것이 자연스럽게 이루어질 수도 있지만 그렇지 않을 가능성 또한 크다. 경우에 따라서는 기득권 세력의 완강한 저항으로 한 걸음도 앞으로 나아가지 못하는 상황이 발생할 수도 있다. 그럼에도 한 가지 분명한 사실이 있다. 수평적 조직문화 정착은 기업의 이해 당사자 모두에게 이익이 될 것이며 결과적으로 다수의 지지를 받을 것이 확실하다는 점이다.

언제나 그렇듯이 다수의 지지를 받는 지점에서는 반드시 주체적이고 의식적인 실천이 일어나기 마련이다. 바로 여기서 선진 창조자들이 그 주역으로 부상할 것이다. 앞서 확인한 것처럼 창조자 계급은 현장으로부터 새로운 질서를 창출할 능력을 지니고 있다. 그런 만큼 선진 창조자들은 처음부터 수평적 조직문화에 바탕을 둔 대안 모델을 선보이고 이를 지속적으로 확산시켜나갈 수 있다. 선진 창조자들의 이러한 실험은 강력한 사회적 파급력을 발휘하면서 기업의 조직문화 혁신을 크게 자극할 것이다. 말하자면 창조자들의 의식적 실천이 기업의 조직문화 혁신을 적극 선도할 수 있는 것이다. 이에 대한 구체적인 이야기는 제5부에서 할 예정이다.

구성원 모두를 조직의 주체로!

산업사회에서의 육체노동은 엄격한 통제가 작업의 효율성을 보장했다. 그러나 창조력 기반 경제의 중심을 이루는 창조작업은 자발적 열정을 바탕으로 한 몰입만이 최상의 결과를 낳는다. '타율적 통제'냐 '자발적 몰입'이냐가 산업사회와 창조력 기반 경제를 가르는 결정적 차이의 하나인 것이다. 그렇다면 미래의 주역인 신세대 창조자들이 자발적 열정을 갖고 작업에 몰입할 수 있는 조건은 무엇인가?

놀이터와 같은 자유분방한 직장 분위기는 신세대 창조자들이 자발적 열정을 갖고 몰입하기 위해 반드시 필요하다. 하지만 그것은 어디까지나 필요조건일 뿐 충분조건이 될 수 없다. 신세대 창조자들이 열정을 갖고 몰입하자면 무엇보다도 자신이 조직의 주체로서 업무의 중심에 서 있다고 자부할 수 있어야 한다. 말하자면 감시와 통제를 받지 않는다는 소극적인 차원을 넘어서서 조직의 주체가 되어 업무의 중심에 서는 좀더 적극적인 조건이 필요한 것이다.

적지 않은 혁신적 경영자들이 이러한 문제를 해결하기 위해 선구적인 노력을 기울여왔다. 그럼으로써 구성원을 조직의 주체, 업무의 중심에 세우는 데 상당한 성공을 거둘 수 있었다. 이를 바탕으로 혁신적 경영자들은 다음과 같은 세 가지 과제를 반드시 실천할 것을 강조해왔다.

첫째, 신세대 창조자들의 말을 경청하고 그들로부터 배워야 한다. 말하자면 리버스 멘토링을 실천해야 하는 것이다.

리버스 멘토링의 출발점은 아랫사람의 이야기를 경청하는 것이다. 그동안 대부분의 직장에서는 상사가 일방적으로 말을 하고 부하직원은 "예, 알겠습니다!"를 반복하는 경향이 있었다. 바로 이 점을 근본적으로 뜯어고쳐야 하는 것이다. 아랫사람의 말일수록 공감적으로 경청해야 하며 이를 통해 배워야 한다. 또한 들은 내용을 잘 소화하고 이를 현실에 적극적으로 반영할 수 있어야 한다. 상사가 나의 말을 들어주고 나의 생각을 반영하고 있다는 생각이 들 때 회사에 대한 애정은 저절로 생긴다. 그래서 경청만 잘해도 문제의 70퍼센트가 해결된다고 하는 것이다.

신세대 창조자들을 멘토로 삼는 리버스 멘토링 제도의 장점은 여러 가지다. 대표적으로 경영진이 새롭게 등장하는 기술지식이나 외부의 신선한 아이디어를 학습할 수 있는 방안이 될 수 있다. 한 조직이나 분야에 오랫동안 머물다 보면 생각의 폭이 좁아지거나 타성에 빠지기 쉽다. 이럴 때 신세대 창조자가 제공하는 신선한 정보나 아이디어는 그러한 한계를 극복하는 좋은 자극제가 될 수 있다.

바로 이 점에서 이혁병 ADT캡스 전 회장은 단순명료한 답을 주고 있다. "이제 위에서 아래로 내리먹이는 탑다운(Top-down) 식의 조직 운영은 미련 없이 버릴 때가 되었다. 기업 경영진은 젊은 세대와 눈높이를 맞출 뿐만 아니라 그들을 스승으로 섬기면서 배우는 바텀업(Bottom-up)으로 전환해야 한다."

이와 관련하여 미국의 경영학자 존 실리 브라운의 말을 함께 되새길 필요가 있다. "오늘날 조직을 이끌면서 우리들 각자는 어떤 면에서 특정 분야에서는 권위자이지만 또 다른 분야에서는 학생임을 깨달아야 한다. 그래서 우리는 부하직원들에게서 더 많은 것을 배울 준비를 해야 한다."

신세대 창조자들에게는 의외로 가치 있는 정보나 아이디어가 많다. 요즘 기업 간부들 중에 이렇게 이야기하는 경우가 많다. "신입사원들 앉혀놓고 이야기를 들어보면 엉뚱하기 짝이 없을 때가 많다. 말도 안 되는 이야기를 자주 한다." 하지만 진실로 값어치 있는 것은 검증되지 않은 것이다. 검증된 것은 이미 누군가 사용하고 있을 것이기 때문이다. 그래서 단 한 번도 검증되지 않은 기발한 발상이 도리어 미래에 큰 가치를 발휘할 수 있다. 엉뚱함이 큰 성공으로 이어질 수 있는 가능성이 높은 것이다. 신세대 창조자들에게는 바로 그러한 풋내 나는 것들이 많으며 리버스 멘토링을 통해 이를 효과적으로 끄집어낼 수 있다.

이와 함께 리버스 멘토링은 조직의 위아래 사이에 가장 효율적인 커뮤니케이션 통로를 제공해준다. 일반적으로 조직 아래의 불만은 중간에서 걸러지기 십상이다. 그래서 조직 상층부가 아래의 상황을 정확히 파악할 수 있는 정도는 일반적으로 30퍼센트를 넘지 않는다고 한다. 70퍼센트 이상이 중간에서 걸러지거나 변형되기 때문이다. 이러한 문제를 극복하기 위해서 기업 경영진은 신입사원들과 간담회 등 다양한 자리를 갖는다. 하지만 그런 자리에서 신입사원들이 허심탄회하게 자신의 의견을 피력하기는 쉽지 않다. 반면 리버스 멘토링은 신입사원들이 경영진에게 자신의 의견을 거침없이 제시할 수 있는 분위기를 만들어주는 장점이 있다.

둘째, 직급을 떠나 똑같은 위치에서 기업의 미래를 탐색할 수 있는 다양한 모임을 가져야 한다.

예로부터 종을 안방에 들여 집안 대소사를 함께 논의하는 경우는 없다. 오직 같은 주인들만이 그런 기회를 갖는다. 뒤집어서 말하면 안방 모임에 참석시키는 것은 그 사람을 주인으로 대접한다는 의미다. 그래서 세계적인 기업일수록 공식 체계를 벗어난 수많은 종류의 경영연구모임(새도우 조직)이 활발하게 움직이고 있다. 그러한 모임을 통해 다양한 직급의 임직원들이 격의 없이 기업의 장래와 현안 문제를 함께 토론하고 연구한다. 당연히 그 과정에서 축적된 내용은 여러 경로를 통해 경영에 반영되는데, 이는 공식 체계에서 생산된 것보다 가치 있는 경우가 매우 많다.

문제의 핵심을 명확히 이해하기 위해 경영자와 신세대 창조자가 기업 현안 문제를 논의하는 모임을 함께한다고 가정해보자. 쉽게 예상할 수 있지만 모임에 참여하는 신세대 창조자들은 주인된 입장에서 창조적 에너지를 거침없이 쏟아낼 것이다. 이는 앞에서도 잠시 언급한 바 있지만 사람의 본성을 반영한 필연적 결과다. "오직 주인의 입장에 서 있는 사람만이 창조력을 발휘한다. 종의 입장에 있는 사람은 주어진 일을 시키는 대로 할 뿐이다."

셋째, 권한 위임을 통해 신세대 창조자들이 업무의 능동적 주체가 되도록 적극 도와주어야 한다.

사람은 똑같은 일이라도 그 일의 주체인가 대상인가에 따라 확연히 다른 태도를 보인다. 억압된 사회에서 주눅 든 삶을 살아온 기성세대와 달리 자유롭게 자신을 표현해온 신세대 창조자들의 경우는 특히 더 그렇다. 그동안 대표적인 세대 충돌의 지점이 되어온 회식을 예로 들어보자.

앞서 살펴본 대로 신세대 창조자들은 상사가 일방적으로 통보하는 회식에 대해 극도의 거부감을 드러낸다. 그런데 책임 있는 위치에 있는 간부가 일정 등 회식에 관한 모든 권한을 직원들에게 일임하고, 회식 자리에서 날 갖고 놀아도 좋으니 재주껏 준비해보라고 격려했다 치자. 회식을 대하는 신세대 창조자들의 태도는 일순간에 달라질 것이다. 그들은 일일이 참석 여부부터 확인할 것이며, 회식을 임직원들 간의 벽을 허물고 진정으로 마음을 나누는 자리로 만들기 위해 열정을 쏟을 것이다.

실제로 젊은 기업문화를 만들고 있는 기업에서는 구성원들이 1~2주 전에 각자의 사정을 고려하여 회식 일정을 스스로 정한다. 프로그램 역시 술 마시는 것만을 고집하지 않고 공연을 관람하는 등 다채롭게 꾸민다. 필요하면 투표를 하기도 한다. 회식 자리 역시 상사가 발언을 독점하지 않고 서로 자연스럽게 어울린다. 그럼으로써 회식을 갈등을 증폭시키는 자리가 아니라 소통과 화합의 자리로 만들어가고 있다.

아래로의 권한 위임이 잘되어 있는 조직은 언제나 활력이 넘쳐흐른다. 조직의 상층부는 업무 부담을 덜 받으면서 더욱 고차원적인 문제에 집중할 수 있다. 조직의 하층부는 업무 만족도가 높아지면서 동시에 자기계발의 기회를 풍부하게 가질 수 있다. 자연스럽게 이 모든 것은 조직의 발전을 강력히 뒷받침한다.

그렇다면 권한 위임이 제대로 이루어지지 않은 곳에서는 어떤 현상이 나타날까. 당연히 결과는 정반대다. 단적으로 간부가 업무를 혼자 끌어안으면서 초과근무가 일상화되기 쉽다. 그 결과 간부는 고차원적인 문제에 집중할 수 없게 되며 덩달아 초과근무를 해야 하는 직원은 직원대로 불만이 쌓여가기 마련이다. 과연 이러한 조직이 활력 있게 발전하기를 기대할 수 있을까?

권한 위임은 본질적으로 사람을 키워서 문제를 해결하는 과정이다. 그만큼 인내력과 섬세함이 절실히 요구된다고 할 수 있다. 안철수 교수가 『CEO 안철수, 지금 우리에게 필요한 것은』에서 적절히 지적했듯이 일을 떠넘긴 다음 문제가 발생하면 질타하는 것은 결코 권한 위임이 아니다. 결론적으로 권한 위임은 오직 '일 중심이 아닌 사람 중심, 사람을 부리는 것이 아니라 키우는 관점'을 가질 때 제대로 이루어질 수 있다.

자유인의 수평 연합체를 향해

신세대 창조자들에게 걸맞게 기업의 조직문화를 혁신하자면 구성원 모두가 조직의 주체가 되어 업무의 중심에 설 수 있도록 해야 한다. 이러한 목표는 오직 모두가 중심이 될 수 있는 수평적 조직 관계에서만 실현 가능하다. 기존의 수직적 위계질서에서는 상층부만이 조직의 중심에 설 수 있었다. 그렇다면 과연 수평적 조직문화란 어떤 모습일까?

건설 매니지먼트 회사인 한미파슨스의 체육대회에서 있었던 장면이다. 줄다리기 시합에 앞서 경기방식을 놓고 참가자 50여 명이 저마다 한마디씩 했다. 입사한 지 얼마 안 되는 신참도 예외가 아니었다. 최고참 간부의 말 한마디면 간단히 정리되는 기존 기업의 조직문화에서는 있을 수 없는 일이 벌어진 것이다. 하지만 이를 쭉 지켜본 김종훈 회장은 흐뭇한 미소를 지었다. 수평적 조직문화를 만들기 위한 그간의 노력이 결실을 맺고 있다고 판단해서였다.

수평적 조직문화의 본질은 구성원 모두가 동격이 되는 것이다. 이는 곧 수평적 조직문화를 조성하는 목적이 궁극적으로 구성원 모두를 책임 있는 경영자의 위치로 끌어올리는 데 있음을 의미한다. 경영자가 자세를 낮추어 아래로 내려가는 것도 구성원을 높이 끌어올리기 위한 것이다. 종종 경영자들이 어려움에 직면했을 때 "모두가 내 마음 같았으면" 하고 아쉬움을 토로하는데, 그런 바람을 현실로 만드는 것이 바로 수평적 조직문화인 것이다.

산업 시대에 기업의 조직 관계는 선택 가능한 문제였다. 실제로 엄격한 병영통제방식에서부터 수평적이고 개방적인 조직에 이르기까지 유형은 매우 다양했다. 그러나 앞으로는 오직 하나의 유형만이 허용될 것이라는 견해가 지배적이다. 구성원 모두가 수평적으로 소통하고 협력하는 진정한 의미에서의 '동반자'가 되어야 한다는 것이다. 그렇지 않으면 자발적 열정을 바탕으로 한 몰입을 기대할 수 없기 때문이다.

구성원 모두가 동반자가 된다는 것은 수평적 조직문화의 본질 그대로 구성원들이 기업 권력을 고르게 나누어 갖는 것을 의미한다. 요컨대 기업의 권력이 경영을 일선에서 책임지는 구성원들에게로 확실히 이동해야 하는 것이다. 권력이 고르게 분산될 때 동반자 관계가 제대로 확립되면서 최상의 결과를 낳을 수 있음을 입증하는 사례가 하나 있다. 미국의 유통업체 중 최고의 고객 서비스를 제공하는 곳으로 알려진 노드스트롬(Nordstrom) 백화점이 바로 여기에 해당한다.

이상하게 들릴지 모르지만 노드스트롬 백화점에는 특별한 경영 원칙이나 놀라운 비결 같은 것은 없다. 단 한 가지 노드스트롬 백화점은 구성원들이 고객들에게 어떤 식으로 서비스할지를 스스로 결정하도록 했다. 말하자면 업무에 관한 결정권을 해당 구성원에게 전적으로 위임한 것이다. 그 과정에서 실수가 발생하더라도 문제 삼지 않았다. 이러한 과정을 거쳐 노드스트롬 백화점 구성원들은 각자의 성격이나 스타일에 맞는 고객 서비스를 창조하기에 이르렀다. 말하자면 구성원 각자가 고객 서비스에 대한 자기만의 노하우를 축적한 것이다. 이러한 고객 서비스는 구성원들이 경험담을 공유하면서 서로에게 깨달음과 자극을 줌에 따라 한층 높은 수준에 이르렀다.

경영진은 매장을 수시로 돌면서 구성원들이 자기결정권을 제대로 행사할 수 있도록 다양한 지원 활동을 했다. 경영진은 과거에 식품 창고나 매장에서 일한 적이 있는 현장 출신들이기 때문에 구성원들을 어떻게 도와야 하는지를 잘 알고 있었다. 경영진의 설명대로 노드스트롬은 경영진이 맨 아래에 있는 거꾸로 된 피라미드 구조에 가까웠던 것이다. 위가 아래를 섬기는 '서번트 리더십'을 훌륭하게 실천한 셈이다. 이러한 과정을 거쳐 노드스트롬이 자랑하는 최고의 고객 서비스가 탄생할 수 있었고 그 결과는 지속적인 경영 실적 향상으로 나타났다. 권력이 고객과의 접점에 있는 구성원들에게 이동하여 고르게 분산됨에 따라 나타난 결과였다.

노드스트롬과 비슷한 사례는 많이 있다. 애플도 그중 하나다. 애플에는 '상사의 눈'이라는 것이 없다. 업무를 담당하는 사람이 곧 최종 결정권자인 것이다. 일단 담당자가 결정하면 아무리 상사라고 해도 이의를 제기할 수 없다. 권력의 무게중심이 조직의 아래로 내려가 있는 것이다. 인도의 IT기업 HCLT 또한 비슷한 경우다. HCLT 역시 고객과의 접점에서 직접 가치를 창출하는 사람들에게로 권력의 중심이 이동해 있다. 이들 기업은 바로 이러한 권력 이동을 바탕으로 구성원들의 창조적 에너지를 최고 수준으로 이끌어내면서 최상의 경영 실적을 거둘 수 있었다.

권력이 고르게 분산됨으로써 구성원들이 책임과 권한을 공유하면 기업 조직은 궁극적으로 높낮이가 사라진 납작한 형태의 평면구조로 바뀐다. 이는 단순한 형태의 변화가 아닌 기업 조직의 근본적인 성격 변화를 수반하는 것이다. 즉, 구성원 각자가 권력을 직접 행사하는 자율적이고 독립적인 주체가 되면서 기업은 이들의 수평적 협력 관계로 바뀌는 것이다. 이러한 전환은 궁극적으로 기업이 임금노예의 집합체에서 자유인의 수평 연합체로 변모하는 것을 의미한다.

물론 이러한 기업의 진화가 단순히 조직문화 혁신만으로 이루어지는 것은 아니다. 자본주의가 완전히 퇴장하지 않은 역사적 과도기에는 자유인의 수평 연합체로 진화하는 것을 가로막는 요소들이 매우 많을 수 있다. 주주들이 여전히 이사회 선임 권한을 행사할 수 있는 조건에서 권력의 고른 배분은 방해를 받을 수 있다. 또한 고용·피고용 관계로부터 문제가 발생할 소지가 매우 많다. 형식이 내용을 강력히 규정하듯이 본질적으로 수직적 성격을 지니고 있는 고용·피고용 관계가 자유인의 수평 연합체로 진화하는 것을 억누르거나 교란시킬 수 있는 것이다.

이러한 맥락에서 기업이 명실상부하게 자유인의 수평 연합체가 되기 위해서는 불연속적인 질적 비약의 과정이 반드시 필요하다. 그것은 역사적 과도기가 마감되고 상생의 인본주의 사회로 본격 진입하는 단계에서 발생할 것이다. 그 시기에 이르러서 고용·피고용 관계는 형식조차도 사라지고 온전한 의미에서 수평적 관계로 전환된다. 이에 관해서는 제5부에서 자세히 다룰 예정이다.

긴 흐름으로 볼 때 권력이 고르게 배분된 기업이 미래를 이끌어갈 것은 매우 분명해 보인다. 그렇다면 그러한 흐름과는 정반대로 기업의 지배권이 자본 소유자에게 집중됨으로써 구성원들이 나눌 권력조차 없을 때는 어떻게 되겠는가. 두말할 필요도 없이 기업 구성원을 동반자로 만드는 것은 원천적으로 불가능해진다. 바로 이 지점에서 한국 재벌기업들의 현실을 냉정하게 되짚어볼 필요가 있다.

그동안 한국의 재벌 총수들은 황제와 다름없는 막강한 권한을 행사했으며, 가신 그룹은 총수에게 무조건 복종하며 부하직원들을 엄격하게 통제하고 관리해왔다. '조직의 삼성', '관리의 삼성'은 이를 대표하는 표현이었다. 하드웨어 생산이 중심이었던 과거에는 이러한 방식의 조직관리가 일사불란함을 보장한다는 점에서 그 나름대로는 강점으로 작용할 수 있었다. 그러나 소프트 파워로 중심이 이동하는 시대에 이 같은 조직운영은 창의성을 짓누르는 치명적 약점으로 작용할 뿐이다.

물론 최근에 많은 변화가 일어나고 있기는 하다. 관리에 역점을 두었던 것에서 소통을 중시하는 것으로 바뀌는 것이 그중 하나다. 그러나 아직은 내용의 변화가 수반되지 않은 형식적 변화에 그치는 경우가 많다. 권력구조의 근본적인 변화를 전제하지 않았을 때 나타나는 어쩔 수 없는 한계다.

과연 이러한 한계를 어느 정도까지 용인해야 하는 것일까. 여기서는 한 가지만 지적하고자 한다. 지금까지 살펴본 것처럼 조직문화의 혁신은 기본적으로 기업이 신세대 창조자들의 특성에 적응하는 과정이다. 그런데 한국의 신세대 창조자들은 그 어느 나라 사람들보다도 강한 수평지향성을 보이고 있다. 이는 한국의 기업들이 비록 시간이 걸리더라도 가장 철저하게 수평적 조직문화를 구현해야 함을 말해준다.

여성에게 더욱 많은 권력을

수평적 조직문화는 궁극적으로 기업 구성원 모두를 동격으로 만드는 데 그 목표가 있다. 당연히 그 과정에서 성 차별이 있어서는 안 된다.

도리어 신세대 창조자들에게 걸맞은 조직문화를 만들기 위해서라도 여성 리더들의 역할을 크게 강화할 필요가 있다는 것이 혁신적 경영자의 주장이다.

많은 기성세대들이 신세대 창조자들의 잠재력을 이해하고 어떻게 대응해야 할지도 알겠는데 마음처럼 쉽지 않다고 말한다. 무엇보다도 정서적·문화적 차이를 좁히는 것이 매우 어렵다고 호소한다. 머리로는 알겠는데 가슴이 함께 움직여주지 않는다는 것이다. 여전히 머리와 가슴 사이에는 세상에서 가장 먼 거리가 존재하는 것이다. 이럴 때는 그 누군가가 간극을 메워주고 교량 역할을 해준다면 매우 좋을 것이라는 아쉬움이 남기 마련이다. 과연 그러한 역할을 해줄 사람이 누구일까.

남성은 수직적 관계를 중시하는 데 반해 여성은 신세대처럼 수평적 관계에 익숙하다. 가령 기업에서 남성 따로, 여성 따로 줄을 서라고 하면 남자들은 대체로 서열대로 줄을 서는 데 반해 여자들은 손을 맞잡고 둥그렇게 선다. 또한 블로그와 같은 온라인 활동을 보면 여성들은 신세대와 마찬가지로 이미지 중심으로 소통하는 확률이 높다. 여성들이 감성적 접근을 중시하고 좋고 싫음을 위주로 판단하는 경향이 강하며 멋져 보이기 위해 노력하는 것 역시 신세대와 일치하는 지점이다.

이 모든 것은 정서와 문화에서 신세대와 쉽게 통할 수 있는 쪽이 남성보다는 여성임을 말해준다. 기업에서 신·구세대 간의 간극을 효과적으로 메울 수 있는 존재는 바로 여성인 것이다. 실제로 여성의 비율이 높고 역할이 큰 곳일수록 세대 간의 갈등은 약해지는 것으로 나타나고 있다. 기업에서 여성 리더의 역할을 더욱 강화해야 할 중요한 이유의 하나가 바로 여기에 있다.

기업에서 여성의 리더십을 강화하면 세대 차이를 효과적으로 극복할 수 있을 뿐만 아니라 그 밖의 다양한 형태의 효과를 기대할 수 있다. 여성 리더의 역할 강화가 기업의 경영실적 개선으로 이어질 수 있는 것이다. 세계적인 컨설팅 업체인 매킨지의 보고서도 여성의 임원 참여가 늘수록 기업의 재무성과가 좋게 나타나고 있음을 확인해주고 있다. 이는 기업 경영과 관련하여 여성들이 많은 장점을 갖고 있음을 암시하는 것이다. 혁신적 경영자들 역시 이 점을 집중적으로 주목해왔다.

먼저 인간관계에서 보이는 여성의 특성은 기업 경영에서 매우 긍정적으로 작용할 수 있다. 남성은 사적인 인연에 집착하는 경향이 강하다. 같은 군부대 출신이라는 점만 확인해도 금세 형님 아우가 된다. 그리고 이러한 사적 인연이 종종 공적 관계를 능가하기도 한다. 반면 여성은 사적인 인연에 덜 영향을 받는다. 그럼으로써 조직을 훨씬 투명하면서도 공정하게 운영할 수 있다. 요즘 널리 확산되고 있는 윤리경영과 관련해서 여성이 기여할 수 있는 여지가 매우 많은 것이다.

제품 기획에서도 여성이 지닌 고유한 특성은 갈수록 장점이 되고 있다. 앞서 이야기했듯이 소비자들은 제품의 기능보다 그것이 담고 있는 감성에 더 민감하게 반응한다. 제품 기획과정에서 감성적 요소가 그만큼 중요해지고 있는 것이다. 그런데 우뇌가 발달해 있는 여성이 남성보다 감수성이 풍부하다는 것은 널리 인정되고 있는 사실이다. 여성이 제품 기획과 설계에서 그만큼 많은 역할을 할 수 있는 것이다.

마케팅 차원에서 보더라도 여성 역할의 강화는 필수적이다. 무엇보다도 소비시장을 주도하는 것은 여성이다. 가정에서의 소비는 대부분 여성이 결정권을 쥐고 있다. 보통 주택의 소유주는 남성으로 되어 있지만 실제 주택을 고르는 것은 여성이다. 다른 소비재는 더 말할 필요도 없다. 여성을 주요 타깃으로 하여 소비시장을 공략해야 함을 알 수 있다. 또한 남성들은 좋은 음식점을 발견했거나 백화점 바겐세일 정보를 입수하더라도 대여섯 명의 친구들을 몰고 다니지 않는다. 그러나 여성은 다르다. 여성들은 자신이 알고 있는 것을 입소문 내는 데 탁월한 실력을 발휘하며 여차하면 무리를 몰고 가 함께 체험해야만 직성이 풀린다. 이는 곧 여성 고객을 공략했을 때 시장을 연쇄적으로 확장시킬 가능성이 그만큼 크다는 것을 말해준다. 중요한 것은 여성의 심리를 가장 잘 아는 것은 여성이라는 사실이다. 여성 고객을 효과적으로 확보하기 위해서는 여성이 마케팅의 리더로서 전면에 나서야 하는 것이다.

여러모로 여성은 풍부한 잠재력을 지니고 있는 존재다. 그 잠재력을 어떻게 잘 살리는가에 따라 기업의 미래가 크게 좌우될 수 있다. 문제는 여성의 경우 전체 경제 활동 인구에서 절반 가까이를 차지함에도 정작 기업 권력구조에서는 크게 소외되어 있다는 데 있다.

한국 사회에서 여성이 기업 임원으로 승진하는 경우는 가뭄에 콩 나듯 드물다. 한국 기업 가운데 가장 오랜 역사를 지닌 두산그룹에서조차 2011년에 첫 여성 CEO가 탄생했을 정도다. 기업은 여성들에게 사방이 벽으로 둘러쳐진 '유리 천장'인 것이다. 여성들은 출산과 보육, 가사 등으로 기업 활동에 전념하기 어렵다는 것을 주된 이유로 들지만 이는 함께 극복해야 할 과제일 뿐이다. 실제로 일부 기업에서는 여성 친화의 경영을 구현함으로써 여성들이 큰 지장 없이 업무에 몰입하도록 만드는 데 성공하고 있다.

이제 방치했던 귀중한 자산이 제 빛을 낼 수 있도록 해야 한다. 요컨대 기업에서 여성의 리더십을 획기적으로 강화시켜야 한다. 유럽 여러 나라들이 채택하고 있는 기업 임원 여성할당제 도입 등 이를 뒷받침하기 위한 사회적 차원에서의 노력이 함께 이루어져야 할 것이다.

4. 분출하는 아래로부터의 에너지

다시 한번 이야기하지만 기업 조직문화 혁신의 요체는 수평적 조직문화를 만드는 것이다. 이러한 수평적 조직문화가 정착되었을 때 아래로부터의 에너지가 적극적으로 분출할 수 있다. 그러한 아래로부터의 에너지는 대체로 기업을 강력한 혁신의 길로 이끌고 간다. 수평적 조직문화의 정착이 핵심적으로 노리는 것도 바로 이 부분이다. 이에 대해 세계적인 비즈니스 철학자 게리 해멀은 신세대 직장인들을 위해 쓴 『꿀벌과 게릴라』에서 이렇게 말하고 있다.

"기업의 비즈니스 모델 혁신은 과거의 성과에 집착하는 상층부도 아니고, 판에 박힌 일만 반복하는 꿀벌도 아닌, 반란을 꿈꾸는 게릴라에 의해 주도될 가능성이 크다."

게리 해멀은 이 책에서 '게릴라들이 일으킨 반란'에 의해 비즈니스 모델의 혁신이 일어난 많은 사례를 소개하고 있다. 그 대표적인 예가 IBM이다.

IBM의 극적인 회생

대형 컴퓨터를 중심으로 사무용 하드웨어를 생산하던 IBM(International Business Machines)은 1980년대 중반까지만 해도 『포춘』이 선정하는 가장 존경받는 기업 1위에 4년 연속 선정될 만큼 세계에서 가장 잘나가는 기업의 하나였다. 그러나 1990년대에 접어들면서 상황이 크게 달라졌다. 디지털 이큅먼트 코퍼레이션(Digital Equipment Corporation, 줄여서 DEC) 등이 하드웨어의 마진을 깎아내렸고, 컴퓨터의 주역으로 떠오른 PC시장에서는 인텔과 마이크로소프트 등이 이윤의 대부분을 가져가고 있었다. 결국 1994년 말까지 3년 동안 IBM은 150억 달러의 적자를 기록해야 했다. 같은 기간에 기업 가치도 1,050억 달러에서 320억 달러로 폭락했다. 수석 컨설턴트들은 만장일치로 IBM의 파산을 예고했다.

이러한 가운데 최고경영자로 새로 부임한 루이스 거스너는 필요한 사람을 적재적소에 배치하면서 조직의 안정화와 효율화를 꾀했다. 그와 함께 거스너는 조직문화를 좀더 수평적이고 개방적인 방향으로 변모시켜나갔다. 이러한 노력은 이후 아래로부터의 창조적 에너지가 분출하는 데 결정적인 도움이 되었다.

하지만 루이스 거스너를 포함해서 경영진 대부분은 IBM이 새로운 비즈니스 전략을 수립해야 할 필요성을 느끼지는 못했다. 결국 IBM은 방향을 잃고 표류하기 시작했다. 절망적인 상황에서 IBM을 구원한 두 명의 영웅이 등장했다. 두 영웅은 경영진에 속한 인물이 아니었다. 한 명은 엔지니어인 데이비드 그로스만이었고 또 다른 한 명은 많고 많은 기술개발팀장 중 한 명인 존 패트릭이었다.

1994년 인터넷이 막 보급되기 시작했을 무렵 데이비드 그로스만은 웹 세계의 무궁무진한 가능성에 눈을 떴다. 그는 IBM이 인터넷에 주목하기를 원했다. 하지만 대부분의 경영진은 인터넷이 무엇인지도 모르는 상태였고, 그로스만이 직접 시연했음에도 인터넷을 통해 돈을 벌 수 있다는 것에 대해 부정적인 반응을 보였다. 다행히도 존 패트릭만큼은 그로스만의 주장에 깊이 공감했고 곧바로 두 사람은 의

기투합할 수 있었다.

그로스만과 패트릭은 먼저 IBM 내부에 인트라넷을 구축한 뒤 '연결시키자'라고 이름 붙인 선언서를 배포했다. 이를 통해 두 사람은 자신들과 생각이 비슷한 동조자 수백 명을 규합할 수 있었다. 그들은 대부분 혈기가 넘쳐나는 젊은 창조자들이었다. 그로부터 그로스만과 패트릭을 주축으로 한 '젊은 그룹'은 IBM이 웹 세계에서 새로운 비즈니스 모델을 찾도록 하기 위해 집요한 노력을 기울여나갔다. 그 과정에서 그들은 다양한 기회를 적절하게 이용했다. 가령 1996년 올림픽 웹사이트 개발을 IBM이 맡도록 함으로써 IBM이 웹 세계의 가능성을 체험을 통해 깨닫도록 만들었다.

또한 젊은 그룹은 자신들이 중심이 된 팀 속에 다른 부서 사람들을 적극 참여시키거나 거꾸로 팀원들을 다른 부서에 참여시킴으로써 자신들의 생각이 널리 퍼져나가도록 했다. 그 과정에서 젊은 그룹은 기존의 관료주의적 질서를 무시했고 자신들에게 주어진 권한의 범위를 과감히 뛰어넘었다. 한마디로 반란을 일으킨 것이었다. 그러면서도 그들은 임원들과 소통하기 위해 끈질긴 노력을 기울였고 그럼으로써 자신들을 이해하고 지원해줄 임원들을 확보하는 데 성공할 수 있었다.

그로스만과 패트릭을 주축으로 한 젊은 그룹의 노력은 마침내 결실을 맺기에 이르렀다. 경영진들은 그들의 생각에 차츰 공감하기 시작했다. IBM은 그동안 주력사업이었던 기계생산을 과감하게 포기했다. 어찌 보면 자신의 근본마저 포기한 것이다. PC생산 부문도 중국의 레노버에 매각했다. 그 과정에서 10여만 명이 IBM을 떠나야 했다. 대신 IT솔루션을 개발하고 구축하는 것을 주력사업으로 정했다. 아울러 기업 경영전략 수립과 업무 프로세스 개선 컨설팅을 또 다른 주력사업으로 선정함으로써 세계적인 컨설팅 업체로 부상하는 데 성공했다.

비즈니스 모델을 전면적으로 전환한 IBM은 위기에서 극적으로 탈출할 수 있었다. IBM은 다시 고속성장을 거듭했다. 2009년 IBM은 매출 1,036억 달러에 179억 달러의 영업이익을 거두었다. 직원 수도 인도인 13만 명을 포함해 40여만 명에 이르렀다. 비즈니스 모델의 전환과정에서 해고했던 인원수보다 훨씬 많은 일자리를 새로이 창출한 것이다.

반란을 성공시키는 전략

글로벌 경쟁이 치열해지고 기술 변화 속도가 빨라지면서 비즈니스 모델에서의 혁신 필요성이 갈수록 커지고 있다. 이는 곧 기성의 것에 매이지 않는 신세대 창조자들이 혁신적 역할을 할 수 있는 여지가 그만큼 넓어지고 있음을 의미하는 것이다. 그렇다면 신세대 창조자들이 게릴라가 되어 '반란'을 성공시키려면 어떻게 해야 하는가.

게리 해멀은 IBM에서의 경험을 바탕으로 아래와 같이 반란을 일으키는 8단계를 이야기하고 있다. 여러모로 참고가 될 것이다. 다만 여기서 소개하는 각 단계는 반드시 시간적 선후 관계가 아님을 염두에 두는 것이 좋다.

1단계: 관점을 정립하라. 세상에서 변화하는 것이 무엇이며 그 변화는 어떤 기회를 가져다줄 것인지, 그리고 그 기회를 살릴 수 있는 비즈니스 모델은 무엇인지를 정확히 파악할 수 있어야 한다.

2단계: 선언서를 만들어라. 사람들이 읽고 받아들일 수 있는 논쟁의 여지가 없는 '자료 폭탄'을 만들어야 한다.

3단계: '연합조직'을 만들어라! 아무리 뛰어난 사람이라 하더라도 결코 혼자서 반란을 성사시킬 수 없다. 뜻을 함께할 수 있는 사람을 최대한 모아야 한다.

4단계: 표적을 설정하고 집중 공략하라. 임원 중에는 반드시 반란을 지지할 사람이 있다. 그들은 언제나 가려운 곳을 긁어주기를 바라는 사람들이기 때문이다. 도리어 혁신을 추구하는 과정에서 가장 설득하기 어려운 사람들은 대체로 새로운 질서에 위협을 느끼는 중간 간부들이다. 따라서 임원 중에 응원군이 되어줄 사람을 표적으로 정하고 집중 공략해야 한다.

5단계: 흡수하거나 중립적 입장을 취하게 만들어라. 반란이 기업 전체의 판도를 변화시킬 정도면 구성원 모두가 그에 대해 어떤 형태로든지 입장을 취하기 마련이다. 여기서 절대 우세를 점하려면 가능한 한 많은 사람을 동조 세력으로 흡수하고 그렇지 못하면 중립적 입장을 취하도록 만들어야 한다.

6단계: 통역해줄 사람을 찾아라. 게릴라들은 종종 세대나 직급, 문화 차이로 소통이 어려운 경우에 직면할 가능성이 높다. 그럴 경우는 중간에서 통역해줄 사람을 내세우는 것이 바람직하다.

7단계: 작게 승리하고, 초기에 승리하고, 자주 승리하라. 반란의 정당성이 최종적으로 입증되기까지는 많은 시간이 필요하다. 이러한 조건에서 사람들을 설득할 수 있는 가장 좋은 수단은 개별적으로 적용했을 때 나타나는 긍정적 효과다. 그러한 효과가 자주 나타날수록 설득력이 커질 수 있다.

8단계: 고립시키고, 침투하고, 통합하라. 먼저 타성에 젖은 기존 질서로부터 스스로를 고립시켜야 한다. 반란은 그로부터 시작되는 것이다. 그런 다음 기존 질서에 침투하여 자신들의 아이디어가 방해받지 않고 성장할 수 있는 독자적인 영토를 구축해야 한다. 이를 바탕으로 기존의 조직을 점차 새로운 영역으로 통합시켜나가야 한다. 조직 전체의 변화는 그렇게 일어난다.

이렇듯 주도면밀한 과정을 거칠 때 반란은 성공할 수 있다. 성공하는 반란은 하나의 예술작품과도 같은 것이다.

물론 이러한 반란이 비단 비즈니스 모델의 혁신에 국한되는 것은 아니다. 경우에 따라서는 신세대 창조자들이 조직문화 혁신을 포함한 경영혁명의 불길을 지피기 위해 이러한 과정을 거칠 수도 있다. 물론 구체적 방법은 기업의 실정과 조건에 따라 매우 다양할 수 있음을 잊지 말아야 할 것이다.

그렇다면 아래로부터의 반란에 대해 경영자는 어떤 태도를 취해야 할 것인가. 현명한 경영자라면 게릴라들의 활동을 적극 후원함으로써 자신의 목표를 실현할 원동력으로 삼고자 할 것이다. 한 걸음 더 나아가 게릴라들이 반란을 일으키도록 부추길 것이다. 지금은 그러한 것이 필요한 시대이기 때문이다.

미래형 기업의 싹 티켓몬스터

기업이 신세대 창조자들에 맞게 수평적 조직문화를 정착시켰을 때 아래로부터의 에너지는 어떤 식으로 분출할까? 혹시 그러한 모습을 직접 눈으로 확인할 기회는 없을까. 기성세대 없이 신세대만으로 움직이는 기업이라면 그러한 모습을 보여줄 가능성이 매우 클 것이다. 다행히도 우리는 그러한 사례를 찾을 수 있었다. 2011년 현재 임직원 거의 모두가 20대인 티켓몬스터(티몬)가 그중 하나다.

티몬은 소셜 네트워크를 통해 할인티켓 판매를 대행하는 소셜 커머스 벤처기업이다. 2010년 5월 신현성 대표(당시 26세)의 주도로 5명이 500만 원의 돈을 모아 창업했다. 돈보다는 창조력과 열정이 사실상 그들이 가진 자산의 전부였다. 그러던 티몬이 단 8개월 만에 직원 수는 200여 명으로 늘어났고 매출도 250억 원을 넘겼다. 2011년 매출 목표는 무려 2,000억 원, 직원도 500여 명으로 확대할 예정이다. 기성세대가 보기엔 철없는 도전처럼 보이겠지만, 필자가 서울 역삼동의 티몬 본사를 직접 찾아가 눈으로 확인해본 결과는 충분히 가능하다는 것이었다.

우선 임직원 사이에 벽이 없으며 누군가 지시하는 사람도 없지만 알아서 척척 일을 해치우는 조직문화가 그들의 초강력 무기였다. 티몬에서는 각자가 중심이면서 수평적으로 소통하고 협력하는 신세대의 정체성이 액면 그대로 조직문화가 되어 있었던 것이다. 티몬이 마치 신세대의 해방구 같은 느낌마저 주는 것은 그러한 이유에서다.

티몬의 조직문화는 한마디로 격식 파괴다. 출퇴근시간이 오전 10시에서 오후 7시로 돼 있긴 하지만 별 의미가 없다. 각자의 형편에 맞게 출퇴근을 하고 있으며 늦게 출근해도 뭐라고 하는 사람이 없다. 이 회사 사무실에는 저녁 7시가 되면 음악소리가 울려 퍼지고 맥주가 등장한다. 흥얼거리며 노래를 부르고 몸을 흔들며 춤을 추는 사람도 있다. 그러다 자리에 앉아 일을 한다. 일과 놀이 사이에 뚜렷한 구별이 없는 이러한 모습이 무척 자연스러워 보인다.

티몬은 소통에 관해서는 단순명료한 원칙을 갖고 있다. 티몬 사람들은 어떤 경우든 소통을 가로막는 장벽 자체를 허용하지 않는다. 불만이 있으면 거침없이 쏟아냄으로써 문제를 즉각 해결하는 데 익숙하다. 격의 없는 소통은 퇴근 후에도 이어진다. 갑자기 '아! 바로 이거야' 하는 생각이 들면 새벽 3시라도 개의치 않고 대표나 다른 사람들에게 전화를 한다. 상대방도 곧바로 전화를 받고 서로 신이 나서 한참을 얘기한다. 이처럼 활달한 소통 덕분에 티몬 구성원은 서로 간의 믿음이 매우 강하며, 그러한 믿음 덕분에 거침없이 달려갈 수 있었다.

티몬의 조직문화를 대표하는 또 하나의 특징은 지시와 통제를 찾아보기 힘들다는 것이다. 티몬에서는 누구든 스스로 알아서 일을 한다. 중요한 결정은 대체로 그 분야를 책임지고 있는 사람이 한다. 대표도 "그 문제는 당신이 가장 잘 알 것 아니냐. 그러니 당신이 알아서 판단하라"며 적극 밀어준다. 그러다 보니 티몬의 의사결정은 무척 빠를 뿐만 아니라 구성원들의 책임의식 또한 매우 높다. 자신이 결정한 것인 만큼 자신이 책임져야 한다는 생각을 자연스럽게 갖기 때문이다.

이러한 티몬의 조직문화는 기존 대기업의 조직문화와 뚜렷이 대비되는 것이다. 이 점을 확연히 보여주는 흥미로운 장면이 있다. 티몬에도 대기업 출신들이 여럿 있는데 대체로 상당히 고전을 한다고 한다. 스스로 알아서 일을 하는 데 매우 서툴기 때문이다. 대기업에서 직장생활을 하면서 자신도 모르는 사이에 지시와 통제 위주의 조직문화에 물들어 있었던 것이다.

티몬 사람들이 가장 중시하는 것은 주인의식을 갖는 것이다. 티몬 사람들은 대부분 자신이 업무의 중심에 서 있다고 느끼고 있고 회사를 내 회사라고 생각한다. 그들에게 이건 필수였다. 그렇지 않으면 이 별난(?) 분위기를 견디지 못하고 떠나고 만다.

티몬 사람들의 주인의식은 대체로 체험을 통해 자연스럽게 형성된 것이었다. 회사의 성장과 자신의 성장이 일치됨을 피부로 느낄 수 있었기 때문이다. 신현성 대표 역시 이 점에 가장 신경을 쓰고 있다. 신 대표는 구성원들이 주인의식을 갖도록 하려면 끊임없이 새로운 기회를 주어야 하고 그러자면 회사가 빠르게 성장해야 한다고 믿고 있었다. 티몬이 초고속 성장을 추구하는 가장 중요한 이유가 여기에 있었다.

높은 주인의식은 강한 자부심과 자발적 열정으로 이어지고 있었다. 티몬의 한 간부는 주변에 금융권에 다니며 고액연봉을 받는 동료들도 있지만 별로 부럽지 않다고 말했다. 이유는 남들이 쉽게 가질 수 없는 꿈을 티몬에서 키울 수 있기 때문이란다. 그래서 그런지 티몬에서는 특별히 요구하는 사람도 없고 인센티브가 없는데도 야간근무와 주말근무를 자청하는 경우가 많았다.

티몬과 관련해서 빠뜨릴 수 없는 대목이 또 하나 있다. 바로 여성들의 지위와 역할이다. 티몬에서는 여성이라고 해서 특별히 차별받거나 위축되지 않는다. 한걸음 더 나아가 여성 특유의 섬세함이 곳곳에서 빛을 발하고 있었다. 티몬에서는 할인티켓을 내놓는 업체를 벤더라 부르는데 그중에는 요식업체가 많이 포함되어 있었다. 티몬은 한 번 인연을 맺은 이들 업체에 대해 사후관리를 철저히 하는데 종종 주말에 찾아가 자청해서 서빙을 해주기도 한다. 여성이 아니면 쉽게 생각할 수 없는 행동이라고 할 수 있다.

지금까지의 통념은 군대처럼 일사불란한 조직이 최고의 속도와 추진력을 보장할 수 있다는 것이었다. 그런데 이러한 통념이 티몬에서 보기 좋게 깨져나가고 있다. 군대와는 정반대의 모습을 한 조직이 최고의 속도와 추진력을 발휘하고 있기 때문이다. 물론 설립된 지 얼마 안 되는 신생기업인 만큼 섣부른 평가는 금물일 수 있다. 구성원의 대부분이 20대다 보니 일반화도 쉽지 않다. 그럼에도 신세대 창조자들은 수평적 조직문화를 바탕으로 주인의식을 가질 때 최고의 에너지를 발산할 수 있음을 입증하는 사례로는 조금도 부족하지 않을 것이다.

4부 | 상생의 생태계

우리는 앞서 생산요소의 관계가 어떻게 변화하는지를 살펴보았다. 이제 경제 주체의 관계가 어떻게 변화하는지를 살펴볼 차례다.

인본주의 사회로 가까이 다가가면서 산업 시대의 일반적 모습이었던 돈과 기계의 예속으로부터 인간의 본성을 되찾고 이를 중심으로 경제를 운영하고자 하는 노력이 강화되고 있다. 그에 따라 인간 자체에 대한 좀더 냉철하면서도 깊이 있는 성찰이 더욱 절실해지고 있다. 여기서 가장 기본적인 것은 자연과 인간의 관계를 근본적으로 재검토하는 것이다. 인간 역시 자연 속에서 만들어진 존재인 만큼 자연에 귀의할 때 본성이 제대로 발현되기 때문이다. 하지만 근대 이후 인간은 자연을 정복 대상으로 삼으면서 그 위에 군림해왔다. 지금 필요한 것은 바로 그 오만의 옷을 벗어던지는 것이다. 능히 그럴 때 인간의 본성을 되찾을 수 있다.

"인간은 여전히 자연의 일부고, 자연을 스승 삼아 배워야 할 어리석은 제자일 뿐이다."

인간 사회에서 벌어지는 온갖 복잡한 문제들의 해법 역시 자연으로부터 얻을 수 있다. 경제 주체 간의 관계를 푸는 원리 역시 마찬가지다. 결론적으로 그것은 승자독식을 지양하고 동반자 관계의 연쇄 사슬인 '상생의 생태계'를 구축하는 것이다. 이러한 상생의 생태계가 일반화될 때 사회는 승자독식이 지배했던 지금까지와는 전혀 다르게 움직일 것이다. 요컨대 다양한 경제 주체들이 상생의 생태계를 통해 갈등을 해소하고 시너지 효과를 증폭시킬 수 있는 것이다.

10장

공멸의 덫,
승자독식을 넘어

• 시골에서는 동네 개들이 한곳에 모여 있는 경우가 자주 있다. 개들은 처음에는 서로 장난도 치면서 재밌게 어울린다. 하지만 누군가가 무리 사이에 고깃덩어리라도 던져주면 분위기가 확 바뀐다. 서로 그걸 차지하기 위해 자기들끼리 으르렁대고 물어뜯고 난리를 친다. 말 그대로 '개판'이 되는 것이다. 그러다가 결국은 한 마리가 모든 것을 독차지한다. 말 그대로 승자가 독식하는 것이다.

그런데 정작 이러한 승자독식이 가장 잔혹한 모습으로 나타난 것은 다름 아닌 인간의 세계였다. 지배의 역사는 곧 승자독식의 역사라고 해도 과언이 아닐 정도다. 우리는 이러한 승자독식의 실상과 그것이 빚어내는 파괴적 결과를 정확히 파악함으로써 상생의 생태계 구축의 불가피성을 제대로 이해할 수 있을 것이다. •

1. 세상을 지배한 포식자들

필자는 수년간 강원도 어느 산기슭에 머물며 많은 시간을 숲 속에서 지냈다. 그러던 중 같은 종류의 나무라도 장소에 따라 모양새가 다르다는 것을 발견할 수 있었다. 어떤 곳은 가지를 옆으로 넓게 뻗은 채 낮은 자세를 취하고 있었고 어떤 곳은 가지를 짧게 뻗은 채 위로 쭉쭉 솟아 있었다. 유심히 관찰한 결과 그 차이는 나무와 나무 사이의 간격에서 비롯된 것임을 알 수 있었다. 나무 사이의 거리가 넓은 곳은 가지가 넓고 키가 작은 반면 거리가 좁은 곳은 가지가 짧고 키가 컸던 것이다.

참으로 신기했다. 나무에게 주위를 볼 수 있는 눈이 있다니! 무엇보다 중요한 것은 그들의 생존방식이었다. 나무들은 거리가 좁더라도 서로 자리를 차지하기 위해 뒤엉켜 싸우지 않고 최대한 폭을 좁히며 위로만 뻗어 올라갔다. 그런 식으로 나무들은 멋지게 상생하고 있었다. 물론 햇빛을 좀더 잘 받기 위한 생존경쟁이 빚어낸 결과일 수도 있다. 그렇다 하더라도 얼마나 아름다운 경쟁이던가!

이뿐만이 아니었다. 나무는 자신이 서 있는 공간조차도 홀로 독차지하지 않았다. 큰 나무 아래는 중간 키 정도의 나무가, 그 아래에는 더욱 작은 키의 나무들이 자라고 있었다. 비어 있는 아래 공간을 자신보다 키가 작은 나무들에게 내주고 나뭇잎 사이로 햇빛과 빗물을 나누어주었던 것이다. 아울러 나무는 가을이 되면 거름이 될 낙엽을 드넓게 뿌린다. 나무는 자신과 주변의 식물에게 골고루 영양분을 나눠주는 것이다. 하지만 이것이 전부가 아니었다. 나무는 열매를 동물들의 먹잇감으로 제공했다. 그 대신 동물들은 열매 속에 포함된 씨앗을 배설물을 통해 다양한 곳에 뿌려주었다. 나무는 동물들과도 상생의 관계를 맺고 있었던 것이다.

나무를 중심으로 한 식물은 광합성 작용과 산소의 생성을 통해 모든 생명체가 필요로 하는 에너지를 공급해왔다. 식물이야말로 모든 생명체의 어머니였던 것이다. 그런데 이러한 식물의 세계를 관통하고 있는 속성이 바로 상생이었다. 상생이야말로 지구가 생명으로 넘쳐나는 푸른 별이 될 수 있었던 근본 원리였던 것이다.

그러나 생명의 세계가 오직 상생의 원리에 따라 움직인 것은 아니었다. 동물 세계에서는 종종 포식자가 나타나 상생의 원리에 역행하는 승자독식을 추구했던 것이다. 학자들은 지구 역사상 여러 차례 반복되었던 생물의 대규모 멸종 사태의 주요인의 하나로서 포식자의 등장을 꼽고 있다. 그런데 이러한 승자독식이 가장 강력한 힘을 발휘했던 곳이 바로 인간 세계인 것이다.

인간 세계에서 승자독식의 논리는 그 뿌리가 매우 깊다. 인류 역사를 되돌아보면 어느 때와 장소든지 피비린내 나는 권력투쟁의 장면으로 가득 차 있다. 대체로는 단 한 사람이 최종 승리를 거두고 모든 전리품을 차지했다. 그러고는 인간이 맛볼 수 있는 최고의 부귀영화를 혼자 다 누렸다. 온전한 의미에서 승자가 독식했던 것이다.

아마도 역사상 승자독식의 최고 대가를 꼽으라면 단연 중국 황제들이었을 것이다. 로마에도 황제가 있었으나 중국의 황제에 비교할 바가 못 되었다. 중국 황제들이 누렸던 권세와 부는 상상을 초월했다. 오직 황제만이 소유할 수 있는 궁녀의 수가 수만 명을 넘은 경우도 있었다고 한다.

중국 황제의 권세와 부가 이토록 엄청나다 보니 언제나 그에 도전하는 세력이 있기 마련이었다. 동시에 그러한 도전에 대한 반작용으로서 잠재적 위협을 제거하기 위한 피의 숙청이 빈번하게 일어났다. 그리하여 중국 황제를 사로잡은 승자독식의 논리는 종종 엄청난 비극을 양산하곤 했다. 그 같은 비극을 연출한 대표적 인물로서 명나라 초대 황제인 주원장을 빼놓을 수 없다.

주원장은 원나라 말기 안휘성 보양의 가난한 집에서 태어나 어릴 적 목동생활로 생계를 유지했다. 17세 되던 해에 기근과 악질이 유행하여 부모 형제를 모두 잃자 황각사에 들어가 중이 되었다. 이후 탁발승이 되어 이곳저곳을 방랑하며 각 지방의 지리와 풍습을 익히는 동시에 백성들의 고통을 직접 체험했다.

그러던 중 곳곳에서 원나라에 맞서는 반란이 일어나자 주원장 또한 반란군에 가담했다. 어느 정도 시간이 흐르자 주원장은 독자적인 세력을 형성하는 데 성공했고 마침내 경쟁 세력을 제압한 뒤 명나라를 건국하기에 이르렀다. 미천한 출신이었던 주원장이 명나라를 세우고 황제의 지위에 오를 수 있었던 것은 무엇보다도 뛰어난 재능을 지닌 인물들이 그의 휘하로 몰려들었기 때문이었다. 수많은 인물들이 원나라를 타도하고 새로운 나라를 세우기 위해 주원장과 생사고락을 함께했다. 하지만 이들 개국공신의 운명은 참혹하기 그지없었다.

주원장이 황제의 지위에 오른 지 13년째 되던 해, 승상인 호유용이 주도하는 역모 사건이 발생했다. 역모 사건은 사전에 발각되었고 그 여파로 호유용 일파와 그 가족들을 포함하여 무려 1만 5,000여 명이 처형되었다. 그 과정에서 개국공신들 상당수가 가족과 함께 목숨을 잃어야 했다.

호유용 역모 사건을 계기로 주원장에게는 공신들이 언제든지 권력을 넘볼 수 있다는 의구심이 생겨났다. 그러한 의구심은 나이가 들수록 더욱 심해졌다. 주원장은 60세를 넘어서자 호유용 사건 때 공신들을 충분히 제거하지 못한 것을 후회했다. 주원장은 자신이 죽은 뒤에 공신들이 권력을 손에 넣기 위해 온갖 흉계를 꾸밀 것이라고 보았다. 마침내 주원장은 61세 되던 해 명참모로서 최고의 개국공신이라고 할 수 있는 이선장에게마저 사약을 내렸다. 이선장은 역모의 주역인 호유용을 추천한 인물이었던 만큼 죄를 면할 수 없다는 이유에서였다. 이선장의 죽음을 신호탄으로 이중형 등의 주요 개국공신들과 그 가족들 1만여 명 이상이 목숨을 잃었다.

이러한 과정을 거쳐 주원장과 함께 명나라를 세웠던 공신과 그 가족을 포함한 주변 인물들 대부분이 비참한 최후를 맞아야 했다. 그러나 이것이 전부가 아니었다. 주원장은 권력남용이 심했던 개국공신 남옥에게 철퇴를 내리면서 남옥의 당파로 의심되는 인물들뿐만 아니라 그들과 조금이라도 연관된 사람들 모두를 숙청했는데 그 수가 무려 2만여 명에 이르렀다.

주원장의 예에서 드러나듯이 승자독식 논리는 인류 역사를 피로 물들이는 근원이 되어왔다. 어쩌면 근대 이후 민주주의 확립을 위한 투쟁의 역사는 이러한 승자독식을 극복하기 위한 것이었는지도 모른다. 그렇다고 해서 승자독식이 완전히 사라진 것은 아니다. 우리는 앞서 신자유주의의 밑바탕에 악마의 유혹 중 하나로서 승자독식 논리가 꿈틀거리고 있음을 확인한 바 있다. 이뿐만이 아니다. 승자독식은 우리 사회 곳곳에서 다양하게 그 모습을 재현해왔다. 집 없는 서민을 울려가면서 크게 한몫 보자고 부동산 투기를 하는 것이나 개미들을 대거 끌어들여 주가를 끌어올린 뒤 큰손들만 재미 보는 것 모두가 승자독식 게임판의 모습이다. 이 중에서도 부동산 투기는 승자독식 게임의 전형을 보여주었다.

한국은 토지 소유가 극도로 편중되어 있는 나라다. 2004년 기준 상위 1퍼센트가 전체 개인 소유 토지의 절반 이상을 소유하고 있었으며 토지 소유자의 상위 5퍼센트 정도가 전체 토지의 82.7퍼센트를 차지하고 있었다. 이처럼 불균등한 토지 소유를 바탕으로 확실한 승자라고 할 수 있는 상위 5퍼센트는 부동산 가격의 상승을 통해 엄청난 부를 쌓아올릴 수 있었다.

1963~2004년까지 서울의 땅값은 무려 954배, 주요 도시들의 땅값은 780배로 뛰어올랐다. 반면 이 기간에 소비자 물가는 38배 올랐

다. 서울의 경우 소비자 물가와 땅값이 무려 25배 정도 차이가 나는 것이다. 1963년에 서울에 땅을 사둔 사람의 경우 가만히 앉아서 25배나 되는 순이익을 거둔 셈이었다. 바로 이러한 과정을 통해 토지 소유자들은 경제성장의 과실을 거의 독식하다시피 할 수 있었다. 반면 나머지 사람들은 집값, 전·월세 비용, 임대료의 폭등으로 인해 엄청난 출혈을 감내해야 했다.

기업의 세계 역시 승자독식 논리가 지배해왔다. 그간 대기업들은 철저하게 제로섬 게임을 통해 이익을 독식해왔다. 대기업과 중소기업의 관계는 일방적으로 뺏고 뺏기는 갑과 을의 관계였다. 대기업이 거대한 부를 쌓아 올릴 수 있었던 것도 상당 부분은 중소기업들의 희생을 바탕으로 한 것이었다. 말 그대로 대기업은 포식자의 전형을 보여주었던 것이다.

그렇다면 승자독식의 끝은 무엇이며 그것을 넘어서는 세계는 어떤 모습일까? 그에 대한 해답을 찾기 위해서는 인간과 자연의 관계에서 얻어진 교훈을 되새길 필요가 있다.

2. 가장 위대한 스승, 자연

근대 이전의 사람들은 상생의 원리를 바탕으로 자연친화적인 삶을 살았다. 당시 사람들은 자신을 자연의 일부로 보았고, 자연을 어머니로 여기기도 했다. 안데스 산맥에 사는 일부 원주민들은 지금도 한곳에서 오래 농사를 짓지 않는다. 너무 오랫동안 농사를 지으면 토양이 황폐해져서 어머니인 자연을 욕보이기 때문이란다.

하지만 근대 이후 산업화가 진행되면서 전혀 다른 양상이 나타났다. 자연을 정복 대상으로 간주하면서 인간 자신의 존재 근거를 위협할 만큼 무차별적인 파괴가 이루어진 것이다. 결국 인간 삶의 지속가능성에서 빨간 불이 켜지고 말았다. 그로부터 얻게 된 귀중한 교훈이 있었다.

논농사의 교훈

고도의 문명을 일으켰던 동아시아 사람들은 오랜 역사 동안 생태계 유지를 생존의 필수조건으로 이해해왔다. 수천 년간 지속해온 논농사는 이 점을 입증한다.

논은 겉으로 보면 전형적인 단작(單作, Monoculture)의 모습을 띠고 있다. 같은 땅에 똑같은 작물을 반복해서 재배해왔던 것이다. 대체로 이런 경우는 작물이 자신이 필요로 하는 영양분만을 지속적으로 빨아들임에 따라 토양을 극도로 황폐화시킨다. 그 결과 지속가능성을 상실할 확률이 매우 높다. 그런데 신기하게도 논농사는 같은 땅에서 똑같은 벼를 재배하면서도 수천 년이나 이어져올 수 있었다. 도대체 어떻게 해서 이런 일이 가능했던 것일까. 그 비밀은 바로 논이 인공습지로서 상생하는 복합 생태계의 일부로 기능해왔다는 데 있었다.

전통사회의 논은 주변의 하천과 수로로 연결되는 복합 생태계의 일부로 존재했다. 덕분에 담수어가 하천, 수로, 논을 서로 왕래하며 생활할 수 있었으며 그중에서 메기나 붕어 등은 산란장소로 논을 활용하는 경우가 많았다. 또한 논은 방게와 잠자리 등 곤충의 서식지가 됨으로써 생물종의 다양성을 유지하는 데 기여하기도 했다. 여기에 머물지 않고 논은 주변의 관개용 저수지, 잡목림과 초원, 동네 야산 등이 유기적으로 조화를 이루는 더 큰 복합 생태계의 일부를 이루어왔다.

이렇듯 논은 복합 생태계의 일부가 되어 주변 환경과 유기적인 조화를 이룸으로써 벼 재배에 필요한 최적의 조건을 확보할 수 있었다. 무엇보다도 장기간에 걸친 단작에도 불구하고 지력을 유지할 수 있었다. 논에 서식하는 다양한 생물들의 배설물과 사체는 지력 유지에 필수적인 영양소를 공급해주었다. 이와 함께 유기적으로 연관을 맺고 있는 주변 환경으로부터 새로운 영양소가 꾸준히 유입되었다. 그럼으로써 전통사회에서의 논은 지속가능한 농업의 표본이 될 수 있었다.

이 같은 논의 특성은 서구인들이 보기에도 매우 경이로운 것이었다. 1909년, 태평양을 건너 대한제국의 논농사를 보러 온 미국인이 있었다. 미국 위스콘신 대학교의 농학교수였던 F. H. 킹(1848~1911)이 바로 그였다. 킹은 아홉 달 동안 대한제국과 청국, 일본의 논을 답사했다. 그는 『4,000년의 농부들, 중국·한국·일본에서의 지속가능한 농업』에서 우리의 벼농사를 '지속가능한 농업'으로 평가하며 다음과 같이 언급했다.

미국을 계속 유지하고자 원한다면, 우리가 이 몽고족의 나라들처럼 삼천년 내지 사천년에 걸쳐 역사를 잇고자 한다면, 또한 그 역사에 평화가 이어지고 기근과 전염병이 없게 하려면, 미국은 방향을 다시 잡아야만 한다. 지속가능하도록 자원을 보전하는 데에 농사의 초점을 맞추어야 하는 것이다.*

* 박세길, 『우리농업 희망의 대안』, 시대의창, 2007, 37쪽.

논농사에서 형성된 상생의 생태계는 사람들의 가치관과 그에 따른 사회적 관계에도 상당한 영향을 미쳤다. 대표적인 예로서 조선 시대의 향약(鄕約)을 들 수 있다.

　지역 자치공동체로서 향약은 세계 역사에 그 유례를 찾아보기 힘들 정도로 정연한 체계를 갖추었던 것으로 평가받고 있다. 향약은 봉건지배 체제 아래서 작동했다는 근본적인 한계에도 불구하고 구성원 모두가 동등한 권한을 갖고 발언하고 대표자를 선출했다는 점에서 상당히 평등하고 민주적인 공동체였다. 향약은 평등사회를 의미하는 대동사회(大同社會) 건설을 이념으로 삼고 있었는데 이는 다시 덕업상권(德業相勸), 과실상규(過失相規), 예속상교(禮俗相交), 환난상휼(患難相恤) 등의 자치 규약으로 구체화되었다. 이 중에서 오늘날 지역 사회복지의 원형이라고 할 수 있는 환난상휼은 공동체 성원들이 철저한 무보수 원칙에 입각해서 어려움을 함께 나누는 것을 지향했다. 가령 어느 집 굴뚝에 연기가 나지 않으면 식량이 떨어진 것으로 알고 곧바로 이웃집에서 데려다가 함께 식사를 했다.

　이렇듯 향약은 상생의 가치를 생활문화로 정착시켰다. 그 토대가 된 것이 바로 논농사였다. 말하자면 전통사회에서 논농사는 상생의 가치를 자연스럽게 체득하는 학습의 장이 되었던 것이다. 그런데 현대에 이르러 상황이 크게 달라지고 말았다. 전통사회에서처럼 논을 '유기적 조화를 이룬 복합 생태계의 일부'로 인식하는 것이 아니라 독립된 '식량 공장'으로 간주하기 시작한 것이다.

　오늘날 논농사에는 여느 공장과 마찬가지로 다양한 기계가 동원되고 있고 엄청난 양의 화학물질이 투입되고 있다. 이러한 과정은 품종개량 등과 결합하면서 대규모 식량 증산으로 이어졌다. 하지만 화학비료와 농약의 과도한 투입은 논농사 고유의 생물 다양성을 파괴하면서 심각한 지력 약화를 초래하고 말았다. 아울러 수로 등이 콘크리트 시설로 바뀌면서 주변 환경과의 유기적 연관성도 크게 약화되었다. 그 결과 더 많은 화학물질을 투입하지 않으면 논농사를 유지하기가 힘들어지기에 이르렀다. 이러한 상황은 궁극적으로 논에서 생산되는 식량의 안전성 문제로 비화될 수밖에 없다. 이래저래 논농사는 지속가능성을 상실할 위험에 직면한 것이다.

논의 생태계가 파괴되어가면서 사람들의 사고와 사회적 관계에서도 상생의 가치가 급격히 사라져갔다. 그에 따라 향약을 통해 구축되었던 함께 먹고사는 상생의 지역공동체는 그 흔적을 찾아보기 힘들 정도로 파괴되었다. 대신 생존의 아귀다툼을 벌이는 치열한 시장경쟁의 논리가 휘몰아치면서 사람들의 삶은 피폐해져갔다. 인간다운 삶에 위기가 닥친 것이다.

논농사의 역사는 인류 전체의 운명을 상징적으로 보여주는 것일 수도 있다. 근대 이전 인류는 스스로를 자연 생태계의 일부로 생각했고 이를 바탕으로 지속가능한 삶을 영위해왔다. 하지만 근대 이후 자연에 대한 인류의 태도가 크게 바뀌면서 지속가능한 삶의 조건이 처참하게 파괴되고 말았다.

자연, 채찍을 들다

자연은 기본적으로 상생의 원리를 바탕으로 생명 다양성을 유지하면서 진화를 거듭해왔다. 인간의 삶 역시 그러한 자연의 섭리를 따를 때 지속가능성을 보장받을 수 있었다. 이는 곧 인간도 자연의 일부이며 자연의 섭리에서 벗어날 수 없음을 의미한다. 자연과 분리된 인간의 세계는 존재할 수 없는 것이다.

자연의 세계에서도 종종 승자독식의 본능을 드러내면서 생태계를 파괴하는 포식자가 나타났다. 하지만 포식자의 운명은 언제나 비극적 종말로 나타났다. 포식자는 생태계를 파괴하면서 끝내는 자신이 생존할 수 있는 조건마저 무너뜨리기 때문이다. 이는 곧 자연이 포식자의 끝을 공멸로 마무리함으로써 스스로를 복원할 계기를 마련해왔음을 말해준다. 그런데 지난 몇백 년에 걸쳐 자연계 역사상 최강의 포식자가 나타났으니 그것은 바로 인간이었다. 인간은 인간 자신의 세계에서뿐만 아니라 자연과의 관계에서도 승자독식을 탐했던 것이다. 과연 자연은 그에 대해 어떻게 대응했을까?

근대 이후 인간은 과학기술의 발달을 바탕으로 자연을 철저히 정복의 대상으로 여기기 시작했다. 요컨대 인간에게 자연은 동등한 가치를 지닌 다양한 생명의 세계가 아니라 인간의 욕구를 충족시키기 위해 정복하고 개발해야 할 자원에 불과했던 것이다. 이는 명백히 모든 생명체와의 경쟁에서 최종 승리를 거둔 인간이 자연에 대해 무제한의 권리를 행사할 수 있다는 승자독식 논리에 다름 아니었다.

승자독식 논리는 근대 이후 인간의 의식을 확고하게 지배해왔다. 인간이 자연에 대해 무제한의 권리를 행사하는 것에 대해 이의를 제기하는 경우는 거의 없었다. 그에 따라 무분별한 개발과 함께 극심한 환경파괴가 진행되었다. 환경파괴는 위험 수위를 넘어섰고 결국 견디다 못한 자연이 거세게 보복하기 시작했다. 생명의 멸종을 부를지도 모를 지구온난화 현상이 그 대표적인 징표였다.

지구온난화는 그간 인간이 배출한 이산화탄소, 메탄, 아산화질소 등 온실가스가 증대하면서 지구의 온도가 상승하고 있는 현상이다. 과학자들 사이에서는 이의를 제기하는 사람이 거의 없을 만큼 의심할 여지가 없는 현상으로 받아들여지고 있다.

유엔정부 간 기후변화위원회(IPCC)가 2007년 4월 2일 발표한 지구온난화 보고서에 따르면, 2050년경 평균기온이 1.5~2.5도 상승하면서 동식물의 20~30퍼센트가 멸종위기에 처할 것으로 예상되었다. 또한 2080년에는 온도가 3도 이상 올라가면서 지구상 생물 대부분이 멸종위기에 처할 것으로 전망했다. 이 보고서 작성에는 6년 동안 130여 개 나라 2,500여 명의 과학자가 참여했다.

독일 포츠담의 기후영향연구소 등이 참여한 국제연구팀은 과학 전문지『사이언스』에 게재한 논문에서 위원회의 예측과 실제 상황을 비교한 바 있다. 그 결과 지난 16년 동안 위원회가 0.15~0.35도 상승할 것으로 예측한 지표 온도는 실제로 0.33도 올랐고, 해수면 상승 역시 예측과 근사한 값으로 나타났다. IPCC 보고서 내용이 결코 과장된 것이 아님을 확인해준 것이다.

현재 지구온난화로 인해 시간당 3종의 동·식물이 지구상에서 사라지고 있는 것으로 확인되고 있다. 이는 자연적인 멸종 비율에 비해 무려 1,000여 배나 높은 것이다. 머지않아 공룡 멸종 이후 최대의 생물 멸종 사태가 일어날 것이라는 우려가 결코 과장된 것이 아님을 알 수 있다.

지구온난화로 인한 환경 재앙은 여기서 그치지 않는다. IPCC 보고서에 따르면 2080년 기온이 3도 상승하면 극지방과 히말라야의 빙하가 녹으면서 해수면이 24센티미터 높아진다. 그러면 지구 해안가의 30퍼센트 이상이 바다로 변하고 방글라데시와 베트남의 저지대는 바다 속으로 사라질 가능성이 높다.

이와 함께 온도가 높아지고 강수량이 크게 변화하면서 작물 생산량이 줄어들 것으로 예상된다. 그에 따라 기근을 겪는 나라들이 전 세계적으로 크게 늘어날 것으로 보인다. 가장 심각한 곳은 아프리카 대륙이다. 아프리카는 사막화의 진전으로 농사 지을 땅이 줄어드는 가운데 물도 부족해지고, 그나마 고온으로 작물 재배 시기마저 단축되면서 작물 생산량이 크게 감소할 전망이다. 산업화가 덜된 아프리카는 지구온난화에 대한 책임은 가장 적은데도 피해를 예방할 수 있는 돈과 기술의 부족으로 가장 심하게 재앙을 겪어야 할 운명인 것이다.

지구온난화가 지속된다면 인류가 정상적으로 생존하는 것은 사실상 불가능해진다. 설령 생존할 수 있다 하더라도 지옥과 같은 삶을 살아야 할 것이다. 극심한 더위와 배고픔, 각종 알레르기와 심장질환 등이 인간을 괴롭힐 것이기 때문이다. 삶 자체가 고통이 되는 것이다.

지구온난화는 자연이 인간이라는 포식자의 등장에 대응하여 자기복원 장치를 가동하기 시작했음을 알리는 뚜렷한 징표다. 다시 말해서 인간을 포함한 수많은 생명들의 대규모 멸종 사태가 시시각각 다가오고 있는 것이다. 그나마 다행스러운 것은 자연이 다소의 시간을 주고 있다는 점이다. 자연은 어리석은 인간을 깨우치기 위해 채찍을 휘두르고 있다고 볼 수 있다. 가장 위대한 스승인 자연이 인간들에게 쉼 없이 던지고 있는 메시지는 매우 단순명료해 보인다.

"승자독식의 끝은 공멸이며, 오직 상생의 생태계 속에서만 생존을 지속할 수 있다."

자연과 사회는 하나다

인간은 자연의 일부이며 자연의 섭리를 벗어나서 살 수 없다. 자연과 분리된 인간의 세계란 환상에 불과할 뿐이다. 단적으로 자연의 에너지를 공급받지 못하면 인간은 단 한순간도 생존할 수 없다. 심지어 인간 사회에서의 승자독식도 자연에 대한 극심한 학대를 바탕으로 이루어진 것이었다. 예컨대 근대 이후 인간이 자연을 무차별적으로

파괴하는 과정과 독점 대기업의 무제한의 이윤 추구는 동전의 양면
이었다. 독점 대기업의 무제한의 이윤 추구가 자연에 대한 무차별적
파괴를 지속시켜왔으며 그로 인해 발생하는 이익 또한 이들 독점 대
기업이 독식했던 것이다.

자연이 우리에게 깨우쳐준 바에 따르면 승자독식은 강자의 논리
고 지배의 논리며 생태계를 교란하고 파괴하는 포식자의 논리일 뿐
이다. 그리고 그 끝은 공멸하는 것이다. 지구온난화 현상이 깨우쳐주
는 피의 교훈이다. 그런 만큼 인간 사회에서 일어나는 온갖 승자독식
의 행태 역시 종국에는 공멸로 이어질 수밖에 없다. 부동산 투기는
종국에는 거품 붕괴로 이어지고 있고, 주식시장을 무대로 한 머니게
임은 금융위기로 인한 자산 가치 파괴를 초래했다. 대기업의 이익 독
식은 협력업체들을 고사시키면서 결국 대기업 자신의 경쟁력 약화로
이어진다.

이 모든 것은 사람과 자연, 사람과 사람의 관계에서 제기되는 문
제를 통일적 시각으로 접근하고 해결해야 함을 말해주고 있다. 요컨
대 자연과 사회를 인위적으로 분리시켜서 보았던 근대적인 사고 틀
에서 벗어나야 하는 것이다. 진정한 총체성은 그로부터 나온다고 할
수 있다.

근대 이전의 선인들은 사람과 자연, 사람과 사람의 관계에서 제
기된 문제들에 대해 포괄적 해법을 제시해주는 것을 가장 올바르고
가치 있는 것으로 간주했다. 지금이야말로 그러한 해법이 절실히 요
구되는 시기인 것이다. 무엇보다 중요한 것은 그 해법이 이미 나와
있다는 사실이다. 그것은 위대한 스승인 자연이 던져준 메시지 그대
로 상생의 생태계를 복원하고 구축하는 것이다. 그것도 인간과 자연
의 관계뿐만 아니라 인간과 인간의 관계 모두에 걸쳐서 말이다. 다시

말해 자연 생태계와 사회 생태계가 통일적으로 구축되어야 하는 것이다.

과연 인간이 맺고 있는 모든 관계에서 상생의 생태계가 통일적으로 구축될 수 있을까. 그것을 가능하게 하는 결정적 요소가 있다. 지식과 감성, 상상력의 융합으로서 창조력이 주도적 생산요소로 떠올랐다는 사실이 바로 그것이다.

자연이 장구한 세월을 거쳐 진화를 거듭하면서 이룩한 최고의 성취는 바로 인간의 등장이었다. 말 그대로 인간은 진화의 최고 정점에 해당하는 것이다. 자연이 인간에게 준 최고의 선물 또한 인간의 내부에 존재한다. 그것은 다름 아닌 지식과 감성, 상상력의 융합인 창조력이다. 이는 창조력을 제대로 구현할 수 있을 때 자연과의 상생을 바탕으로 인간 자신의 세계를 더욱 발전시켜나갈 수 있음을 암시한다.

먼저 창조력이 어떻게 하여 자연 생태계를 복원할 수 있는지 살펴보자. 창조력이 자연 생태계 복원에 기여할 수 있는 지점은 네 가지가 있다.

첫째, 생산 활동의 중심을 콘텐츠 관련 산업 위주의 비물질적 재화 생산으로 이동시킨다. 그런 점에서도 앞서 이야기한 문화 콘텐츠 산업 중심의 성장전략은 매우 절실하다. 둘째, 더 많은 재화가 아니라 더 많은 기능을 지닌 재화를 등장시킴으로써 자원 낭비를 줄인다. 이는 스마트기기를 통해 그 가능성이 이미 입증된 바 있다. 셋째, 물질적 재화 자체도 좀더 환경친화적으로 만든다. 친환경적인 전기 자동차가 그 단적인 예다. 넷째, 자원의 재활용 가능성을 높인다.

이렇듯 창조력은 인간과 자연의 관계에서 생태계 복원에 기여한다. 그와 동시에 창조력은 인간과 인간의 관계에서도 상생의 생태계 구축을 필연적인 것으로 만든다. 주도적 생산요소의 속성이 경제 주체의 관계를 규정한다는 두 번째 이행의 법칙이 관철된 결과다. 잠시 뒤에 살펴보겠지만 창조력의 속성은 상생이며 그로부터 상생의 생태계가 태동하는 것이다. 이는 생명 세계의 뿌리를 이루는 식물과 생명 세계의 꽃이라고 할 수 있는 인간의 창조력이 기본 속성에서 일치함을 보여준다. 바로 여기서 우리는 상생이 갖는 보편적 가치를 확인할 수 있다.

3. 창조력의 속성, '상생'

독점은 자본주의 사회의 주도적 생산요소인 자본의 고유한 속성이었다. 자본주의의 출발점은 자본가가 생산수단을 독점적으로 소유하는 것이다. 그렇지 않으면 자본주의가 아니다. 자본가는 생산수단을 독점함으로써 기업 경영에 대한 권리와 그로부터 발생한 이익을 독식할 수 있었다. 비슷한 양상이 기업과 기업의 관계로 확장되면서 나타난 결과가 바로 독점 대기업이었다. 승자독식은 자본주의 사회의 고유한 체질이었고 그것을 집약적으로 보여주는 것이 독점이었던 것이다.

하지만 창조력이 주도적 생산요소로 부상하면서 전혀 다른 양상이 나타나기 시작했다. 승자독식의 독점 체제와는 정반대인 상생의 생태계가 빠르게 확산되기 시작한 것이다. 도대체 어떻게 하여 이런 현상이 나타난 것일까? 기업 경영자들이 어느 날 갑자기 착해져서 상생의 가치를 추구하기 시작한 것일까? 혹은 기업이 수익 창출에 집착하지 않고 선행을 하는 데 힘을 쏟기로 방향을 전환한 것일까? 그런 이유는 결코 아닐 것이다. 기업은 수익 창출을 소홀히 하면 스스로를 유지하고 발전시킬 수 없기 때문이다.

개방과 공유, 협력

두 번째 이행의 법칙에 따르면 주도적 생산요소의 속성이 경제 주체들의 관계를 규정짓는다. 그렇다면 새로운 주도적 생산요소로 떠오른 창조력의 속성은 무엇일까?

참고로 주도적 생산요소의 속성을 알기 위해서는 무엇을 추구했을 때 최적의 결과를 낳는지 파악하면 된다. 최적의 결과가 나오기 때문에 그것을 지속적으로 추구하고 그러다 보니 자연스럽게 속성으로 굳어지는 것이다. 가령 자본은 독점을 추구할 때 최적의 결과를 얻을 수 있기 때문에 독점을 속성으로 갖는다.

창조력의 구성요소인 지식과 감성, 상상력은 흔히 웹2.0 정신이라고 부르는 개방과 공유, 협력이 이루어질 때 최적의 결과를 낳는다. 지금부터 그 이유를 차례대로 살펴보자.

우리는 앞서 권력의 세 가지 원천에 대해 살펴보았다. 그런데 권력의 원천 중 폭력과 부는 유한하다. 폭력과 부는 대부분 그것을 충분히 지닌 사람과 그렇지 못한 사람으로 확연히 나뉜다. 또한 그것을 쥐고 있는 사람과 그렇지 않은 사람은 전혀 다른 처지에 놓인다. 누군가가 총을 들고 사람을 향해 겨누고 있거나 돈을 쥐고서 매수나 보상을 약속할 때 총이나 돈을 쥔 사람과 그 대상자는 완전히 다른 상황에 놓이는 것이다.

또 다른 권력의 원천인 지식은 전혀 성격이 다르다. 지식은 앞서 살펴보았듯이 사회적 약자도 비교적 획득하기가 쉽다. 특히 인터넷이 발달하면서 누구나 원하는 지식을 좀더 쉽게 얻을 수 있는 길이 열렸다. 또한 지식은 누군가가 사용하고 있다고 해서 반드시 다른 사람이 사용할 수 없는 것이 아니다. 도리어 사용하는 사람이 늘어나고 그 내용을 폭넓게 공유할수록 지식의 가치는 더욱 커진다. 그런 만큼 지식은 본성적으로 개방과 공유를 추구하기 마련이며 그러한 조건에서 더욱 빠르게 발전한다.

지식과 협력의 관계 또한 마찬가지다. 폭력과 부는 같은 종류라도 모으면 효과가 더욱 커진다. 같은 종류의 총이 늘어나면 무력이 강화될 수 있고, 같은 종류의 돈이 늘어나면 부가 증가하는 것이다. 그런데 지식은 전혀 그렇지가 않다. 같은 내용의 지식은 아무리 모아봐야 쓸모가 없다. 오직 지식은 서로 다른 내용을 융합시킬 때 새로운 가치가 창출된다. 차이가 큰 지식을 융합할수록 효과는 더욱 커진다. 이는 상이한 지식이 서로 경쟁하기보다는 협력을 통한 융합을 시도할 때 훨씬 좋은 결과를 낳을 수 있음을 의미한다. 바로 이러한 특성으로 인해 지식의 세계에서는 협력을 통한 상생을 추구할 때 각자에게 최상의 결과가 돌아간다.*

이렇듯 지식은 개방과 공유, 협력이 잘 이루어지는 조건에서 가장 왕성하게 발전할 수 있다. 감성은 더 말할 나위가 없다.

문제를 쉽게 이해하기 위해 개방과 공유, 협력의 정신이 결여된 상황을 머릿속에 그려보자. 과연 서로에게 마음의 문이 닫혀 있고, 나누는 것을 기피하는 비협력적인 상황 속에서 감성이 제대로 발현될 수 있을까? 상식적으로 생각해도 그럴 가능성은 거의 없다. 사람의 감성은 서로의 가슴이 열려 있는 상태에서 교감이 이루어지고 협력하는 분위기가 무르익을 때 풍부하게 발현되는 것이다.

감성을 주요 에너지로 하여 창조된 것이 문화예술이다. 이러한 문화예술이 어떤 환경에서 발달했는지를 돌아보면 문제가 좀더 분명해진다. 문화예술은 공통적으로 개방적인 환경에서 다양한 요소들을 공유하며 협력의 분위기가 무르익은 곳에서 꽃을 피웠다. 말 그대로 개방과 공유, 협력의 정신이 잘 구현된 곳에서 문화예술은 크게 발전하는 것이다. 이와 관련하여 역사연구가 칙센트미하이는 '창의성의 중심'이 된 곳은 "다양한 문화가 교차하는 곳, 여러 가지 지식이 융합하는 곳, 사람들이 새로운 사고를 수용할 여건이 잘 조성되어 있는 곳이다"라고 말하면서 그에 해당하는 곳으로 기원전 5세기의 그리스, 15세기의 플로렌스, 19세기의 파리를 꼽았다.

그렇다면 상상력은 어떠한지 살펴보자. 앞서와 똑같이 개방과 공유, 협력과는 정반대의 사고를 하는 사람들을 떠올려보자. 예컨대 고정관념에 사로잡혀 있고 권위에 굴종하며 시야가 좁은 세계에 갇혀 있는 사람, 배타적 입장에서 자기 것만을 고집하는 사람, 협력의 여지를 주지 않고 무조건 경쟁상대로만 생각하는 사람 등이 그에 해당

---

* 티나 실리그의 『스무 살에 알았더라면 좋았을 것들』에는 협력의 가치를 확인해주기 위해 스탠퍼드 대학생들을 대상으로 실시한 모의실험 이야기가 나온다. 먼저 학생들을 6개 팀으로 나눈다. 그리고 각각 100개의 조각으로 구성된, 완성된 그림조각 맞추기 퍼즐 5개를 보여준다. 학생들에게 그 퍼즐들을 약 1분 동안 보게 한 다음, 5개 퍼즐의 모든 조각들을 커다란 자루에 담아 섞는다. 그리고 몇 조각을 지도교수가 갖고 나머지는 무작위로 섞어 6개 팀에 나눠준다. 또 각각의 팀은 화폐로 사용할 수 있는 포커 칩 20개씩을 받는다. 그리고 각 팀에게는 퍼즐을 맞출 수 있는 한 시간이 주어진다. 한 시간이 지나면 정해진 규칙에 따라 각 팀이 얻은 포인트를 계산한다.

처음에 게임이 시작되면 대체로 학생들은 퍼즐 조각을 교환하려고 시도하면서, 최대한 적게 주고 최대한 많이 얻을 방법을 궁리한다. 하지만 시간이 지남에 따라 팀 간의 경쟁과 협력을 어떻게 구사할지 고민하면서 좀더 균형 있는 전략을 추구한다. 예컨대 퍼즐의 개수가 팀의 수보다 적기 때문에 그들 중 한 팀은 퍼즐 맞추기를 포기하고 대신 포인트를 쌓을 다른 방식을 연구하기도 한다. 어떤 팀은 브로커 역할을 맡아 팀들 간의 사고파는 일을 돕기도 한다. 경우에 따라서는 모든 팀이 하나로 뭉쳐서 퍼즐 5개를 전부 맞추기 위해 노력한다. 흥미로운 사실은 참가한 모든 팀이 경쟁에 매몰될 때 가장 나쁜 결과가 나온다는 점이다. 경쟁이 심할 때 참가자들은 다른 팀이 필요한 조각들을 내주고 대신 자기 팀에 필요한 것을 받는 거래조차 거부한다. 이런 팀은 십중팔구 승리 자체에만 집중하다가 결국 패자가 되고 만다. 그로부터 얻을 수 있는 교훈은 매우 분명했다. 자원이 제한되어 있는 상황에서 모두가 성공을 거두기 위해 협력하는 것이 단순히 서로 경쟁하는 것보다 훨씬 더 생산적인 결과를 가져온다는 것이다. 요컨대 협력을 통해 상생을 추구하는 것이 모두에게 최고의 결과를 안겨다주는 것이다.

할 것이다. 과연 그런 사람들의 머릿속에서 상상력이 살아 숨 쉴 수 있을 것인가. 그렇다면 반대로 개방과 공유, 협력이 잘 이루어지는 조건에서 상상력은 어떤 모습을 취할까. 열린 사고를 하는 사람은 쉽게 새로운 세계를 상상할 수 있다. 기존의 자기 것만 고집하지 않고 새로운 것들을 공유할수록 상상력은 더욱 자극을 받는다. 또한 상이한 요소와의 협력을 통해 상상력은 크게 증폭된다. 말 그대로 개방과 공유, 협력의 정신이 지배하는 조건에서 상상력은 날개를 활짝 펴는 것이다.

이뿐만이 아니다. 개방과 공유, 협력이 잘 이루어지는 환경에서 상상력은 현실로 전환되기가 쉽다. 가령 열린 가슴으로 새로운 세계를 함께 상상하면서, 많은 사람들이 그것을 공유하고 그 실현을 위해 함께 협력할 때 상상 속의 세계는 현실이 된다. 그렇게 해서 만들어지는 것이 바로 '혁명'이다. 물론 억압적인 상황에서 혁명이 일어나는 경우가 자주 있다. 하지만 자세히 들여다보면 그조차도 개방과 공유, 협력의 정신으로 뭉쳐진 집단에 의해 만들어진 것임을 알 수 있다. 폐쇄적이고 배타적이고 비협력적인 집단에 의해 혁명이 일어난 경우는 결코 없다.

지금까지 살펴본 것처럼 새로운 주도적 생산요소인 창조력은 개방과 공유, 협력이 잘 이루어질 때 최적의 결과를 낳는다. 그런데 개방과 공유, 협력은 모두가 관계를 표현하는 것들이다. 서로에게 개방하는 것이고, 함께 공유하는 것이며, 서로 협력하는 것이다. 그렇다면 개방과 공유, 협력을 추구하는 관계를 하나의 단어로 표현하면 무엇이 될까? 그것은 두말할 필요도 없이 '상생'이다. 요컨대 창조력은 상생을 추구할 때 최적의 결과를 낳는 것이다. 이는 곧 창조력의 속성이 바로 상생임을 말해준다.

나눌수록 커진다

그동안 창조력 기반 경제에서 개방과 공유, 협력, 즉 상생은 기업의 수익 창출에 직접적으로 영향을 미쳐왔다. 그 결과로서 동반자 관계의 연쇄사슬로서 상생의 생태계가 태동될 수 있었다. 흔히 IT삼국지라고 부르는 애플, 마이크로소프트, 구글 사이에 벌어진 치열한 접전의 역사는 이를 압축적으로 보여준다.

세 회사 중 가장 먼저 무대 위에 오른 것은 애플이었다. 그러나 초창기 애플은 폐쇄적인 정책을 고수했다. 애플은 자사 컴퓨터에 자체로 개발한 운영체제를 탑재하여 한 묶음으로 판매했고 응용 프로그램 역시 엄격하게 통제했다. 반면 조금 늦게 등장한 마이크로소프트는 어떤 컴퓨터에도 탑재 가능한 운영체제로서 MS-DOS와 윈도를 개발했으며 자신들의 운영체제 안에서 다른 회사가 개발한 응용 프로그램이 좀더 자유롭게 구동될 수 있도록 했다. 결과는 마이크로소프트의 압승이었다. 마이크로소프트가 전 세계 PC 운영체제의 대부분을 장악하기에 이른 것이다.

이렇듯 마이크로소프트는 개방적 운영체제를 통해 큰 성공을 거두었지만 그로 인해 발생한 이익은 철저하게 독식했다. 뿐만 아니라 PC 운영체제에 대한 지배를 발판으로 웹브라우저, 오피스 등 각종 응용 프로그램 시장도 장악해갔다. 한마디로 승자독식의 전형을 보여준 것이다. 이러한 마이크로소프트에 맞서 대역전극을 펼친 것은 다름 아닌 애플이었다.

애플은 아이튠즈 뮤직스토어와 앱스토어 등 온라인 장터를 개설한 뒤, 여기에 참여한 수많은 콘텐츠와 프로그램 개발자들이 이익의 70퍼센트를 가져갈 수 있도록 했다. 말하자면 한층 과감한 개방 전략을 구사한 것이다. 덕분에 이러한 온라인 장터를 이용할 수 있는 아이팟, 아이폰 등 애플 제품 판매가 폭발적으로 증가했다. 하지만 애플의 앱스토어는 동시에 폐쇄적인 것이기도 했다. 애플이 출시한 맥 컴퓨터와 툴을 이용해서 개발한 애플리케이션만을 등록할 수 있도록 했기 때문이다.

애플의 폐쇄성을 공격하면서 더욱 개방적인 방향으로 나아간 것은 구글이었다. 구글은 자사가 보유한 스마트폰 운영체제 안드로이드를 누구든지 무료로 사용할 수 있도록 했다. 그 결과 전 세계 많은 기업들이 앞 다투어 안드로이드폰을 출시하면서 짧은 시간 안에 시장 점유율에서 애플의 아이폰을 추월할 수 있었다.

적극적인 개방과 공유, 협력이 서로에게 유리한 결과를 가져다준다는 사실을 뒷받침하는 사례는 이 밖에도 매우 많다.

페이스북이 마이페이스를 제치고 소셜 네트워크 서비스 분야의 정상에 올라설 수 있었던 것도 적극적인 개방 정책 덕분이었다. 페이스북은 마이페이스와 달리 자기 영역 안에서 다른 업체나 개인들이 마케팅을 할 수 있도록 허용하고 이를 적극 지원했다. 최근 급성장하고 있는 소셜 커머스도 상당 부분 이러한 페이스북의 특성을 이용한 것이었다. 이렇게 하여 페이스북은 누구나 이용할 수 있는 개방적인 공간이 되었고 이를 기반으로 수많은 개인과 업체들의 영업망이 연결될 수 있었다. 그 결과는 페이스북 가입과 접속의 폭발적인 증가로 나타났다.

아마존은 개방형 상거래 웹 서비스를 만든 뒤 누구든지 자유롭게 소규모 판매 사이트를 개설할 수 있도록 했다. 아울러 방대한 상품 데이터와 결제 시스템 등을 무료로 제공했다. 이렇게 하여 수많은 소규모 판매 사이트가 만들어졌고 1년도 채 지나지 않아 수천만 명이 방문하여 상품을 구입하기에 이르렀다. 아마존은 이러한 웹 서비스를 제공한 대가로 수수료를 받았는데 그렇게 해서 얻은 수익이 원래의 사업이었던 온라인 서점의 그것보다도 많았다.

이상의 사례들은 우리에게 두 가지 시사점을 던져준다. 먼저 최첨단 IT기업들이 적극적인 개방과 이익의 공유, 협력을 통해 상생의 생태계를 구축하는 방향으로 진화가 이루어져왔음을 보여준다. 이와 함께 이러한 생태계 전략이 압도적인 경쟁력의 우위를 보장한다는 것을 확인해주고 있다.

여기서 우리가 주목해야 할 점은 생태계 구축을 통해 함께 사는 길을 선택할 때 궁극적으로 참가자 모두가 최상의 이익을 거둘 수 있다는 사실이다. 말하자면 "주어야 얻을 수 있고 나누어야 커진다"는 원리가 상생의 생태계를 관통하고 있는 것이다. 그런 점에서 상생의 생태계는 그동안 흔히 있었던 이해 당사자 간의 단순한 타협 혹은 절충과는 전혀 차원이 다른 것이라고 할 수 있다.

이와 같은 이유로 생태계 전략은 다양한 경제 주체들의 갈등을 해소하고 시너지를 증폭시키는 최상의 비즈니스 모델로 평가받고 있다. 중요한 것은 생태계 전략이 먼 미래의 이야기가 아니라 현실로 다가와 있다는 점이다. 이미 다양한 경제 주체들이 함께 먹고사는 생태계 구축은 기업의 운명을 좌우하는 사활적 과제로 떠오르고 있다. 시장경쟁의 구도 또한 기업 대 기업에서 생태계 대 생태계의 경쟁으로 바뀌어가고 있는 추세다.

생태계 전략은 진화를 거듭하면서 끊임없이 새로운 형태를 선보일 것이다. 현재 그 모습을 드러내기 시작한 생태계 전략은 역사적 맥락에서 보면 매우 초보적인 수준의 것일 수도 있다. 먼 미래에는 지금으로서는 상상할 수도 없는 고차원적인 생태계 전략이 등장할 가능성이 얼마든지 있는 것이다.

어미를 삼키는 자식들

앞으로 개방과 공유, 협력을 바탕으로 한 상생의 추구는 경제 주체들의 관계를 지배하는 가장 중요한 원리가 될 것이다. 주도적 생산요소의 속성이 경제 주체들의 관계를 규정한다는 두 번째 이행의 법칙이 액면 그대로 관철되는 것이다. 그에 따라 경제 주체들의 관계는 지금까지 나타난 것과는 판이하게 달라질 것이다.

사실 따지고 보면 기업의 수평적 조직문화 정착도 개방과 공유, 협력을 바탕으로 상생의 동반자 관계를 형성하는 과정이다. 조직문화는 기업 내부 경제 주체들의 관계를 표현하는 것이기 때문에 두 번째 이행의 법칙의 지배를 받을 수밖에 없는 것이다. 좀더 구체적으로 살펴보면 수평적 조직문화를 정착시키자면 기업 경영진이 '개방'을 통해 구성원을 경영에 적극 참여시키는 것이 필수적이다. 이와 함께 비전과 책임, 이익의 '공유'를 바탕으로 경영진과 구성원 간의 '협력'을 고도화할 수 있어야 한다. 그럼으로써 경영진과 구성원은 상생의 동반자가 될 수 있다.

이러한 맥락에서 볼 때 상생의 인본주의 사회로의 이행에서 두 개의 핵심 고리라고 할 수 있는 수평적 조직문화와 상생의 생태계 구축은 같은 정신을 뿌리로 형성된 두 개의 현상임을 알 수 있다. 무엇보다도 수평적 조직문화와 상생의 생태계는 적용 대상이 다를 뿐 동반자 관계 형성을 목적으로 한다는 점에서 본질적으로 일치한다.

중요한 것은 수평적 조직문화 정착과 상생의 생태계 구축은 자본 소유를 바탕으로 권력과 이익을 독식하는 자본주의 체제로부터 멀어져가는 과정이라는 점이다. 수평적 조직문화를 정착시키는 것은 자본 소유를 바탕으로 경영에 대한 권리와 그로부터 발생하는 이익을 독식했던 것에서 크게 벗어나는 것이다. 마찬가지로 상생의 생태계 구축은 그 자체로서 자본주의의 고유한 특징이었던 독점 체제를 지양·극복하는 과정이다. 따라서 수평적 조직문화와 상생의 생태계가 지속적으로 확산되면 자본주의의 지배구조는 점차 이완될 수밖에 없다. 자본주의의 몸 안에서 잉태한 수평적 조직문화와 상생의 생태계가 자본주의를 서서히 잠식하는 것이다.

물론 수평적 조직문화와 상생의 생태계 확산만으로 자본주의가 수명을 다한다고 단정 짓기는 어렵다. 자본주의의 생명력도 여간 대단한 것이 아니기 때문이다. 무엇보다도 여전히 많은 사람들이 자본주의를 선호하고 있고, 기업 경영자로서의 성공을 꿈꾸고 있다. 아울러 그러한 꿈을 꾸는 사람들이 갈수록 늘고 있다. 그에 따라 자본주의는 궁극적으로 누구든지 경영자의 지위에 올라설 수 있도록 하는 방향으로 발전할 가능성이 커지고 있다. 그런데 바로 그러한 이유 때문에 자본주의는 최후를 맞을 수밖에 없다. 자본주의는 이전 시기 마르크스주의자들이 생각했던 것과는 전혀 다른 모습으로 퇴장하는 것이다. 이에 관해서는 제5부에서 다룰 예정이다.

11장

선순환하는
기업 생태계

• 상생의 생태계가 적용되는 첫 번째 지점은 기업의 다양한 이해 당사자들 사이에 형성되는 기업 생태계다.

　그동안 기업은 복잡한 이해관계로 인한 갈등의 무대였다. 노사 간의 갈등은 말할 것도 없고, 소비자와의 갈등, 환경파괴 등으로 인한 지역사회와의 갈등 등이 항상 기업 세계를 들쑤셔놓았다. 그로 인해 엄청난 에너지가 낭비됨은 물론 사람들의 삶의 질 또한 크게 훼손되어왔다. 기업과 이해 당사자들 사이의 상생의 생태계 구축은 이러한 문제를 근원적으로 해결할 수 있도록 해준다.

　그동안 끊임없이 제기되었던 비정규직을 포함한 노동자의 처우 개선도 이러한 구도 속에서 새로운 해법을 찾을 수 있다. 한마디로 기업 생태계 구축은 노동 문제 해결에서 패러다임의 전환을 가능하게 해주는 것이다. 그런 점에서 기업 생태계는 사회적 관계의 재정립에서 중요한 출발점을 이룬다. •

1. 구성원 우선주의

기업을 둘러싼 이해 당사자는 다양하게 존재한다. 경영진, 구성원, 고객, 주주는 그 대표적인 경우다. 지금부터 우리는 이들 모두가 어떻게 상생의 생태계를 형성할 수 있는지를 탐색할 것이다. 여기서 가장 중요한 문제는 상생의 생태계 구축을 가능하도록 하는 출발점이 무엇이냐는 것이다. 결론을 먼저 말하면 그것은 구성원 우선주의다.

변화를 거듭한 기업 경영

문제의 해답을 찾기 위해서는 먼저 지난 시기 기업 경영을 둘러싸고 어떤 변화가 있었는지 살펴볼 필요가 있다.

19세기 전반까지 기업의 규모는 그다지 크지 않았다. 기업은 돈 많은 개인이 소유하고 있었고, 경영도 소유자가 직접 맡아서 하는 경우가 일반적이었다. 그러나 19세기 후반 이후 중화학공업이 발전하면서 기업 규모가 커지자 필요한 자금 조달을 개인이 감당할 수 없게 되었다. 그에 따라 주식시장을 통한 자금 조달이 일반화되었고 주주의 수 또한 급격히 확대되었다.

주주의 수가 확대되면서 개별적인 주주가 기업을 지배할 수 있는 확률은 그만큼 적어졌다. 게다가 기업 규모가 커지고 구조가 복잡해지면서 전문적 지식이 없으면 경영을 책임지기가 더욱 어려워졌다. 그 결과 제2차 세계대전 이후 선진국에서는 전문경영인이 기업을 이끄는 경영자 자본주의가 확립되었다. 경영자 자본주의 아래서 전문경영인은 대체로 다양한 이해 당사자들 간에 조화와 균형을 맞추기 위해 노력했다. 그 결과 경영자 자본주의는 '이해 당사자 자본주의'라는 또 다른 이름을 얻었다.

그런데 1990년대 이후 미국과 영국이 선두주자가 되어 주주자본주의를 도입하면서 양상이 크게 달라졌다. 거대 금융자본이 주주총회를 장악하고 이를 통해 주주의 이익을 극대화하는 방향에서 기업을 운영하기 시작한 것이다. 이러한 주주자본주의는 신자유주의의 세계화 흐름을 타고 세계 곳곳으로 빠르게 퍼져나갔다. 한국 역시 1997년 외환위기를 겪으면서 단기간 안에 주주자본주의 체제로 전환했다.

주주자본주의가 급속하게 확산될 수 있었던 것은 상당 부분 주주자본주의 옹호론자들의 주장이 먹혀들어갔기 때문이다. 주주자본주의 옹호론자들은 주주이익 극대화를 중심으로 기업을 운영할 때 최선의 결과를 낳을 수 있다고 주장했다. 그들의 논거는 대략 이런 것이었다. 종업원은 기업의 수익과 관계없이 보수를 받으며 고객과 공급자는 각각 기업 수익에 관계없이 싸게 구입하거나 비싸게 공급하려고만 한다. 오직 주주만이 기업의 수익에 대해 직접적 이해관계를 갖고 있다. 주주는 기업이 많은 수익을 남기면 높은 배당과 주가 상승으로 이익을 보지만 그렇지 않으면 주가 하락으로 손해를 본다. 따라서 주주이익을 기준으로 운영될 때 기업은 최대한 많은 수익을 남기기 위해 노력한다는 것이 주주자본주의 옹호론자들의 주장이었다.

그러나 이러한 주주자본주의 옹호론자들의 주장과 달리 현실 세계에서 주주이익 극대화를 중심으로 한 기업 경영은 모두에게 해로운 결과만을 안겨주었다.

주주이익 극대화를 위해 동원된 수단은 대부분 기업의 펀더멘털을 파괴하는 것으로 이어졌다. 인건비 절감을 위해 실시된 빈번한 구조조정은 종업원들의 사기를 떨어뜨리고, 작업 집중도와 회사에 대한 충성심을 약화시켰다. 아울러 자사주 매입을 위한 자금 투입은 기업의 투자 능력을 떨어뜨렸다. 또한 단기이익이 우선시되면서 장기적인 기술개발투자가 어려워졌다.

이렇듯 주주이익 극대화는 실물경제를 황폐화시키면서 금융자본이 이윤을 추출할 원천마저 고갈시키고 말았다. 금융자본주의의 몰락은 그에 따른 필연적 결과였다. 두말할 필요도 없이 그 과정에서 주주 자신들도 엄청난 피해를 입었다. 주주들 스스로도 주주자본주의를 포기할 수밖에 없는 상황이 만들어진 것이다.

새로운 지평을 연 선구자들

금융자본주의가 몰락하면서 기업의 권력은 다시 전문경영인을 주축으로 한 창조자들에게로 이동했고, 기업 경영자들은 다양한 이해 당사자들 간의 조화와 균형을 모색하기 시작했다. 그런데 여기서 한 걸음 더 나아간 견해가 제출되기 시작했다. 주주나 외부 고객이 아닌 기업 구성원의 가치를 우선할 때 모두에게 최상의 결과를 안겨다줄 수 있다는 '구성원 우선주의'가 등장한 것이다. 한 예로 한미파슨스 김종훈 회장은 자신의 저서 『우리는 천국으로 출근한다』에서 다음과 같은 의견을 피력하고 있다.

> 기업의 구성 요소인 주주, 고객, 구성원 중에 누가 가장 중요한지는 관점에 따라 다르다. 주주자본주의하에서는 일반적으로 주주가 주인이고 주주 위주의 경영이 이루어지므로 구성원 위주의 경영은 쉽지 않다. 그러나 내부 고객이라 칭하는 구성원이 만족하게 되면 그 구성원이 외부 고객을 만족시키고 좋은 성과를 창출해 선순환이 이루어진다. 또 그렇게 창출된 성과가 결국 주주에게로 돌아가게 된다고 굳게 믿는다.*

이혁병 ADT캡스 전 회장 역시 비슷한 입장을 갖고 있다. 앞서 소개했듯이 보안업체인 ADT캡스는 노사분규를 겪으면서 임원들이 앞장서서 젊은 기업문화를 만들기 위해 노력했다. 이를 위해 당시 이

---

* 김종훈, 『우리는 천국으로 출근한다』, 21세기북스, 2010, 27~28쪽.

회장이 표방한 것은 놀면서 일함으로써 활기차게 뻗어가는 '플레잉 경영'이었다. 단적으로 임원들부터 저녁 늦게까지 일하면서 개인 생활을 희생하는 것을 엄격히 금지했다.

분위기가 바뀌고 회사생활이 재미있어지자 구성원들의 열정이 솟아나기 시작했다. 그에 따라 고객을 향한 서비스가 달라졌고 ADT캡스를 대하는 고객들의 태도 또한 매우 적극적으로 변모했다. 간단한 예를 들어보자. 상가에서 양품점을 운영하고 있던 한 여성 고객은 혼자 가게를 꾸려나가다 보니 매번 무거운 짐을 옮기느라 고생을 했다. 그때 근처를 지나가던 ADT캡스 출동대원이 이를 발견하고는 몇 차례 짐을 옮겨주었다. 그 후 이 여성 고객은 ADT캡스의 열혈 팬이 되었다. 그녀는 새로 입주한 상가 주인이 있으면 달려가서 총각들이 너무 친절하게 잘해준다면서 ADT캡스를 홍보해주었다. 그 결과 그 상가에서는 ADT캡스 신규 가입업체가 빠르게 늘어갔다.

해외에서도 구성원 우선주의를 실천하는 기업인을 발견할 수 있다. 대표적으로 인도에 본사를 두고 있는 세계적인 IT기업 HCLT의 CEO 비니트 나야르를 들 수 있다.

2007년 비니트 나야르가 CEO가 된 이후 HCLT는 4년 만에 수익을 세 배 정도 증가시키며 업계에서 가장 빠른 성장세를 기록했다. 이러한 성공을 가능하게 했던 비밀은 바로 비니트 나야르의 구성원 우선주의였다. 비니트 나야르는 자신의 저서인 『직원 우선주의』에서 다음과 같이 말한다.

사회적 통념상 회사는 항상 '고객'을 최우선으로 생각해야 한다. 하지만 서비스 사업에서 진정한 가치는 고객과 직원 사이의 접점에서 만들어진다. 따라서 직원을 최우선으로 생각해야 고객들을 위해 우리들만

이 제공할 수 있는 고유한 가치를 창출하고, 그 가치를 외부에 전달하며, 경쟁사와 차별화되는 근본적인 전략을 만들어낼 수 있다.*

비니트 나야르는 구성원 우선주의를 어떻게 구체화시켰을까. 대표적인 몇 가지를 살펴보자.

첫째, 투명성을 통한 신뢰 구축. 일반적으로 기업에서 어떤 상황이 발생하면 상부에 보고하고 경영진이 이를 전체에게 알릴지 여부를 판단한다. 그러나 HCLT에서는 구성원이 경영진이 모르거나 혹은 인정하지 않는다고 해도 필요한 정보를 공표할 수 있다. 이러한 변화는 구성원들의 회사에 대한 책임감과 문제를 해결하고자 하는 자발적 의지를 함께 강화시켰다.

둘째, 조직 피라미드 뒤집기. 지금까지 대부분의 기업에서 고객 가치를 직접적으로 창출하는 가치 지대(value zone)와 권력 지대(power zone)는 크게 분리되어 있었다. 가치 지대는 대부분 기업 계층구조의 맨 아래에 위치해 있었고, 그곳에 머물러 있는 구성원은 직접 가치를 창출하지 않는 상층부에 책임을 져야 했던 것이다. HCLT는 바로 이러한 관계를 거꾸로 뒤집었다. 경영진과 중간 간부들이 가치 지대에 존재하는 구성원들에 대해 책임을 지도록 한 것이다.

셋째, CEO 역할 재정립하기. 지금까지 대부분의 CEO는 자신만이 조직의 변화를 일으키는 유일한 원천이며, 모든 문제에 대한 해결책을 제시해야 할 책임이 있다고 생각하는 경향이 있었다. 그러나 비니트 나야르는 이러한 생각을 완전히 뒤집었다. 비니트 나야르는 구성원을 변화를 일으키는 주체로 간주했고 이를 위해 CEO는 구성원

* 비니트 나야르 지음, 박선영 옮김, 『직원 우선주의』, 21세기북스, 2011, 14~15쪽.

에게 질문을 던지는 사람이 되어야 한다고 생각했다.

이상과 같은 변화를 추구하면서 비니트 나야르는 소수에게 집중되었던 권력을 가치 지대 부근에 있는 차세대 리더들에게 꾸준히 이전시켰다. 그럼으로써 가치 지대에서 의사결정권이 행사되는 가운데 다수의 힘이 자유로이 발산되도록 유도했다. 그 결과는 속도와 질 모두가 놀랍게 향상된 것으로 나타났다.

우리는 HCLT 사례에서 중요한 사실 하나를 발견할 수 있다. 그 것은 바로 비니트 나야르가 구성원 우선주의를 뒷받침하기 위해 도입한 프로그램은 한마디로 수평적 조직문화를 높은 수준에서 실현한 것이었다는 점이다. 구성원 우선주의를 주창한 한미파슨스의 경영진 역시 수평적 조직문화를 정착시키기 위해 끈질긴 노력을 기울였다. 이는 구성원 우선주의와 수평적 조직문화 정착 사이에 필연적 연관이 있음을 암시한다.

구성원 우선주의는 구성원을 목적으로 간주한다. 구성원을 경영의 대상, 조직의 부품, 업무의 수단으로 사고하지 않는다. 뒤집어서 말하면 구성원을 경영의 동반자, 조직의 주체, 업무의 중심으로 보는 것이다. 이는 곧 구성원 우선주의는 수평적 조직문화 정착을 필수적으로 요구함을 의미한다. 거꾸로 수평적 조직문화 정착은 구성원 우선주의를 필수적으로 요구한다. 구성원을 우선적인 목적으로 삼지 않고 경영의 대상, 조직의 부품, 업무의 수단으로 간주하면서 수평적 조직문화를 정착시키는 것은 불가능하기 때문이다. 결국 구성원 우선주의와 수평적 조직문화 정착은 서로가 서로를 필수적으로 요구하는 불가분의 관계에 있는 것이다.

창조작업이 중심이 되는 창조력 기반 경제에서 수평적 조직문화 정착은 선택의 여지가 없는 것이다. 다시 한번 확인하지만 수평적 조직문화는 두 가지 이행의 법칙이 모두 적용된 결과다. 첫 번째 이행의 법칙이 관철되면서 기업의 권력은 주도적 생산요소인 창조력을 지닌 구성원들에게 골고루 배분된다. 또한 두 번째 이행의 법칙 그대로 창조력의 속성이 기업 내부의 다양한 경제 주체의 관계를 규정함에 따라 경영진은 '개방'을 통해 구성원을 경영에 적극 참여시키면서 비전과 책임, 이익을 '공유'하고 '협력'을 고도화하는 경영의 동반자로 만든다. 비록 아직은 일부 혁신적 경영자들의 경영철학에서 벗어나지 못하고 있지만 구성원 우선주의가 일반화되는 것은 피할 수 없는 일이다.

지속가능성의 담보

지금까지 살펴본 것처럼 경영진이 구성원의 가치를 우선하면 구성원은 반드시 고객 가치 극대화를 위해 열정적으로 헌신한다. 그로부터 감동을 받은 고객 역시 그 회사 제품에 충성을 다하면서 기업의 가치가 상승하고 주주이익도 저절로 늘어난다. 요컨대 기업 경영진이 구성원의 가치를 우선함으로써 경영진, 기업 구성원, 고객, 주주 사이에 선순환하는 기업 생태계가 만들어질 수 있는 것이다.

이렇듯 구성원 우선주의는 기업 생태계 형성의 원동력이 된다. 그럼에도 구성원 우선주의에 대한 비판적 문제제기는 여전히 사라지지 않고 있다. 대표적으로 GE 전 회장 잭 웰치는 구성원 우선주의는 나눌 것이 많은 호경기에는 몰라도 불경기에는 성립되기 어렵다고 비판했다.

하지만 구성원 우선주의가 진실로 빛을 내는 것은 바로 경영 환경이 어려운 시기다. 적어도 위기가 장기간에 걸쳐 지속되는 것이 아니라고 한다면 경영진과 구성원이 높은 신뢰를 바탕으로 함께 어려움을 헤쳐 나갈 수 있기 때문이다. 한미파슨스의 경우도 1997년 외환위기 직후 심각한 경영난에 직면했으나 단 한 명의 정리해고자 없이 순환 무급 휴직을 갖는 것으로 어려움을 극복했다. 언제나 그렇듯이 이러한 과정을 겪은 기업은 더욱 강화된 조직 결속력을 바탕으로 새로운 도약을 이룬다.

기업은 이 같은 구성원 우선주의를 바탕으로 선순환하는 생태계를 구축함으로써 그간의 갈등을 근원적으로 치유하면서 지속가능성을 보장받을 수 있다.

이러한 관점에서 보자면 용어 사용을 재검토하는 것이 필요하다. 그동안 많은 기업에서 구성원을 내부 고객이라고 표현해왔는데 이는 고객 중심의 관점에서 비롯된 것이었다. 그런데 이제부터는 구성원 중심의 관점에서 고객을 외부 구성원이라고 표현하는 것이 더 적절할 수도 있다. 가령 이렇게 표현할 수 있다. '충성스러운 외부 구성원을 얼마나 많이 확보하는가는 기업의 지속가능성을 보장하는 매우 중요한 요소의 하나다.'

그런데 구성원 우선주의와 관련해서 놓쳐서는 안 되는 대목이 있다. 모든 것을 시장 논리에 입각해 푸는 시장만능주의 입장에서 볼 때 구성원은 시장에서 구입한 재화의 일부일 뿐이다. 당연히 구성원은 목적이 아닌 더 많은 이윤을 창출하는 데 사용되는 수단일 뿐이다. 하지만 구성원 우선주의는 구성원을 수단이 아닌 목적으로 간주한다. 이런 점에서 구성원 우선주의는 기업이 시장을 기반으로 움직이면서도 조직 운영에서는 시장을 초월할 수 있음을 보여준다. 한 걸음 더 나아가 기업은 시장을 초월할 수 있을 때 더 높은 생산성을 바탕으로 시장을 지배할 수 있음을 함께 확인해준다.

이러한 맥락에서 우리의 경영혁명은 시장의 원리를 모든 것에 적용하고자 하는 시장만능주의에서 갈수록 멀어져간다.

구성원 우선주의가 기업을 둘러싼 이해 당사자들 사이에 선순환하는 생태계가 구축되는 결과를 낳는 것은 분명한 사실이다. 기업이 생태계 구축을 통해 지속가능성을 보장받을 수 있는 것 또한 틀림없다. 그렇다면 구성원 우선주의만 실천하면 모든 문제가 잘 해결될 수 있는 것일까?

아무리 구성원 우선주의를 충실하게 실천한다고 해도 모든 기업이 항상 잘나갈 수는 없다. 경영진도 인간인 이상 얼마든지 판단 착오를 일으킬 수 있고, 중대한 실수를 범할 수도 있다. 또한 외부 환경이 급격히 악화되거나 돌발 상황이 발생하여 경영 상태가 장기간에 걸쳐 악화될 수도 있다. 이럴 때 구성원 우선주의는 심각한 모순에 직면한다.

구성원 우선주의 철학에 입각해서 볼 때 임의적인 구성원의 해고는 쉽게 용납될 수 없다. 그런데 경영 상태가 장기간에 걸쳐 악화될 때 무조건적인 고용 유지는 기업을 존폐 위기에 빠뜨릴 가능성이 매우 크다. 이럴 때 구성원 우선주의는 구성원 모두를 위협하는 요소로 돌변한다. 과연 이러한 모순을 어떻게 해결할 수 있을 것인가? 결론적으로 구성원 우선주의가 이러한 모순에서 완전히 벗어나는 것은 고용·피고용 관계 자체가 사라짐으로써 고용 유지 압력으로부터 자유로워지는 상생의 인본주의 사회에서다. 이에 대해서는 마지막 부에서 살펴볼 예정이다.

2. 문제의 핵심은 비전이다

구성원 우선주의를 이야기하면 곧바로 제기될 수 있는 문제가 있다. 과연 기업 경영진이 구성원의 이익을 위해 최선을 다한다고 하더라도 구성원이 자연스럽게 고객 가치 극대화를 위해 헌신할 수 있느냐는 것이다. 달리 말하면 인간은 이기적 존재인 만큼 구성원 우선주의는 자칫 구성원이 자신의 이익만을 배타적으로 추구하도록 만들 수도 있다는 것이다. 이는 기업을 둘러싼 다양한 이해 당사자들이 상생의 생태계를 형성하는 것을 심각하게 방해할 수 있는 요소다. 이러한 문제를 원천적으로 해결하는 것이 기업의 '비전'이다.

이와 관련해서 먼저 '일하기 좋은 직장'(Great work place, GWP)의 조건이 무엇인지 살펴볼 필요가 있다. 그동안 이루어진 일하기 좋은 직장의 조건에 대한 연구 결과는 대부분 일치한다. 일하기 좋은 직장은 많은 사람들이 잘못 생각하는 것과 달리 반드시 보수가 좋은 직장만을 의미하지는 않는다. 일하기 좋은 직장은 공통적으로 세 가지 조건을 갖추고 있다. '리더에 대한 신뢰', '업무에 대한 자부심', '동료와의 관계에서 오는 재미'가 바로 그것이다. 이는 기업 구성원들이 물질적 보상보다는 정신적 만족을 더 중요시한다는 것을 말해준다.

일하기 좋은 직장의 세 가지 조건을 동시에 충족시키기 위해 반드시 해결해야 할 과제가 있다. 그것이 바로 비전을 제시하고 공유하는 것이다. 제대로 된 비전을 제시해야만 구성원들이 리더를 신뢰할 수 있고, 비전을 추구하는 과정에서 구성원들이 업무에 대한 자부심을 느낄 수 있으며, 같은 비전을 공유함으로써 동료들과의 관계에서 재미를 느낄 수 있기 때문이다. 그렇다면 제대로 된 비전이란 어떤 것인가?

지금까지 한국 기업들의 비전은 대체로 추격자 입장을 반영한 것이었다. "해당 분야 세계 몇 위 안에 진입하자!" 등의 구호가 바로 그러한 예들이다. 많은 기업들은 암묵적으로 일본을 넘어서서 세계 최고 수준에 도달하는 것을 비전으로 채택했다. 과거에는 이런 식의 비전이 어느 정도는 효력을 발휘했다고 볼 수 있다. 치욕적인 일제 식민 지배를 거쳐 온갖 멸시를 경험했던 세대에게 일본을 넘어서서 세계 최고가 되자는 목표는 그 자체만으로도 가슴을 설레게 만들고도 남음이 있었기 때문이다. 황창규 박사가 미국에서의 안정된 삶을 포기하고 한국으로 건너와 반도체 사업에 뛰어들었을 때의 가장 큰 동기도 "일본을 한번 이겨보고 싶어서"였다.

하지만 이러한 비전은 오늘날 더 이상 적합하지 않다. 이미 우리 경제는 많은 분야에서 일본을 넘어섰거나 따라잡고 있는 상황이기 때문이다. 특히 신세대 창조자들에게 이런 식의 비전은 더욱 공감을 얻기 어렵다. 신세대 창조자들은 기성세대에 비해 훨씬 가치 지향적이면서 글로벌 사고에 익숙하기 때문이다. 요컨대 신세대 창조자들은 기성세대에 비해 국경을 넘어서는 보편적 가치에 훨씬 민감하게 반응하는 것이다.

결론적으로 이야기하면 제대로 된 비전은 기업이 세상을 바꾸는 데 어떻게 기여할 것인가를 명시하는 것이다. 기업 구성원들이 뜨거운 가슴을 안고 함께 꿀 수 있는 꿈이자, 고객이 그 기업의 존재 가치를 한눈에 알아볼 수 있도록 하는 것이 바로 비전인 것이다. 그런 점에서 혁명가들이 대중에게 제시하는 비전과 기업의 비전은 일맥상통하는 면이 있다. 실제로 위대한 기업가와 혁명가는 세상을 바꾸는 것을 목표로 한다는 점에서 DNA가 거의 일치한다. 이를 보여주는 유명한 일화가 있다.

1980년대 초반의 일이다. 애플은 당시 최고의 마케터로 인정받고 있는 펩시 사장 존 스컬리를 새로운 CEO로 영입하기로 했다. 미국 최고 수준의 대기업에서 거액 연봉을 받고 있던 존 스컬리가 당시로서는 작은 기업이었던 애플로 자리를 옮길 가능성은 결코 높지 않았다. 이 어려운 작업을 떠맡고 나선 사람은 다름 아닌 스티브 잡스였다. 스티브 잡스는 뉴욕에 있는 자신의 아파트로 존 스컬리를 초대했다. 그런 다음 발코니에서 자신보다 훨씬 나이도 많고 경력에서도 비교할 수 없을 정도로 앞서 있던 거물 존 스컬리에게 다음과 같이 말했다.

"평생토록 설탕물만 팔면서 살고 싶으십니까? 아니면 세상을 바꾸고 싶으십니까?"

존 스컬리는 이 한마디에 큰 충격을 받았다. 결국 존 스컬리는 펩시를 그만두고 애플로 자리를 옮겼다.

자본주의 사회에서는 기업이 이익을 우선하는 것을 당연시하는 풍조가 있다. 그 자체로서는 크게 틀린 이야기가 아닐 수도 있다. 문제는 이익을 우선한다고 해서 이익이 제대로 보장되느냐에 있다. 이 점에서 역사에 이름을 남긴 훌륭한 기업인들은 분명한 답을 주었다. 그들은 기업이 세상을 바꾸는 일, 즉 사회적 가치를 우선하고 그에 충실하면 돈은 저절로 벌린다고 보았던 것이다.

역사적으로 볼 때 기업은 한편으로 노동자를 착취한다는 부정적 평가를 받기도 했지만 다른 한편으로는 부의 민주화를 통해 사람들의 삶을 개선하는 데 기여해왔다. 기업은 시장성 확보를 위해 신제품을 개발하고 이를 가능한 한 저렴하게 공급하고자 노력한다. 이러한 기업의 노력은 대체로 과거 귀족이나 양반만이 누릴 수 있는 기회를 대중이 누리는 것으로 이어졌다. 가령 이집트 파라오는 20명의 노예가 부채질을 하도록 했는데 오늘날 부채 노예의 역할은 에어컨이 대신하고 있다. 또한 보통 2~4명 정도였던 가마꾼의 역할을 이제는 승용차가 대신하고 있다.

이렇듯 기업은 부의 민주화를 통해 사람들의 삶을 개선하는 방향으로 세상을 바꿔왔다. 기업의 참된 존재 근거는 여기에 있으며 이를 명시한 것이 바로 비전인 것이다. 세상 사람들의 머릿속에 아로새겨져 있는 기업들의 비전을 살펴보자.

코닥	언제 어디서나 추억을 기록할 수 있도록 하자.
디즈니	온 가족이 함께 행복을 누릴 수 있는 순간을 제공하자.
MS	PC 안에서 모든 것을 해결하도록 하자.
구글	세상의 모든 정보를 집대성하여 누구나 쉽게 이용할 수 있도록 하자.
애플	세상에 없는 꿈의 기기를 만들자.
페이스북	세상을 더 개방적으로 연결시키자.

이러한 비전은 곧바로 해당 기업의 구성원들이 자신들이 대단한 일을 하고 있다는 자부심을 갖도록 하면서 뜨거운 열정을 발휘하게 만들었다. 그러한 과정은 곧바로 사회적 가치의 증대를 위해 더욱 헌신하는 것으로 이어졌다. 그로부터 감동을 받은 고객들이 해당 기업에 대해 높은 충성심을 갖는 것은 당연한 결과였다. 자연스럽게 이 모든 것은 기업의 높은 수익 창출로 이어졌다. 뛰어난 기업인들일수록 무엇보다도 비전을 우선하는 이유가 바로 여기에 있다.*

철저하게 비전을 중심으로 경영에 임한 대표적인 인물들로서 구글의 공동 창업자들을 들 수 있다. 앞서 소개했듯이 래리 페이지와 세르게이 브린은 구글을 창업한 뒤 벤처 캐피탈로부터 거액의 투자를 받았다. 투자자들은 지분을 확보했고 이사회에 참여할 수 있었다. 그런데 투자자들은 줄곧 곤혹스러운 상황에 직면해야 했다. 공동 창업자들이 수익 모델을 개발하는 데 도통 관심이 없었던 것이다.

공동 창업자들은 이미지에 광고를 다는 등의 형태로 수익 모델을 제시하면 사용자에게 불편을 준다는 이유로 번번이 반대했다. 그들의 모든 판단 기준은 사용자 편익이었고 세상의 모든 정보를 집대성하여 누구든지 쉽게 이용하도록 만들겠다는 비전을 실현하는 것이었다. 그래서 사용자들에게 불편을 준다는 이유로 배너광고나 팝업창 등을 모두 없앴다. 결국 몇 개의 단어로 된 짧은 문안으로 스폰서에 링크하는 애드워즈(Adwords) 프로그램을 사용했는데 도리어 이것이 엄청난 광고수익을 안겨다주는 원천이 되었다.

지금까지 살펴본 것처럼 기업이 제대로 된 비전을 확립하고 있으면 구성원은 자기 안에 갇히지 않고 자연스럽게 사회적 가치와 그 일환으로서 고객의 가치를 실현하기 위해 열정을 발휘한다. 그럼으로써 경영진, 구성원, 고객, 주주 사이에 선순환하는 생태계가 원활하게 작동하게 된다. 비전은 상생의 기업 생태계가 건강하게 살아 숨쉬도록 하는 핵심 요소인 것이다.

여기서 우리는 또다시 중요한 지점을 확인할 수 있다. 기업이 비

---

* 최근 기업들 사이에서는 기업의 사회적 책임을 강조하는 사회책임경영이 중요한 화두가 되고 있다. 그에 따라 기업의 사회공헌 활동이 크게 증가했다. 사회공헌 활동은 기업 차원에서 재정 기부를 하거나 구성원들이 시간을 내어 사회봉사 활동을 하는 등 다양한 형태로 나타나고 있다. 이러한 사회공헌 활동은 그 자체로서 매우 환영할 만한 일인 것은 틀림없다. 그러나 더욱 근본적인 것은 기업의 경제 활동 자체가 사회적 가치를 실현하는 과정이 되도록 하는 데 있다. 그렇지 않은 상태에서 사회공헌 활동은 자칫 문제의 본질을 은폐하는 것으로 변질될 가능성이 있다. 환경파괴에 앞장서온 일부 화학업체들이 환경단체에 많은 기부를 해온 것은 그러한 점에서 비판의 여지가 많은 것이다.

전을 우선한다는 것은 기업이 금전상의 이익 이상의 것을 추구함을 의미한다. 요컨대 기업은 조직 운영에서만이 아니라 대외 관계에서 도 시장을 초월할 수 있는 것이다. 아울러 수많은 사례가 입증하듯이 그러한 기업이 시장을 주도적으로 이끌어간다. 지금의 경영혁명은 시장을 기반으로 하되 동시에 시장을 초월하는 방향으로 진행한다는 것을 거듭 확인할 수 있다.

이런 점에서 한국의 기업들은 비전 재정립을 위한 노력에 박차를 가해야 한다. 무엇보다도 비전이 왜 필요하고 어떤 의미가 있는지부 터 새롭게 이해하는 것이 필요하다. 아직까지 비전을 사활적 요소로 인식하지 못하고 있는 경우가 대부분이기 때문이다. 이를 보여주는 사례가 하나 있다.

2010년 11월 경기도 용인 삼성인력개발연구원에서 삼성 그룹의 컨트롤 타워인 미래전략실 워크숍이 있었다. 그 자리에서 미래전략 실 측은 외부 인사들에게 의견을 물었다. 그러자 한 외부 인사가 날 카로운 질문을 던졌다.

"애플 직원의 목표는 세상에 없는 꿈의 제품을 만드는 거랍니다. 구글 직원은 세상의 모든 정보를 끌어 모으는 게 꿈이랍니다. 그렇다 면 삼성 직원의 꿈은 무엇입니까?"

워크숍에 참석한 미래전략실 사람들 사이엔 일순간에 긴장감이 돌았다. 아무도 질문에 답할 수 없었기 때문이었다. 한국 기업의 현 주소를 압축적으로 보여주는 장면이 아닐 수 없다.

3. 노동자에서 창조자로

여전히 많은 경영자들 입장에서는 구성원 우선주의를 바탕으로 선순환하는 기업 생태계를 구축하는 것이 매우 낯설게 느껴질 수 있다. 특히 구성원을 통제의 대상으로만 간주해왔던 전통산업의 경영자일수록 그럴 가능성이 크다. 그러나 구성원 우선주의를 바탕으로 한 기업 생태계 구축은 적절한 노력만 뒷받침된다면 얼마든지 모든 산업으로 일반화시킬 수 있다.

성공적인 사례들

구성원 우선주의가 일반화되자면 반드시 갖추어야 할 조건이 있다. 앞서 살펴본 것처럼 구성원 우선주의와 수평적 조직문화 정착은 불가분의 관계에 있다. 구성원이 경영의 동반자로서 조직의 주체, 업무의 중심이 될 때 구성원 우선주의는 온전히 구현될 수 있는 것이다. 그런데 구성원이 조직의 주체로서 업무의 중심에 선다는 것은 독자적으로 업무를 기획하고 추진할 수 있는 능력이 있음을 의미한다. 그렇지 않으면 주어진 역할을 기계적으로 반복하는 수준을 넘어설 수 없다. 진정한 의미에서 업무의 중심에 설 수 없는 것이다. 결론적으로 구성원 우선주의가 구현되려면 구성원 개개인이 창조자로서의 요건을 갖추고 있어야 한다.

그렇다면 여전히 창조자와는 거리가 먼 노동자들이 다수를 이루고 있는 경우에는 어떻게 해야 할까. 그에 대한 답은 간단하다. 노동자를 창조자로 진화시키는 프로그램을 작동시켜야 하는 것이다. 여기서 우리는 자연스럽게 다음 질문을 던지게 된다. 과연 노동자가 창조자로 진화하는 것은 가능한 일일까. 또한 기업 경영 차원에서 볼 때 그러한 과정은 어떤 의미를 갖고 있을까? 이 물음에 대한 결정적 실마리를 제공하는 사례들이 잇따라 등장해왔다. 그중에서도 먼저 주목할 필요가 있는 기업은 유한킴벌리다.

외환위기 이후 대다수 기업 경영자들은 구조조정을 통해 최소 인력을 유지하는 것만이 경쟁력 강화의 지름길이라고 믿었다. 그런데 유한킴벌리는 그러한 믿음이 틀렸음을 보기 좋게 입증했다.

외환위기 이후 유한킴벌리는 새로운 고용 패러다임을 적용하기 시작하면서 단 한 명의 직원도 해고하지 않았을 뿐만 아니라 오히려 일반 공장에 비해 현장 인력을 33퍼센트 증원했다. 반면 작업 일수는 연간 180일로 대폭 줄였다. 이를 바탕으로 유한킴벌리는 예비조, 평생 학습조, 4조 2교대 시스템 등을 통해 일자리를 나눔과 동시에 학습시간을 크게 늘렸다. 아울러 종신고용을 통해 해고 불안을 없앰으로써 구성원들이 회사에 더욱 헌신하도록 만들었다.

과연 결과는 어떻게 나타났을까? 뉴패러다임의 실험은 인건비 증가를 뛰어넘는 생산성 향상으로 이어졌다. 덕분에 유한킴벌리의 생산성은 미국 본사를 훨씬 앞지르며 세계 최고 수준에 이를 수 있었다. 또한 주요 생산 품목이 국내 시장에서 모두 점유율 1위를 달성하면서 경영 실적도 지속적으로 향상되었다.

여기서의 핵심은 노동시간 단축으로 늘어난 여유시간을 이용해 학습을 크게 강화했다는 점이다. 바로 이러한 학습을 통해 유한킴벌리 노동자들은 창조자로서의 면모를 갖추어나갈 수 있었다. 그 결과는 생산성의 지속적 상승과 경영 실적 향상으로 나타났고 이는 다시 창조자로의 성장을 위해 더욱 많은 투자를 하는 것으로 이어졌다. 요컨대 구성원의 성장과 기업 경영 사이에 선순환하는 상생의 관계가 형성되었던 것이다. 이러한 상생 관계는 구성원들이 고객 가치 실현을 위해 헌신하도록 자극함으로써 자연스럽게 고객과 주주를 포괄하는 선순환구조의 기업 생태계 구축으로 확장되었다.

유한킴벌리의 사례는 육체노동자들도 창조자로 진화할 가능성이 있음을 보여주었다. 하지만 창조자로 진화했다고 확정적으로 말하기에는 다소 어려움이 있다. 아직은 창조력보다는 노동력에 의존하는 정도가 더 클 수 있기 때문이다. 반면 포스코 계열사로서 철강재 포장 전문업체인 삼정P&A는 창조자로의 진화를 좀더 확실하게 보여준다.

삼정P&A는 2007년 3개조가 돌아가면서 작업하던 3조 3교대 근무 형태를 2개조가 번갈아 작업하고 나머지 2개조는 휴무를 하는 4조 2교대로 전환했다. 근무 형태를 전환하면서 삼정P&A의 연간 근무일은 317일에서 174.5일로 줄었고, 반대로 휴무일은 48일에서 190.5일로 크게 늘어났다. 연간 근무시간 또한 2,324시간에서 1,920시간으로 줄었다. 이러한 가운데 삼정P&A는 연간 1인당 학습시간을 300시간으로 대폭 늘렸다. 그 결과 학습 효과가 가시화되면서 구성원들의 자격증 취득 건수가 2010년 837개로 근무 형태 전환 이전에 비해 열 배 정도로 늘었다.

이러한 과정을 거쳐 구성원들은 단순 포장공에서 자동포장 설비를 개발·운영하는 엔지니어로 탈바꿈했다. 전통적 의미에서의 노동자에서 창조자로 확실하게 진화한 것이다. 삼정P&A는 2009년 세계 최초로 철강제품을 자동 포장하는 로봇결속기를 개발했는데 바로 창조자로 진화한 구성원들이 일구어낸 성과였다. 한 걸음 더 나아가 자체 기술로 철강포장라인 전체를 자동화하는 데 성공했고 이를 일괄 판매할 수 있는 수준에 이르렀다. 여기에 발맞추어 상당수의 구성원이 철강포장설비 전문 컨설턴트 지위를 갖기에 이르렀다. 덕분에 삼정P&A는 단순포장 작업을 하던 업체에서 자동포장 설비를 개발·운영·판매·서비스하는 전문적인 엔지니어링 회사로 변신할 수 있었다.

당연히 삼정P&A의 생산성은 현저히 개선되었다. 구성원들의 혁신 역량이 강화되면서 4년 만에 1인당 철강 포장량이 38퍼센트나 늘었다. 이러한 성과는 지속적인 경영 실적 향상과 구성원들의 임금 상승으로 이어졌고 이는 다시 창조자로서의 역량을 더욱 성숙시키는 선순환구조를 낳았다.

삼정P&A의 성과는 모기업인 포스코로 하여금 근무 형태 전환을 채택하도록 자극했다.

포스코는 2010년 7월부터 종전의 4조 3교대 방식(3개조가 8시간씩 근무하고 나머지 1조는 휴무)에서 2개조가 12시간씩 근무하고 나머지 2개조는 휴무를 하는 4조 2교대로 전환했다(철강업체는 용광로가 식어서는 절대 안 되기 때문에 24시간 작업을 진행해야 한다). 그 결과 연간 근무시간은 1,920시간으로 종전과 같았지만 연간 근무일 수는 262일에서 174.5일로 줄었고, 대신 휴무일은 103일에서 190.5일로 크게 늘어났다. 1년 중 절반 이상이 휴무인 것이다.

그러자 우선 구성원들의 일상생활에서 큰 변화가 일어났다. 가족과 함께 있는 시간이 늘어났고 자기계발에 쏟는 노력 또한 크게 강화되었다. 여기에 발맞추어 회사 측은 휴무일을 이용해 월 1회 사내 교육을 실시했다. 교육에 참여하면 평일 임금의 1.5배를 지급했다. 구성원들의 반응도 매우 좋았다. 일부에서는 교육시간을 늘려달라고 요청하기도 했다.

이러한 과정을 거쳐 포스코의 노동자들 또한 점차 창조자로 진화하기 시작했다. 그에 따라 생산성도 상승했고 경영 실적도 함께 개선되어갔다. 짧은 기간 안에 제품 불합격률이 1퍼센트에서 0.6퍼센트로 감소했다. 현장에서의 사고 대처 능력도 크게 향상되었다. 과거에는 기계에 이상이 생기면 작업을 멈춘 채 전문가의 조치를 기다려야 했다. 그러나 현장 작업자의 엔지니어로서의 능력이 향상되면서 기계가 고장 나더라도 작업을 멈추지 않고 곧바로 수리할 수 있었다.

포스코에서 성공적인 결과가 나오자 근무 형태 전환은 곧바로 포스코의 다른 계열사와 외주 협력업체로 확산되기에 이르렀다. 근무 형태 전환이 본격적으로 확산될 조짐을 보이기 시작한 것이다. 현대자동차 등이 살인적 작업을 강요했던 주야 2교대에서 주간 연속 2교대로의 전환을 모색하는 것도 그러한 흐름의 하나다. 물론 이 모든 것이 노동자의 창조자로의 진화로 이어질지 장담할 수는 없지만 의미 있는 계기가 마련되고 있는 것만은 분명하다고 할 수 있다.

지금까지 살펴본 것처럼 육체노동자조차도 노력 여하에 따라 창조자로 진화할 가능성이 얼마든지 존재한다. 사무전문직, 서비스직에 종사하는 노동자라면 그 가능성은 더욱 크다. 정확한 통계치는 나와 있지 않지만 그들 중 상당수는 이미 창조자로 진화되어 있는 상태다.

참고로 유한킴벌리의 실험은 '뉴패러다임 경영혁신 모델'로 불리면서 2011년 현재까지 약 300여 개의 국내 기업으로 확산되었다. 한국노동연구원 산하 고성과작업장혁신센터가 2008년 뉴패러다임을 실시한 기업을 대상으로 조사한 결과, 학습시간은 실시 이전보다 평균 67.3퍼센트 늘고 고용 규모는 9.9퍼센트 증가한 것으로 나타났다. 매출도 18퍼센트 이상 증가한 것으로 확인되었다.

비정규직의 함정

이제 노동자가 창조자로 진화하는 것은 시대의 보편적 추이가 될 수밖에 없다. 그럼으로써 구성원 우선주의를 바탕으로 한 기업 생태계가 일반화될 수 있을 것이다. 지속가능성 확보를 사활적 과제로 삼고 있는 기업 입장에서 볼 때 이는 선택의 여지가 없는 문제일 수 있다. 기업 경영자가 이 사실을 인정하고 받아들이면 비정규직 문제에 대한 시각에서도 혁명적 변화가 일어날 수밖에 없다.

1997년 외환위기 이후 임시직·일용직·계약직 등 비정규직의 확대는 정리해고 증가와 함께 고용 불안을 대표하는 현상의 하나였다. 1996년 이후 2005년까지 피고용자는 약 198만 명이 늘어났는데 그 가운데 정규직은 41만 명에 불과한 반면 임시직과 일용직은 각각 약 115만 명과 42만 명이나 되었다. 늘어난 피고용자의 80퍼센트 정도가 비정규직이었던 것이다. 이는 새롭게 직장을 구한 신세대의 경우 대부분 비정규직으로 흘러들어갔음을 말해주는 것이었다.

그렇다면 비정규직의 처지는 어떠한가. 2004년 남성 정규직의 평균 임금을 100이라고 했을 때 남성 비정규직의 평균 임금은 56.3이었다. 똑같은 일을 하고도 절반 정도의 임금밖에 받지 못한 것이다. 그런데 전체 비정규직의 70퍼센트를 차지하는 여성 비정규직은 그보다도 한참 못한 36.9였다. 비정규직이라는 이유와 여성이라는 이유로 이중으로 불이익을 받았던 것이다. 이러한 임금 차별과 함께 언제 쫓겨날지 모른다는 불안감, 복지후생으로부터의 소외, 인간적 차별 등이 덧씌워지면서 비정규직들은 극심한 심리적 고통에 시달려야 했다. 한마디로 비정규직은 그 어떤 조직도 책임져주지 않는 자기 땅에 버려진 존재였던 것이다.

왜 이런 현상이 나타난 것일까? 이러저러한 요인들을 제거하고 기업 경영의 관점에서 접근해보자.

구시대적 사고를 하는 기업인들은 모든 것을 돈으로 계산하는 데 익숙하다. 비용은 적게 들이면서 산출을 늘리면 곧 이익이 증가한다는 경제학 원리를 신주단지처럼 받들어 모신다. 그들의 사고 속에서는 사람이 쉽게 간과된다. 좀더 정확히 이야기하면 그들에게는 사람도 시장에서 언제든지 구입할 수 있는 재화의 일부고 절감해야 할 대상일 뿐이다. 그들의 사고 속에는 사람은 무한한 가능성을 지닌 가장 소중한 자산이라는 관점이 별로 없다. 그래서 양산된 것이 비정규직이라고 할 수 있다.

비정규직이 단기적으로 비용 절감 효과를 안겨다주는 것은 사실이다. 또한 그런 이유로 기업들은 비정규직을 채용한다. 그러나 장기적으로는 가장 중요한 자원을 낭비하는 것일 뿐이다. 대부분의 경우 비정규직 채용은 사람을 키워야 할 자원이 아닌 쓰다 버리는 소모품으로 간주하면서 이루어진 일이기 때문이다. 사람을 소모품으로 간주하는 태도는 당연히 사람 속에 내재한 창조력이 생산성을 좌우하는 창조력 기반 경제와는 부합될 수 없다. 무엇보다도 무분별한 비정규직 채용은 구성원 우선주의를 바탕으로 한 상생의 기업 생태계 구축을 어렵게 만든다.

회사가 자신을 언제 쓰다 버릴지 모르는 소모품으로 간주하고 있는데 고객 가치 극대화를 위해 헌신하고 싶은 마음이 생기겠는가? 과연 그 누가 비정규직을 앞에 놓고 비전을 이야기하면서 열정을 갖고 업무에 몰입하라고 할 수 있겠는가? 과연 어느 경영자가 비정규직을 향해 동반자 관계임을 강조하면서 원활한 소통과 협력을 제안할 수 있겠는가! 모두 당치 않은 이야기다. 비정규직은 기업이 그 사람의 운명을 책임질 의사가 전혀 없음을 집약적으로 표현하는 것이기 때문이다.

기업 생태계 구축이 어렵다는 것은 곧 기업이 지속가능성을 보장받기 어렵다는 것을 의미한다. 결국 무분별한 비정규직 채용은 당사자에게 엄청난 고통을 안겨주는 것은 물론 궁극적으로 기업의 이해 당사자 모두에게 해로운 결과를 가져다주는 것이다. 한마디로 기업 경영자의 철학이 지극히 천박하다는 것을 드러내는 것에 다름 아니다.

그렇다면 비정규직 문제는 어떻게 해결되어야 하는가? 그에 대한 답은 너무나 분명하다. 비정규직은 누구나 인정할 수 있는 특별한 경우를 제외하고는 원칙적으로 해소되어야 한다.

정부는 비정규직 관련법을 제정하여 같은 사업장에서 2년 이상 근무하면 비정규직을 정규직으로 전환시키도록 했다. 그러나 비교적 여력이 있는 대기업들은 정규직으로 전환하기도 했지만 그렇지 않은 곳에서는 해고 사태가 빈번하게 발생했다. 많은 곳에서 도리어 고용 상황이 더 악화된 것이다.

문제를 해결하기 위해서는 제도적 보완이 뒤따라야 하는 것은 물론이다. 하지만 이것만으로는 부족하다. 비정규직을 단순히 정규직으로 수평 이동시키는 것에 머물면 경영 압박을 받을 수 있는 곳이 많은 게 사실이기 때문이다. 그래서 정규직으로 전환함과 동시에 창조자로 진화함으로써 생산성을 획기적으로 상승시키는 것이 반드시 필요하다. 이미 창조자로서의 요건을 갖추고 있다 하더라도 지속적인 학습을 통해 작업 능력을 더욱 높은 수준으로 끌어올려야 한다.

결국 해답은 비정규직의 정규직 전환을 넘어 창조자로의 '도약'에서 찾을 수 있는 것이다. 말하자면 노동자의 창조자로의 진화라는 일반적 해법 속에서 비정규직 문제도 함께 해결되어야 하는 것이다.

이것이 기업의 이해 당사자 모두에게 이익이 돌아갈 수 있는 상생의 해법이다.

노동운동에서 '창조운동'으로

다양한 사례를 통해 입증되듯이 노동자의 창조자로의 진화는 생산성 향상과 기업의 경영실적 개선을 낳는다. 이러한 성과는 다시 구성원의 소득 증가로 이어짐으로써 궁극적으로 모두에게 이익을 안겨준다. 노동자가 선택할 수 있는 최선의 길은 창조자로 진화하는 것임이 분명하다.

그런데 창조자가 된다는 것은 궁극적으로 기업 경영의 동반자가 된다는 것을 의미한다. 기업 경영에 대한 책임과 권한을 나누어 갖는 것이다. 그런 점에서 일부 노동운동가들은 노동자가 창조자로의 길을 걷는 것을 매우 못마땅한 시선으로 보아왔다. 그들이 보기에 기업 경영의 동반자가 된다는 것은 자본주의 체제 속으로 깊숙이 포섭되는 것이기 때문이다. 과거에는 이러한 시각이 타당했는지 모른다. 그러나 지금은 아니다. 결론부터 이야기하면 진실은 정반대다.

다시 한번 이야기하자면 창조력 기반 경제의 도래와 함께 주요 생산요소가 자본과 노동에서 창조력으로 전환하고, 기업의 권력이 자본 소유자에게서 창조자로 이동하고 있다. 그에 따라 탈자본주의 사회로의 이행이 불가피해졌다. 경영혁명은 창조자로의 권력 이동을 촉진함으로써 탈자본주의 사회로의 이행에 가속도를 붙인다. 노동자가 창조자로 진화한다는 것은 바로 그러한 경영혁명의 주체로 합류함을 의미한다. 또한 노동자들은 그것을 목표로 삼아야 한다.

이러한 맥락에서 진정으로 자본주의 체제를 극복하기 원하는 노동자라면 창조자로 진화하여 경영혁명의 주체로서 기업 경영의 동반자가 되기 위해 적극 노력해야 한다. 이것이 오늘날 노동자가 선택할 수 있는 유일한 길이자 최선의 길이다. 당연히 노동운동 진영은 노동자의 창조자로의 진화를 조직적으로 구현하기 위한 프로그램을 만들고 그에 대한 사회적 합의를 도출하기 위해 노력해야 할 것이다.

사실 창조자 계급의 등장은 그 자체로서 역사의 전진을 의미한다. 이들로 인해 비로소 자본주의 이후 새로운 사회를 열 확실한 동력이 형성되었기 때문이다. 그런 만큼 창조자들에게 노동자임을 인정하고 노동자가 되기 위해 노력하라고 압박하는 것은 역사의 수레바퀴를 거꾸로 돌리려는 행위나 다름없다. 다르게 표현하면 창조자 계급의 본성 실현을 가로막는 억압적 행위라고 할 수 있다. 역사의 진행 방향과 일치된 길은 오직 노동자를 창조자로 진화시키는 것뿐이다.

문제는 노동자의 창조자로의 진화가 노동자 수의 감소를 더욱 가속화시키면서 노동운동의 기반 약화로 이어질 수 있다는 데 있다. 노동운동이 자신에게 주어진 과제를 충실히 수행한 결과 도리어 기반이 약화되는 모순이 발생하는 것이다. 과연 이 문제를 어떻게 봐야하며 또한 어떻게 대응해야 하는가. 해답을 찾자면 창조자 계급의 지속적 확대에 따라 노동운동 약화는 이미 필연적 현상이 되었음을 인정하는 것이 필요하다.

피고용자의 처지에 있는 창조자들은 법적으로 노동자의 지위를 갖고 있다. 그렇기 때문에 표면적으로는 노동자 수가 계속 증가해온 것처럼 보일 수도 있다. 이는 곧 노동운동의 지속적 성장이 가능할 수 있다는 희망을 갖게 만드는 요소기도 하다. 그러나 이들 창조자가 노동운동의 기반이 되어줄 가능성은 그다지 높지 않다. 이는 창조자들의 개별적인 성향이나 선택과 무관한 지극히 객관적 요인에 따른 결과다.

노동운동의 출발점은 노동자가 자신은 노동력을 팔지 않으면 생존할 수 없는 존재임을 자각하는 것이다. 그럴 때 노동력의 판매 조건을 개선하기 위해 노동조합을 결성하고 투쟁을 결심할 수 있기 때문이다. 이러한 이유로 지금 이 순간에도 많은 좌파 노동운동가들이 창조자들을 향해 노동력을 판매하는 노동자임을 인정할 것을 애타게 호소하고 있다. 하지만 돌아오는 답은 이것이다. "왜 내가 노동자인가?" 실제로 그들은 노동자지만 동시에 노동자가 아니다. 그들은 법적 지위에서는 노동자지만 계급적 정체성에서는 노동자가 아니다. 무엇보다도 그들은 노동력을 판매하지 않으면 살 수 없는 사람들이 아니기 때문이다. 앞서도 확인했지만 창조자들의 대부분은 창업을 꿈꾸고 있을 정도로 독립적 경제 활동 능력을 지니고 있다. 주도적 생산요소로 부상한 창조력이 그들 안에 체화되어 있기 때문이다. 의식구조가 다른 것은 그에 따른 당연한 결과다. 좌파 노동운동가들이 안타까워하듯이 계급의식이 퇴화된 것이 아니라 전혀 다른 계급의식을 갖고 있는 것이다.

창조자들은 계급 정체성이 다르다 보니 단결의 원리에서도 확연한 차이를 보여준다. 전통적인 노동운동은 '동일노동 동일임금'을 목표로 제시함으로써 노동자 대중의 이해관계를 일치시키고 이를 통해 조직적 단결을 극대화할 수 있었다. 노동이 규격화되고 표준화되었던 산업 시대에 이러한 방식은 충분히 적용 가능했고 동시에 강력한 힘을 발휘했다. 그러나 창조자들에게 중요한 것은 표준화가 아니라 각자가 지닌 고유한 특성을 살리는 것이다. 보수도 개별적인 연봉협상을 통해 결정되는 것이 일반적이다. 이처럼 개별적 특성이 강조되는 조건에서 동일노동 동일임금을 원칙으로 제시하는 것은 불가능하다. 창조자 계급이 단결하기 위해 필요한 것은 신세대의 고유한 특성 그대로 각자가 중심인 조건에서 수평적으로 소통하고 협력하는 것이다.

투쟁을 대하는 관점 또한 확연히 다르다. 전통적 노동운동에서 기업 경영진은 비타협적 투쟁 대상이었다. 노동자가 경영자를 지향하는 것은 어용의 길을 걷는 것이었다. 하지만 창조자들에게 경영진은 소통과 협력의 대상이다. 그렇지 않으면 작업을 원활하게 수행할 수 없으며 결국 경쟁력 약화로 생존의 위협을 받는다. 한 걸음 더 나아가 경영자가 되는 것은 창조자들에게 가장 보편적인 꿈이기도 하다. 과연 이러한 조건에서 창조자들에게 노동운동이 견지해온 전통적 방식의 투쟁을 요구할 수 있겠는가?

어느 모로 보나 창조자 계급의 확대는 노동운동의 약화로 이어질 수밖에 없다. 이는 지극히 필연적인 결과다. 노동운동의 약화는 양적 측면만이 아니라 질적 측면에서도 동시에 나타나고 있다. 무엇보다도 자본주의 이후 새로운 사회의 비전을 창출하고 이를 주도적으로 실천할 수 있는 능력이 현저히 약화되었다. 실제로도 노동운동은 고용안정과 복지 확충 이상의 것을 이야기하고 있지 못하다. 말하자면 자본주의 틀 안에서 삶의 개선을 추구하고 있는 것이다. 그러다 보니 많은 사람들이 우려하고 있듯이 노동자들은 현상 유지에 집착하며 갈수록 보수화되는 경향을 보이고 있다. 자칫하면 가장 보수적인 집단의 하나로 전락할 가능성마저 제기되고 있는 실정이다.

이러한 상황에서 노동운동이 선택할 수 있는 것은 무엇인가. 노동운동은 기존의 틀 안에 갇혀 있으면 결코 쇠락의 운명을 피할 수 없다. 해답은 기존의 틀을 깨고 나올 때 찾을 수 있다. 답은 간단하다. 노동자가 창조자로 진화하는 것에 발맞추어 노동운동 또한 경영혁명을 촉진함으로써 새로운 사회를 여는 '창조운동'으로 진화해야 하는 것이다. 이는 노동운동이 본질적으로 노동자가 자신의 운명을 개척하기 위한 운동이었다는 점에서 선택의 여지가 없는 것이다.*

그런데 피고용자 신분의 창조자들에게는 매우 특별한 역사적 임무가 있다. 피고용자 신분의 창조자는 법적으로는 노동자면서 계급정체성에서는 노동자가 아니다. 피고용자 신분의 창조자들은 이러한 특성을 적극 살려야 한다.

먼저 피고용자 신분의 창조자들은 노동자 계급이 지난한 투쟁의 역사를 통해 획득한 성과를 계승·발전시켜야 한다. 대표적인 경우로서 노동조합을 들 수 있다. 창조자들이 경영자의 동반자가 되는 것은 생각한 것 이상으로 어려울 수 있다. 무엇보다도 '탐욕스러운 자본가'와 '구시대적 경영진'이 기득권에 집착하면서 조직문화 혁신이 제대로 이루어지지 않을 수 있다. 이럴 때 노동조합은 권익을 확장시키고 소통을 가능케 하는 도구로서 매우 유용할 수 있다. 노동조합이 모든 문제 해결의 무기가 될 수는 없다 하더라도 상당히 많은 도움을 줄 수는 있는 것이다. 그러한 과정에서 노동조합 스스로의 위상과 역할도 계속 업그레이드될 수 있을 것이다.

이와 함께 피고용자 신분의 창조자들은 노동자면서 동시에 창조

---

* 현재 한국의 노동운동은 이중적으로 세대 문제에 봉착해 있다. 먼저 과거 비타협적 투쟁을 앞세우며 전투적 조합주의를 추구했던 세대들은 현재 40~50대에 진입해 있다. 이들은 대체로 생활의 안정을 갈구하면서 갈수록 협력적 노사관계를 지향하는 정도가 강해지고 있다. 반면 지금의 20~30대는 피고용자의 신분을 갖고 있고 노동조합에 가입해 있더라도 창조자 계급으로서의 정체성이 강하다. 그에 따라 노동조합 활동에 소극적 태도를 보이는 경우가 많다. 이 모든 상황은 과거 전투적 조합주의를 떠받쳤던 대중적 토대가 급격히 약화되고 있음을 의미하는 것이다. 결국 어떤 형태로든지 노동운동의 방향 전환이 불가피한 상황이라고 할 수 있다.

자라는 특성을 바탕으로 다양한 창조자 그룹과 노동자들의 연대를 매개할 수 있다. 이를 통해 노동자와 창조자 계급이 서로에게 원군이 되어줄 수 있다.

12장

거대 생태계로의
확장

• 최근 몇 년 동안 기업 경영자들은 그 어느 때보다도 충격적인 경험을 자주 겪어야 했다. 미국 금융자본주의의 몰락, 스마트기기의 등장, 앱스토어의 성공 등은 그 대표적인 경우라고 할 수 있다. 그런데 세 가지 사건은 공통적으로 생태계 전략의 확산을 위한 계기로 작용했다. 미국 금융자본주의의 몰락은 승자독식 논리의 끝이 무엇인지를 보여주면서 생태계 전략의 필요성을 부각시켰다. 스마트기기는 생태계 전략의 기술적 기초를 마련해주었고, 앱스토어는 생태계 전략의 본격적인 출발을 알렸다.

생태계 전략의 등장은 다양한 경제 주체들의 관계를 근본적으로 변화시키기 시작했다. 그에 따라 기업들은 스스로의 생존을 보장받기 위해서라도 전략을 근본적으로 바꾸지 않으면 안 되는 상황이 되었다. 개별 기업 간의 경쟁이 거대 생태계 사이의 전쟁으로 전환하고 있기 때문이다.

이러한 과정을 통해 경제 주체의 관계를 설정하는 구도에서 획기적인 변화가 일어났다. 지금까지 경제 주체의 관계는 주로 '독점이냐 자유경쟁이냐'의 구도로 파악해왔다. 그에 따라 독점 체제를 반대하는 사람은 자유경쟁 체제의 도입을 해답으로 제시했다. 하지만 자유경쟁 체제의 도입은 한시적이고 소극적인 해결책일 수밖에 없다. 독점 체제도 자유경쟁의 산물이기 때문이다. 요컨대 경쟁에서의 승자가 이익을 독식하면서 형성된 것이 독점 체제인 것이다. 독점 체제에 대한 적극적이고 지속가능한 해법은 상생의 생태계를 구축하는 것이다. 그에 따라 앞으로 경제 주체의 관계를 파악할 기본 구도는 '승자독식인가 상생인가'가 될 것이다. •

1. 플랫폼 기반의 생태계 전략

생전의 스티브 잡스와 애플에는 유별난 점이 있었다. 다른 기업에서는 찾아볼 수 없는 열광적인 추종자들을 다수 거느리고 있었던 것이다. 애플 추종자들이 보여주는 모습은 거의 종교적 열정에 가까웠다. 그들은 애플에서 신제품을 출시하면 조금이라도 먼저 구입하기 위해 애플 스토어(애플의 백화점 매장) 앞에서 천막을 치고 대기하기도 했다. 가히 스티브 잡스가 교주인 신흥 애플 교단이 출현했다고 해도 과언이 아니었다.

그러면 왜 이들이 스티브 잡스와 애플에 그토록 열광했던 것일까? 단순히 애플이 사람들의 마음을 사로잡는 꽤 그럴듯한 제품을 내놓아서였을까? 그런 점도 있었겠지만 그것이 전부는 아니었다.

많은 사람들이 신자유주의의 승자독식 논리에 분노하여 진절머리를 쳤고 이어진 금융자본주의의 몰락으로 초래된 혼란 속에서 절망하고 좌절해야 했다. 바로 그때 스티브 잡스와 애플이 새로운 시대로 나아가는 출구를 제시했던 것이다. 함께 먹고사는 거대 생태계 구축이 바로 그것이었다.

우리는 방금 전 개별 기업은 경영진, 구성원, 고객, 주주가 선순환하는 상생의 기업 생태계를 형성할 때 지속가능성을 보장받을 수 있다는 사실을 확인했다. 그런데 이러한 상생의 생태계가 개별 기업을 넘어서서 대기업과 중소기업, 군소 프로그램 개발자, 사용자들이 참여하는 한층 거대한 생태계로 확장되고 있다. 여기서 중요한 역할을 하는 것이 플랫폼이다.

플랫폼은 지질학에서 지각을 구성하는 한 부분을 일컫기도 하는데 우리가 일상생활에서 가장 자주 접하는 것은 기차역에서 승객들이 열차에 올라타고 내리는 영역일 것이다. IT산업에서는 이러한 플랫폼을 다양한 소프트웨어를 작동시킬 수 있도록 해주는 하드웨어나 운영체제 등의 환경을 총칭하는 용어로 사용해왔다.

오늘날 많은 기업들이 플랫폼을 장악함으로써 영향력을 비약적으로 확대하는 '플랫폼 전략'을 구사하고 있다. 플랫폼은 그 특성상 적절한 조건을 갖추면 영향력이 끝없이 상승·발전함으로써 이를 소유한 사업자에게 막대한 부를 안겨준다. MS가 오랫동안 소프트웨어 산업의 절대 강자로 군림할 수 있었던 것은 PC 운영체제라는 플랫폼을 장악하고 있었기 때문이다.

구글이 다양한 비즈니스 모델을 구사하면서 막대한 수입을 올릴 수 있었던 것도 궁극적으로 검색이라는 플랫폼을 장악하고 있었기 때문이었다. 구글이 제공하는 부대 서비스조차도 그러한 플랫폼으로서의 역할을 톡톡히 하고 있다. 전 세계의 지리를 상세하게 표시하고 있는 구글 맵스를 예로 들어보자.

요즘 자주 눈에 띄는 것으로서 매시업(Mashup) 사이트가 있다. 인터넷 지도 위에 맛집 등을 표시하는 정보 서비스 사이트가 바로 그것이다. 이러한 매시업 사이트는 대부분 자유롭게 이용하도록 개방한 구글 맵스를 기반으로 한 것이다. 덕분에 아이디어만 있으면 최소의 비용만으로 구글 맵스를 활용해 원하는 사이트를 만들 수 있게 되었다. 이러한 매시업 사이트가 늘어나자 구글 검색이 증가했고, 거꾸로 구글 검색 링크를 타고 매시업 사이트 방문자가 늘어나는 선순환 구조가 형성되었다. 양쪽 모두가 이익을 얻는 상생의 구조가 만들어진 것이다.

플랫폼 전략은 다양한 영역에서 다양한 형태로 발전해왔다. 앞서 개방과 공유, 협력의 정신을 다루면서 소개했던 페이스북이나 아마존의 웹 서비스 모두 개방형 마케팅 플랫폼이라고 할 수 있다. 그런데 이러한 플랫폼 전략을 개별적인 하드웨어나 운영체제에 머물지 않고 하드웨어, 콘텐츠 개발과 판매, 사용자 서비스 등을 하나로 묶어 한층 고도화된 형태로 구사한 것이 바로 애플이었다.

앞서 살펴본 대로 애플은 2004년 4월 온라인 음원 판매망인 '아이튠즈 뮤직스토어'를 세상에 선보였다. 애플은 수입의 70퍼센트를 음반사에 제공하기로 약속했고 이러한 조건에서 사용자들이 한 곡당 99센트를 지불하면 애플이 출시한 MP3플레이어 아이팟을 이용해 무한정 재생할 수 있도록 했다.

바로 여기서 아이튠즈 뮤직스토어가 플랫폼 기능을 했다. 애플은 아이튠즈 뮤직스토어를 기반으로 음악 콘텐츠를 둘러싼 다양한 이해당사자들이 함께 이익을 볼 수 있는 생태계를 구축할 수 있었던 것이다. 그 결과 아이팟이 폭발적으로 판매되었고 덕분에 애플은 엄청난 수익을 거둘 수 있었다. 플랫폼을 기반으로 한 생태계 전략이 강력한 힘을 발휘한 것이다.

이러한 애플의 전략은 아이폰을 출시하면서 함께 문을 연 애플리케이션(앱) 온라인 장터인 앱스토어를 통해 훨씬 발전된 형태로 재현되었다.

2008년 7월 애플은 앱스토어 개장을 공식적으로 알렸다. 애플은 개발자가 만든 애플리케이션을 일정한 심사를 거쳐 앱스토어에 올릴 수 있도록 했고, 판매 수익의 70퍼센트를 개발자가 가져갈 수 있도록 했다. 아울러 1년 등록비용 99달러를 내면 애플의 프로그램 개발 툴인 SDK를 이용하여 개수에 제한 없이 애플리케이션을 개발·등록할 수 있도록 했다. 군소 프로그램 개발자들이 최소의 비용으로 전 세계 시장을 상대로 마케팅할 수 있는 길을 열어준 것이다.

그러자 그동안 시장 진출에 어려움을 겪고 있던 군소 프로그램 개발자들이 앞 다투어서 자신들이 개발한 앱을 앱스토어에 등록했다. 그리하여 짧은 시간 안에 수십만 개의 앱이 앱스토어에 등록되었다. 사용자들의 애플리케이션 다운로드 또한 폭발적으로 증가했다. 다운로드는 앱스토어 개장 2년 반 만에 100억 회를 돌파하기에 이르렀다. 같은 기간에 앱 개발자들이 거둔 수익은 약 20억 달러에 이르렀다. 앱스토어라는 플랫폼을 기반으로 수많은 사람들이 함께 먹고 사는 거대 생태계가 형성된 것이다.

앱스토어가 인기를 끌자 앱스토어 애플리케이션을 사용할 수 있는 아이폰, 아이팟터치, 아이패드 등 애플의 스마트기기들이 경이로운 판매고를 기록하기 시작했다. 생태계 전략이 빚어낸 강력한 효과였다.

애플의 앱스토어가 큰 성공을 거두자 여러 기업들이 앞 다투어서 유사한 온라인 장터를 만들었다. 구글은 안드로이드 운영체제를 사용하는 모든 스마트폰에서 앱을 다운로드할 수 있는 안드로이드 마켓을 개장했다. 안드로이드 마켓은 앱 등록에 필요한 사전승인 절차가 없다. 또한 이미지, 구글 어스(google earth), 지도, 사전 등 구글이 제공하는 각종 서비스를 손쉽게 검색할 수 있도록 했다. 앱 개발도 애플에 비해 한층 간편하다. 그 결과 안드로이드 마켓은 애플의 앱스토어에 맞서는 강력한 대항마로 떠오를 수 있었다. 노키아 또한 자사 운용체제인 심비아 기반의 앱 스토어인 오비 스토어(Ovi store)를 열었다. 마이크로소프트 역시 자사 스마트폰 운영체제인 옴니아 기반의 윈도 마켓플레이스를 선보였다. 삼성도 마이크로소프트, 노키아, 구글 등의 운영체제에서 모두 사용할 수 있는 삼성 앱스를 열었다.

이뿐만이 아니었다. 애플이 생태계 전략을 바탕으로 한 스마트기기를 선보이면서 모바일 이동통신사들은 전략을 전환할 수밖에 없는 처지가 되었다.

그동안 이동통신사들은 콘텐츠를 적절히 통제하면서 상당한 액수의 수수료를 챙길 수 있었다. 한국의 경우만 보더라도 이전 시기 모바일기기에 장착된 애플리케이션 판매 수익금의 70퍼센트 정도는 이동통신사의 몫이었다. 그런데 애플의 앱스토어 등장으로 수익금 분배구조가 정반대로 바뀐 것이다. 결국 이러한 상황을 타개하기 위해 한국의 KT와 SK텔레콤을 포함한 전 세계의 대표적인 24개 통신사들은 힘을 모아 애플리케이션 도매 센터인 WAC(Wholesale App Community)를 창설했다.

이렇게 하여 IT 세계는 모바일기기를 둘러싼 거대 생태계 구축에 사활을 걸기에 이르렀다. 말 그대로 생태계와 생태계 사이의 전쟁으로 치닫기 시작한 것이다. 이는 일찍이 없었던 전혀 새로운 현상으로서, 이런 생태계 간 전쟁은 변신을 거듭하면서 다양한 산업에 걸쳐 폭넓게 확산될 것이라 예상된다.

지금까지 살펴본 것처럼 플랫폼 기반의 생태계 전략은 기본적으로 개방과 공유, 협력이라는 웹2.0 정신을 바탕으로 움직인다. 과연 이러한 상생의 생태계가 미래 사회로 나아가는 출구가 될 수 있을까?

거대 기업들이 승자독식 논리를 추구하던 것에서 함께 먹고사는 생태계를 구축하는 것으로 방향을 선회한다는 것은 상당히 의미심장한 변화다. 기업이 무한경쟁 속에서 나 홀로 이익만을 추구하는 시장 논리로부터 벗어났다는 점에서 시장을 초월한 것이라고 볼 수 있다. 아울러 시장을 초월한 기업이 시장을 지배적으로 이끌 수 있다는 사실을 뚜렷이 확인시켜준다. 작금의 경영혁명은 끊임없이 시장을 초월하면서 시장만능주의와 더욱 거리를 벌리고 있는 것이다.

중요한 것은 생태계 전략은 그 자체로서 워낙 강력한 힘을 발휘하기 때문에 갈수록 빠르게 확산될 것이라는 점이다. 뒤집어서 말하면 생태계 전략을 구사하지 못하면 도태될 가능성이 그만큼 크다는 것을 의미한다. 결국 이러한 과정을 거쳐 그간 자본주의를 관통했던 독점구조가 상당 부분 상생의 생태계로 대체될 가능성도 충분하다. 말하자면 이익을 독차지하던 대기업들이 상생의 생태계 허브로 위상을 바꿀 수도 있는 것이다.

이 모든 것은 역사적으로 볼 때 사회경제 체제에서 또 다른 질적 변화가 일어나고 있음을 의미하는 것이다. 그러나 모든 것이 그러하듯 자본주의가 완전히 퇴장하지 않은 역사적 과도기에는 상생의 생태계조차도 갖가지 모순과 한계를 드러낼 수밖에 없다. 과도기의 일반적 특성 그대로 생태계 전략 역시 새로운 요소와 낡은 요소를 함께 보여줄 수밖에 없는 것이다.

한편으로 생태계 전략은 개방을 통한 이익 공유와 협력을 추구함으로써 줘야 얻을 수 있고 나눠야 커진다는 새로운 경제 원리를 선보이고 있다. 그러면서도 현재의 생태계 전략은 여전히 해당 영토를 장악한 맹주가 존재하고, 그 맹주에 충성할 때만이 참여가 가능하다는 점에서 폐쇄적이기도 하다. 단적인 예로 앱스토어 생태계의 맹주는 애플이며 여기에는 애플의 맥 컴퓨터와 개발 툴을 이용한 애플리케이션만을 등록할 수 있다.

사실 자본주의 체제에서 개별 기업은 자신의 이익을 우선하는 기업 이기주의에서 한시도 자유로울 수 없다. 이는 상생의 생태계에 늘 긴장을 불러일으키는 요소다. 특히 대기업은 상생의 생태계와 본질적으로 상치되는 독점적 이익 추구를 포기하는 것이 거의 불가능에 가깝다. 그에 따라 대기업은 상생의 생태계에 대해 언제나 이중적 모습으로 다가갈 것이 틀림없다.

이러한 모순은 개별 기업을 뛰어넘어 다양한 경제 주체들의 이익을 함께 추구하는 전혀 새로운 영역이 등장함으로써 상당 정도 지양되고 극복될 수 있다. 그것은 상생의 인본주의 사회로 완전히 진입한 이후에나 가능한 일로서 제5부에서 자세히 살펴보겠다.

2. 동반성장 아니면 동반몰락이다

플랫폼 기반의 생태계 전략은 앞서의 사례에서도 엿볼 수 있듯 주로 창조력 기반 경제에서 태동했다. 창조력에 내재된 속성으로서 개방과 공유, 협력, 즉 상생의 정신이 집중적으로 발현된 곳이 창조력 기반 경제이기 때문에 나타난 현상이다. 그러나 선진 분야에서의 새로운 흐름은 항상 강력한 파급력을 갖기 마련이다. 이는 사회 현상에서 나타나는 일반적 법칙이다. 그런 만큼 상생의 생태계 구축은 창조력 기반 경제를 넘어 모든 분야로 빠르게 확산될 수밖에 없다.

이를 입증하기라도 하듯 경쟁 구도는 기업 대 기업에서 생태계 대 생태계로 빠르게 재편되고 있는 추세다. 그에 따라 누가 강력한 생태계를 구축하는가 여부가 미래 시장의 판도를 좌우하기에 이르렀다. 이러한 거대 생태계를 형성하는 중요한 고리 중 하나가 대기업과 중소 협력업체 사이에 동반성장 관계를 확립하는 것이다. 이는 곧 상생의 생태계 구축이 업종을 뛰어넘어 모든 기업이 풀어야 할 보편적 과제로 떠오르고 있음을 말해주는 것이다.

어느 나라든지 중소기업은 경제발전의 필수 요소다. 중소기업은 규모가 작기 때문에 전문성을 바탕으로 특화된 제품을 생산하면서 변화하는 시장에 기동성 있게 대처할 수 있는 장점이 있다. 만약 중소기업이 없는 상태에서 대기업이 필요한 공구나 부품을 자체적으로 생산하려면 비용이 두세 배 이상 든다. 중소기업의 뒷받침이 있어야 대기업도 발전할 수 있는 것이다.

과거 소련 경제가 낙후한 중요한 요인 중 하나도 중소기업을 경시한 것이었다. 1980년대 후반 미국에는 500인 이하 중소기업이 약 500만 개나 되었으나 소련은 같은 규모의 중소기업이 1~2만 개에 불과했다. 극단적일 만큼 거대기업 중심으로 경제를 운영한 것이다. 그 결과 소련에서 기계를 만드는 기업들 중에서 스스로 주물을 만들어야 하는 경우가 70퍼센트 이상이나 되었으며, 공구를 만들어 써야 하는 업체도 절반이 넘었다. 당연히 비용은 비용대로 더 많이 들면서 품질은 더 떨어질 수밖에 없었다.

이러한 맥락에서 많은 사람들이 중소 협력업체의 역할이 지닌 중요성을 강조해왔다. 가령 '공급사슬이론'의 세계적 권위자로 알려진 미국 매사추세츠공대(MIT)의 C. 파인 교수는 "기업의 진정한 핵심 능력은 소재·부품 공급업체로 연결된 공급사슬을 설계·관리하는 것에 있다"고 역설하기도 했다.

어느 모로 보나 대기업과 중소기업은 함께 커야 하는 운명적 관계다. 그럼에도 그동안 한국은 철저하게 대기업 위주의 성장전략을 구사하면서 중소기업은 자금 배분이나 정책적 지원에서 극도로 소외될 수밖에 없었다. 대기업 또한 중소기업을 지원하기보다는 갖가지 형태로 불이익을 떠안겼다.

대기업들은 중소 협력업체들에 대해 죽지 않을 정도의 수준에서 납품 단가를 책정했다. 심지어 중소기업이 기술혁신을 통해 비용을 절감하면 곧바로 납품 단가를 깎아내리기까지 했다. 중소기업 입장에서는 기술혁신을 할 이유가 없어지는 것이었다. 대기업의 요청으로 막대한 자금을 들여 생산설비를 갖추어놓았는데 주문을 하지 않아 망하는 경우도 비일비재했다.

사정이 이렇다 보니 벤처기업 역시 제대로 성장할 수 없었다. 대기업은 시장을 한손에 틀어쥐고 이익의 대부분을 쓸어갔다. 애써 키워놓은 고급 인력을 빼가는 것은 다반사로 있는 일이었다. 심지어 기술개발팀을 통째로 데려가는 경우도 왕왕 있었다. 중소 소프트웨어 개발업체들로 하여금 아무런 대가도 지불하지 않고 장기간에 걸쳐 무상 AS를 하게 하는 것 또한 흔한 현상이었다. 한마디로 벤처기업의 싹이 자라기도 전에 싹둑싹둑 잘라가 버리는 격이었다.

대기업들은 중소기업의 희생을 바탕으로 거대한 부를 쌓아올렸다고 해도 과언이 아니다. 이러한 조건에서는 중소기업이 제대로 발전할 수 없으며 궁극적으로 대기업의 경쟁력 약화로 이어질 수밖에 없다. 이는 곧 전쟁에 돌입해 있는 글로벌 경제 상황에 비추어볼 때 동반몰락으로 이어질 가능성이 매우 크다는 것을 의미한다. 글로벌 경제를 주름잡는 수많은 기업들이 강력한 생태계를 기반으로 공세를 취할 것이 분명하기 때문이다. 동반성장은 선택의 여지가 없는 과제임을 알 수 있다.

이제 대기업은 수직적 통합을 바탕으로 이익을 독식했던 구조에서 벗어나야 할 시기가 되었다. 대기업은 그 자신과 중소기업, 벤처기업, 군소 프로그램 개발자 등이 함께 먹고살 수 있는 상생의 생태계 구축을 주도해야 하는 것이다. 그 일환으로 중소기업과의 동반성장 구조를 만드는 데 박차를 가해야 한다. 그럼으로써 부정적 평가가 끊이지 않았던 독점 대기업의 이미지를 과감히 벗어버리고 상생의 생태계의 허브로서 위상을 재정립할 수 있어야 한다.

아직은 시작 단계에 불과하지만 그런대로 조짐은 나타나고 있다. 현재 한국의 대기업들 사이에서 상생경영은 공통의 화두로 떠오르고 있으며 일부 대기업은 구체적인 프로그램을 마련하여 실천하고 있다. 수많은 중소 협력업체의 희생을 기반으로 고속성장을 일구어냈던 삼성전자와 LG전자를 예로 들어보자.

삼성전자는 회장 직속기구로 '상생협력센터'를 설치하고 1조 원 규모의 상생펀드를 조성했다. LG전자 또한 갑과 을의 관계를 청산하기 위한 다양한 방안을 모색하고 있다. 양사 모두 1차 하도급업체에 대해 2013년부터 어음결제를 퇴출시키고 현금결제를 시행하기로 했다. 또한 협력업체의 기술개발투자를 적극 지원함으로써 부품 국산화율을 더욱 높은 수준으로 끌어올리기로 했다. 이와 함께 협력업체의 애로사항을 청취하기 위해 삼성전자는 '사이버 신문고', LG전자는 '상생고'를 운영하고 있다. 최고경영자들이 협력업체를 방문하여 현안 문제를 직접 해결하는 경우도 많아졌다.

이러한 노력들이 어느 정도의 진정성을 바탕으로 한 것이고 실제 얼마만큼의 효과를 낳을지는 지금으로서는 지켜볼 수밖에 없다. 워낙 승자독식에 익숙해 있던 대기업들이 하루아침에 체질을 180도 바꾼다는 것이 말처럼 쉽지 않을 것이기 때문이다. 실제로 삼성과 LG 등은 중소기업 고유의 영역을 연거푸 잠식하는 등 여전히 많은 곳에서 승자독식 논리를 고수하고 있다. 언제 어떻게 과거의 모습을 재현할지 알 수 없는 상태인 것이다.

그렇다면 중소기업과의 상생의 생태계 구축에 소극적인 대기업들 앞에는 어떤 운명이 기다리고 있을까? 아시아미래인재연구소는 향후 10~20년 사이에 한국의 30대 재벌그룹 중 15개 이상이 사라질 것이라고 단언했다. 과연 어떤 그룹이 살아남고 어떤 그룹이 몰락할 것인가. 의심할 여지도 없이 수평적 조직문화의 정착과 상생의 생태계 구축이 승부처가 될 것이다.

물론 혁신을 기피하는 대기업들은 몰락하기에 앞서 상당한 사회적 비판과 공격에 직면할 것이다. 이는 그나마 다행스러운 경우라고 할 수 있다. 반강제적으로라도 혁신을 함으로써 몰락을 피할 수 있기 때문이다. 그런 점에서 대기업들은 자사를 비판적으로 공격하는 사람들에 대해 진심으로 감사해야 한다. 반대로 대기업들이 가장 두려워해야 할 것은 침묵하거나 찬사만을 늘어놓는 경우다. 특정 대기업이 망하기를 기대하는 사람은 해당 경영진이 오만의 늪에 빠져 몰락의 길을 걷도록 가만히 방치하거나 열심히 찬사를 늘어놓을 것이기 때문이다.

3. 절실한 벤처 생태계 구축

벤처기업은 여러 가지 이유로 중요한 관심 대상이 되어야 한다. 벤처기업은 역사의 변곡점을 통과하는 시기에 특유의 모험 정신을 기반으로 새로운 영역을 개척하는 선구적 역할을 할 수 있으며, 새로운 일자리를 창출하는 데 대기업보다 훨씬 탁월한 능력을 발휘한다. 이와 함께 벤처기업은 상생의 인본주의 사회로 진입하는 가장 중요한 통로의 하나가 될 수 있다. 그렇다면 이토록 중요한 의미를 갖는 벤처기업이 크게 융성할 수 있는 조건은 무엇인가? 결론은 거대 생태계의 일환으로서 벤처 생태계를 구축하는 것이다.

네 가지 질문

질문 하나. 이제 한국의 기업들 사이에서 남들의 뒤를 쫓는 추격전략은 점점 더 의미가 없어져가고 있다. 한국 기업들 역시 미지의 영역에 뛰어들어 새로운 것을 일구어내는 창조전략으로 방향을 틀어야 하는 것이다. 이는 곧 상당한 모험이 필요한 상황임을 의미한다. 과연 잃을 것이 많은 기존 기업들이 그러한 모험을 감행할 수 있을까?

질문 둘. 정지훈 교수의 『거의 모든 IT의 역사』는 한 시대를 풍미한 IT기업들의 생생한 역사를 담고 있다. 그런데 처음부터 끝까지 무대를 활보하는 기업들은 모두 미국 기업들이다. 좀더 정확히 말하면 미국 실리콘 밸리를 무대로 전개된 IT 기업들의 활약상을 기록한 것이다. 한국 IT 기업의 이야기도 일부 소개하고 있지만 모두 합쳐봐야 한 쪽도 되지 않는다. 도대체 왜 이런 현상이 나타난 것일까? 자칭 IT 강국이라고 하는 한국은 왜 IT의 새 역사를 써나가는 데 전혀 주역이 되지 못하고 있는 것일까. 과연 미국에만 천재들이 몰려 있는 것일까?

질문 셋. 벤처기업의 핵심은 실패를 두려워하지 않고 모험을 하는 데 있다. 그럴 때 의외의 결과가 나오면서 첨단 기술과 최신의 비즈니스 모델을 선보일 수 있다. 하지만 한국의 젊은 인재들이 가장 선호하는 일자리는 대기업이다. 안정된 일자리를 구하는 것이 그들의 최우선적인 목표인 것이다. 벤처기업 창업은 젊은 인재들 사이에서 그다지 인기 있는 선택이 아니다. 그렇다면 한국의 젊은 인재들은 실패를 두려워할 만큼 유달리 겁이 많은 것일까?

질문 넷. 요즘 소셜 네트워크가 크게 뜨고 있는데 사실 그 원조는 한국에서 선보인 아이러브스쿨과 싸이월드다. 그럼에도 최근 글로벌 시장에서의 주도권은 페이스북으로 넘어가 있다. 인터넷전화 기술을 처음 개발한 것은 한국의 벤처기업 새롬기술이었다. 그런데 이 기술은 현재 구글에 넘어가 있다. MP3플레이어의 종주국은 한국이라고 해도 과언이 아니다. 한때 한국의 벤처기업 아이리버가 생산한 MP3 플레이어는 미국 시장에서 판매량 1위를 차지하기도 했다. 그런데 시간이 흐르면서 애플의 아이팟에 완전히 밀리고 말았다. 도대체 왜 이런 현상이 나타난 것일까?

벤처기업의 본질

지난날 한국 벤처기업계가 어떤 문제점을 안고 있었는지를 정확히 파악하자면 먼저 벤처기업의 본질이 무엇인지 살펴볼 필요가 있다.

벤처기업협회의 정의에 따르면 벤처기업은 '개인 또는 소수의 창업인이 위험성은 크지만 성공할 경우 높은 기대수익이 예상되는 신기술과 아이디어를 독자적인 기반 위에서 사업화하려는 신생 중소기업'이다. 또한 법률적 의미에서 볼 때 벤처기업은 다음 세 가지 유형 중 하나에 속하는 경우를 가리킨다.

첫째, 창업투자신탁회사(조합), 한국벤처투자조합, 신기술사업금융업자(조합) 등 벤처 캐피탈의 투자 지분이 자본금의 10퍼센트 이상인 기업. 둘째, 연구개발투자가 일정 비율 이상인 기업. 예컨대 의약품 개발업체는 연구개발투자가 6퍼센트 이상이어야 한다. 셋째, 신기술을 이용하여 사업하는 기업. 특허권을 이용하거나 공공기관으로부터 이전받은 기술을 바탕으로 사업하는 경우가 여기에 해당한다.

이처럼 사전적 의미나 법률적 의미에서 벤처기업이 무엇인지는 대략적으로 알 수 있다. 하지만 이것만으로는 일반적 기업과 벤처기업이 본질적으로 어느 지점에서 차이가 나는지를 알 수 없다. 일반적 기업도 앞서 소개한 벤처기업의 특성을 얼마든지 보일 수 있기 때문이다. 무엇보다도 벤처기업가가 어떤 철학을 가져야 하고 어떤 관점으로 사업에 임해야 성공할 수 있는지를 파악하기가 쉽지 않다.

그러면 이런 점들을 고려하면서 지금까지의 논의를 바탕으로 벤처기업의 본질이 무엇인지를 규명해보도록 하자.

자본주의 지배 논리의 첫 구절은 "돈이 돈을 번다"이다. 돈이 모여 자본을 형성하면 사람을 고용하여 제품과 서비스를 생산·판매함으로써 이윤을 거둘 수 있다는 것이다. 그래서 자본주의 사회에서 일반적인 기업이 만들어지는 첫 출발은 자본을 확보하는 것이다. 지난날 한국에서 비교적 큰 규모의 기업이 만들어지는 과정을 보면 이 점이 명확하게 드러난다. 외국으로부터 차관을 도입하고 금융기관으로부터 대출을 받아 거액의 자본을 형성하는 것이 기업 설립의 출발점이었던 것이다. 현재 한국의 재벌그룹을 구성하고 있는 기업들은 대부분 이렇게 해서 만들어졌다.

벤처기업은 바로 이 지점에서 본질적 차이가 있다. 벤처기업의 출발점은 자본 형성이 아니라 새로운 주도적 생산요소인 창조력의 형성이다. 자본에 크게 의존하지 않고도 독자적으로 가치를 창출할 수 있을 정도의 창조력이 형성되었을 때 성공적인 벤처기업이 만들어질 수 있다. 앞서 이야기했듯이 휴렛 팩커드, 애플, 구글 등 실리콘밸리에서 성공 신화를 쓴 대표적인 기업들이 공통적으로 차고에서 출발했다는 것은 이를 상징적으로 보여준다. 반면 자본 의존도가 높은 벤처기업은 실패할 가능성이 높다. 설령 성공하더라도 큰 성공을 기대하기가 어렵다. 자본 능력으로서는 기존 기업을 능가하기가 쉽지 않기 때문이다. 결국 벤처기업의 세계는 전체 기업 가치 중에서 창조력의 비중이 클수록 성공 가능성이 크다는 법칙이 확고하게 지배한다.

창조력은 차이를 본질로 삼는다. 달라도 무언가 다를 때 의미를 가질 수 있다. 기왕에 나와 있는 것과 똑같은 지식, 똑같은 감성, 똑같은 상상력은 아무 데도 쓸모가 없다. 그렇기 때문에 창조력을 기반으로 한 벤처기업은 말 그대로 언제나 모험일 수밖에 없다. 검증되지 않는 새로운 것을 내놓아야 하기 때문이다. 벤처기업은 생래적으로 블루오션 전략*을 지향할 수밖에 없는 것이다. 하지만 일단 성공하면 큰 수익을 보장받을 수 있다. 처음 시장을 개척했기 때문에 선점 효과를 거둘 수 있을 뿐만 아니라 창조력의 속성상 추가적 비용이 비교적 적게 들기 때문이다.

이렇듯 앞서 소개한 벤처기업의 일반적 특징은 창조력 형성을 우선하고 그를 기반으로 수익을 창출하고자 하면서 나타난 결과다.

물론 벤처기업도 때가 되면 사업을 확장하기 위해 적극적으로 자본 투자를 유치한다. 이때 투자자들은 전적으로 창업자들이 지니고 있는 창조력의 잠재적 가치를 보고 투자한다. 창조력이 먼저고 자본 투자가 그 뒤를 잇는 것이다. 벤처기업인들 사이에서 전문경영인을 영입하고 투자를 유치한다는 표현이 자연스럽게 오가는 것은 이러한 사정을 반영하는 것이라고 할 수 있다. 요컨대 벤처기업에서의 '주체'는 창조력을 보유하고 있는 사람이며 나머지는 확보 가능한 '대상'인 것이다.

이러한 맥락에서 벤처기업가다운 철학을 갖추기 위한 첫 번째 조건은 돈이 돈을 번다는 자본주의 지배 논리에서 완전히 자유로워지

---

* 프랑스 유럽경영대학원 인시아드의 김위찬 교수와 르네 마보안 교수가 공동으로 제창하여 세계적으로 큰 반향을 일으킨 비즈니스 전략이다. 피 튀기는 경쟁이 벌어지는 레드오션에서 벗어나 전혀 새로운 영역인 블루오션으로 진출할 때 큰 성공을 기약할 수 있다는 것이 요지다.

는 것이다. 그리고 무한한 잠재력을 지닌 창조력 형성을 우선하면서 전적으로 그를 기반으로 수익을 창출하겠다는 신념을 갖는 것이 중요하다. 자본은 필요할 때 활용하고 도움을 받는 하나의 보조수단이라고 생각해야 한다. 실리콘 밸리를 대표하는 벤처기업가들이 남다른 성공을 거둘 수 있었던 것도 바로 이러한 철학적 관점이 뚜렷했기 때문이었다.

지난날 한국의 벤처기업가들은 바로 이 지점에서 심각한 문제점을 드러냈다. 돈이 돈을 번다는 사고에 너무나 깊숙이 젖어 있었던 것이다. 그 결과 창조력 형성을 소홀히 한 채 돈의 힘만 믿고 함부로 사업에 뛰어들었다가 쓰라린 실패를 겪는 경우가 비일비재했다. 심하게는 여기저기서 빚을 내 사업을 벌이다가 실패하는 바람에 고스란히 빚더미에 올라앉는 경우도 많았다. 결국 무늬만 벤처기업가일 뿐이지 본래적 의미의 벤처기업가와는 거리가 먼 경우가 허다했던 것이다. 우리 주위에서 흔히 발견될 수 있었던 사례 한 가지를 더 들어보자.

몇 년 전에 있었던 일이다. 어느 재력가가 10억 원을 내놓으면서 주변 사람들에게 새로운 매체 사업을 해보자고 제안했다. 곧바로 사업 밑천이 마련되었으니 좋은 결과가 나올 것이라는 기대감을 갖고 수십 명의 사람들이 모였다. 하지만 수익을 창출하기도 전에 사업 밑천은 순식간에 바닥을 드러내고 말았다. 결국 매체 사업은 1년도 채 넘기지 못하고 막을 내리고 말았다.

위 사례가 던져주는 교훈은 명확하다. 거대 언론자본에 비하면 10억 원은 거의 무시해도 좋을 정도로 매우 적은 규모의 자본이다. 그러한 조건에서 매체 사업에 도전하려면 철저하게 창조력 형성을 우선해야 했다. 기존 매체가 전혀 생각하지 못했던 콘텐츠와 미디어

형식을 개발하고 이를 기반으로 출발해야 했던 것이다. 그런데 창업자들은 그러한 사전준비 없이 '10억 원이라는 돈이 있으니까 어떻게든 되겠지'라는 막연한 생각만 갖고 임했다가 참담한 실패를 겪고 말았다.

벤처기업가가 돈이 돈을 번다는 사고에 젖어 있다 보면 자칫 투기 바람에 휩쓸리면서 모든 것을 황폐화시킬 가능성이 매우 크다. 한국에서 첫 번째 벤처기업 붐이 일어났던 시기인 1990년대 말에서 2000년대 초반에 실제로 그런 일이 여기저기서 일어났다. 과연 어떤 일이 벌어졌던 것일까?

언뜻 보기에 모든 것이 잘나가는 듯이 보였다. 말 그대로 붐이었다. 그 당시 전성기를 구가하던 IT산업을 중심으로 창의적인 아디어디들이 쏟아져 나왔고 이를 바탕으로 벤처기업 창업이 줄을 이었다. 정부는 외환위기 이후 한국 경제의 활로는 벤처기업에 있다고 판단하여 전폭적으로 지원했다. 언론은 연일 벤처기업 띄우기에 열을 올렸고 대학가 또한 벤처기업 열풍이 불었다. 관련 학과 증설이 붐을 이루었고 벤처기업 창업 프로그램과 관련 동아리가 유행을 탔다. 때를 맞추어 코스닥이 개장되면서 일확천금을 노리는 자금들이 앞 다투어 벤처기업으로 흘러들었다.

그러나 오래지 않아 곳곳에서 문제가 드러나기 시작했다. 실리콘밸리의 벤처 캐피탈은 벤처기업의 잠재적 가치를 중심으로 장기투자를 하는 것이 일반적이다. 그러나 벤처 붐 시기 한국에서 벤처기업에 투자한 자본은 대부분 매우 질이 좋지 않았다. 그들은 벤처기업의 성장 가능성과는 관계없이 갖가지 이슈를 만들고 거짓 정보를 흘리면서 자기들끼리 지분을 돌렸고 이를 통해 주가를 수백 배까지 뛰도록 만들었다. 벤처기업 투자를 폭탄 돌리기 노름판으로 만들어버린 것이다. 그러다가 때가 왔다고 판단하자 서둘러 주식을 팔아치운 뒤 자리를 떴다. 주가는 일시에 폭락했고 그 손해는 고스란히 뒤늦게 합류한 중산층과 서민 투자자들에게 돌아갔다.

더욱 문제가 된 것은 창업자들의 태도였다. 천정부지로 뛰는 주가 때문에 서류상으로 수십억대에서 수천억대 부자가 되어버린 창업자들은 벤처기업가 본연의 모습을 잃어버린 채 방탕한 생활에 빠져들었다. 그들은 회사의 수익 증대를 위해 노력하기보다는 투기 세력과 손잡고 주식 가격을 끌어올리는 데만 골몰했다. 그 과정에서 분식회계 등 온갖 불법과 편법이 자행되었다. 결국 세상의 부러움을 한몸에 받던 창업자들 중 상당수가 모든 책임을 뒤집어쓴 채 사법 처리되는 비운을 겪고 말았다. 이러한 과정을 거쳐 첫 번째 벤처 붐은 한때의 신기루로 끝나버리고 말았다.

네 번째 질문에서 이야기했지만 한국의 벤처기업들이 기술과 아이디어에서 글로벌 선두 주자로 떠오른 경우가 많았다. 하지만 글로벌 시장을 석권하는 것으로 이어지지는 못했다. 그 구체적인 원인은 다양하겠지만 벤처기업가 정신의 실종이라는 점에서는 대체로 일치했다. 특히 첫 번째 벤처기업 붐 시기에는 방금 전에 살펴보았듯이 많은 창업자들이 투기 바람에 편승하여 벤처기업가 본연의 정신을 망각했다. 말하자면 관심의 초점이 다른 곳에 가 있었던 것이다. 그러다 보니 새로운 아이디어와 기술에 맞는 혁신적인 비즈니스 모델을 창조하는 데 집중할 수 없었다.

이렇듯 한국의 벤처기업계는 숱한 시행착오를 겪어왔다. 그 과정을 통해 얻은 교훈은 상당할 것으로 보인다. 말하자면 비싼 수업료를 지불한 것이다. 그중에서도 벤처기업가의 철학이 무엇보다도 중요한 요소며 또한 어떤 철학을 가져야 하는지도 어느 정도 분명해졌으리라고 본다.

이제 벤처기업가에게 맞는 경영철학을 제대로 정립할 때가 되었다. 이 과제가 해결되지 않은 상태에서는 아무리 좋은 환경이 마련되어도 좋은 결과를 기대할 수 없다. 벤처기업가는 돈이 돈을 번다는 사고를 완전히 버려야 한다. 그럴 때 창조력을 기반으로 수익을 창출할 수 있는 혁신적 사고가 가능해진다. 나머지 문제들은 그런 다음 해결될 수 있다.

실리콘 밸리의 비밀

벤처기업의 성패를 좌우하는 첫 번째 요소가 벤처기업가의 경영철학인 것은 분명하다. 그럼에도 환경은 여전히 중요하다. 과연 벤처기업이 활발하게 살아 숨 쉴 수 있는 최적의 환경은 어떤 것일까? 그에 대한 해답을 찾기 위해서 대표적인 벤처기업의 요람인 미국의 실리콘 밸리를 살펴보도록 하자.

실리콘 밸리가 형성되어 있는 곳은 서부 캘리포니아다. 이곳은 보수적 문화가 지배하는 동부와 달리 개방적이고 진취적인 문화가 자리잡고 있다. 실리콘 밸리의 문화적 뿌리가 되고 있는 것 또한 낡은 구습을 철저히 거부하는 히피문화다. 바로 이러한 문화적 토양 위에서 벤처기업 특유의 기업문화가 형성될 수 있었다.

대학 역시 실리콘 밸리의 지적 기지 역할을 충실히 수행해왔다. 대표적으로 스탠퍼드 대학을 들 수 있다. 스탠퍼드 대학은 혁신적 사고를 고취하는 방향으로 학습을 진행하는 곳으로 유명하다. 교수들은 창업을 적극 권장하면서 그에 맞는 프로그램을 전수하고 있다. 나아가 창업에 필요한 조건들을 함께 만들어가면서 그 성과를 나누기도 한다.

실리콘 밸리를 움직이는 힘 중의 하나로서 풍부하게 형성되어 있는 벤처 캐피탈을 꼽을 수 있다. 실리콘 밸리에서는 좋은 아이디어만 있으면 벤처 캐피탈로부터 투자를 받아 필요한 자금을 확보하는 데 큰 어려움이 없다. 그래서 실패를 하더라도 부채더미에 올라앉을 가능성이 매우 적다. 벤처 캐피탈이 창업자의 경영권을 위협할 가능성 또한 별로 없다. 벤처 캐피탈이 투자를 하는 것은 창업자가 보유하고 있는 창조력 가치가 자본 가치를 압도하는 경우다. 그렇지 않으면 벤처 캐피탈 입장에서 투자할 이유가 없다. 벤처기업의 성장 잠재력을 결정하는 것은 창조력 가치이기 때문이다.

기존 기업 또한 벤처기업의 강력한 후원자다. 기존 기업들은 거액의 자금을 들여 성공한 벤처기업을 인수함으로써 그 성과를 자신의 것으로 흡수한다. 그 자신이 벤처기업으로 출발했던 구글은 이러한 벤처기업 인수를 통해 성장하고 있는 대표적인 기업이다. 유튜브와 안드로이드가 그런 식으로 인수된 경우들이다. 안드로이드를 창업한 앤디 루빈은 거액의 인수 자금을 챙긴 것은 물론 구글로 자리를 옮겨 수석 부사장이 되었다. 설령 실패를 한 벤처기업가라 하더라도 기존 기업들이 적극 채용한다. 같은 실패를 반복하지 않을 것이기 때문에 성공 확률이 그만큼 높다는 이유에서다. 실패 또한 실리콘 밸리에서는 귀중한 경력으로 간주되고 있는 것이다.

지금까지 살펴본 것처럼 실리콘 밸리는 거대한 벤처 생태계를 이루고 있다. 바로 그러한 생태계 속에서 수많은 벤처기업들이 배양되고 성장했던 것이다. 실리콘 밸리에서 벤처기업들이 실패를 두려워하지 않고 기꺼이 모험을 할 수 있는 것도 바로 이처럼 생태계가 잘 구축되어 있기 때문이다. 이러한 환경 덕분에 미국의 고급 인재들 역시 글로벌 기업 입사가 아닌 실리콘 밸리에서의 창업을 최우선의 목표로 삼고 있다. 실리콘 밸리에서 시대를 선도하는 첨단 기술과 최신의 비즈니스 모델이 쏟아져 나온 것도 이 모든 것의 결과라고 할 수 있다.

어느 모로 보나 벤처기업은 벤처 생태계라는 환경 속에서 효과적으로 배양되고 성장할 수 있음이 분명하다. 하지만 한국에는 벤처 생태계가 제대로 구축되어 있던 적이 없었다. 단적으로 벤처기업들이 몰려 있는 서울 강남의 테헤란 밸리를 살펴보자. 테헤란 밸리는 공간 이상 의미가 없었다. 고유한 문화적 토양이 마련되어 있는 것도 아니었고 지적 기지 역할을 해주는 대학도 딱히 없었다. 그렇다고 벤처 캐피탈이 풍부하게 형성되어 있다고 보기도 힘들었으며 기존 기업 가운데 강력한 후원자 역할을 해줄 만한 데도 마땅히 없었다.

이러한 환경에서 새로이 출발한 벤처기업가들은 주로 개인의 노력에 의존해서 헤쳐 나갈 수밖에 없었다. 무엇보다도 벤처 붐이 막을 내린 이후 필요한 자금 조달을 투자보다는 차입에 의존해야 하는 경우가 많았다. 단적으로 2008년 현재 한국 벤처기업의 평균 부채비율은 154퍼센트에 이르고 있다. 실패하면 엄청난 빚더미에 올라앉을 위험성이 큰 것이다. 창조력 형성에 충분히 주력하지 못하고 자본 의존적 태도를 보인 벤처기업가 개인에게도 책임이 있겠지만 상당 부분은 투자 환경이 제대로 갖추어지지 못한 데서 빚어진 결과라고 할 수 있다.

사정이 이렇다 보니 실패한 벤처기업가의 삶은 대체로 빚쟁이들에게 쫓겨 여관을 전전하다가 나머지 인생의 상당 부분을 빚 갚는 데 소모하는 모습으로 나타나고 있다. 주위에서는 실패한 사람이라고 하여 여간해서 거들떠보지도 않는다. 한마디로 신세를 망치는 것이다. 2011년에 이르러 벤처기업협회에서 패자부활을 위한 장치를 도입했고 그 덕분에 재기에 성공한 벤처기업가가 언론에 간간이 소개되고 있다. 그러나 아직은 가뭄에 콩 나는 것보다도 더 드물다.

과연 이러한 환경에서 실패를 두려워하지 않고 과감한 모험을 할 수 있겠는가. 그러한 요구를 하는 것 자체가 처음부터 무리일 수밖에 없는 상황이다. 실제로 많은 벤처기업들이 실패의 두려움으로 인해 안전 운행에 집착하면서 벤처 특유의 모험심을 제대로 발휘하지 못했다. 말하자면 벤처기업가 정신이 크게 퇴색한 것이다. 당연히 벤처기업으로서 큰 성공을 거두기를 기대하기는 어렵다.

이런 점에서 벤처기업이 활성화되기 위해서는 벤처기업가 본연의 경영철학 정립과 함께 실패를 두려워하지 않고 모험을 할 수 있는 벤처 생태계 구축이 필수적이다.

누가 무엇을 해야 하는가

2011년 5월 말 현재 벤처기업협회에 등록된 한국의 벤처기업 수는 2만 6,700여 개에 이른다. 2004년 8,000여 개에 비하면 매우 큰 폭으로 증가했음을 알 수 있다. 열악한 환경에서도 이 정도 수의 벤처기업이 만들어져 활동한다는 것이 그저 놀랍기만 하다. 수많은 벤처기업가들의 열정이 빚어낸 결과라고 할 수 있다.

특히 2010년 가까이에 이르러 벤처기업 창업이 급증했는데 이는 스마트기기의 확산과 밀접한 연관이 있다. 스마트기기용 애플리케이션 수요가 급증함에 따라 이를 개발하는 벤처기업 창업이 크게 증가한 것이다. 최근 몇 년 동안 수요 급증으로 프로그램 개발자들의 몸값이 크게 치솟는 가운데 IT 분야가 벤처 캐피탈에 가장 높은 투자수익률을 보장했던 점 또한 이를 반영한 현상이라고 할 수 있다.

벤처기업 창업이 새롭게 붐을 일으키고 있는 것은 벤처 생태계를 구축할 수 있는 절호의 기회일 수 있다. 이 기회를 놓치지 않기 위해서는 정부, 금융산업, 기업, 대학 등이 고차원적인 협력 모델을 창조할 필요가 있다. 그렇다면 과연 각 분야가 어떤 역할을 해야 하며 실제 어떻게 진행되고 있는지를 살펴보도록 하자.

먼저 정부의 역할부터 살펴보자. 정부는 1997년에 제정한 '벤처기업 육성에 관한 특별조치법'(2017년까지 적용되는 한시법)을 근거로 벤처기업에 대한 다양한 지원을 해왔다. 벤처기업 창업을 용이하게 하기 위한 제도적 방안을 마련했으며 관련 기관이 벤처기업으로 인정하는 경우에 대해서 조세감면 혜택을 부여했다. 또한 연기금과 국책은행의 투자 확대를 유도함과 동시에 신용보증에서 우대조치를 받도록 해왔다. 더불어 입지 마련과 인력 확보, 기술특허 출원 등에 대해서도 우선적으로 지원했다.

이 밖에도 정부가 벤처기업의 창업과 육성을 위해 할 수 있는 역할은 매우 많다. 예컨대 대만에서처럼 정부가 인큐베이터 역할을 하면서 준공기업 형태의 벤처기업을 적극적으로 육성할 수도 있다. 대학, 기업연구소 등과의 협력 체제를 강화한다면 성공 가능성은 훨씬 커질 것이다. 정부는 무엇보다도 투기를 좇아 배회해온 시중 유동자금(최소 500조 원 이상 추정)을 생산적인 벤처 투자로 유도해야 한다. 어차피 부동산 거품 붕괴로 이 자금들은 달리 갈 곳이 마땅치 않은 상태에 직면할 것이다. 이러한 유동자금을 끌어내어 벤처 캐피탈을 풍부하게 형성시키는 것이 정부가 해야 할 가장 중요한 일 중 하나다. 말하자면 엉뚱한 곳에서 홍수를 일으키는 빗물을 가뭄을 적시는 단비로 전환시키기 위해 물길을 잘 내야 하는 것이다.

최근 벤처 캐피탈은 비교적 빠르게 성장하고 있는 추세다. 2011년 현재 한국벤처캐피탈협회(KVCA)에 가입해 있는 벤처 캐피탈만 해도

100여 개에 이른다. 아울러 대부분의 금융기관들이 벤처기업 투자를 적극 모색하고 있는 상태다. 여기에 정부의 적극적 노력이 결합된다면 벤처 캐피탈의 성장 속도는 더욱 빨라질 수 있을 것이다. 그럴 때 벤처기업들이 차입 의존도를 대폭 줄이면서 투자 유치를 통해서 필요한 자금을 확보할 수 있는 환경이 마련될 수 있다.

대기업은 스스로가 허브가 되는 거대 생태계 구축의 일환으로서 벤처기업의 적극적인 후원자가 되어야 한다. 벤처기업의 성과를 과감하게 흡수하는 것은 물론 실패의 경험까지도 끌어안을 수 있어야 한다. 창조전략의 구현은 바로 이러한 벤처기업의 성과를 흡수함으로써 꽃을 피울 수 있다. 그렇지 않고 내부의 노력에만 의존하면 난관에 봉착할 가능성이 크다. 대기업은 모험을 하기에는 잃을 것이 너무 많기 때문이다. 아직 시작 단계에 불과하지만 조짐은 나타나고 있다. 선두에 나서고 있는 것은 스마트폰 출시로 입지가 크게 흔들렸던 이동통신사들이다. 기존의 이동통신 서비스를 플랫폼으로 하는 거대 생태계 구축의 일환으로 벤처기업 육성에 나서고 있는 것이다.

KT는 모바일 애플리케이션 개발자 지원정책인 '에코노베이션' (Econovation)을 수립한 뒤 글로벌 수준의 앱 개발자 3,000명 양성에 나서고 있다. 아울러 앱 독점을 폐기하면서 KT의 직·간접 투자로 만들어진 앱에 대해서도 타사에 등록할 수 있도록 했다. 적극적인 개방 정책으로 전환한 것이다. 또한 서울 목동에 콘텐츠 제작과 편집이 가능한 '올레 미디어 스튜디오'를 만들어 일반인의 창작 활동을 지원하고 있다. 이와 함께 Full HD 방송설비를 저렴하게 임대해줌으로써 군소 프로그램 개발자는 물론 외주제작사·대학·지자체 등이 영상 제작에 적극 활용할 수 있도록 했다.

SK텔레콤은 이동통신 서비스 플랫폼 기업으로 성공하자면 무엇보다도 '확장성'과 '개방성'이 중요하다고 보고 우수한 콘텐츠 개발 능력을 보유한 외부 개발자들과의 협력에 중점을 두기 시작했다. 이를 위해서 핵심 서비스의 제작 기술인 API(Application Programming Interface)를 단계적으로 공개했다. 아울러 상생혁신센터를 설립하고 창의적인 아이디어와 실행력을 가진 개발자들에게 사무 공간과 최대 5,000만 원의 창업자금을 지원하면서 세무·회계·법률 등 경영 관련 서비스를 함께 제공하고 있다.

벤처 생태계 구축과 관련해서 매우 중요한 역할을 할 수 있는 또 다른 곳은 바로 대학이다. 한국은 세계적으로도 대학 진학률이 가장 높은 나라다. 그만큼 사회적으로 대학의 비중이 높다는 것이다. 이러한 대학이 지닌 잠재력을 극대화하는 것이 필요하다. 그 일환으로 대학은 벤처기업의 배양과 성장을 뒷받침하는 요람이 될 수 있다. 아직은 부족하지만 조짐은 보이고 있다. 예컨대 대부분의 대학은 창업센터를 운용하면서 창업을 적극 권장하고 있다. 관련 동아리도 활성화되고 있다.

지금까지 살펴본 것처럼 정부, 금융기관과 벤처 투자자, 대기업, 대학 등은 각기 나름대로 벤처기업 육성을 위해 다양한 노력을 기울이고 있다. 벤처 생태계 구축에 필요한 인적·물적 자원도 상당한 수준에서 확보되어 있다. 문제는 이러한 개별적 노력이 곧바로 벤처 생태계 구축으로 이어질 수는 없다는 데 있다. 벤처 생태계는 오직 개방과 공유, 협력을 바탕으로 상생을 추구하는 방향에서 각 분야의 노력이 유기적으로 통합될 때 제대로 구축될 수 있기 때문이다.

여기서 주도적 역할을 수행해야 하는 것은 두말할 필요도 없이 정부다. 국가가 스스로의 지양을 통해 다양한 사회구성 요소들을 동반자로 만드는 수평적 리더십을 본격적으로 발휘해야 하는 것이다. 정부는 벤처 생태계 구축이라는 비전을 구체적으로 확립한 뒤 기업과 투자자, 벤처기업가, 대학, 각종 연구소의 참여를 적극 유도해야 한다. 이를 위해서 정부는 대학을 거점으로 관련 기관들을 유기적으로 포진시키는 한국형 벤처 생태계를 활발히 모색할 필요가 있다. 각 지역별로 고르게 분포되어 있는 국립대는 그 출발점이 될 수도 있을 것이다. 그럴 경우 실리콘 밸리를 능가하는 효율적이고 생산적인 벤처 생태계를 구축할 수 있는 가능성도 충분하다.

많은 사람들이 심각한 사회 문제로까지 비화된 청년실업의 탈출구는 왕성한 창업에 있다고 말한다. 지금은 취업이 아니라 창업의 시대라고 말하는 사람도 많다. 매우 옳으면서도 절실한 이야기다. 또한 애플의 거듭되는 선전에 찬사를 보내면서 애플을 뛰어넘는 기업이 다음에는 한국에서 나왔으면 좋겠다고 말하는 사람들도 많이 있다. 매우 의미 있고 충분히 실현 가능한 이야기다. 하지만 전제가 있다. 벤처기업가들이 실패를 하더라도 빚쟁이에게 쫓기지 않으면서 재도전할 수 있는 환경을 마련해야 한다. 이럴 때에만 창업자들이 실패가 두려워 모험을 기피하는 일이 없을 것이다. 물론 이는 벤처 생태계가 제대로 구축될 때에야 가능하다.

4. 미래를 위한 선택

개별 기업을 넘어서는 다양한 경제 주체들이 형성하는 거대 생태계와 그 일환으로서 벤처 생태계가 원활하게 작동하자면 반드시 갖추어야 할 전제조건이 있다. 젊은 인재들이 방향을 잘 잡고 사회에 진출해야 하는 것이다. 특히 여러 유형의 기업들 중에서 우선순위를 잘 매겨야 한다. 이는 심각한 사회 문제로 부상한 청년실업을 해소하고 젊은 인재들의 미래를 더욱 진취적으로 설계하는 것과 밀접한 관련이 있다.

포식자의 먹잇감에서 벗어나라

현재 대학을 나온 20대 젊은이들이 으뜸으로 추구하는 목표는 대기업에 취업하는 것이다. 대기업을 무조건 우대해주는 사회적 분위기, 높은 보수와 장래성, 고용 불안의 반작용으로 안정된 직장을 선호하는 경향, 경력에서의 유리함 등 여러 요인이 복합적으로 작용한 결과라고 할 수 있다.

어느 모로 보나 대기업 취업은 20대 젊은 세대를 지배하는 가장 강력한 강박관념이 되어 있다. 영혼을 팔아서라도 대기업에 취업하고야 말겠다는 젊은 인재들이 수두룩하다. 대학에 입학하는 순간부터 대기업 취업을 목표로 스펙 쌓기에 골몰하는 것은 너무나도 일반적인 현상이다. 이렇듯 대기업 취업에 목을 매고 있는 젊은 인재들의 수는 실제 대기업이 제공할 수 있는 일자리보다 적어도 열 배 정도는 많은 것으로 알려졌다. 말하자면 10만 개의 일자리를 차지하기 위해 100만 명의 젊은 인재들이 서로 밀고 당기면서 치열한 아귀다툼을 벌이는 양상이다.

대기업 취업을 향한 질주는 청년실업을 심화시키는 한 요소로까지 작용해왔다. 1997년 외환위기 이후 청년실업이 매우 심각한 수준에 이른 것은 결코 새삼스러운 이야기가 아니다. 2004년 정부 발표에 따르면 청년실업률은 7.3퍼센트로 전체 실업률 3.3퍼센트의 두 배를 웃돌았다. 하지만 이 통계는 잠시라도 일자리를 가져본 사람을 제외한, 말 그대로 완전 실업자만을 집계한 것이었다. 또한 취업을 준비하거나 취업을 포기한 숫자 역시 통계에서 빠져 있었다. 실제로는 같은 해 교육인적자원부가 밝힌 것처럼 대학 졸업자의 절반이 안정된 직장을 갖지 못한 '백수' 상태에 놓여 있었다. 20대 태반이 백수라는 '이태백'은 단순한 비유가 아니라 엄연한 현실이었던 것이다.

높은 청년실업률이 기본적으로 전반적인 고용 상황의 악화로부터 파생된 것임은 두말할 필요가 없다. 말하자면 높아진 취업 장벽으로 인해 발생한 일종의 적체현상이었던 셈이다. 문제는 청년실업률이 이토록 높음에도 다른 한편에서는 중소기업을 중심으로 심각한 구인난이 발생해왔다는 데 있다. 취업난과 구인난이 병존하는 기현상이 나타났던 것이다. 우리는 여기서 청년실업의 두 얼굴을 발견할수 있다. 한편으로는 높아진 취업 장벽이 빚어낸 결과지만 다른 한편으로는 대기업 취업으로 쏠린 선택의 편중이 상황을 더욱 악화시키고 있는 것이다.

과연 젊은 세대의 대기업 취업을 향한 질주를 어떻게 이해하고 받아들여야 할까? 도대체 무엇이 문제일까? 결코 간단치 않아 보이지만 몇 가지 분명한 점이 있다. 결론 또한 비교적 단순명료하다. 먼저 살펴봐야 할 것은 대기업의 일자리를 크게 늘려 상황을 완화시키려는 정부의 발상이다. 이는 매우 비현실적인 대책이다.

한국의 대기업들 대부분은 제조업을 주요 기반으로 움직여온 결과 고용 없는 성장 상태에 놓인 지 오래다. 1999~2004년 동안 50대 기업의 매출은 247조 원에서 415조 원으로 115퍼센트, 영업이익은 21조 원에서 46조 원으로 115퍼센트 늘었다. 그런데 같은 기간 고용은 49만 2,977명에서 49만 957명으로 도리어 0.4퍼센트 줄어들었다. 이후 사정이 다소 나아지기는 했지만 큰 차이가 없다. 2007~

2010년 사이에 30대 기업의 영업이익은 73퍼센트 늘었지만 일자리는 10퍼센트밖에 증가하지 않았다. 이런 점에서 이명박 정부가 대기업에 갖가지 혜택을 부여하며 일자리를 늘려줄 것을 호소한 것은 처음부터 출발이 잘못된 경우였다.

더불어 주목해야 할 것은 현재 대기업이 지닌 장점들이 미래에도 그대로 이어질 가능성은 결코 높지 않다는 점이다.

달도 차면 기우는 법이다. 현재 한국의 대기업들은 정점을 찍고 있다. 대기업 전성시대의 종말이 다가오고 있는 것이다. 역사의 변곡점을 통과할 때는 이전 시기에 장점이었던 것이 단점으로 바뀌는 것이 일반적이다. 대기업의 장점이라 여겼던 요소들이 단점으로 작용하기 쉬운 것이다. 단적으로 불확실성의 시대에 대기업의 비대한 몸집은 모험 정신을 발휘하고 상황 변화에 적응하는 데 큰 장애가 된다. 조만간 대기업은 쇠락의 운명을 맞이할 가능성이 큰 것이다. 자칫하면 공룡의 비극을 재현할 가능성도 배제할 수 없다. 미래 세계에서 대기업은 결코 안정된 일자리를 제공하기 힘들 것이다. 도리어 걸핏하면 구조조정을 한다고 난리를 칠 가능성이 크다.

젊은 인재라면 능히 역사의 다음 페이지를 읽을 줄 알아야 한다. 그래야만 자신의 삶을 진취적으로 설계할 수 있다. 특히 역사의 변곡점을 통과하고 있는 시기에는 그러한 안목이 절대적으로 필요하다. 이런 점에서 볼 때 대기업 취업을 향한 질주는 결코 미래지향적 선택이라고 할 수 없다.

돌이켜보면 대기업 취업을 둘러싼 아귀다툼은 젊은 세대를 집단적 우울증에 시달리게 한 가장 직접적인 요인이 되어왔다.

스티브 잡스는 세상을 떠나면서 사람은 자신에게 주어진 시간이 결코 길지 않기에 남이 아닌 자신의 인생을 살아야 한다는 말을 남겼다. 나의 삶을 사는 가장 확실한 길은 크든 작든 내가 새로운 세계를 만드는 것이다. 그런 점에서 대기업은 남의 삶을 살 가능성이 가장 높은 곳이다. 대기업은 이미 누군가가 만들어놓은 세계이며, 거대한 힘을 갖고 나의 삶을 규정해오기 쉽기 때문이다. 더욱이 대부분 재벌 그룹에 속해 있는 한국의 대기업들은 자본 소유를 바탕으로 기업 지배력을 극대화한 곳이다. 조직 상층부로부터의 규정성이 어느 곳보다 강한 곳이다. 앞서 소개했다시피 비록 적지 않은 대기업에서 신세대에 맞게 조직문화를 바꾸기 위해 노력하고 있지만 이러한 대기업의 특성이 당장 사라지기를 기대하기는 힘들 것이다.

그렇다면 대기업 취업에 성공한 젊은 인재들의 실제 삶은 어떠했을까? 그들은 주변의 부러움을 한몸에 받으며 자신이 꿈꾸었던 세계에 발을 들여놓았다. 하지만 일부를 제외하고는 기대와는 상당히 다른 상황에 직면해야 했다. 지시와 통제 위주의 억압적인 조직문화와 세분화된 역할 체계 속에 갇혀 끝없이 자신을 마모시켜야 했던 것이다. 한국에서 최고의 기업으로 평가받는 삼성전자에서 과장으로 진급하기까지 살아남는 수가 10명 중 1명 정도라고 한다. 10명 중 9명이 최고의 직장을 포기하고 뛰쳐나갈 만큼 힘든 나날의 연속이었던 것이다.

지금 젊은 세대들에게 필요한 것은 대기업 취업을 향한 질주가 과연 내면의 욕망에 이끌린 선택이었는지 진지하게 따져보는 것이다. 그것은 다분히 외부 세계로부터 강제된 것일 수도 있다. 대기업에 취업하면 승자로서 모든 것을 누릴 수 있다는 사회적 통념에 이끌린 무의식적인 선택일 수도 있는 것이다. 정녕 그렇다면 대기업 취업을 목표로 정한 순간부터는 외부 세계가 마련해놓은 기준에 맞추기 위해 끊임없이 내면의 욕망을 억제하면서 자신을 강박하기가 쉽다.

액면 그대로 자신의 삶을 사는 것이 아니고 남의 삶을 사는 것이다. 이는 '나'를 모든 것의 출발점이자 세상의 중심이며 궁극적 목표로 사고하는 신세대의 속성과 정면으로 배치되는 것이다.

젊은 세대의 대부분은 창조자 계급의 일원이다. 기성의 질서 속에 편입되어 에너지를 소모하는 것이 아니라 내면의 창조력을 마음껏 발산하면서 새로운 질서를 만들어갈 때 희열을 느끼는 존재다. 그러한 자신의 계급 정체성에 맞는 삶을 위해 가장 먼저 결심해야 하는 것은 대기업 취업을 향한 맹목적 질주를 멈추는 것이다. 자신의 삶을 옭아맸던 대기업 취업이라는 사슬을 끊어내는 것이다. 앞서도 언급했지만 우리 사회에서 대기업은 승자독식을 체질화해온 포식자의 전형이었다. 대기업 취업을 향한 젊은 인재들의 질주도 냉정하게 표현하면 포식자들의 젊은 인재 독식을 역설적으로 표현한 것에 다름 아니다. 바로 그 포식자의 먹잇감에서 벗어나야 하는 것이다. 현실에 비판적으로 개입하여 새로운 질서를 창조하는 '주체성의 회복과 고양'은 그로부터 시작된다. 확신과 열정, 희열에 가득 찬 삶은 그다음에야 기대할 수 있다.

순서를 정반대로 바꿔라

그동안 젊은 세대를 지배해온 기업 선택의 순위는 대기업, 중소기업, 벤처기업 순이었다. 이제 그 순서가 정반대로 바뀔 때가 왔다. 젊은 세대가 가장 우선해야 하는 것은 벤처기업이고 중소기업이 그다음이며 대기업이 마지막이 되어야 하는 것이다. 이는 다양한 경제 주체들 사이의 생태계가 건강하게 작동하도록 하면서 동시에 젊은 세대 자신의 미래를 더욱 멋지게 설계하는 선택이다.

벤처기업은 그 자체로서 내가 만든 새로운 세계기에 나의 삶을 살 수 있는 가장 확실한 곳이다. 기성의 세계가 나의 삶을 마모시키는 것이 아니라 내 안의 창조력이 분출하여 새로운 세계를 창조한 결과물이 벤처기업인 것이다. 말 그대로 벤처기업에서 나는 모든 것의 출발점이자 중심이며 궁극적 목표가 될 수 있다. 물론 이 모든 것이 액면 그대로 현실이 되자면 반드시 벤처 생태계 구축을 위한 사회적 노력이 병행되어야 한다는 전제가 있지만 말이다.

벤처기업은 여러모로 젊은 세대와 궁합이 맞는다. 무엇보다도 그 속성상 모험심이 강한 20대 젊은 세대와 잘 어울린다. 실리콘 밸리의 역사를 아로새긴 벤처기업 창업을 주도해온 것도 주로 20대 젊은 세대였다. 앞서 미래 기업의 싹으로 소개한 티켓몬스터의 20대 간부도 자신들은 벤처기업이 체질에 맞는다고 말했다. 티켓몬스터에서 확인된 폭발적 힘의 원천은 왕성한 창조력과 열정인데 이는 20대 청년이라면 누구나 지니고 있는 요소다.

벤처기업의 역할은 갈수록 커질 것이다. 불확실성의 시대를 앞장서서 돌파할 수 있는 것은 벤처기업이기 때문이다. 미래학자 앨빈 토플러는 『권력이동』에서 미래 사회를 이끌고 갈 기업은 움직임이 둔한 대기업이 아니라 기동성이 뛰어난 중소 규모의 기업이라고 주장했다. 이를 뒷받침하기 위해 토플러는 미국에서 1977년 이래 새로 생겨난 취업 기회의 대부분은 중소 규모의 기업들이 마련한 것이며, 기술혁신의 대부분도 이들 기업이 일구어냈다는 사실을 언급했다.

무엇보다도 벤처기업은 상생의 인본주의 사회를 여는 중요한 통로가 될 수 있다. 제5부에서 더욱 자세히 이야기하겠지만 몇 가지 조건만 갖추면 벤처기업은 그 자체로 새로운 사회를 만들어가는 통로가 될 수 있다.

당장의 안정감과 주변의 시선에 구애받지 않고 10~20년 뒤 세상의 주목을 받는 인물이 되고자 한다면 주저 없이 벤처기업에 뛰어들어야 한다. 이미 징후가 나타나고 있지만 향후 세상을 빛낼 스타가 탄생하고, 미래를 이끌 주역들이 집중적으로 배출되는 곳은 벤처기업임이 틀림없기 때문이다.

벤처기업에 이어 젊은 세대가 선택해야 할 것은 중소기업이다. 현재 신규 고용의 85퍼센트 이상을 담당하고 있는 곳은 중소기업이다. 어차피 젊은 세대에게 일자리의 절대적으로 많은 부분을 제공할 수 있는 곳은 이들 중소기업인 것이다. 달리 말해 중소기업을 외면한 채 청년실업을 해소하는 것은 원천적으로 불가능하다.

지금까지 젊은 세대 사이에서 중소기업은 기피의 대상이 되어왔다. 지방에 소재한 중소업체들은 수도권에 있는 대학 출신자를 구하기가 하늘의 별을 따는 것보다 힘들다고 하소연할 정도다. 평균 급여 수준이 대기업의 절반밖에 되지 않고 전망도 불투명하다는 것이 젊은 세대가 중소기업을 꺼리는 주된 요인이다. 하지만 어느 정도 조건만 개선된다면 진짜 꿈을 키울 수 있는 곳은 바로 중소기업이다.

SK의 손길승 명예회장이 모 대학에서 강의를 하면서 학생들이 일류기업 입사를 최고의 목표로 삼는 것을 크게 질타한 적이 있다. 손 회장은 일류기업 입사가 아니라 일류기업을 넘어서는 것을 목표로 해야 한다고 강조했다. 지금의 일류기업이 언제까지나 일류기업일 수는 없다는 것이다. 아울러 손 회장은 중소기업에 들어가 이를 잘 가꾸어 일류기업으로 만드는 것이 진짜 멋있고 가치 있는 일임을 강조했다. 그 자신도 대학 졸업 후 당시는 중소기업에 불과했던 선경합섬에 입사하여 오늘날의 SK그룹으로 키우는 데 주도적인 역할을 했다.

중소기업은 처우의 측면에서 대기업에 비해 불리한 점이 많지만 거꾸로 대기업에 입사해서는 누릴 수 없는 여러 가지 장점을 갖고 있다. 먼저 세분화된 역할 체계에 갇혀서 제한된 경험을 할 수밖에 없는 대기업과 달리 중소기업은 기업 경영과 관련된 다양한 경험을 할 수 있다. 아울러 중소기업을 키우면서 훨씬 역동적인 경험을 할 수 있고 그 과정에서 진정한 성취감을 맛볼 수 있다.

특히 중소기업은 상생의 인본주의 사회를 지향하는 젊은이들에게 더 나은 환경을 제공할 수 있다.

성공한 중소기업가들이 공통적으로 하는 이야기가 있다. 중소기업에서 가장 중요한 자산은 바로 사람이라는 것이다. 자금력, 시장 인지도 등 모든 분야에서 대기업에 비해 불리한 위치에 있는 중소기업이 그나마 믿을 수 있는 것은 사람밖에 없다는 것이다. 아울러 중소기업은 대기업에 비해 구성원들의 관계에 의해 운명이 좌우되는 정도가 훨씬 강하다. 그만큼 서로 간의 믿음과 협력이 중요한 것이다. 예컨대 이런 사례가 있다.

모 중소기업에서 외환위기를 계기로 심각한 경영난에 직면했다. 경영진의 대부분은 구조조정이 불가피하다고 판단했고, 직원들 사이에서도 불안감이 급속히 확산되었다. 마침내 경영회의가 열렸다. 예상대로 담당 경영자는 대량 감원을 포함한 구조조정 계획을 제출했다. 그에 대해 회사 대표는 이렇게 말했다. "좋다. 구조조정을 하자. 단, 구조조정 대상 1순위는 가장 책임이 큰 사장이어야 한다." 사람을 자르려면 사장인 자신부터 자르라는 이야기였다. 결국 구조조정 계획은 철회되었다. 직원들은 감동했고, 사력을 다해 어려움을 헤쳐나가기 시작했다. 이러한 과정을 거쳐 회사는 위기를 잘 극복했을 뿐만 아니라 크게 도약할 수 있었다.

어느 모로 보나 중소기업은 도전적이고 진취적인 입장에서 다양한 실험을 해볼 수 있는 좋은 무대다. 때가 되면 경영자 위치에 설 가능성도 대기업에 비해 훨씬 높다. 중소기업을 무대로 멋진 인생 드라마를 만들 수 있는 것이다. 젊은 세대가 중소기업을 더욱 적극적으로 선택해야 하는 이유다.

마지막으로 어떤 사람들이 대기업 취업을 선택해야 하는지 알아보자. 우리들 주위에는 그 나름대로 머리도 좋고 공부도 잘했는데 진취성이 부족하고 창의성도 떨어지는 사람들이 있다. 포부도 그다지 크지 않고 기성 질서에 안주하여 편안히 살기를 원하는 사람들이 있다. 내면의 욕망에 이끌리기보다는 주변의 시선에 맞추어 살아야만 마음이 편한 사람들이 있다. 남들이 행복할 것이라고 믿어주면 정말 행복하다고 느끼는 사람들이 있다. 그런 사람들이 갈 곳이 바로 대기업이다.

물론 대기업 취업을 마냥 부정적으로 볼 문제는 아니다. 대기업 취업이 꼭 필요한 사람들도 상당수 있을 수 있다. 중요한 것은 내면의 욕망에 비추어 왜 대기업을 선택했는지 이유를 밝히고 목표를 정할 수 있어야 한다는 것이다. 그럴 때 대기업이라는 세계에 능동적으로 참여하고 개입할 수 있다. 결코 간단치 않은 과정이지만 이는 자신의 삶을 살기 위한 최소한의 조건이다.

이제 젊은 세대의 분위기가 확 바뀌어야 한다. 벤처기업 창업을 통해 새로운 모험과 도전을 하는 것을 가장 자랑스럽게 생각할 수 있어야 한다. 반면 20대 젊은 세대가 안정된 일자리에 지나치게 집착하는 것은 젊은이답지 못한 것으로 간주할 수 있어야 한다. 그럼으로써 20대 젊은 세대 사이에서 일자리를 찾는 것이 아니라 일자리를 창출하는 것을 선호하는 흐름이 만들어져야 한다.

벤처기업 창업, 중소기업 진출 등으로 선택의 폭이 크게 확대될 때 비로소 청년실업이 해소될 수 있는 길이 열린다. 그 외에는 달리 길이 없다. 결국 청년실업의 해소는 상당 부분 당사자들의 결심과 태도 변화에 달려 있다. 이 모든 것은 젊은 세대란 누군가가 문제를 해결해주어야 할 대상이 아니라 문제 해결을 주도할 능동적 주체라는 사실을 말해주는 것이기도 하다. 그러한 관점에서 젊은 세대 스스로 세상에 제안도 하고 요구도 하면서 주변 환경을 바꾸기 위해 노력해야 한다.

예나 지금이나 청춘들이 열정을 불태울 수 있는 최고의 지점은 기존의 질서를 뛰어넘는 새로운 세계를 창조하는 것이다. 그런 점에서 지금의 젊은 세대는 역사상 그 어떤 세대보다도 풍부한 가능성을 품고 있다. 청춘들의 에너지가 폭발할 순간이 시시각각 다가오고 있는 것이다. 머지않아 수많은 젊은 세대들이 '씩' 한번 미소 짓고 새로운 도전을 향해 거침없이 내달리리라고 믿는다. 마침내 청춘들 사이에서 이런 외침이 울려 퍼질 것이다.

"지금까지 세상이 우리를 만들었다. 이제 우리가 세상을 만들 차례다!"

기꺼이 실패를 즐겨라

삶을 정말 아름답게 가꾸고자 한다면, 죽는 순간 후회 없이 살았노라고 뿌듯해하려면 적어도 젊은 시절 10여 년은 도전하고 실험하면서 실패도 자주 경험할 수 있어야 한다. 말 그대로 청춘을 불사를 수 있어야 한다. 그런 삶이 없다면 개인은 무미건조한 삶을 살기가 쉬우며, 사회는 새로운 활력을 공급받지 못한 채 정체 상태에 빠져들 가능성이 크다. 그런 점에서 젊은 인재들이 일찌감치 규격화되고 안정된 삶 속에 빠져드는 것은 개인적으로나 사회적으로나 큰 불행이 아닐 수 없다.

벤처기업에 도전하거나 중소기업을 선택한 젊은 세대에게 가장 필요한 것은 실패를 두려워하지 않을 뿐만 아니라 이를 즐길 수 있는 자세다. 물론 여기에는 엄격한 전제가 있다. 실패를 용인할 뿐만 아니라 실패마저 귀중한 자산으로 간주하는 사회적 환경을 함께 만들어가야 하는 것이다.

사실 실패를 수반하지 않은 성공이란 없다. 성공은 실패를 먹고 자란다. 고통스러운 실패를 경험하면서 그 속에서 성공의 비법도 깨닫고 성공을 향한 더욱 강렬한 열정도 생기기 때문이다. 실패를 많이 겪을수록 처음 기대했던 것보다 훨씬 큰 성공을 거두는 것도 이러한 이유에서다.

그래서 톰 허쉬필드는 "성공이란 당신이 밑바닥으로 떨어졌을 때 그만큼 높이 튀어 오르는 일이다"라고 했다. 아서 고든은 "실패로부터 배우는 법을 알면 당신은 자신이 원하는 삶에 훨씬 더 가까워질 것이다. 가장 큰 실패는 실패로부터 배우지 못하는 일이다"라고 말했다. 또한 프랜시스 스콧 케이는 이렇게 말했다. "누군가 성공했다는 말을 들으면 반드시 이렇게 생각해야 한다. 그 사람 그렇게 되기까지 수없이 실패했겠군!"

이와 관련해서 수많은 사람들의 사례가 소개되고 있다. 미국에서 가장 위대한 대통령 중 한 명으로 기억되는 에이브러햄 링컨은 상원의원 선거에서 두 번이나 낙선했으나 실패를 딛고 대통령 선거에 출마하여 승리를 거두었다. 농구 황제 마이클 조던은 고등학교 때 실력이 부족하다는 이유로 농구부에서 제명당한 적이 있었다. 조던은 이후 와신상담의 세월을 보냈고 결국 농구 황제의 자리에 오를 수 있었다.

노무현은 무모하다 싶을 만큼 정치적 도전을 계속했으나 그때마다 실패를 거듭했다. 2000년 지방선거에서는 지역주의 타파를 내걸고 부산시장 선거에 출마했으나 보기 좋게 낙선하고 말았다. 당시 노무현은 호남 지역을 기반으로 한 새천년민주당에 속해 있었다. 그러나 노무현은 바로 그러한 실패를 통해 대중의 공감을 얻을 수 있었고 결국 대통령 자리에까지 오를 수 있었다. 노무현은 '실패의 성공학'을 깊이 깨닫고 실패를 즐기기까지 했던 전형적인 인물이었던 것이다.

한국의 제조업을 대표하는 삼성반도체와 현대자동차도 성공가도를 달리기 이전에는 기나긴 세월 동안 헤아릴 수 없이 많은 실패를 반복했다. 이들은 그 같은 실패를 거듭하면서 독자적인 기술을 축적할 수 있었고 마침내 세계 최고에 이를 수 있었다. 만약 이들이 실패가 두려워서 외국으로부터의 기술 도입에만 의존했다면 오늘날의 결과는 결코 없었을 것이다.

이러한 맥락에서 우리가 진정 두려워해야 할 것은 실패가 아니라 아무런 실패 없이 사는 무미건조한 삶이다. 실패가 없었다는 것은 십중팔구 아무런 도전 없이 그저 그렇고 그런 삶을 살았음을 의미하기 때문이다. 실패 없는 삶이야말로 가장 실패한 삶이라고 할 수 있는 것이다.

5부 | 새로운 사회의 한복판으로

우리는 지금까지 수평적 조직문화 정착과 상생의 생태계 구축을 통해 사회경제 체제가 점차 자본주의로부터 멀어질 수 있음을 살펴보았다. 더불어서 그러한 과정만으로 상생의 인본주의 사회로 완전히 진입하기는 어렵다는 점을 함께 확인했다. 상생의 인본주의 사회로의 이행 또한 불연속적인 비약의 국면이 필요한 것이다. 그러다 보니 수평적 조직문화 정착과 상생의 생태계 구축만을 근거로 상생의 인본주의 사회를 그려내는 것 역시 한계가 있을 수밖에 없다. 이러한 한계를 돌파하기 위해 우리는 그간의 논의 수준을 훌쩍 뛰어넘어 두 가지 지점에서의 도약을 시도할 필요가 있다.

지금까지의 논의는 객관적 세계의 흐름을 분석하는 것으로부터 출발하여 향후 변화의 방향을 예측하고 그 연장선에서 과제를 도출하는 수준이었다. 그러나 이제부터는 지금까지 확보된 징표들을 바탕으로 치밀한 논리적 추론을 통해 상생의 인본주의 사회로 진입하도록 하는 계기는 무엇이며, 그곳은 어떻게 움직이고 또한 사람들은 어떤 식으로 사는지를 그려내야 한다. 그럼으로써 상생의 인본주의 사회를 개념의 수준을 넘어서 묘사 가능한 세상으로 만들어야 한다.

이제까지는 지극히 제한된 범위에서만 실천적 개입을 시도했다. 대체로는 현실에서 진행 중이거나 진행될 것으로 보이는 흐름에 근거해서 논의를 진행했다. 그렇지 않으면 객관성을 담보할 수 없기 때문이다. 하지만 여기서는 전면적 수준에서의 실천적 개입을 시도해야 한다. 즉, 좀더 빠르고 더욱 확실하며 훨씬 멋있게 상생의 인본주의 사회로 나아갈 수 있는 길을 제시해야 하는 것이다. 그럼으로써 미래를 예측의 영역을 넘어 계획의 영역으로 만들어야 한다.

13장

역사는
이렇게 바뀐다

• 그동안 사람들의 사고를 지배한 사회경제 체제는 기본적으로 두 가지였다. 자본주의와 사회주의가 바로 그것이었다. 지난 세기 다양한 사회경제 체제가 선을 보였지만 두 체제의 혼합이거나 각각의 변형이었다. 복지국가를 표방한 사회민주주의 체제는 자본주의의 변형이었다. 오늘날 중국 경제를 고도성장으로 이끌고 있는 사회주의 시장경제 체제는 사회주의의 변형이다.

2008년 미국 금융자본주의의 몰락을 계기로 새로운 자본주의 체제를 모색하는 다양한 시도가 이루어졌다. 주요 이슈가 된 것은 정부의 역할 강화, 복지 체계의 혁신, 생태주의 관점의 강화 등이었다. 그 결과로서 일부 논자들은 새로운 단계의 자본주의를 선보이기도 했다. 이러한 양상은 관점의 차이를 떠나 자본주의 틀 안에서 해답을 찾고 있다는 점에서는 대체로 비슷하다고 할 수 있다.

그러나 지금부터 하려는 이야기는 이들과는 완전히 다르다. 자본주의의 새로운 단계나 그것의 변형을 추구하는 것이 결코 아니며 마찬가지로 사회주의의 새로운 단계를 이야기하거나 그것의 변형을 추구하는 것도 아니다. 앞으로 우리는 인류 역사에서 일찍이 없었던 전혀 새로운 형태의 사회에 대해 이야기할 것이다. 요컨대 새로운 주도적 생산요소로서 창조력이 부상하고 그를 체화한 창조자 계급이 출현하면서 빚어내는 색다른 결과를 소개하고자 하는 것이다. •

1. 이행의 경로와 속도를 규정하는 요소들

상생의 인본주의 사회로의 이행은 필연적 가능성이다. 아직 충분히 현실화되지 않았지만 그 자체를 피할 수는 없다는 점에서 그렇다. 하지만 모든 것이 결정되어 있다는 뜻은 결코 아니다. 역사에서의 필연은 언제나 수많은 우연과 결합되어 현실화된다. 무엇보다도 중요한 순간에 인간들이 어떤 선택을 하는가에 따라 역사의 향방이 크게 달라질 수 있다. 게다가 인간은 꼭 올바른 선택만을 하는 것이 아니다. 도리어 시간이 지나고 나면 말도 안 된다 싶을 정도로 엉뚱한 선택을 하는 경우가 비일비재하다.

이러한 필연과 우연의 결합에 의해 상생의 인본주의 사회로의 이행 경로와 속도는 상당히 달라질 수 있다. 아울러 어떤 경로로 이행을 했고 어느 정도 속도를 냈는가에 따라 이행 이후의 모습도 크게 달라진다.

이행 경로와 속도에서의 차이를 낳는 요소로서는 사상·문화의 동향, 정치적·사회적 환경, 기술적 조건, 경제적 변화 등이 있을 수 있다. 이 중에서도 가장 크게 영향을 끼치는 것은 사상·문화의 동향이다. 사상·문화는 사람들이 그 무엇인가를 지향하고 행동하도록 하는 힘이기 때문이다.

근대 이후 가장 강력한 지속성을 보였던 산업화와 민주주의의 발전과정을 되돌아보면 그 맨 앞에 사상·문화가 자리잡고 있었다. 사상·문화가 먼저 등장하고 이어서 기술적 기반이 성숙된 다음 마지막으로 제도를 통해 완성되었던 것이다. 근대 민주주의는 계몽사상이 확산되면서 도도한 역사의 흐름으로 발전했음은 널리 알려진 사실이다. 또한 역사가 에릭 홉스봄이 정확히 지적했듯이 영국에서 가장 먼저 산업혁명이 일어난 이유도 사상적·문화적 요인이었다. 돈을 버는 것이 최고의 가치로 간주되고 마음만 먹으면 크게 돈을 벌 수도 있는 사상적·문화적 환경이 바로 그것이었다. 과학기술의 발전 등 경제적 토대에서는 도리어 프랑스가 앞서 있었던 것으로 알려져 있다.

마찬가지로 상생의 인본주의를 지향하는 사상·문화가 어느 정도 확산되어 있는가에 따라 새로운 사회로의 이행과정이 크게 다를 수 있다. 그러한 사상·문화가 사회 전반을 압도하고 있다면 이행은 비교적 평화스럽게 이루어질 것이다. 절대다수의 사람들이 상생의 인본주의를 지향하고 그 실현을 위해 행동할 것이기 때문이다. 그렇지 않고 낡은 사상·문화와 각축을 벌이는 상황이라면 이행은 첨예한 투쟁을 수반할 가능성이 크다. 두말할 필요도 없이 상생의 인본주의를 지향하는 사상·문화가 미약한 수준에서 벗어나지 못한다면 이행 자체가 지체될 수 있다.

이러한 맥락에서 상생의 인본주의 사회로 좀더 평화스러우면서도 빠르게 진입하기를 원한다면 무엇보다도 관련 사상·문화를 최대한 확산시키는 것이 중요하다. 그럼으로써 더욱 많은 사람들이 상생의 인본주의 사회를 열망하고 그리로 나아가기 위해 행동하도록 이끌어야 한다.

문제는 사상·문화의 동향과 관련해서 목표를 정하고 계획을 세울 수는 있지만 그 결과를 예단할 수는 없다는 데 있다. 정치적·사회적 환경 또한 마찬가지다. 모두가 수많은 우연적 요소가 개입할 수밖에 없는 인간의 의식적 실천 영역에 속하기 때문이다. 이는 곧 이행의 경로와 속도를 정확히 예측하는 것은 사실상 불가능하다는 것을 의미한다. 그런 만큼 상생의 인본주의 사회에 대해 우리가 그려낼 수 있는 것은 정밀한 설계도가 아닌 조감도 수준일 수밖에 없다. 이행 경로와 속도가 야기하는 결과에서의 차이들이 제거되고 구체적 지점들이 생략된 상당히 추상적인 수준의 모습일 수밖에 없는 것이다.

이러한 맥락에서 미래는 여백이 많고 지극히 가역적인 영역임을 알 수 있다. 이는 역설적으로 현재를 사는 사람이 도전하고 창조할 수 있는 여지가 매우 많다는 것을 의미한다. 만약 모든 것이 결정되어 있다고 한다면 그러한 여지는 사라지고 만다. 말하자면 미래가 현재를 구속하는 셈인데 다행히도 그런 일은 일어나지 않는 것이다.

2. 유목경제에서 정착경제로

우리가 상생의 인본주의 사회로의 본격적인 진입을 탐색하면서 우선적으로 해명해야 할 과제는 세계화 문제다.

앞에서 여러 차례 언급했다시피 현재 기업들은 지구 전체를 무대로 활동하고 있다. 그간의 관행에 비추어볼 때, 특정 국가가 상생의 인본주의 사회로 진입하려고 시도할 때 자본주의적 이윤 추구에 익숙해져 있는 기업들은 대거 다른 나라로 이동할 가능성이 있다. 최악의 경우 국가 경제 전반이 치명타를 입고 붕괴할 수도 있다. 이는 곧 상생의 인본주의 사회로의 이행이 더 나은 삶의 질을 보장할 수 없음을 말해준다. 달리 말해서 이행의 의미가 없어지는 것이다.

이러한 맥락에서 많은 좌파 이론가들은 세계화 문제의 해결 없이 개별 국가에서 자본주의 이후 새로운 사회로의 이행은 원천적으로 불가능하다고 보았다. 그래서 내린 결론은 대체로 지구촌이 하나의 행동 단위가 되어 세계화를 극복해야 한다는 것이었다. 하지만 현실을 직시하면 사정은 그리 간단치 않다. 지구촌은 하나의 행동 단위가 되기에는 발전 단계나 처해 있는 현실, 우선적으로 해결해야 할 과제 등이 너무나 다양하기 때문이다. 연대의 폭을 확대하기 위해 최선을 다해야 하는 것은 분명하지만 하나로 행동하는 지구촌은 아직은 관념에 불과한 것이다.

그렇다면 과연 이러한 소건에서 싱생의 인본주의 사회로의 이행은 어떻게 가능할 것인가? 지금부터 그 해답을 찾아보도록 하자.

몽골 제국의 그림자

새천년이 시작되는 시점이었던 2000년 1월에 『타임』지는 지난 1,000년 역사에서 인류에 가장 큰 영향을 미친 인물로 칭기즈칸을 꼽았다. 이유는 칭기즈칸이야말로 세계화 시대를 연 원조라는 것이었다. 다소 과장된 바가 없는 것은 아니지만 크게 틀린 이야기도 아니다. 유라시아 대륙에 걸쳐 수립된 몽골 제국 덕분에 명실상부한 의미에서 세계 경제가 수립될 수 있었기 때문이다. 실제로 몽골 제국의 화폐는 한때 국제결제 수단이 되기도 했고, 몽골 정복자들이 개척한 루트를 통해 세계 각지의 물품이 활발히 거래될 수 있었다. 마르코 폴로의 『동방견문록』은 그러한 상황에서 탄생할 수 있었다.

세계 제국을 건설하면서 몽골 지배자들이 특별히 중시한 것은 정보와 속도였다. 몽골 지배자들은 이슬람 상인들의 협조를 바탕으로 뛰어난 정보수집 능력을 발휘했다. 이러한 정보력 덕분에 몽골군은 적의 허를 찌르는 작전을 다채롭게 전개할 수 있었다. 또한 몽골군은 당시로서는 경이로운 이동 속도를 과시했는데 하룻밤에 최고 400킬로미터를 주파하기도 했다. 이러한 기동성은 제국 건설 이후 각 지역과 중앙정부 사이의 초고속 통신망 구축으로 이어졌다.

몽골 지배자들이 정보와 속도를 중시한 것은 유목민의 습성이 발현된 자연스러운 결과였다. 유목민들은 한곳에 머물지 않고 새로운 초지대(草地帶)를 찾아 끊임없이 이동한다. 이때 중요한 것은 어느 곳에 초지대가 형성되었는지 정확한 정보를 얻는 것과 그곳으로 신속하게 이동하는 것이다. 그렇지 않으면 중간에 길을 잃고 매우 위험한 상황에 처하거나 다른 유목민에게 선수를 빼앗길 수도 있기 때문이다.

그런데 20세기 후반 세계화가 빠르게 진행되면서 유목민들이 세운 몽골 제국에서와 유사한 현상들이 여기저기서 나타났다.

먼저 세계화가 진척되면서 경제적 의미에서 국경이 빠르게 사라져갔다. 몽골 정복자들이 세계 곳곳을 누비며 사정없이 국경을 지워버린 것과 비슷한 일이 벌어진 것이다. 그러한 가운데 세계화의 선두 주자였던 금융자본은 빛의 속도로 지구 위를 누비며 세계 각국의 주식 시세, 채권 이자율, 환율 변동 등 각종 정보에 촉각을 곤두세웠다. 오랫동안 한곳에 정착해 있었던 제조업도 조세 환경, 값싼 노동력 확보, 시장 접근성 등을 따져 최대한 유리한 곳으로 신속히 이동했다. 유목민과 마찬가지로 정보와 속도에 바탕을 둔 이동성이 기업을 지배하기 시작한 것이다.

이 점에서는 한국의 기업들 역시 마찬가지였다. 1990년대 이후 한국의 기업들은 앞 다투어서 생산라인을 해외로 이전시켰고 그 결과 삼성전자, LG전자 등 주요 기업들은 고용의 절반 이상을 해외에서 해결하기에 이르렀다. 그 필연적인 결과로 국내 일자리가 계속 감소했다. 단적으로 2000년대에 접어들어 제조업에서만 매년 10여만 개의 일자리가 줄어들어왔다. 이는 자동화의 확산과 더불어 제조업을 고용 없는 성장에 직면하도록 한 또 하나의 요인이었다.

이렇듯 기업들은 유목민들이 새로운 초지대를 찾아 끊임없이 이동하듯이 조금이라도 더 높은 수익을 창출할 수 있는 곳을 찾아 활발하게 이동했다. 세계화가 진행되면서 정착경제에서 유목경제로의 전환이 빠르게 이루어진 것이다. 매출액 기준 세계 최대 전자업체로 등극한 삼성전자에 '몽골기병'이란 별명이 붙은 것도 어느 정도는 이러한 시대 상황을 반영한 것이라고 볼 수 있다.

세계화의 덫

정착경제가 유목경제로 전환함에 따라 국가들 사이에서 기업을 유치하기 위한 경쟁이 치열하게 전개되었다. 국가들이 기업 유치에 사활을 거는 이유는 매우 분명했다. 부의 창출을 주도하고 일자리를 만드는 것은 바로 기업들이기 때문이었다. 말하자면 기업의 진출을 확대함으로써 경제를 활성화시키고 이를 통해 사회구성원들의 삶의 질을 개선하자는 것이었다. 그런데 여기서 심각한 모순이 발생했다.

기업 유치를 위한 국가들의 경쟁은 대체로 조세 부담을 줄여주고, 노동시장의 유연성을 증대시키는 등 기업들에게 더 나은 환경을 제공하는 방식으로 나타났다. 문제는 노동시장의 유연성 증대는 필연적으로 실업 증대와 근로조건의 악화를 초래할 수밖에 없다는 데 있었다. 더욱 큰 문제는 기업들에 대한 조세감면 정책으로 국가의 조세 수입이 줄어들면서 이러한 문제들을 치유하기 어렵게 되었다는 데 있었다. 사회구성원들의 삶의 질을 개선하기 위해 기업을 적극 유치했는데 결과는 정반대로 삶의 질을 악화시켰던 것이다. 이것이 바로 수많은 나라들이 걸려들었던 '세계화의 덫'이었다.

전통적 관점에서 보았을 때 이러한 상황에 대한 좌·우파의 대응은 매우 단순명료한 것이었다. 우파는 일관되게 기업에 유리한 환경을 제공하는 것이 문제를 해결하는 최선의 길이라는 입장을 고수했다. 반면 좌파는 기업의 조세 부담을 증대시킴으로써 복지를 확충하

는 것에 역점을 두었다. 하지만 시간이 흐르면서 그 어느 쪽도 해답
이 아니라는 것이 분명해졌다. 복지를 희생시켜가면서 기업에 유리
한 환경을 제공하는 것은 사회적 양극화만 심화시켰을 뿐이었다. 반
면 복지 확충을 위해 기업의 조세 부담을 증가시키는 것은 기업의 해
외 이전을 촉진시키면서 경기 둔화를 초래했고 결국 복지재정마저
압박받는 상황으로 이어지고 말았다.

이러한 가운데 유럽의 많은 나라들이 복지를 기업의 생산성 증가
와 연계시키는 정책을 구사하기 시작했다. 사회투자국가*, 적극적
노동시장 정책** 등은 그 구체적인 사례라고 할 수 있다. 이러한 정
책들은 복지와 성장 사이에 선순환 관계를 형성함으로써 적지 않은
성과를 낳은 것이 사실이다. 적어도 복지와 성장은 대립한다는 고정
관념을 깨뜨리는 데 상당 정도 기여했다.

하지만 그것만으로 모든 문제가 해결된 것은 아니었다. 복지와
성장의 선순환조차도 어디까지나 조세 수입과 지출이 균형을 이룰

---

* 영국 노동당이 주도하여 세계화 시대를 헤쳐 나갈 수 있도록 한 복지정책이다. 핵심
기조를 소개하면 다음과 같다.
첫째, '소비적 성격의 지출' 대신 사회적 투자를 강조한다. 투자는 수익을 상정하는 개념
이므로 복지 지출은 명확히 수익을 창출하는 것이어야 한다. 둘째, 사회적 투자는 인적 자
본 육성을 핵심 과제로 삼으며 이를 위한 사회적 환경 개선에 많은 노력을 기울인다. 셋
째, 시민은 권리와 의무 사이에 균형을 이룰 것을 요구한다. 국가는 복지를 대가로 근로의
무를 부여하며, 여기에 불응하면 급여를 삭감하거나 박탈한다. 넷째, 결과의 평등보다는
기회의 평등을 중시한다. 시장 실패자에 대한 소득 보전보다는 시장에 적응할 수 있도록
돕는 것에 주력한다.
** 덴마크에서 처음 실시한 실업정책으로서 노동시장의 유연성을 강화하는 전제 아래
실업자는 실업급여를 받는 조건으로 노동사무소에서 제공한 일자리나 직업 훈련 프로그
램에 의무적으로 참여하도록 한 것이 요지다. 덴마크는 이러한 정책을 통해 노동자의 숙
련도를 향상시킴으로써 기업의 생산성 증가를 도왔고 이를 통해 경제성장과 실업 감소 효
과를 동시에 거둘 수 있었다.

때 작동할 수 있는 것이었다. 문제는 기업들이 더 나은 환경을 찾아 끊임없이 이동하는 조건에서 그러한 균형은 언제든지 깨질 수 있다는 데 있었다. 글로벌 경제가 불확실성으로 가득 차면서 균형을 깨트릴 위험요소들이 더욱 많아졌다. 아울러 정부 부채의 증가로 균형이 깨지는 순간 재정위기가 발생할 확률 또한 더욱 높아지고 있다. 유럽 각국에서 빈번하게 발생한 재정위기는 저마다 상이한 배경을 갖고 있음에도 이 모든 상황을 압축적으로 보여준다. 그렇다면 이 같은 세계화의 덫에서 자유로워질 수 있는 길은 과연 무엇인가?

사실 몽골 제국이 그러했듯이 유목경제는 한번 흥하면 크게 흥하지만 그 생명력은 그리 길지 못하다. 유목경제는 끊임없이 이동한다는 특성으로 인해 뿌리가 깊지 않기 때문이다. 마찬가지다. 세계화와 함께 진행된 유목경제로의 전환 역시 그리 오래가지 못할 것으로 예상된다. 먼저 유목경제가 낳은 불안정성이 그에 대한 반작용을 강화하고 있다. 단적으로 금융자본의 이동성을 약화시키기 위해 규제를 강화해야 한다는 목소리가 갈수록 힘을 얻고 있다.

문제는 개방에서 폐쇄로의 전환을 통해 세계화를 극복할 수는 없다는 데 있다. 어느 모로 보나 세계화 이전 시대로 되돌아가는 것은 가능하지도 않고 바람직하지도 않다. 세계화로 상호 의존성이 극도로 높아진 상태에서 폐쇄경제로의 전환은 공멸을 부를 뿐이기 때문이다. 세계화를 뛰어넘을 수 있는 유일한 길은 유목경제에서 벗어나 새로운 차원의 정착경제로 나아가는 것이다. 폐쇄경제로의 회귀가 불가능하다는 점에서 새로운 정착경제는 세계를 향해 열린 개방적 정착경제일 수밖에 없다. 폐쇄경제와 세계화를 변증법적으로 지양해야 하는 것이다.

그러면 유목경제가 어떻게 하여 새로운 차원의 정착경제로 전환할 수 있는지를 살펴보도록 하자.

창조력 기반의 정착경제

유목경제에서의 이동성은 교환가능성에 비례한다. 국경을 넘나들면서도 자유롭게 교환(대체)하기가 쉬울수록 이동성이 커지는 것이다.

교환가능성이 가장 컸던 것은 단연 국제금융자본이었다. 간단한 예를 들어보자. 미국인 투자자가 한국으로 진출할 때는 달러를 갖고 출발한다. 그러나 국경을 넘으면서 한국의 원화로 교환한다. 그래야만 한국에서 투자를 할 수 있기 때문이다. 이때 미국인은 당시 환율에 따라 달러와 원화를 교환한다. 금융시장이 개방된 조건에서 이러한 교환을 방해하는 것은 아무것도 없다. 이렇게 해서 투자를 통해 이익을 남기면 다시 원화를 달러로 교환하여 다른 곳으로 이동한다.

금융자본은 교환 대상이 되는 화폐가 어떤 모양을 하고 있고 어떤 사연을 간직하고 있는지 전혀 따지지 않는다. 단지 어떤 비율로 교환이 이루어지는지에 대해서만 관심을 가질 뿐이다. 금융자본은 숫자만이 깜빡이는 고도로 추상화된 세계인 것이다. 그렇기 때문에 전자거래 과정에서 단 한 번의 클릭으로 거액의 거래가 눈 깜짝할 사이에 이루어질 수 있다. 국제금융자본이 지구 전체를 무대로 빛의 속도로 움직일 수 있었던 것은 바로 이러한 특성 때문이었다.

단순·반복 작업을 하는 노동력 또한 다른 곳으로 이동하여 비교적 쉽게 확보할 수 있는 대상이다. 훈련과정과 통제 시스템이 비교적 단순하기 때문에 문화적 차이나 교육 정도는 그다지 중요한 요소가 아니다. 이러한 조건에서 기업이 중시한 것은 오직 임금 수준과 시장 접근성뿐이다. 노동력 또한 교환가능성이 매우 높았던 것이다. 제조업이 유목경제로 쉽게 전환할 수 있었던 이유가 여기에 있었다.

그렇다면 가장 빠르게 성장하면서 주도적 위치를 점해가고 있는 창조력 기반 경제는 어떠한가.

먼저 단순한 질문을 던져보자. 할리우드 영화사들이 기지를 한국으로 옮겨 영화를 제작하는 경우는 없다. 또한 한국의 기획사들이 중국이나 동남아시아로 진출하여 대중가요를 만들지는 않는다. 더 낮은 인건비 등을 감안하면 제작비를 크게 절감할 수 있는데도 말이다. 왜 이런 현상이 나타나는 것일까?

창조력 기반 경제에서 가장 중요한 역할을 하는 것은 두말할 필요도 없이 창조력을 보유하고 있는 창조자들이다. 영화의 경우 감독, 배우, 스텝진이 그에 해당한다. 그런데 이들은 쉽게 대체되지 않는다. 할리우드에서 확보하고 있는 영화 제작 인력을 다른 나라에서 구하는 것은 거의 불가능에 가깝다. 과연 어느 누가 스티븐 스필버그나 안젤리나 졸리를 대신할 수 있겠는가? 한국의 기획사들이 확보하고 있는 대중가요 전문 인력이나 가수 역시 다른 나라에서는 쉽게 확보할 수 없다.

거듭 이야기하지만 창조력은 독창성이 생명이다. 기왕의 것과 동일한 지식과 감성, 상상력은 가치를 부여받지 못한다. 이는 그 누군가의 창조력이 가치 있다고 한다면 그것은 다른 누구에 의해 쉽게 대체될 수 없는 그에게만 고유한 것임을 말해주는 것이다. 이런 점에서 창조력은 본질적으로 교환가능성이 거의 제로에 가깝다. 게다가 창조력 기반 경제는 대부분 다양한 창조자들 사이의 융합 활동을 통해 이루어지기 때문에 개별 창조자들이 그러한 네트워크를 벗어나는 것도 쉽지 않다. 따라서 창조력 기반 경제에서 기업은 창조자들의 네트워크가 형성되어 있는 곳을 벗어나기가 매우 어렵다. 창조력 기반 경제에서 기업의 이동성은 최소화되는 것이다.

실제로 창조력 기반 경제에서 생산기지는 한곳에 오랫동안 정착하는 경향이 강하다. 그렇게 하는 것이 필요한 창조력을 지닌 사람들과 쉽게 연결될 수 있기 때문이다. 할리우드라는 공간이 미국 영화산업을 대표하고 충무로라는 지명이 한국의 영화계를 상징적으로 표현하는 것은 창조력 기반 경제의 이러한 특성을 반영한 것이라고 할 수 있다. 이 같은 조건에서 글로벌 시장을 누비는 것은 생산기지가 아니라 영화나 음악, 각종 콘텐츠 등 생산의 결과물이다.

이러한 맥락에서 창조력 기반 경제의 비중이 커질수록 이동성이 줄어들면서 정착경제의 성격이 강해질 수밖에 없다.

창조력 기반 경제의 비중이 증가하면서 정착경제의 성격이 강화되면 그동안 유목경제를 선도했던 금융자본 역시 방향을 전환할 수밖에 없을 것이다. 주식, 채권, 환투기, 부동산 등 그동안 금융자본의 증식을 가능하게 했던 영역들은 갈수록 위험부담이 커지고 있다. 자산 가치의 증식보다는 파괴의 계기가 될 가능성이 큰 것이다. 그에 따라 장기적 관점에서의 생산적 투자로 흐름이 바뀔 가능성이 충분히 존재한다. 그런데 생산적 투자를 하면 대체로 투자자는 이사 자격으로 해당 기업의 경영을 함께 책임져야 하는 경우가 많다. 한곳에 정착해야 하는 것이다. 실제로 실리콘 밸리의 벤처 캐피탈은 오랫동안 특정 지역에 정착해왔다. 이처럼 금융자본이 생산적 투자로 방향 전환을 하면 유목경제에서 정착경제로의 전환은 한층 힘을 받을 것이다. 정착경제로의 전환과 금융자본의 생산적 투자가 서로를 껴안은 채 굴러갈 수 있는 것이다.

그런데 앞서 살펴본 것처럼 창조력은 개방과 공유, 협력이 잘 이루어지는 조건에서 풍부하게 발전할 수 있다. 창조력 기반 경제는 일관되게 개방적 입장에서 세계 각국의 다양한 요소들을 서로 공유하는 동시에 국경을 뛰어넘어 함께 협력할 수 있는 환경을 마련하는 것이 필수적이다. 오직 그러한 조건에서 세계인의 마음을 움직일 수 있는 결과를 창조할 수 있다. 창조력 기반 경제는 생래적으로 세계를 향해 열린 개방적 정착경제일 수밖에 없음을 알 수 있다.

지금까지 살펴본 것처럼 창조력 기반 경제가 빠르게 발전하면서 지배적인 지위를 차지하면 정착경제로 자연스럽게 전환할 수 있다. 이를 바탕으로 상생의 인본주의 사회로의 이행이 안정적으로 이루어질 수 있는 조건이 마련된다. 그런데 잠시 뒤에 살펴보겠지만 창조력 기반 경제는 상생의 인본주의 사회에서 훨씬 왕성하게 발전할 수 있다. 한마디로 창조력 기반 경제와 상생의 인본주의는 서로가 서로를 강화시켜주는 관계인 것이다. 이러한 관계를 바탕으로 정착경제의 성격은 더욱 강화되면서 그를 기반으로 한 상생의 인본주의 사회는 더욱 안정될 수 있다.

이렇게 하여 상생의 인본주의 사회는 세계화의 압력으로부터 상당히 자유로워질 수 있다. 말하자면 세계화를 훌쩍 뛰어넘는 것이다.

3. 자본주의 최후의 순간들

이제부터 우리가 관심을 가져야 할 것은 기나긴 이행의 과정이 어떻게 마감되면서 본격적으로 상생의 인본주의 사회로 진입하는가이다. 이행의 과정, 즉 역사적 과도기를 마감시키는 요소들은 여러 가지가 있을 수 있다. 그에 해당하는 것으로서는 이행의 경로와 속도를 규정했던 요소들과 마찬가지로 사상·문화의 동향, 정치적·사회적 환경, 기술적 조건, 경제적 변화 등 매우 다양할 수 있다.

마감의 시기를 좌우하는 가장 큰 요소 역시 사상·문화다. 상생의 인본주의를 지향하는 사상·문화가 지배적 위치를 차지하게 됨으로써 대다수 사람들이 그것을 너무나 자연스럽게 받아들일 때 상생의 인본주의 사회로의 진입은 거역할 수 없는 대세가 된다. 그에 따라 길게 이어졌던 역사적 과도기는 막을 내리고 자본주의는 역사의 무대 뒤로 조용히 사라지고 만다.

문제는 앞에서 이야기했듯이 사상·문화의 동향은 정확한 예측이 쉽지 않다는 데 있다. 인간의 의식적 선택에 의해 만들어지는 영역이기 때문에 예단을 쉽게 허용하지 않는 것이다. 이러한 사상·문화와 달리 이행의 속도와 경로에는 상대적으로 적은 영향을 주지만 이행 자체를 불가피한 것으로 만든다는 점에서 충분히 예측 가능한 요소가 있다. 경제적 변화가 바로 그것이다.

지금부터 살펴볼 경제적 변화들은 역사적 과도기를 마감하고 상생의 인본주의 사회로의 진입을 불가피하게 하는 요소들이다. 뒤집어 말하면 자본주의를 역사의 무대에서 확실히 퇴장시키는 요소들이다. 우리는 이러한 요소들이 어떻게 작용하는가를 살펴봄으로써 자본주의 퇴장의 불가피성과 함께 상생의 인본주의 사회의 구조에 한 걸음 더 가까이 다가설 수 있을 것이다.

주도성을 상실해가는 자본

자본주의는 자본에 의한 사람 지배가 구조화된 체제다. 이는 자본주의를 대표하는 주식회사의 권력구조를 살펴보면 쉽게 알 수 있다. 주식회사의 최고 의결기구는 주주총회다. 주주총회에서 의결권을 행사하는 주체는 주주며 주주의 의결권은 주식 보유량에 의해 좌우된다. 1주면 1표, 1만 주면 1만 표를 행사하는 것이다. 1인 1표가 아니라 1주 1표의 원칙이 관철되고 있는 셈이다.

자본주의 체제가 성립될 수 있었던 요인은 여러 가지가 있다. 그

중에서 가장 중요한 것은 단연 자본이 주도적 생산요소였다는 사실
이다.

자본이 주도적 생산요소였음은 재생산과정에 투입되는 총 가치
중 자본 가치가 압도적으로 많은 비중을 차지했다는 사실을 통해서
도 뚜렷이 확인된다. 이 점은 총 가치 중에서 노동력 가치의 비중이
매우 낮았다는 사실을 통해서도 충분히 반증된다. 지난날 한국의 제
조업에서 인건비 비중은 평균적으로 10퍼센트를 넘지 않았다. 그래
도 이 정도는 괜찮은 편이었다. 방글라데시에서 생산되어 미국 시장
에서 판매되는 셔츠의 경우 판매 대금의 불과 1~2퍼센트 정도만이
임금으로 지급되었다. 물론 이러한 비율은 노동력 가치에 대한 형편
없이 낮은 평가를 반영한 것이다. 그렇다 하더라도 산업 시대에 재생
산에 투입된 총 가치 중 노동력의 비중이 절대적으로 낮았음은 분명
한 사실이었다.

산업 시대 노동력 구입비용이 매우 낮은 수준에 머물러 있는 조
건에서 생산비의 대부분은 부지 매입과 건물 유지, 각종 자본재* 구
입 등에 지출되었다. 그러한 것들을 구입하여 재생산과정에 투입할
능력을 지닌 것이 바로 자본이었던 것이다. 이는 곧 산업 시대에는
자본이 없으면 생산이 불가능했고 거꾸로 자본이 있으면 생산이 가
능했음을 말해준다. 말 그대로 산업 시대 자본은 생산을 위한 필요충
분조건이었던 것이다. 그동안 많은 나라들이 산업화에서 뒤처진 채
빈곤에 시달렸던 것도 일차적으로 자본 부족에 있었음은 널리 알려
진 사실이었다.

* 산업 시대를 배경으로 형성된 용어로서 생산과정에 투입되는 것 중에서 토지와 노동
을 제외한 모든 재화를 가리킨다. 참고로 생산재는 토지를 포함하며 넓은 의미에서는 노
동을 포함하기도 한다.

더욱이 노동자 1인에 상응하는 자본 규모는 산업 시대 전 기간에 걸쳐 지속적으로 증가해왔다. 이는 마르크스가 '유기적 구성도의 고도화'*로 명명한 경향이 작용된 결과였다. 자본가는 생산성 경쟁에서 유리한 위치를 차지하기 위해 많은 돈을 들여 생산시설을 대규모화하는 한편 더 좋은 성능의 기계를 구입했다. 그럼으로써 더 적은 노동력을 투입하고도 더 많은 재화와 서비스를 생산하고자 했다. 그결과 유기적 구성도는 지속적으로 고도화되었다.

이러한 이유로 산업 시대의 대부분 기간에 자본 수요는 절대적으로 증가해왔다. 물론 그 과정에서 자본이 계속 축적되면서 자본의 공급 또한 함께 증가해왔다. 그럼에도 산업화가 전 지구적으로 확대됨에 따라 자본 수요는 공급이 확대되는 것 이상으로 증가했다. 덕분에 자본은 꽤 오랫동안 희소가치를 무기로 주도적 위치를 차지할 수 있었다. 이를 바탕으로 성립된 사회경제 체제가 자본 소유로부터 지배 권력이 발생하는 자본주의였다.

그런데 최근에 이르러 중요한 역사적인 반전이 일어나고 있다. 자본이 절대적인 공급 과잉 상태에 빠져들면서 더 이상 희소가치를 갖기 어려워진 것이다. 도대체 이러한 현상이 발생한 이유는 무엇일까?

금융자본은 여전히 실물경제보다 몇 배나 빠르게 증식되고 있다. 그에 반해 투자 기회는 갈수록 제한되고 있다. 2008년 미국 금융자

---

* 마르크스는 자본을 노동력을 가리키는 가변자본과 자본재를 가리키는 불변자본 두 종류로 나누었다. 이를 바탕으로 마르크스는 자본가가 원가를 낮추기 위해 기계 등 고정자산에 집중적인 투자를 하기 때문에 가변자본과 불변자본의 비율, 즉 유기적 구성도는 지속적으로 고도화된다고 보았다. 물론 이러한 유기적 구성도의 고도화 경향은 산업사회에서만 나타나는 현상이다.

본주의의 몰락을 계기로 금융자본이 기업을 쥐고 흔들면서 세상을 호령하기도 어려워졌다. 또한 자본의 상당 부분을 흡수했던 부동산 경기도 거품 붕괴가 예상되면서 파장 국면을 향해 가고 있다. 그 결과 자본은 스스로를 감당하기조차 어려운 상태에서 거듭되는 위기를 거치며 고통스러운 가치 파괴를 겪기에 이르렀다. 하지만 이는 현상의 일면을 보여주는 것일 뿐이다. 문제가 발생한 근본적인 원인은 다른 곳에 있다.

자본 공급이 절대적으로 확대되어온 것은 분명하다. 그렇지만 산업 시대처럼 자본 수요가 넘쳐난다면 이 같은 공급 과잉과 가치 파괴 사태는 일어나지 않을 것이다. 결국 문제의 핵심은 공급 확대에 비해 수요가 증가하고 있지 않다는 데 있는 것이다. 달리 말하면 자본 수요가 상대적으로 감소하고 있는 것이다. 바로 창조력이 주도적 생산요소로 떠오르면서 나타난 현상이다.

창조력은 자본에 의존하지 않고도 독자적으로 가치를 창출할 수 있다. 그런 점에서 창조력은 자본으로부터 독립된 생산요소다. 창조력 기반 경제에서도 자본을 통해 조달한 건물 공간과 각종 기기를 사용하기도 하지만 제조업에 비하면 그 비중은 무시해도 좋을 만큼 적다.

중요한 것은 창조력 기반 경제가 고도화될수록 자본 가치의 비중은 더욱 낮아질 것이라는 점이다. 산업 시대 노동자 1인당 자본의 규모가 꾸준히 증가했던 것과는 정반대의 현상이 벌어지는 것이다. 창조력 기반 경제에서 생산성을 좌우하는 것은 말 그대로 창조력, 즉 지식과 감성, 상상력이다. 그런 만큼 창조력 기반 경제의 주역인 창조자들은 생산성을 향상시키기 위해 지식과 감성을 더욱 풍부하게 하면서 특히 상상력을 극대화하는 데 주력할 수밖에 없다. 그에 따라 창조력 기반 경제에서 창조력 가치의 비중은 꾸준히 상승한다. 그에 발맞추어 자본 가치의 비중은 지속적으로 감소할 수밖에 없다. 이러한 변화는 앞으로 자본의 상대적 수요가 계속 저하될 것임을 예고하는 것에 다름 아니다. 설령 자본 수요가 절대적으로는 증가한다 하더라도 산업 시대에 비하면 상대적 비중은 크게 줄어들 수 있는 것이다.

이 모든 요인들로 인해 자본은 절대적인 공급 과잉 상태에 빠질 수밖에 없다. 자본이 희소가치를 바탕으로 주도권을 행사할 수 있는 가능성이 없어져가는 것이다. 이는 자본주의 성립의 중요한 조건 중 하나가 사라져가고 있음을 의미한다.

사라지는 노동력 판매

자본주의 체제의 성립조건을 결정적으로 붕괴시키는 일이 또 다른 지점에서 발생하고 있다.

자본주의 체제가 성립되기 위해서는 기본적으로 두 가지 조건을 갖추어야 한다. 한편에서는 자본이 축적되어야 하며 다른 한편에서는 생산수단으로부터 분리되어 노동력을 판매하지 않으면 생존할 수 없는 노동자 계급이 형성되어야 한다. 그럴 때 자본 소유자는 노동자를 고용하여 이윤을 창출할 수 있다. 만약 이 두 가지 조건 중 하나라도 없으면 자본주의 체제는 유지될 수 없다. 가령 노동력이 넘쳐나더라도 축적된 자본이 없으면 자본주의는 발전할 수 없다. 실제로 지난날 수많은 빈곤국들 사이에서 그러한 현상이 발생했다. 거꾸로 자본이 넘쳐나더라도 노동력이 공급되지 않으면 자본주의는 유지될 수 없다. 과연 어떤 상황에서 그런 일이 벌어질 수 있을까?

앞서 우리는 창조력 기반 경제에서 고용·피고용 관계 자체가 모순일 수도 있음을 확인한 바 있다. 고용·피고용 관계는 생산수단을 갖고 있지 못한 노동자가 노동력을 판매해야만 생존할 수 있는 조건 하에서 성립된다. 그런데 역사적 과도기에 가장 중요한 생산수단인 창조력을 보유한 창조자들이 여전히 광범위하게 피고용자 위치에 있다. 창조자들이 자신만의 생산수단을 지니고 있음에도 마치 생산수단이 없어 노동력을 판매하는 것 같은 모습을 보여주고 있는 것이다.

그동안 창조자들이 피고용자로서의 삶을 산다는 것이 하나의 모순이라는 사실은 관심의 초점이 되지 못했다. 여기에는 분명한 이유가 있었다. 자본주의 체제는 모든 생산요소를 자본의 일부로 간주한다. 마찬가지로 인간이 지닌 모든 능력을 노동력으로 치환한다. 그럼으로써 노동력과 본질적으로 다른 창조력(노동력은 생산수단이 아니지만 창조력은 생산수단이라는 점에서)을 보유한 창조자 계급의 존재는 은폐된다. 자본주의에 비판적인 입장을 갖고 있던 좌파들 역시 이러한 은폐에 동참해왔다. 그들은 모든 것을 자본과 노동의 관계로 환원시켰던 것이다. 이 지점에서만큼은 좌·우파 모두 창조자 계급이 자신의 본성을 실현하는 것을 억누르는 억압적 기능을 해왔다고 볼 수 있다.

그렇다면 피고용자 위치에 있는 창조자들이 모순된 삶에서 벗어나는 길은 무엇인가? 두말할 필요도 없이 창조자가 선택할 수 있는 가장 확실한 방법은 독자적인 창업을 시도하는 것이다. 문제는 창조자들이 창업을 성공적으로 이끄는 데 별다른 지장이 없을 만큼 사회적 환경이 잘 조성되어 있어야 한다는 데 있다. 그런데 이 지점에서 매우 중요한 변화가 일어나고 있다. 창업에 필요한 환경이 지속적으로 개선되면서 누구든지 마음만 먹으면 창업할 수 있는 '창업의 시대'가 열리고 있는 것이다. 과연 창업의 조건이 어떻게 개선될 것인지 개략적으로 살펴보도록 하자.

첫째, 시간이 흐르면서 경제 활동 인구 중 절대다수가 창업 능력을 지니게 될 것이다.

현재 새롭게 사회에 진입하는 경제 활동 인구 중 압도적으로 많은 수가 창조자 계급의 일원이다. 이 점을 감안하면 미래의 어느 시기에는 경제 활동 인구의 절대다수가 주도적 생산요소인 창조력을 보유한 창조자로 채워질 것이다. 이는 대부분의 사람들이 창업 능력을 보유함을 의미한다.

둘째, 창업비용이 갈수록 저렴해지면서 최소의 비용으로도 창업이 가능해질 것이다.

과거 창업에 드는 비용은 상당한 규모에 이르렀다. 그렇기 때문에 창업비용을 조달할 수 있는 경우는 특별한 위치에 있는 소수에 국한될 수밖에 없었다. 하지만 창조력 기반 경제가 확대되면서 창업비용이 빠르게 감소하고 있다. 창조력 기반 경제가 고도화될수록 창조력 가치의 비중은 커지는 반면 자본 가치의 비중은 줄어들기 때문이다. 창업 가능 규모 또한 1인 창업이 늘어날 정도로 최소화되고 있다. 그에 따라 자본에 거의 의존하지 않고도 창업이 가능한 영역이 빠르게 확대되고 있다. 창업비용 조달의 어려움이 창업을 가로막을 가능성이 갈수록 적어지고 있는 것이다.

셋째, 자본의 공급 과잉 현상이 심화되면서 투자를 둘러싼 자본 간의 경쟁이 치열해질 것이다.

앞서 이야기했듯이 자본은 넘쳐나는데 투자 기회는 갈수록 제한되고 있다. 이러한 조건에서 자본 소유자들이 취할 수 있는 것은 장래성 있는 창업자들 앞에 줄을 서는 것이다. 과거 자본 수요자들이 공급자 앞에 줄을 섰던 것과 정반대의 현상이 벌어지는 셈이다. 당연히 그러한 조건에서 창업자들은 주도적인 입장에서 최대한 유리하게 투자를 유치할 수 있을 것이다.

넷째, 개방형 마케팅 플랫폼의 확대로 시장 진입과 수익 창출이 한층 수월해질 것이다.

그동안 창업을 성공으로 이끄는 데 가장 큰 난관은 시장에 진입하여 수익을 창출하는 마케팅 영역이었다. 대기업들이 시장을 지배하고 있는 조건에서 돌파구를 찾기가 쉽지 않았던 것이다. 결국 많은 경우 대기업에 납품하는 식으로 문제를 해결했지만 수익의 대부분은 대기업의 몫이 되고 말았다. 그런데 개방형 마케팅 플랫폼이 확산되면서 전혀 새로운 상황이 만들어지고 있다. 창업자들이 개방형 마케팅 플랫폼을 통해 글로벌 시장으로 쉽게 진출할 수 있을 뿐만 아니라 큰 손실 없이 수익을 확보할 수 있게 된 것이다. 이러한 개방형 마케팅 플랫폼은 앞으로 빠르게 확산될 것이다. 플랫폼을 장악하는 자가 막강한 힘을 발휘할 수 있기 때문이다. 그 결과 거의 모든 분야에 걸쳐 개방형 마케팅 플랫폼이 형성될 것으로 예상된다.

이렇게 하여 전반적인 상황은 누구나 마음만 먹으면 성공적으로 창업할 수 있는 방향으로 나아가고 있다.

여기에 발맞추어 신세대 창조자들 사이에서는 창업이 보편적 열망으로 자리잡아가고 있다. 여러 조사 결과가 입증하고 있듯이 신세대 창조자들 사이에서 창업은 인생에 한 번은 경험해야 할 그 무엇으로 받아들여지고 있다. 이는 신세대 창조자들 사이에서 각자 나름의 생산수단을 지니고 있으면서도 마치 생산수단이 없어 노동력을 판매하는 것 같은 모순된 삶에서 벗어나고자 하는 열망이 일반화되어 있음을 말해준다. 어느 정도 여건만 조성되면 창업 활동이 급격히 확산될 가능성이 매우 높은 것이다.

그렇다면 창업의 시대가 본격화되었을 때 자본주의는 과연 어떤 영향을 받을까?

창업의 빈도수가 증가하면 상생의 인본주의를 지향하는 기업이 등장할 확률이 그만큼 높아진다. 더불어 영구파업의 가능성이 커지면서 기존 기업 역시 변화의 압력을 한층 강하게 받을 수밖에 없다. 상생의 인본주의 사회로의 이행에 가속도가 붙는 것이다. 하지만 이는 변화의 일부를 말해주는 것일 뿐이다.

창업의 시대에는 말 그대로 누구든지 마음만 먹으면 창업할 수가 있다. 누구든지 창업을 할 수 있다는 것은 곧 대부분의 사람들이 노동력을 판매하지 않아도 생존할 수 있다는 것을 의미한다. 자본을 소유하고 있다고 하여 노동력을 구매해서 이윤을 창출하기가 쉽지 않은 것이다. 이러한 맥락에서 창업이 일반화되는 것은 창조자 계급 전체가 영구파업을 단행하는 것과 크게 다르지 않다. 물론 창조자 계급 모두가 창업을 시도하지는 않을 것이다. 그렇지만 누구나 창업을 할 가능성이 있다는 사실만으로도 자본주의는 더 이상 유지되기 어렵다. 잠시 뒤에 이를 확인할 것이다.

역전되는 사람과 자본의 관계

미래 사회에서도 자본은 여전히 중요한 생산요소의 하나로 존재할 것이다. 그러나 그 위상은 크게 변화할 수밖에 없다. 더 이상 자본이 사람 위에 서서 지배력을 행사하는 일은 없어질 것이다.

창조력 기반 경제가 고도화될수록 자본 가치의 상대적 비중은 더욱 낮아진다. 이 사실은 투자자의 지분 변동을 통해서도 확인될 수 있다. 창조력 기반 경제에서의 창업은 대체로 벤처기업으로 출발할 가능성이 크다. 주로 창조력에 의지해 가치를 창출하는 것이 벤처기업이기 때문이다. 이럴 때 투자자는 창조력의 잠재적 가치에 근거하여 투자를 한다. 창조력의 잠재적 가치가 클수록 창업자의 지분은 커지는 데 반해 투자자의 지분은 적어진다. 반면 잠재적 가치가 클수록 투자수익률은 높아진다. 여기서 하나의 법칙이 발견된다.

"창조력의 잠재적 가치가 클수록 투자자의 지분은 적어지는 데 반해 투자수익률은 상승한다."

앞서 이야기했다시피 1999년 실리콘 밸리의 양대 벤처 캐피탈인 세콰이어 캐피탈과 KPCB는 창업한 지 1년밖에 안 되는, 당시로서는 미니 기업에 불과했던 구글에 투자하기로 결정했다. 두 캐피탈은 구글의 잠재적 가치를 똑같이 1억 달러로 평가했다. 그리고 각자 1,250만 달러를 투자하고 12.5퍼센트씩의 주식 지분을 확보했다. 미니 기업에 거액을 투자하고도 비교적 적은 지분을 확보한 것이다. 하지만 시간이 흐른 뒤 이들은 구글 주가의 급상승으로 엄청난 수익을 거둘 수 있었다. 앞서의 투자 법칙이 액면 그대로 관철된 사례라고 할 수 있다.

투자자 입장에서는 높은 투자 수익을 거두는 것이 무엇보다 중요하다. 현명한 투자자라면 똑같은 투자일 경우 투자자의 지분이 적은 쪽으로 투자한다. 그럴 때 더 높은 투자수익률을 기대할 수 있기 때문이다. 이로부터 매우 중요한 결론 하나가 도출된다. 창조력 기반 경제가 고도화될수록 기업이 지닌 창조력의 잠재적 가치는 커진다. 그에 따라 투자자의 지분은 갈수록 적어지고 창업자의 비중은 커진다. 달리 말해 자본 가치의 비중이 지속적으로 낮아지는 것이다.

물론 창업자도 많은 지분을 갖게 되면서 자본가 계급의 일원으로 편입된다. 그는 다른 주주들과 손을 잡고 자본가 계급의 공동의 이익을 추구할 것이다. 실제로 지금까지 창업자들은 대체로 그런 모습을 보여왔다. 만약 이야기가 여기서 끝난다면 자본주의 체제는 별 이상 없이 유지될 수도 있다. 그런데 앞서 우리는 누구나 창업을 할 수 있는 창업의 시대로 진입하고 있음을 확인한 바 있다. 문제는 바로 여기에 있다. 누구나 창업이 가능하고 또한 꿈꾸는 상황에서 기업 구성원을 계속 붙잡아두고, 동시에 새로운 인재를 영입하기 위해서는 그들이 창업을 통해 얻고자 하는 것을 충족시켜주어야 한다. 즉, 창업자에 준하는 지위와 권력, 주식 지분, 이익 등을 제공해야 하는 것이다. 말하자면 '내부 창업 효과'를 느낄 수 있도록 해주어야 한다. 그렇지 않으면 구성원들이 제각기 창업의 길을 가면서 기업 조직을 더이상 유지할 수 없다.

그동안 '자본과 권력'은 소수가 다수를 지배하는 수단이었다. 그러나 창업의 시대가 열리면서 이 지점에서 근본적인 변화가 불가피해졌다. 요컨대 누구나 창업이 가능한 조건에서 자본과 권력을 다수의 창조자들에게 골고루 배분하지 않으면 안 되는 상황이 된 것이다. 그로부터 기업 구성원의 관계에서 질적 변화가 일어난다. 기업 구성원의 관계가 고용·피고용 관계에서 동업자 혹은 그에 준하는 관계로 전환되는 것이다. 명실상부한 의미에서 경영의 동반자가 되는 것이다. 이는 곧 수평적 조직문화 정착과정에서 질적인 비약이 일어남을 의미한다. 물론 이 모든 것은 어디까지나 이론적으로 그렇다는 것이고 실제로는 이보다는 조금 더 복잡하게 진행된다. 그럼에도 고용·피고용 관계가 사라져가는 것은 분명한 추세가 될 것이다.

기업 구성원들은 단지 창업을 시도할 수 있을 만큼의 창조력을 보유하고 있다는 이유로 주식 지분을 획득한다. 그렇게 획득한 지분의 총합은 전체 지분 중에서 다수를 점한다. 애초부터 창조력 가치를 근거로 한 주식 지분이 자본 투자를 근거로 한 지분보다 많고 이를 구성원들이 배분받은 것이기 때문이다. 이로부터 창조력을 보유한 창조자들이 주주총회를 지배하기에 이른다.

바로 여기서 우리는 '주도적 생산요소를 지닌 자가 궁극적으로 지배 권력을 행사한다'는 첫 번째 이행의 법칙이 액면 그대로 관철됨을 확인할 수 있다.

다수의 창조자들이 주주총회를 지배하면서 역사적 과도기를 관통했던 '기업의 실질적 권력은 창조자들에게로 이동하는데 여전히 자본 소유주인 주주가 경영진을 선임하는 모순'이 완전히 해소된다. 즉, 일상적으로 기업 경영을 책임지는 실질적 권력과 경영진을 선임하는 권리 사이의 분리가 사라지는 것이다.

시간이 흐르면서 이 같은 기업이 계속 확대될 것이며 궁극적으로 다수를 형성할 것이다. 무엇보다도 그러한 기업이 생산성과 경쟁력 등에서 그렇지 않은 기업보다 월등히 앞설 것이기 때문이다. 참고로 매킨지와 미국 국립종업원지주연구센터에서 조사한 바에 따르면 자신이 소속한 기업의 주식을 가진 구성원은 그렇지 않은 경우보다 생산성이 세 배가량 앞선 것으로 나타났다.

이 모든 변화의 최종 결과는 사회경제 체제가 완전한 의미에서 질적으로 변화하는 것이다.

자본주의에서 모든 것의 근본을 이루는 것은 자본이었다. 자본 소유로부터 지배 권력이 나오는 체제가 자본주의였다. 자본을 지닌 자가 노동력의 고용이라는 형태로 사람을 지배했던 것이다. 그런데 이제는 창조자들이 자신이 보유한 창조력을 근거로 주식 지분을 획득하고 이를 통해 자본을 소유하고 통제한다. 요컨대 자본과 사람의 관계가 역전되는 것이다. 이는 곧 자본주의 체제가 완전히 퇴장하고 사람이 모든 것의 근본을 이루는 인본주의 세상이 그 자리를 대신하는 것을 의미한다. 영원히 지속될 것 같았던 자본주의도 결국은 이런 식으로 자신의 일생을 마친다.

그런데 창조자들은 자본을 소유하고 통제한다는 바로 그 이유 때문에 자본 소유자의 이익을 균형 있게 추구할 수밖에 없다. 그럼으로써 창조자들과 자본 소유자 사이에도 상생의 관계가 형성될 수 있다. 이는 자본주의 체제에서 숙명과도 같았던 분열과 갈등, 대립의 역사와 결별하는 것에 다름 아니다. 그럼으로써 인본주의 사회를 관통하는 상생의 생태계는 완성도를 한층 높여간다.

지금까지 살펴본 것처럼 앞으로 자본주의를 마감시키는 것은 자본주의에 대한 적개심이 아니다. 자본주의를 역사의 무대에서 최종적으로 퇴장시키는 것은 자본가처럼 성공한 사람이 되고 싶어하는 대중의 꿈이다. 사회구성원의 다수가 과거 자본가들이 독점하고 있던 자본과 권력을 나누어 갖는 순간 자본주의는 수명이 다하는 것이다. 모두가 왕이 될 때 왕이 사라지는 것처럼.

4. 크게 달라지는 경제 시스템

과연 상생의 인본주의 사회에서 경제 시스템은 어떻게 작동할 것인가? 몹시 궁금한 사항이 아닐 수 없다. 상생의 인본주의 사회에서 경제 시스템의 작동방식은 생각만큼 복잡하지 않다. 하지만 기존 자본주의 체제의 그것과는 완전히 다르다. 상생의 인본주의는 자본주의와는 질적으로 다른 사회임을 보여주는 것이다.

고용으로부터의 해방

1997년 외환위기를 거치면서 고용 상황이 극도로 불안정해졌다. 정리해고와 비정규직의 급증은 이러한 고용 불안정을 대표하는 현상이었다. 그에 따라 피고용자들 사이에서 고용안정의 요구가 강력히 제기되었다. 피고용자들 입장에서 볼 때 고용안정은 생존과 직결되는 것인 만큼 매우 절실한 과제임에 틀림없다. 그렇다고 해서 고용안정이 근본적인 해답일까? 문제의 본질을 드러내기 위해 잠시 소작농을 떠올려보자.

요즘도 그 흔적이 부분적으로 남아 있는데 20세기 전반기까지 대부분의 농민들은 자기 땅을 갖지 못한 채 지주 땅을 부쳐 먹고사는 소작농 처지에 있었다. 1년 내내 고생해서 농사를 지어도 수확량의 절반 이상은 지주의 몫이었기 때문에 소작농들의 삶은 비참하기 그지없었다. 그러한 소작농에게 일차적으로 필요한 것은 안정적인 소작 보장이었다. 지주가 소작을 주지 않으면 농사를 지을 수가 없어 꼼짝없이 굶어죽어야 했기 때문이다. 하지만 소작 보장이 근본적인 해답일 수는 없었다. 결국 농민들은 토지를 농민에게 분배하는 토지혁명을 요구하기 시작했다. 말하자면 지주–소작농 관계로부터의 완전한 해방을 추구한 것이다. 그러한 농민들의 요구는 일련의 투쟁을 거치면서 점차 결실을 맺기 시작했다. 마침내 농민들은 소작농에서 탈피하여 자작농이 될 수 있었다.

고용안정은 과거 소작농이 소작 보장을 요구하는 것과 같다고 할 수 있다. 매우 절실하기는 하지만 근본적인 해결책은 아닌 것이다. 고용안정은 여전히 고용·피고용 관계를 전제로 하는 것이기 때문이다. 여기서 제기되는 문제는 두 가지다.

먼저 고용·피고용 관계에서 절대적 안정이란 존재할 수 없다. 매우 분명한 사실은 기업은 영생불멸하는 존재가 아니라는 것이다. 일반적으로 알려진 바에 따르면 기업의 평균수명은 20년을 넘지 않는다고 한다. 사람이 평생 동안 직장생활을 할 수 있는 기간보다 훨씬 짧은 것이다. 기업이 지속적으로 고용을 보장하는 것은 객관적으로 불가능하다는 결론이다. 또 하나의 문제는 좀더 근본적인 것으로서 고용·피고용 관계는 본질적으로 종속적 관계라는 데 있다. 요컨대 고용·피고용 관계 속에서 온전한 의미에서의 자유인이 되는 것은 불가능한 것이다.

과연 상생의 인본주의 사회는 고용 문제에 대해 어떤 답을 줄 것인가. 우리는 앞서 상생의 인본주의 사회로 완전히 진입하면서 고용·피고용 관계가 해소되고 기업 구성원은 동업자 관계가 된다는 사실을 확인했다. 말하자면 고용으로부터 해방되는 것이다. 그에 따라 이론상으로는 고용·피고용 관계에서 파생했던 현상들도 함께 사라질 가능성이 많다. 피고용자가 아닌 동업자이기 때문에 해고될 가능성도 적다. 그렇다면 이것만으로 문제는 충분히 해결된 것인가? 결코 그렇지 않다.

기업에서의 일자리 안정은 기업이 안정적으로 성장할 때만 가능하다. 하지만 모든 기업이 그럴 수는 없다. 방금 전 이야기했듯이 기업의 평균수명은 그다지 길지 않다. 이는 상생의 인본주의 사회로 진입했다고 해서 크게 달라지지 않을 것이다. 더욱 근본적인 문제는 개별 기업 차원에서 일자리 안정에 집착할수록 사회 전체적으로는 일자리가 불안정해질 수 있다는 데 있다.

지금은 역사의 변곡점을 통과하고 있는 시기다. 그 어느 때보다도 불확실성이 커지고 있는 때인 것이다. 이러한 상황은 상생의 인본주의 사회로 진입한 이후에도 상당히 오랫동안 지속될 가능성이 크다. 불확실성 시대에 기업이 내딛는 발걸음은 대부분 모험일 수밖에 없다. 기존 기업조차도 벤처기업을 지향해야 하는 상황인 것이다. 이 책의 단골 사례로 등장한 애플은 여전히 스스로를 벤처기업으로 간주하면서 행보를 해왔다. 구글 역시 대기업이 되었음에도 자신을 벤처기업의 연합체라고 생각하고 있으며 실제로도 그렇게 운영되고 있다. 이러한 상황에서 모험을 기피한 채 안정 위주의 경영을 하다가는 십중팔구 도태할 가능성이 크다.

문제는 불확실한 시대에 기업이 기꺼이 모험을 할 수 있기 위해서는 대단히 유연해져야 한다는 것이다. 즉, 나타났다가 사라질 수도 있으며 합쳐졌다가 나뉠 수도 있고 수시로 모습을 바꿀 수도 있어야 한다. 그러자면 기업을 대단히 한시적이고 가변적인 조직으로 간주해야 한다. 그럴 때 날로 격화되는 글로벌 경제 전쟁을 효과적으로 헤쳐 나갈 수 있다.

기업의 조직 운영이 유연해질수록 경쟁력이 강화되고 사회적으로 창출 가능한 총 가치량은 늘어난다. 그에 따라 일자리도 크게 늘어날 수 있다. 반면 기업의 조직 운영이 경직될수록 경쟁력이 약화되면서 사회 전체적으로 창출 가능한 총 가치량이 감소한다. 그에 따라 일자리가 크게 줄어들 수 있다.

여기서 우리는 개별 기업에서의 일자리와 사회 전체적인 차원에서의 일자리 상황이 심각하게 모순을 일으키고 있음을 알 수 있다. 과연 상생의 인본주의 사회는 이러한 모순을 어떻게 해결할 것인가?

앞서 소개한 것처럼 덴마크의 경우는 적극적 노동시장 정책을 통해 문제를 해결했다. 두말할 필요도 없이 고용·피고용 관계 자체가 해소되는 상생의 인본주의 사회에 이러한 정책을 적용할 수는 없다. 상생의 인본주의 사회는 전혀 다른 차원에서 해법을 찾아야 하는 것이다.*

먼저 확인해야 할 것은 시장과 국가 모두 사회구성원의 삶의 질을 높은 단계로 도약시키기에는 한계가 너무 많다는 점이다.

시장을 기반으로 움직이는 기업들은 치열한 경쟁 속에서 명멸을 거듭하기 때문에 사회구성원의 삶을 끝까지 책임지기가 어렵다. 설령 가능하다 하더라도 끊임없는 경쟁에 시달리는 '쫓기는 삶' 이상의 것을 보장할 수 없다. 시장에 의존해서는 삶의 질이 더 높은 단계로 도약하기가 어려운 것이다. 국가는 항상적으로 재정위기에 노출되면서 운신의 폭이 좁아져가고 있다. 설령 국가가 사회구성원의 삶을 전적으로 책임진다 해도 행정적으로 관리되는 삶은 '기대는 삶'으로 전락할 가능성이 매우 크다. 국가에 의존해서는 삶의 질이 더 높은 단계로 도약하기가 어려운 것이다.

이 책을 관통하는 일관된 원칙은 사회구성원 스스로가 문제를 해결하는 방향에서 해답을 찾아야 한다는 것이다. 요컨대 국가와 시장에 내맡기는 것이 아니라 오직 사회구성원 자신에 의지해서 문제를 해결해야 하는 것이다. 이를 전제로 국가와 시장이 협력하여 활동 기반을 제공하고 도와주는 역할을 해야 한다. 그럴 때 사회구성원의 삶의 질이 더욱 높은 단계로 도약할 수 있다.

결론적으로 상생의 인본주의 사회의 주역인 창조자들은 국가와 시장에 대한 의존에서 벗어나 자신들의 계급조직을 바탕으로 삶의

---

* 두말할 나위도 없이 확실한 대안이 마련될 때까지 기업은 일자리 유지를 위해 최선을 다해야 한다. 기업이 일자리 유지를 위해 최선을 다한다는 것은 두 가지 원칙을 지킨다는 것을 의미한다. 먼저 경영위기가 발생했을 때 전체 구성원이 상황을 공유하고 함께 해법을 찾기 위해 노력해야 한다. 이를 통해 비용 절감을 위한 작업시간 단축이나 순환 휴직 등의 방법을 선택할 수 있다. 그와 함께 경영에 책임이 큰 고위직일수록 자발적인 연봉 삭감에서 사퇴에 이르기까지 더 많은 희생을 분담할 수 있어야 한다.

안정을 꾀할 것이다. 그럼으로써 기업은 일자리 안정의 부담으로부터 완전히 자유로워지는 동시에 생산성이 훨씬 높아지는 전혀 새로운 시스템이 구축된다.

완전히 새로운 시스템

근대 이후 모든 계급은 자신들만의 고유한 조직을 갖고 있었다. 자본가는 상공회의소나 경제인연합회와 같은 계급조직을 통해 자신들의 이익 극대화를 추구했다. 농민은 농업협동조합을, 노동자는 노동조합을 결성하여 자신들의 처지를 개선해왔다. 그렇다면 새로운 시대의 주역으로 떠오르고 있는 창조자들은 어떤 형태의 계급조직을 갖출 것인가? 분야별로 다양하게 구성되는 직능조합이 바로 그 답이다.

직능조합은 자율적이고 독립적인 창조자들의 수평적 연합체다. 당연히 조직은 1인 1표에 입각하여 민주적으로 운영된다. 그런 점에서 이중적 착취 가능성이 높은 인력 회사와는 본질적으로 다르다. 직능조합은 다양한 기능을 수행할 수 있는데, 대표적으로 다음의 네 가지를 들 수 있다.

첫째, 조합원들의 창업 활동을 다양한 형태로 지원하는 창업 인큐베이터로서의 역할을 수행한다.

당연히 창업에 참여하는 조합원들은 공동 창업자로서 동업자 관계가 된다. 그들 사이에 고용·피고용 관계는 성립하지 않는다. 이렇게 해서 설립된 기업은 직능조합과 장기적으로 특수한 협력 관계를 형성한다. 말하자면 직능조합의 계열사와 같은 성격을 갖는 것이다. 이러한 계열사는 직능조합이 지속적으로 생존하고 발전할 수 있는 중요한 물적 토대가 될 것이다.

둘째, 개방적 협력 시스템을 바탕으로 기업들과 다양한 형태의 장·단기 업무 협력 관계를 맺는다.

상생의 인본주의 사회에서 기업은 대체로 필요한 최소 인력만을 상시적으로 유지할 것이다. 그들은 기본적으로 동업자 관계다. 상생의 인본주의 사회에서 기업 구성원이 동업자 관계가 될 수 있는 것은 이렇듯 상시 인력이 최소화되기 때문이기도 하다. 이러한 조건에서 기업은 업무의 상당 부분을 직능조합과의 개방적 협력 시스템을 통해 해결할 것이다. 물론 기업과 직능조합은 고용·피고용 관계가 아닌 수평적 관계에서 업무 협력을 한다. 그 결과 상생의 인본주의 사회에서 경제 활동 주체는 기업 내부에서 '동업자'로 있든가 직능조합 조합원으로서 개방적 협력 시스템에 참여하는 '협력자'가 되든가 둘 중 하나일 가능성이 매우 높다.

셋째, 다양한 복지 기능을 수행한다. 그동안 국가와 시장에 기대했던 안정된 삶을 직능조합의 공동체적 상호부조를 통해 보장한다.

공동체적 상호부조의 힘은 생각 이상으로 강력하다. 혼자서 한 달에 100만 원 가지고 살라고 하면 힘들어한다. 하지만 열 명에게 1,000만 원 가지고 함께 살라고 하면 여유롭게 살 수 있다. 이것이 바로 상호부조의 힘이다. 이러한 상호부조를 뒷받침하기 위해 직능조합은 다양한 형태로 공동기금을 조성할 것이다. 가령 조합원이 수입의 일정 비율(최소한 10퍼센트 이상은 되어야 할 것이다)을 회비로 낼 수도 있다. 혹은 다양한 협력 사업을 통해 발생한 수익을 직능조합이 직접 수취하고 공동기금을 제외한 나머지를 조합원들에게 배분할 수도 있다.

이렇게 해서 마련된 공동기금을 바탕으로 직능조합은 조합원들에게 한층 안정적이면서도 활력 있는 삶을 제공할 수 있다. 우선 업무 협력이 없는 조합원은 직능조합 관련 활동으로 전환할 수 있다. 네트워크 확장 사업을 할 수도 있고 직능조합의 이미지 제고를 위한 사회공헌 활동을 할 수도 있다. 물론 직능조합으로부터 급여를 받으면서 말이다. 직능조합에 속해 있는 한 원칙적으로 실업 위협으로부터 자유로워지는 것이다. 이렇듯 직능조합 관련 활동에 종사하는 조합원들은 필요할 때 즉각적으로 개방적 협력 시스템에 투입될 수 있는 예비인력으로서의 성격을 갖는다. 직능조합은 이러한 예비인력을 일정 비율 이상 상시적으로 확보하고 있을 것이다. 그래야만 기업이 요구하는 개방적 협력 시스템에 신속하게 필요한 인력을 투입할 수 있기 때문이다.

넷째, 조합원들을 지속적으로 교육하고 훈련시키는 기능을 수행한다.

직능조합 조합원은 기본적으로 독립적인 업무 수행 능력을 지니고 있어야 한다. 말하자면 독립 경영자가 되어야 하는 것이다. 그럴 때만이 수평적 협력 관계를 바탕으로 주어진 업무를 훌륭하게 소화할 수 있다. 이를 위해 직능조합은 명실상부한 의미에서 평생교육 시스템을 갖출 것이다. 철저한 학습조직의 성격을 띠는 것이다. 이를 바탕으로 조합원 전체가 한편으로는 가르치면서 다른 한편으로는 배우는 관계를 형성할 것이다. 그럼으로써 인재 육성에서 기존의 기업을 능가하는 노하우를 축적할 것으로 보인다. 무엇보다도 인간관계의 지속성과 친밀도에서 기업을 능가할 수 있기 때문이다.

이렇듯 상생의 인본주의 사회에서 안정된 삶은 국가와 시장 그 어느 곳에도 의존하지 않고 사회구성원들이 직능조합에서의 상호부조를 바탕으로 자주적으로 해결한다. 그에 따라 기업은 종전의 폐쇄적 통제 시스템에서 개방적 협력 시스템으로 전환할 수 있는 길이 열린다. 기업이 그로 인해 얻을 수 있는 이익은 매우 많은데 이 부분은 잠시 뒤에 살펴볼 것이다. 중요한 것은 역사적 맥락에 비추어볼 때 이같은 기업의 시스템 전환이 매우 합법칙적인 과정이라는 사실이다.

과거 산업사회에서 기업이 개방적이고 수평적인 협력 시스템을 운영하는 것은 결코 가능하지 않은 일이었다. 산업사회에서 노동자들은 수평적 협력 시스템에서 필수적 요소인 독립적인 경영 능력을 갖고 있지 않았다. 또한 그들이 수행하는 육체노동은 애초부터 따분하기 그지없었기 때문에 엄격한 통제 없이는 효율성을 보장하기가 어려웠다. 기업들이 안과 밖의 경계선이 뚜렷한 폐쇄적 조직 안에서 수직적인 위계질서를 바탕으로 노동자들을 엄격하게 통제했던 것은 이러한 사정을 반영한 것이었다. 당시의 사정에서는 폐쇄적인 통제 시스템을 구축하는 것 이외에 달리 방법이 없었던 것이다.

그러나 창조자 계급이 새로운 주역으로 떠오르면서 사정이 근본적으로 바뀌었다. 창조자들은 독립적인 경영 능력을 갖고 있거나 획득할 수 있다. 또한 앞서 확인했듯이 폐쇄적이고 수직적인 통제 시스템은 창조자들이 자발적 열정을 갖고 업무에 몰입하는 것을 방해할 가능성이 크다. 그들은 개방적이고 수평적인 협력 관계 속에서 자율적이고 독립적으로 업무를 수행할 때 최상의 에너지를 발산할 수 있다. 개방적이고 수평적인 협력 시스템은 창조자들의 속성에 부합되는 새로운 업무 시스템인 것이다.

기업이 기존의 폐쇄적 통제 시스템에서 개방적 협력 시스템으로 전환할 수 있는 결정적 이유가 바로 여기에 있다. 개방적 협력 시스템을 통해 창조자들의 에너지 발산을 극대화할 수 있는 최적의 환경을 확보할 수 있는 것이다. 그런 점에서 직능조합 기반의 개방적 협력 시스템은 역사발전의 합법칙적 결과물이다. 필자는 단지 이를 한 걸음 앞서 발견해 사람들에게 알려주는 것일 뿐이다.

개방적 협력 시스템의 우월성

과연 기업이 직능조합 기반의 개방적 협력 시스템을 선택함으로써 생산성과 경쟁력, 삶의 질 등에서 기존의 폐쇄적 통제 시스템을 능가할 수 있을까? 이는 상생의 인본주의 사회가 기존의 자본주의 사회보다 우월한 체제가 될 수 있는지를 가늠하는 중요한 척도가 될 것이다.

방금 전 이야기했다시피 직능조합 기반의 개방적 협력 시스템은 창조자들의 에너지 발산을 극대화할 수 있는 최적의 환경을 제공한다. 이는 직능조합 기반의 개방적 협력 시스템이 갖는 가장 뚜렷한 장점이다. 그 밖에도 기업이 개방적 협력 시스템으로 전환함으로써 얻을 수 있는 이점은 매우 많다. 먼저 기업은 개방적 협력 시스템을 통해 상당한 규모에 이르는 조직관리 비용을 절감할 수 있다.

기업의 조직이 비대해지면 갈등 요인 또한 크게 증가한다. 이러한 갈등을 완화 혹은 제어하면서 조직을 원활하게 돌아가게 하려면 상당한 비용이 든다. 조직관리 비용이 급속히 증가하는 것이다. 경우에 따라서는 배보다 배꼽이 더 큰 경우도 자주 발생한다. 미국 등지에서 조직관리를 대행하거나 인력을 신축적으로 공급해주는 기업이 급성장하고 있는 것도 이러한 사정을 반영한 것이다. 그런데 직능조합 기반의 개방적 협력 시스템은 기업의 상시 조직을 최소 규모로 유지하도록 함으로써 조직관리 비용을 대폭 절감시킨다. 이는 고스란히 기업에 이익이 된다.

또한 기업은 개방적 협력 시스템을 통해 글로벌 경제 전쟁을 헤쳐 나가는 데 필요한 탄력성과 유연성을 극대화할 수 있다.

기존의 기업은 어떤 형태로든지 고용을 유지해야 한다는 압력을 받을 수밖에 없다. 이러한 압력은 반드시 노동조합이나 사회여론으로부터 발생한 것만은 아니었다. 고용을 최대한 유지해야만 구성원으로부터 충성심을 이끌어낼 수 있다는 점 또한 경영진이 느끼는 강한 압력의 하나였다. 이러한 고용 유지 압력은 불가피하게 기업 조직을 경직되게 만든다. 그럼으로써 새로운 영역에 뛰어들거나 신속하게 업종을 전환하는 데 있어 탄력적으로 대응하기 어렵게 한다. 직능조합 기반의 개방적 협력 시스템은 바로 이 문제를 획기적으로 해결해줄 수 있는 것이다.

직능조합 기반의 개방적 협력 시스템이 기존의 폐쇄적 통제 시스템보다 우월할 수 있는 지점이 또 하나 있다.

상생의 인본주의 사회에서 기업의 경쟁력은 상당 부분 상생의 생태계를 얼마나 잘 구축하는가에 달려 있다. 문제는 수익 창출을 우선해야 하는 기업들이 생래적으로 자사이기주의에 빠지기가 쉽다는 데 있다. 특히 독점 대기업은 상생의 생태계 구축과 배치되는 승자독식을 추구할 가능성이 매우 높다. 상생의 생태계에 대해 지극히 이중적인 태도를 취할 수 있는 것이다. 하지만 이러한 기업의 태도는 궁극적으로 생태계를 교란시키면서 자신의 이익을 해치는 것으로 귀결될 수밖에 없다. 한마디로 기업에는 상생의 생태계와 관련해서 자기 파괴의 함정에 빠질 가능성이 상존하는 것이다.

바로 이 지점에서 직능조합 기반의 개방적 협력 시스템이 상당히 큰 도움이 될 수 있다. 직능조합이 기업으로 하여금 자신을 초극하여 상생의 생태계 구축에 좀더 일관된 태도로 임하도록 유도할 수 있기 때문이다. 말하자면 기업이 소탐대실하는 우를 범하지 않도록 제어할 수 있는 것이다. 이유는 간단하다. 상호부조를 바탕으로 운영되는 직능조합의 조합원은 직능조합 전체의 이익을 증대시키는 데 긴밀한 이해관계를 갖기 마련이다. 그런데 직능조합 조합원들은 개별 기업에 국한되지 않고 다양한 경제 주체와 협력 관계를 맺는다. 이러한 이유 때문에 직능조합은 다양한 경제 주체들이 함께 먹고사는 상생의 생태계 구축을 본능적으로 추구할 수밖에 없다. 직능조합은 상생의 생태계 구축에 대해 가장 일관된 옹호자가 될 수 있는 것이다.

이러한 맥락에서 직능조합 기반의 개방적 협력 시스템이 확산되는 것에 비례해서 상생의 생태계는 더욱 활성화되고 원활하게 작동할 수 있다. 상생의 인본주의 사회가 정착되어가는 것이다. 그에 따라 사회 전체적으로 생산성과 경쟁력이 크게 향상될 것이다.

지금까지 살펴본 것처럼 직능조합 기반의 개방적 협력 시스템이 기존의 폐쇄적 통제 시스템보다 우월한 지점은 여러 가지가 있다. 그럼에도 직능조합 기반의 개방적 협력 시스템을 둘러싸고 많은 우려가 제기될 수 있다.

먼저 개방적 협력 시스템은 협력 관계로 그치기 때문에 원하는 인재를 비축하기가 어렵지 않느냐는 우려가 나올 수 있다. 하지만 실제로는 정반대다. 기존의 폐쇄적인 통제 시스템에서는 제한된 인력으로 끊임없이 제기되는 새로운 과제에 대처해야 했다. 그러다 보니 요구되는 과제 수행 능력과 실제 능력 사이에는 일정한 간극이 발생할 수밖에 없었다. 직능조합 기반의 개방적 협력 시스템은 이러한 간극을 상당 정도 해소시켜줄 수 있다. 기업은 다양하게 존재하는 직능조합 중에서 꼭 필요한 인력을 찾아 협력할 수 있기 때문이다. 그 과정에서 원하는 인재가 발견되면 장기협력 계약을 체결하거나 내부 동업자로 만들 수도 있다. 개방적 협력 시스템을 통해 원하는 인재를 확보하고 비축할 가능성이 더 커질 수 있는 것이다.

또한 개방적 협력 시스템은 업무 관련 기밀유지가 어려울 수 있다는 우려가 나올 수 있다. 이와 관련해서는 업무 협력 계약의 주체는 직능조합임을 염두에 둘 필요가 있다. 만약 조합원이 업무와 관련된 기밀을 누설할 경우 해당 직능조합은 치명타를 입을 것이다. 당연히 직능조합은 업무 관련 기밀유지를 위해 지속적으로 교육하고 조직적으로 관리하는 등 다양한 노력을 기울일 수밖에 없다. 도리어 기존의 폐쇄적인 통제 시스템에서는 구성원이 다른 기업으로 이동하면서 기밀이 유출될 가능성이 매우 크다. 실제로 기밀을 확보하기 위해 고급 인력을 스카우트하는 것은 흔한 현상이다. 그런 점에서 직능조합이 조합원을 지속적으로 관리하는 개방적 협력 시스템이 기밀유지에 훨씬 유리할 수 있다.

하지만 가장 흔히 제기될 수 있는 우려는 통제가 쉽지 않은 수평적 협력 관계에서 직능조합 조합원들이 주어진 업무를 책임 있게 수행할 수 있겠는가 하는 것이다. 직능조합 조합원은 기업의 상시 인력이 아니기 때문에 책임의식이 떨어질 수밖에 없다는 것이 주된 근거다.

결론부터 이야기하자면 이러한 우려는 지극히 부질없는 것이다. 같은 분야라 하더라도 직능조합은 여러 개일 수 있으며 같은 직능조합 안에서도 비슷한 능력을 지닌 사람은 매우 많을 것이다. 이들은 선의의 경쟁 관계에 있다. 그런 만큼 직능조합 조합원들은 개방적 협력 시스템을 통해 이루어지는 업무평가에 촉각을 곤두세울 수밖에 없다. 평가는 그들의 경쟁력에 큰 영향을 미치기 때문이다. 당연히 평가가 좋지 않으면 업무 협력의 기회나 수입 모두가 크게 줄어들 수밖에 없다.

사실 개방적 협력 시스템은 전혀 새로운 것이라고 할 수는 없다. 기업들은 웹사이트 개설, 회계 분석, 법무 해결, 컨설팅의 과제가 제기될 때 해당 분야 전문가와의 협력을 통해 해결한다. 그럴 때 전문가는 기업과 수평적 협력 관계를 형성한다. 기업은 이들을 통제할 수도 없을 뿐만 아니라 하지도 않는다. 또 전문가들은 대단히 자율적이고 독립적으로 업무를 수행한다. 그렇다고 해서 전문가들이 일을 대충하지는 않는다. 개방적 협력 시스템에서 직능조합 조합원들은 바로 이들 전문가처럼 업무를 수행할 것이다. 더욱이 그들은 앞서 이야기했다시피 그 어떤 통제 없이 자율적이고 독립적으로 업무를 수행할 때 최고의 성과를 내는 존재들이다.

따지고 보면 기업의 상시 인력이라야 책임의식을 발휘할 수 있다는 것도 하나의 그릇된 편견일 뿐이다. 평생직장이라는 생각은 사라진 지 이미 오래다. 요즘 직장인들은 직장을 일시적 계약 관계로 보는 것이 일반적이다. 도리어 직장인들은 의식과 조직 관계에서 빚어지는 심각한 모순에 시달리고 있다. 요즘 직장인들은 힘들어도 모든 것을 참고 견디며 마음으로부터 충성을 다하고 싶은 생각은 별로 없다. 그런데 조직은 끊임없이 무엇인가를 강제하고 통제하려는 습성이 있다. 그로 인해 발생하는 것은 엄청난 스트레스와 업무 수행의 비효율성이다. 이러한 모순은 적극적으로 해결되어야 한다. 불확실성의 시대에 평생직장이 해답이 될 수는 없다. 더욱이 끊임없이 변화를 추구하는 신세대에게 평생직장은 감옥일 뿐이다. 지금 시대에 가능한 가장 확실한 해결책은 폐쇄적이고 수직적인 통제 관계를 개방적이고 수평적인 협력 관계로 전환하는 것이다. 직능조합 기반의 개방적 협력 시스템은 그 구체적인 해답이다.

이렇듯 직능조합 기반의 개방적 협력 시스템을 둘러싸고 제기될 수 있는 우려들은 충분히 해소될 수 있다. 도리어 그 과정에서 개방적 협력 시스템의 우월성이 더욱 분명하게 드러난다. 그래도 남는 문제는 여전히 있다. 그것은 바로 개방적 협력 시스템에서 어디까지를 기업의 구성원으로 볼 것인가이다. 구성원 우선주의가 기업 생태계의 출발점이라는 점에서 이는 매우 중요한 문제다.

앞서 우리는 상생의 인본주의 사회에서 기업의 업무를 수행하는 주체는 크게 두 종류로 나눌 수 있음을 확인했다. 기업의 상시 인력으로 업무를 수행하는 동업자와 개방적 협력 시스템을 통해 결합하는 협력자가 바로 그것이다. 이럴 때 과연 기업 구성원의 경계선은 어디인가?

구성원 우선주의를 앞장서서 실천하고 있는 인도의 비니트 나야르는 경영진이 우선적으로 책임져야 할 구성원은 가치 지대에 있는 사람들이라고 보고 있다. 이는 직접적으로 가치를 창출하는 사람들 모두가 구성원임을 의미한다. 따라서 동업자들과 협력자 모두를 기업 구성원으로 봐야 한다. 도리어 그러한 조건에서 구성원 우선주의를 일관되게 실천할 수 있다. 무조건 고용을 유지해야 한다는 압력에 시달리다가 기업 전체를 위험한 상태에 빠뜨릴 가능성으로부터 자유로워지기 때문이다. 앞서 제기했던 구성원 우선주의에 내재된 모순은 이렇게 해결된다.

14장

그곳에서
사람들이 사는 법

• 현재 대부분의 사람들은 자본주의 체제 안에 갇혀 삶의 질을 개선하고자 노력하고 있다. 고용·피고용 관계 속에서 일자리가 안정되고 소득이 증가하기를 원하는 것은 그 단적인 예다. 이는 마치 소작농이 지주소작제에 갇혀 소작의 안정적인 보장과 소작료 인하를 원하는 것과 크게 다르지 않다.

그러나 상생의 인본주의 사회에서는 삶의 질이 근본적으로 변화한다. 무엇보다도 고용·피고용 관계의 해소를 바탕으로 기업 구성원의 관계가 수평적인 동업자 혹은 협력자 관계로 전환하면서 자본주의 사회에서의 그것과는 전혀 다른 차원의 삶이 펼쳐진다. 그것은 마치 소작농이 지주−소작농 관계에서 벗어나 자기 땅에 농사를 짓는 자작농으로 변신하는 것과 같다.

상생의 인본주의 사회에서는 모든 것이 달라진다. 상생의 인본주의 사회에서도 복지는 여전히 중요한 의미를 갖지만 창조자 계급의 속성에 맞게 개념이 새롭게 정립된다. 아울러 환경이 달라지고 삶의 질에서 커다란 변화가 일어나면서 사람 자체도 변화한다. 전혀 새로운 인간형이 등장하는 것이다. •

1. 삶의 질에서의 도약

상생의 인본주의 사회에서 삶의 질이 어떻게 달라질지 알기 위해서는 먼저 직능조합과 개방적 협력 시스템의 사회적 의미를 살펴볼 필요가 있다. 이들은 상생의 인본주의 사회에서 삶의 질을 규정짓는 가장 중요한 환경을 이루기 때문이다.

직능조합은 상생의 인본주의 사회를 유지·발전시키는 핵심 기지며, 개방적 협력 시스템은 직능조합과의 상생을 바탕으로 기업의 생산성과 경쟁력을 비약적으로 강화시켜주는 중추적 제도다. 상생의 인본주의 사회의 본성은 기본적으로 이러한 직능조합과 개방적 협력 시스템을 통해 발현된다.

상생의 인본주의 사회의 주역인 창조자들은 자신의 의사에 따라 수평적으로 직능조합에 결합하며, 직능조합을 기반으로 수평적으로 기업 업무에 결합한다. 혹은 동업자로서 기업에 수평적으로 직접 결합하기도 한다. 그런 만큼 창조자들은 자유롭고 독립적인 존재며 오직 동반자 관계를 바탕으로 협력할 뿐이다. 기업이 온전한 의미에서 자유인의 수평적 연합체로서 면모를 갖추는 것이다. 당연히 자본 소유를 바탕으로 창조자들을 지배하고 통제하는 것은 더 이상 불가능하다. 그럼으로써 창조자들은 사람이 모든 것의 근본을 이룬다는 것을 삶을 통해 입증한다.

직능조합은 창조력의 속성인 상생을 가장 풍부하게 구현한다. 직능조합의 조합원들은 상호부조에 기반을 둔 상생의 삶을 산다. 또한 기업과의 관계에서도 개방적 협력 시스템을 통해 함께 이익을 추구하는 상생의 관계를 형성한다. 나아가 직능조합은 본능적으로 다양한 경제 주체들 간의 상생의 생태계 구축을 추구한다. 이로부터 직능조합을 기반으로 형성되는 다양한 경제 주체들의 관계는 모두 상생의 동반자가 된다. '국가의 지양, 시장의 초월'에서 예고했던 동반자 관계가 일반화되는 것이다. 이는 곧 주도적 생산요소의 속성이 경제 주체의 관계를 규정한다는 두 번째 이행의 법칙이 액면 그대로 관철되었음을 의미하는 것이기도 하다.

　이러한 과정을 통해 역사적 과도기 동안 기업의 수평적 조직문화 정착과 상생의 생태계 구축을 둘러싸고 발생했던 한계가 깨지고 모순은 해소된다. 기업 구성원은 동업자 아니면 협력자가 됨으로써 수평적 조직문화는 완성 단계에 이른다. 기업 생태계의 출발점인 구성원 우선주의도 무조건적인 고용 유지의 압력에서 벗어남으로써 일관성을 발휘할 수 있다. 다양한 경제 주체 간의 생태계 구축을 교란했던 기업의 자사이기주의는 직능조합의 작용으로 조절되고 극복된다. 그에 따라 기업이 한층 높은 차원에서 시장을 초월할 수 있는 환경이 마련된다.

　직능조합이 일반화됨으로써 나타나는 현상 중 결코 빼놓을 수 없는 것 한 가지가 있다. 바로 정착경제로의 전환이 확고해진다는 것이다. 창조력 기반 경제에서 기업은 평소 호흡을 맞추었던 직능조합을 떠나 활동을 지속하기가 쉽지 않다. 직능조합이 기업을 정착시키는 강력한 요소로 작용하는 것이다. 그런데 공동창업 지원, 개방적 협력 시스템에의 참여, 상호부조에 입각한 안정된 삶과 평생학습 보장 등 직능조합의 기능들이 원활하게 이루어지자면 조합원들이 최대한 같은 지역에 지속적으로 머물러야 한다. 그 결과 자연스럽게 그 지역의 사상과 문화, 기술적 토양에 뿌리를 내리고 그로부터 풍부한 자양분을 흡수한다. 이러한 이유로 상생의 인본주의 사회에서 창조력 기반 경제는 '풀뿌리 지역경제'로 발전할 가능성이 매우 높다. 결국 정착경제의 최종 모습은 개방적 입장에서 세계 각 지역과 공유, 협력하는 풀뿌리 지역경제인 것이다.

　그러면 직능조합과 개방적 협력 시스템을 바탕으로 움직이는 상생의 인본주의 사회에서 사람들은 어떤 모습으로 삶을 이어나갈까?

지금까지 논의된 내용을 바탕으로 개략적인 모습을 그려보자.

상생의 인본주의 사회에서 사회구성원들은 직능조합 기반의 개방적 협력 시스템을 통해 다양한 선택을 할 수 있다. 창업을 통해 기업 경영에 열정을 쏟아부을 수도 있고, 특정 업무에 관한 전문적 능력을 바탕으로 개방적 협력 시스템에 참여할 수도 있다. 물론 어느 경우든지 직능조합 조합원의 일원으로 참여함으로써 상호부조에 입각한 안정된 삶을 보장받는다. 이러한 삶은 미래 사회의 주역이기도 한 지금의 신세대 창조자들의 지향에 상당히 부합되는 것이라고 할 수 있다.

신세대 창조자들은 어느 한곳에 고정적으로 매여 있는 것을 싫어한다. 그들은 인생에서 변화를 원하며 다양한 체험을 할 수 있기를 희망한다. 그들은 여러 해에 걸쳐 한 가지 업무에 몰입했다면 적당한 시기에 그곳에서 벗어나 색다른 경험을 하고 싶어한다. 긴 여행을 떠날 수도 있고 학습에 집중할 수도 있으며 의미 있는 사회 활동을 하기를 원하는 것이다. 물론 그러면서도 불안정한 생활이나 실업의 고통에서 벗어나기를 간절히 소망한다. 기존 사회에서 이러한 요구는 서로 충돌하면서 조화를 이루기가 쉽지 않았다. 그러나 상생의 인본주의 사회에서는 직능조합과 개방적 협력 시스템을 바탕으로 그러한 요구를 조화롭게 실현하는 것이 가능해진다. 직능조합을 통해 안정된 삶을 보장받으면서 개방적 협력 시스템을 통해 선택적으로 참여할 수 있기 때문이다.

상생의 인본주의 사회에서 대부분의 경제 활동 주체는 동업자 아니면 협력자의 지위를 갖는다. 고용·피고용 관계가 남아 있더라도 일부일 것이며 그마저 점차 줄어들 것이다. 이러한 조건에서 고용·피고용 관계로부터 파생했던 현상들도 함께 사라질 것이다. 단적으로 취업 전쟁, 비정규직, 해고, 실업 등 그동안 사회에 드리워져 있었던 어두운 그림자들이 자취를 감추어가는 것이다. 그럼으로써 사회구성원들이 행정적으로 관리되는 '기대는 삶'과 끊임없는 경쟁에 시달리는 '쫓기는 삶' 모두에서 벗어나 한층 여유롭고 다채롭게 삶을 디자인할 수 있는 환경이 마련된다. 과거 많은 노동자들이 고대했던 해고 없는 세상도 이런 식으로 만들어진다.

이 모든 것이 실현되자면 반드시 충족되어야 할 조건이 하나 있다. 직능조합이 안착되어야 하는 것이다. 그런데 이 역시 충분히 가능할 것으로 보인다. 직능조합 기반의 개방적 협력 시스템은 앞서 이야기했던 여러 가지 이유로 기업의 생산성과 경쟁력을 비약적으로 강화시켜줄 것이다. 그에 따라 사회적으로 창출 가능한 총 가치량이 크게 증가한다. 이는 곧 직능조합 입장에서 볼 때 창업 활동과 개방적 협력 시스템에 참여하는 것이 더욱 원활하게 이루어질 수 있음을 의미한다. 요컨대 직능조합이 조합원의 삶을 안정적으로 책임질 수 있는 물적 토대가 마련되는 것이다.

이렇듯 상생의 인본주의 사회의 사회구성원들은 자본주의 사회의 삶과는 전혀 다른 차원의 삶을 누린다. 그것은 앞서 이야기했듯이 소작농이 자기 땅에서 농사짓는 자작농으로 변신하여 전혀 다른 삶을 사는 것과 같다. 이는 곧 상생의 인본주의 사회가 사회구성원에게 이전 시기보다 훨씬 높은 수준에서의 자율과 책임을 요구한다는 것을 의미하는 것이기도 하다. 무엇보다도 각자 독립적인 경영 능력을 갖추기 위한 치열한 노력이 필수적이다. 그런 점에서 '게으를 권리'가 용인되었던 과거 소련식 사회주의와는 뚜렷한 차이점을 보여준다. 의존적 삶에 익숙한 사람들에게는 매우 피곤하게 느껴질 수 있는 곳이 상생의 인본주의 사회인 것이다.

지금까지 직능조합과 개방적 협력 시스템을 바탕으로 상생의 인본주의 사회의 본성이 어떻게 발현되며 그 속에서의 삶은 어떤 것인지 개략적으로 살펴보았다. 물론 이는 어디까지나 긍정적인 요소를 중심으로 최대한 단순화시켜 표현한 것이다. 말하자면 이념형으로서 상생의 인본주의 사회를 묘사한 것이라고 할 수 있다.

실제 상생의 인본주의 사회는 매우 다양한 요소들로 복잡하게 얽혀 있을 것이다. 새로운 요소와 낡은 요소가 함께 섞여 있을 것이고 이전에 없던 모순이 형성되면서 새로운 형태의 갈등이 빚어질 수도 있다. 직능조합 간의 소득 수준 차이가 문제될 수도 있다. 무엇보다도 자율과 책임이 강조되는 조건에서 본인의 의지와 무관하게 독립적 경영 능력을 행사하기 곤란한 경우가 충분히 있을 수 있다. 이런 경우 또 다른 형태의 불평등을 재생산할 위험성이 있다.

이러한 맥락에서 상생의 인본주의 사회에서도 국가의 역할이 여전히 중요할 수밖에 없다. 국가는 다양한 사회적 요소들과의 동반자 관계를 바탕으로 갈등을 완화하고 사회 전체가 조화롭게 발전할 수 있도록 이끌어야 하는 것이다. 이 같은 국가의 역할을 통해 우리는 상생의 인본주의 사회에서 발생하는 불확실성을 최소화하고 더 한층 계획적이고 목적의식적으로 미래를 설계할 수 있을 것이다.

2. 재정립되는 복지 개념

국가의 절대 우위가 유지되었고 다수의 사회구성원이 스스로 삶을 책임지기 어려웠던 시대에 사람들이 갈구한 복지는 대체로 이런 것이었다. "복지는 국가가 베푸는 시혜이며, 사회적으로 보호받는 삶이 가장 바람직한 것이다." 그로부터 과거 유럽을 중심으로 복지국가 모델이 출현했다.

그러나 국가의 절대 우위가 사라지고 사회구성원의 자주적 문제 해결 능력이 고양됨에 따라 복지에 대한 인식은 크게 변화했다. "사람은 스스로 가치를 창출하면서 사회발전에 공헌할 때 가장 큰 보람과 기쁨을 느낀다. 이러한 삶을 살 수 있게끔 사회가 적절하게 여건을 조성하고 지원해야 한다."

상생의 인본주의 사회에서의 복지는 바로 이러한 원리를 바탕으로 재구성된다. 말하자면 '국가가 주체인 복지국가'의 한계를 뛰어넘어 '사회구성원 모두가 주체인 복지사회'의 새로운 지평이 열리는 것이다.

복지국가의 한계를 넘어

1950~1970년대 유럽의 자본주의 국가들을 지배한 것은 주로 복지국가 모델이었다. 국가가 적극적인 시장개입을 바탕으로 소득재분배를 꾀함으로써 노동자 대중의 삶을 개선했던 것이다. 이러한 복지국가 모델은 사회적 갈등을 완화시킴으로써 자본주의 체제의 안정에 크게 기여했다. 자본주의 틀 안에서 노동대중의 삶의 질을 개선하고자 했던 사람들의 입장에서 볼 때 복지국가 모델은 최고의 모범 답안이었던 것이다.

복지국가 모델의 기본 특징은 GDP에서 차지하는 정부 재정의 비중과 정부 재정에서 차지하는 복지 지출의 비중이 모두 절대적이었다는 데 있었다. 실제로 1970년대 후반을 기준으로 볼 때 유럽의 복지국가들 대부분이 GDP에서 정부 재정이 차지하는 비중은 50퍼센트를 넘어섰으며, 정부 재정에서 복지 지출이 차지하는 비중 또한

50퍼센트를 넘어섰다. 전체 국민경제가 정부 재정을 중심으로 움직이고, 정부 재정은 복지 지출을 중심으로 운영된 것이 복지국가 모델이었던 것이다. 복지국가를 '국가주의 복지 모델'로 부른 것 또한 이러한 맥락에서였다.

복지국가 모델은 경제가 지속적으로 성장함으로써 자본가 계급이 양보할 능력이 충분할 때 원활하게 작동할 수 있다. 적어도 1960년대까지는 선진 자본주의 국가들 사이에서 장기호황이 이어지면서 그러한 조건이 확보될 수 있었다. 즉, '복지비용 지출→노동자 대중의 소비 지출 확대→유효수요 증대→기업의 매출과 이윤 증가→복지비용 지출 확대'라는 선순환구조가 형성될 수 있었던 것이다.

그러나 1970년대에 접어들어 자본주의가 장기불황의 늪으로 빠져들면서 양상은 정반대로 바뀌고 말았다. 불황기의 높은 복지비용 부담은 기업의 투자 감소를 초래했고 이는 다시 '고용 축소→유효수요 감소→기업의 매출·이윤 저하와 투자 감소'라는 악순환구조가 형성된 것이다.

그러던 중 '세계화'라고 불린 글로벌 경제로의 이행이 가속화되면서 기업들이 국민경제의 틀을 벗어나 지구 전체를 무대로 활동하기 시작했다. 고전적 의미에서의 국민경제의 틀이 무너진 것이다. 그 과정에서 국가의 우위 또한 함께 사라졌다. 국가가 국경을 자유롭게 넘나드는 기업들을 통제하기가 현실적으로 매우 어려워진 것이다. 그 결과 예전처럼 기업들에 대한 중과세를 통해 복지 재정을 확보하는 것이 더 이상 가능하지 않게 되었다. 기업들이 조세 부담이 적은 곳으로 이동하는 경향을 보였기 때문이다. 이래저래 전통적 의미에서 복지국가 모델을 유지하기가 어려워진 것이다.

이러한 가운데 기존 복지국가 모델에 대한 비판이 일기 시작했다. 일방적이고 시혜적인 복지는 사람을 의존적으로 만들면서 심각한 무기력증에 빠뜨린다는 것이다. 그 증거의 하나로서 복지국가의 모범이라고 불리던 스웨덴이 전 세계에서 자살률이 가장 높다는 사실이 지적되었다. 아울러 국가 주도의 천편일률적인 복지가 삶의 질을 향상시키는 데 어느 정도 기여했는지 냉정히 되짚어봐야 한다는 문제제기도 불거졌다.

비판은 또 다른 국가주의 복지 모델을 시행해왔던 사회주의 세계에서도 함께 제기되었다. 한동안 사회주의 세계에서 국가는 인민의 삶의 거의 전부를 책임지고 인민은 국가에 전적으로 의존하는 것이 일반적인 모습이었다. 그 당시 사회주의 세계에서는 이러한 국가와 인민의 관계를 가장 이상적인 것으로 간주하기도 했다. 가령 1970년 7월 26일 사회주의 국가 쿠바의 최고지도자였던 카스트로는 '몬카다 병영 습격 기념일'에 즈음하여 다음과 같이 연설한 바 있다.

오늘날 인민 여러분은 국가가 모든 것을 해결해주기를 기대하고 있습니다. 정말 여러분은 옳습니다. 그것이 바로 공산주의적인 의식, 사회주의적인 의식입니다. (중략) 인민이 국가에 모든 것을 기대한다는 사실은 혁명이 만든 사회주의 의식이자 인민의 권리인 것입니다.*

하지만 오늘날에 와서는 사정이 크게 달라졌다. 쿠바와 북한처럼 전통적인 사회주의 체제를 고수하고 있는 나라들에서조차 국가의 일방적 보호는 나약하고 의존적인 개인들만 양산하면서 사회를 무기력증에 빠뜨린다고 보고 있다. 그에 따라 무상으로 제공했던 각종 사회

---

* 요시다 타로 지음, 안철환 옮김, 『생태도시 아바나의 탄생』, 들녘, 2005, 262쪽.

보장제도들을 크게 축소하거나 재구성하는 과정을 거치고 있다.*

그렇다면 이 시대 복지가 도달하게 될 최종적인 목표 지점은 무엇인가? 사회구성원을 나약하고 의존적으로 만드는 국가주의 복지 모델(복지국가 모델)은 당연히 극복되어야 한다. 그렇다고 시장만능주의자들이 주장하는 "모든 것을 시장에 맡겨라!"가 답일 수는 없다. 미국의 사례를 통해 드러나듯이 시장주의 복지 모델은 복지의 양극화를 초래할 뿐이다. 돈 있는 사람들에게는 천국이지만 그렇지 않은 사람들에게는 지옥과 다름없는 것이 시장주의 복지 모델인 것이다.

정답을 찾기 위해서는 국가주의 복지 모델과 시장주의 복지 모델 모두를 넘어설 필요가 있다. 그러자면 우리 사고가 국가냐 시장이냐 하는 이분법적 구도로부터 완전히 벗어날 필요가 있다. 그럴 때 문제의 핵심을 제대로 짚어낼 수 있다. 앞서 이야기했듯이 국가든 시장이든 모든 것을 맡기고 그에 의존하는 한 삶의 질은 본질적으로 변화될 수 없다. 오직 사회구성원 스스로 복지를 창출하고 가꾸는 주체가 될

---

* 1990년대까지 북한의 국가 재정에서 '공짜'로 표현된 무상 지원액이 차지하는 비중은 30퍼센트 정도에 이르렀다. 그 결과 북한 노동자의 실질 생활비에서 식량 값이 차지하는 비율은 불과 3.5퍼센트밖에 안 되었다. 하루만 일하면 한 달치 식량을 사 먹을 수 있었던 것이다. 주택도 거의 무상으로 공급되었고 의복 등 생필품 역시 매우 낮은 가격에 공급되었다. 교육과 의료는 액면 그대로 무료였다.

하지만 이 같은 과도한 국가 지원은 결과적으로 인민을 의존적이고 나약하게 만들었을 뿐이었다. 단적으로 1990년대 중반 경제위기가 엄습하면서 아사자가 속출하고 공장이 가동을 멈춘 상황에서도 인민은 국가만 쳐다본 채 적극적인 문제 해결을 시도하지 않았다. 결국 북한은 방향 전환을 모색할 수밖에 없었다. 마침내 2002년 7·1경제개선조치를 취하면서 무상교육, 무상의료 등 필수적인 사회복지 분야를 제외하고는 공짜를 대폭 줄였다. 그 일환으로 가격이 지나치게 낮게 책정되었던 생필품의 가격을 대폭 올렸다. 쌀과 옥수수의 경우는 40~50배 정도 올랐다.

이러한 과정을 거쳐 인민 각자가 자신의 삶을 책임져야 할 영역이 급속히 확대되었다. 반면 이전 시기 북한 체제의 우월성을 상징했던 무상에 가까운 의식주 보장은 인민을 나약하고 게으르게 만드는 사회악으로 간주되기 시작했다.

때 새로운 차원의 복지 모델이 만들어질 수 있다.

창조자 계급의 요구

상생의 인본주의 사회에서의 복지가 어떤 원리에 입각해서 운영되어야 하는지 분명히 드러내기 위해 이런 질문을 던져보자. 복지는 과연 무조건 선인가? 복지는 많을수록 좋은 것인가? 복지는 무상으로 제공할수록 더욱 값어치 있는 것인가? 그에 대한 대답은 결코 그렇지 않다는 것이다. 복지는 어떻게 적용하는가에 따라 약이 될 수도 있고 독이 될 수도 있다. 복지는 자칫하면 개인과 사회를 무기력한 상태에 빠뜨리는 치명적인 결과를 초래할 수도 있는 것이다.

그런 만큼 아무리 복지가 절실하고 다급하다 하더라도 기본적인 전제를 반드시 확인하고 넘어가야 한다. 사람의 본성과 삶의 본질을 진지하게 성찰한 다음 이를 바탕으로 복지를 설계해야 하는 것이다. 이와 관련해서 사회구성원의 처지와 조건, 이해와 요구 등이 역사적으로 크게 변화했음을 주목할 필요가 있다.

근대 시민혁명은 봉건적 인습으로부터 해방된 자유롭고 독립적인 개인의 출현을 역사적 출발점으로 삼았다. 그 연장선에서 '자율과 책임에 기반을 둔 개인의 자유'에 절대적 가치를 부여하는 자유주의가 태동했다. 이러한 자유주의에 맞서 등장한 것이 다름 아닌 사회주의였다. 사회주의는 사회적 책임을 강조했는데 이는 사회가 개인의 삶을 책임져야 한다는 것과 개인은 자신의 이익보다는 사회 전체의 이익을 우선해야 한다는 이중적 의미가 있었다. 사회주의는 오랫동안 노동자를 포함하여 대중으로부터 지지를 받을 수 있었는데 여기에는 그럴 만한 이유가 있었다.

적어도 20세기 중반까지 노동자를 비롯한 다수 대중은 자신의 삶을 책임질 수 있는 조건을 제대로 갖추고 있지 못했다. 지적 능력은 매우 낮은 수준에 머물러 있었고, 정보를 획득하고 유통시킬 수 있는 통로는 차단되어 있었으며, 결정적으로 대다수가 생산수단을 소유하고 있지 못했다. 이러한 조건에서 대중의 삶은 사회가 어떻게 책임지는가에 의해 크게 좌우될 수밖에 없었다. 사회적 책임을 강조하고 약속했던 사회주의가 대중적 지지를 받을 수 있었던 이유가 바로 여기에 있었다.

그런데 앞에서 이야기했듯이 20세기 후반을 거쳐 21세기로 진입하면서 대중의 자주적 문제 해결 능력에서 질적인 비약이 일어났다. 다시 한번 요약하면 한국을 포함한 OECD 회원국의 경우 새롭게 사회에 진입하는 사람들 대부분이 창조자로서의 능력을 획득하고 있다. 지적 능력과 독립적 경제 활동 능력 모두에서 획기적인 변화가 일어난 것이다. 기술적 조건에서도 혁명적 변화가 일어났다. 무엇보다도 인터넷이 크게 확산되면서 정보 획득과 유통이 비교할 수 없이 쉬워졌다. 그에 따라 대중이 관객의 위치에서 벗어나 무대 중앙으로 진출하여 상황을 적극 주도하기에 이르렀다.

무엇보다도 창조자들의 삶을 대하는 태도가 이전 시기의 대중과 크게 다르다. 창조자들은 자신의 책임 아래 자신이 원하는 대로 삶을 디자인하고 싶어한다. 마찬가지로 그 누군가에 의존하지 않고 자신의 손으로 문제를 해결했을 때 보람과 기쁨을 느낀다. 한 걸음 더 나아가 사회에 공헌하는 삶을 살 때 자신의 존재 가치를 확인하며 충만감을 느낀다. 창조자들은 이름 그대로 창조의 주체가 될 때 삶의 질이 크게 고양되는 것이다. 복지조차도 피동적인 수혜자를 벗어나 능동적으로 작용하고 싶어한다.

상생의 인본주의 사회에서 절대다수를 구성하는 것은 창조자 계급이다. 이로부터 상생의 인본주의 사회에서의 복지가 어떤 원리에 따라 움직일지가 명료하게 드러난다. 상생의 인본주의 사회에서의 복지는 창조자들이 스스로 삶을 책임지면서 사회에 공헌할 수 있도록 도와주는 기능을 한다. 사회적 불평등 해소 역시 마찬가지다. 자본주의 사회에서 사회적 불평등의 완화는 주로 국가의 개입을 통해 이루어졌다. 하지만 상생의 인본주의 사회에서는 수평적 관계가 일반화되면서 창조자들 자신의 노력으로 불평등 관계를 해소시켜나간다. 그럼으로써 국가의 개입 필요성을 최소화시킨다.

상생의 인본주의 사회에서의 복지는 새로운 주도적 생산요소인 창조력의 속성 그대로 개방과 공유, 협력을 바탕으로 상생을 추구한다. 과거 국가가 운영 주체였던 복지국가 모델처럼 복지 실천이 공공영역 안에서 폐쇄적으로 이루어지지 않는다. 상생의 인본주의 사회에서 복지의 실천은 누구에게나 열려 있는 공유 가능한 기회다. 이러한 개방과 공유를 바탕으로 사회구성원들이 함께 협력하여 상생의 삶을 만들어가는 것이 바로 상생의 인본주의 사회의 복지인 것이다.

세 가지 차원의 복지

상생의 인본주의 사회의 복지 체계는 1차원 복지, 2차원 복지, 3차원 복지 등 세 가지 차원의 복지로 구성된다. 이 중에서도 창조자 계급의 속성을 반영하면서 선도적 역할을 하는 것은 3차원 복지다. 이 점을 염두에 두면서 각각의 복지가 어떤 기능을 하며 어떻게 상호작용을 하는지 살펴보자.

역사적으로 볼 때 복지의 1차적 과제는 국가가 사회적 취약 계층의 소득을 보전해줌으로써 그들이 최소한의 생활을 유지할 수 있도록 하는 것이었다. 국가 재정을 매개로 이루어지는 소득재분배 정책의 일환이라고 할 수 있다. 이러한 복지는 그 효과가 국가와 복지 수혜자와의 관계에서 크게 벗어나지 않는다는 의미에서 '단선구조 복지'라고 할 수 있다. 요컨대 1차원 복지인 것이다. 상생의 인본주의 사회에서도 이 같은 1차원 복지가 필요한 사람들이 여전히 존재할 것이다. 활동 능력이 거의 없는 독거노인이나 중증장애인, 고아 등이 바로 그들이라고 할 수 있다.

2차원 복지는 소득재분배를 통해 사회적 취약 계층의 소득을 보전해주는 1차원 복지와 달리 사회구성원들이 똑같은 높이에서 출발할 수 있는 평면구조를 만드는 것을 주된 목적으로 삼는다. 달리 말해 공정한 경쟁의 조건을 창출하는 것을 목표로 한다. 이러한 2차원 복지를 구성하는 대표적인 분야로서 의료와 교육을 들 수 있다.

몸은 아픈데 돈이 없어 치료를 받지 못한다면 곧바로 낙오자가 되고 만다. 이런 상태에서는 공정한 경쟁을 기대할 수 없다. 공정한 경쟁이 가능하자면 의료를 사회가 함께 책임져야 하는 것이다. 현재 한국에서 사회보장의료를 책임지고 있는 것은 건강보험이다. 건강보험은 누구나 가입해야 하고 모든 의료기관이 강제 적용을 받고 있는 것으로서 세계적으로도 매우 모범적인 사례로 평가받고 있다. 건강보험에서 부담하는 의료비의 비중을 의미하는 보장률은 2009년 현재 64퍼센트 수준이다. 이러한 보장률을 80퍼센트 정도로 끌어올리면 온전한 사회보장의료 체계가 수립될 수 있다. 나머지 20퍼센트 정도를 개인의 몫으로 남겨둔 것은 개인이 건강을 관리할 의무를 다하지 못한 부분에 대해서는 책임을 져야 하기 때문이다. 상생의 인본주의 사회는 이러한 건강보험 체계의 개선·발전을 바탕으로 사회보장의료를 구현할 수 있을 것이다.

2차원 복지의 또 다른 영역인 교육으로 눈을 돌려보자. 어떤 부모를 만났는가에 따라 인생이 달라진다면 그것처럼 불편부당하고 억울한 일은 없다. 부모는 태어나면서 선택할 수 있거나 후천적 노력을 통해 임의로 바꿀 수 있는 대상이 결코 아니기 때문이다. 문제는 부모의 사회적 지위와 부에 따라 사회적 불평등의 재생산으로 이어질 여지가 매우 많은 분야가 교육이라는 데 있다. 따라서 상생의 인본주의 사회에서는 개별적인 부모가 아닌 사회가 함께 교육을 책임지는 '사회보장교육'이 전면화될 것이며, 학교교육은 그 중심 무대가 될 것이다. 학교 의무급식은 이러한 사회보장교육 체계에서 기초적 요소를 이룬다. 그럼으로써 상생의 인본주의 사회에서는 부모의 사회적 지위나 소득 수준에 관계없이 누구나 똑같이 교육을 받는다. 바로 이 점에서 자립형 사립학교는 상생의 인본주의 사회와 어울리지 않는다. 자립형 사립학교는 부모의 소득 수준에 따른 차별화된 교육을 제도적으로 보장하는 것이기 때문이다.*

1, 2차원 복지는 주로 공공기관이 사회를 대표하여 복지를 집행한다. 그러나 3차원 복지는 사회구성원이 직접적인 복지의 주체로 나서며 연쇄적인 파급효과가 매우 입체적으로 나타난다.

3차원 복지에서 가장 중심적 역할을 하는 것은 앞서 살펴본 직능조합이다. 직능조합은 사회구성원 스스로 문제를 해결함으로써 삶의 질을 높은 단계로 도약시키는 전형을 보여줄 것이다. 그러면서도 일부 계층에 국한되지 않고 사회구성원 전체에 깊은 영향을 미친다. 그

---

* 일각에서 복지와 관련하여 무상이라는 용어를 남발하는 경향이 있는데 실은 매우 적절치 않은 표현이다. 엄밀하게 따지면 공짜로 제공되는 복지는 존재하지 않기 때문이다. 대부분의 경우 복지 수혜자는 직간접적으로 비용을 지불한다. 복지는 그러한 노력을 바탕으로 마땅히 청구하고 향유할 수 있는 권리인 것이다. 따라서 무상이라는 용어는 문맥상 어쩔 수 없는 경우가 아니면 사용하지 않는 것이 좋다. 대신 사회가 함께 책임진다는 의미에서 '사회보장'이라는 용어를 사용하는 것이 바람직할 듯싶다.

런 점에서 직능조합은 상생의 인본주의 사회의 복지 체계에서 중심축을 형성한다고 할 수 있다.

상생의 인본주의 사회에서 3차원 복지는 한층 다양한 형태로 발전할 것이다. 이미 선을 보인 사회적 기업이 널리 확산되는 것도 그 중 하나가 될 것이다.

일반적으로 사회적 기업은 세 가지 요소를 지니고 있다. 먼저 사회적 기업은 사회적 취약 계층에게 일자리를 제공함으로써 그들 스스로 생활 문제를 해결할 수 있도록 하는 것을 우선적 목적으로 한다. 일자리 창출 자체가 주요 목적의 하나인 것이다. 이와 함께 환경 보전, 보건복지, 사회교육, 다문화 보호, 대안 에너지 개발, 지역 공동체 형성, 공정무역 등 다양한 사회적 가치를 구현하는 활동을 한다. 이러한 조건에서 사회적 기업은 정부로부터 인건비 지원, 신용 대부, 세제 혜택, 사회적 기업가 양성 등 각종 지원을 받는다.

사회적 기업을 통해 얻을 수 있는 효과는 여러 가지다. 무엇보다도 사회적 취약 계층이 자신의 힘으로 생활 문제를 해결하는 동시에 사회공헌 활동을 통해 보람과 기쁨을 느낄 수 있다. 이는 종전의 시혜적 복지보다도 훨씬 높은 삶의 질을 획득할 수 있음을 말해주는 것이다. 더불어서 사회적 기업은 일자리 창출과 함께 정부의 힘이 미치지 못하거나 충분한 능력을 보이지 못했던 사회적 과제 해결에서 첨병 역할을 한다. 정부 입장에서는 최소의 투자로 여러 가지 사회적 과제를 동시에 해결하는 효과를 거두는 셈이다. 이러한 맥락에서 사회적 기업은 차선이 아니라 최선일 수 있다. 일부에서 잘못 이해하고 있듯이 사회적 기업은 국가가 직접 문제를 해결하기 어려우니까 시장에 떠넘기는 소극적 해결책이 결코 아닌 것이다.

심각한 사회적 이슈로 떠오르고 있는 저출산 초고령화의 문제 역시 3차원 복지로 접근함으로써 효과적인 해결책을 찾을 것이다.

여성이 평생 낳는 아이의 수를 가리키는 합계 출산율은 한국의 경우 1960년 5.99명에서 2009년 1.15명으로 크게 떨어졌다. 결국 부부 둘이서 평균 1.15명의 아이를 낳는 셈이다. 이는 전 세계적으로도 가장 낮은 수준에 속하는 것이다. 반면 평균수명은 대폭 늘었다. 1960년 52.6세였던 한국인의 평균수명은 2010년 79.4세로서 OECD의 평균을 앞질렀다. 1960년에 비해 무려 27년이나 늘어난 것이다.

결론적으로 소수의 경제 활동 인구가 다수의 노령층을 부양해야 하는 힘겨운 상황이 시시각각 다가오고 있는 것이다. 그에 따라 노령층과 비노령층 모두 심리적 압박이 커지고 있다. 부양 의무가 있는 비노령층은 나날이 증가하는 노인들을 부양해야 한다는 심리적 압박에 시달리고 있고, 노령층은 오래 사는 것이 무슨 죄라도 짓는 것 같은 심리적 압박을 받고 있다. 평균수명 연장이 축복이 아니라 재앙이 될 가능성이 커지고 있는 것이다. 노후 복지를 위해 마련한 국민연금도 자칫 기금이 바닥나지 않을까 하는 우려가 제기되고 있는 실정이다.

과연 상생의 인본주의 사회에서는 이러한 문제를 어떻게 해결할 것인가. 결론적으로 인생을 2막으로 재설계하면서 '2막 경제'를 개척하는 데서 해답을 찾을 것이다. 그에 따라 정년퇴직은 사회 일선에서의 은퇴가 아니라 새로운 삶을 사는 출발점이 될 것이다. 중요한 것은 2막 경제는 기존 시장에서의 경쟁에서 벗어나 전혀 새로운 영역을 개척하는 방향으로 진행될 것이라는 점이다.

2막 인생을 사는 사람들은 상대적으로 소득 부담이 적은 사람들이다. 결혼, 집 장만, 자녀교육 부담에서 벗어난 사람들이며, 어느 정도 국민연금의 지원을 받을 수도 있다. 개인에 따라 차이가 있을 수 있지만 그동안 저축해놓은 것이 있을 수도 있다. 2막 인생을 사는 사람들은 치열한 시장경쟁으로부터 벗어나 긴 호흡으로 새로운 영역을 개척할 수 있는 조건을 갖추고 있는 것이다. 대표적으로 인간의 호흡을 불어넣어 자연의 가치를 높임으로써 다양한 체험을 공급하는 생태문화 산업을 예로 들 수 있다. 비슷한 맥락에서 요즘 관심을 모으고 있는 스토리 산업을 일굴 수도 있다. 이러한 산업들은 2막 인생을 사는 사람들의 취향에도 맞고 능력을 발휘하기에도 안성맞춤이다.

2막 인생들이 개척하는 생태문화 산업과 스토리 산업은 '체험 제공'이 중요한 산업으로 부상하면서 매우 빠르게 성장하는 영역이 될 것이다. 경기순환의 역사를 살펴보면 새로운 산업이 일어날 때 장기적으로 성장하는 패턴을 보여준다. 이런 점에서 생태문화 산업과 스토리 산업은 추가적인 일자리를 창출하면서 경제를 안정적인 성장궤도에 올려놓는 원동력이 될 수 있다.

이렇듯 3차원 복지는 연쇄적인 파급효과를 일으키면서 복지사회 전반의 발전을 촉진한다. 그 과정에서 1, 2차원 복지의 많은 영역을 자신 안으로 끌어들이거나 원활하게 작동할 수 있는 사회적 기반을 제공한다. 자연스럽게 과거 1, 2차원 복지의 많은 부분이 점차 3차원 복지로 이동할 것이다. 과거 실업 관련 복지는 대체로 1차원 복지에 해당했다. 그러나 상생의 인본주의 사회에서 실업 관련 복지는 직능조합의 역할 강화와 사회적 기업의 활성화 등을 통해 3차원 복지로 대폭 이동한다. 마찬가지로 2막 경제가 본격화되면서 노후 복지 역시 상당 부분 1차원 복지에서 3차원 복지로 이동한다. 2차원 복지 역시 3차원 복지를 통해 보충된다. 직능조합과 사회적 기업, 2막 경제 등을 통해 평생교육, 체험학습, 예방·자연·생활의학 프로그램이 보급되고 활성화됨으로써 교육과 의료 영역에서 제기되는 많은 과제들이 해결되는 것이다.

지금까지 살펴본 것처럼 3차원 복지에서 사회구성원은 복지의 대상이 아니라 주체다. 그에 발맞추어 국가의 역할도 크게 변할 것이다. 국가는 직접적으로 복지를 제공하는 것보다 해당 주체가 스스로 가치를 창출할 수 있도록 도와주는 것을 우선한다. 그 결과 연쇄적 파급효과가 일어남으로써 국가가 직접 복지를 제공하는 것보다 훨씬 큰 효과가 나타날 것이다. 사회구성원의 삶 또한 스스로 가치를 창출하고 사회발전에 공헌함으로써 더욱 높은 수준으로 고양된다. 그에 따라 상생의 인본주의 사회에서 복지는 후퇴하는 것이 아니라 전진한다.

3. 새로운 인간형의 등장

새로운 시대는 새로운 사상과 문화, 기술을 체화한 새로운 인간형이 등장하면서부터 열리기 시작한다. 거꾸로 새로운 시대는 새로운 인간형을 창조하기도 한다. 그렇다면 과연 상생의 인본주의 사회를 주도할 인간형은 어떤 것일까? 근대 이후 지배적이었던 인간형과 비교하면서 그 특징이 무엇인지 살펴보자.

분리·대립에서 조화로운 통일로

이 세상에 인간처럼 복잡한 존재는 없다. 두뇌 하나만으로도 이 점을 충분히 짐작할 수 있다. 인간 두뇌의 신경세포인 뉴런은 약 1,000억 개에 이른다. 이들 뉴런은 다른 뉴런과 교신을 하는데 그 경우의 수는 우주에 존재하는 소립자 수보다 많다고 한다. 이는 두뇌현상이 거대한 우주현상보다도 더 복잡할 수 있음을 말해준다. 또 다른 우주가 사람의 뇌 안에 존재하는 것이다.

이러한 사실은 인간 안에 무한한 잠재력이 있음을 의미한다. 동시에 인간 안에는 매우 다양한 요소가 함께 존재할 수 있음을 말해주는 것이기도 하다. 신념 체계를 구성하는 가치 역시 마찬가지다. 중요한 것은 이러한 가치들이 어떻게 조화와 균형을 이룰 것인가에 있다. 그런데 근대 사회는 자본과 노동이 분열되고 그로부터 자본주의와 사회주의가 이념 대결을 펼치면서 가치관에서의 극단적인 편향이 나타났다. 대표적으로 자유와 평등의 가치를 둘러싼 입장 대립을 들수 있다.

본디 자유와 평등은 서로 분리될 수 있는 성질의 것이 아니었다. 그것은 민주주의의 본질을 표현하는 동전의 양 측면과 같은 것이기 때문이다.

민주주의의 본질은 사람은 자신 이외에 어느 누구로부터도 지배받지 않는 데 있다. 어느 누구로부터도 지배받지 않는다는 점에서 자유의 가치를 내포하며, 모든 사람이 똑같이 그러하다는 점에서 평등의 가치를 내포한다. 자유롭지 않다는 것은 그 누군가로부터 지배받는 것을 의미하기 때문에 그 관계는 결코 평등할 수 없다. 평등하지 않다는 것 역시 다른 사람으로부터 지배받는 것을 의미하기 때문에 그런 상태에서는 결코 자유로울 수 없다. 결국 모두가 자유로울 때 진정으로 평등할 수 있으며, 평등한 조건에서만 모두가 자유로울 수 있는 것이다.

이러한 맥락에서 자유와 평등은 분리되는 순간 둘 모두 불구화될 수밖에 없다. 그럼에도 자본주의와 사회주의 사이의 이념 대결이 첨예화되면서 자유와 평등의 가치가 분리되어 대립하기 시작했다. 문제의 출발점은 개인의 이윤 추구를 대하는 태도의 차이였다. 자본주의 옹호자들은 개인의 이윤 추구는 자유에 속하는 만큼 지극히 정당한 것이라고 보았다. 반면 사회주의자들은 개인의 이윤 추구는 근본적으로 인간에 의한 인간의 착취기 때문에 평등을 파괴한다고 보았다. 그로부터 자본주의 옹호자들은 자유를 절대시한 반면 평등을 불온시하는 경향을 보였다. 반면 사회주의자들은 평등을 절대시하면서 자유를 경원시하는 경향을 보였다. 문제는 이 같은 편향된 태도 때문에 두 입장 모두 자신들이 옹호했던 가치조차도 제대로 구현할 수 없었다는 데 있다.

자본주의 사회에서는 불평등한 관계가 재생산되면서 자본가 계급에 속하는 극소수만이 자유를 만끽할 수 있었다. 대부분의 사람은 피고용자 입장에 있었으며 그들은 직장에서 엄격한 감시와 통제 아래 있었다. 그들은 말 그대로 자유를 박탈당한 임금노예였다. 절대다수가 인생의 가장 중요한 순간에 자유와 거리가 먼 삶을 살았던 것이다. 그런 점에서 자본주의는 진정한 의미에서 자유로운 사회가 아니었다.

반면 사회주의 사회는 권력 관계에서 대단히 불평등했다. 자유가 제한된 조건에서 자율적이고 독립적으로 사고하고 행동할 수 있었던 것은 극소수 엘리트들뿐이었다. 반면 대부분의 인민들은 엘리트들이 결정한 것을 충실히 수행하는 조직순응형 인간으로 전락해야 했다. 자율적이고 독립적인 존재와는 거리가 멀었던 것이다. 그런 점에서 사회주의는 진정한 의미에서 평등사회가 아니었다.

이러한 맥락에서 볼 때 자본주의와 사회주의 사회에서 민주주의는 지극히 불완전했을 뿐만 아니라 상당히 왜곡된 모습을 띨 수밖에 없었다. 그렇다면 상생의 인본주의 사회에서 자유와 평등은 어떤 관계를 유지할까?

상생의 인본주의 사회에서 사람들은 기본적으로 수평적으로 협력하는 동반자 관계나 그에 가까운 형태를 형성한다. 직능조합 조합원끼리의 관계, 기업 내부의 동업자들, 개방적 협력 시스템을 통해 결합하는 사람들의 관계는 모두가 수평적이다. 국가와의 관계 역시 마찬가지다. 국가 역시 스스로를 지양함으로써 사회의 다양한 요소와 동반자 관계를 형성하기 때문이다. 수평적 관계가 조직문화를 넘어서서 사회제도로 완성되고 규범으로 자리잡는 것이다.

수평적 관계 속에서 각자는 자율적이고 독립적인 삶을 추구하며 원칙적으로 그 누구에 의해 지배받지 않는다. 모두가 자유로운 가운데 평등한 관계를 형성하는 것이다. 그렇지 않으면 수평적 관계라고 할 수 없다. 따라서 수평적 관계가 일반화되는 상생의 인본주의 사회에서 자유와 평등은 분리·대립되지 않고 조화롭게 통일된다. 상생의 인본주의 사회에서 민주주의가 한층 높은 단계로 고양되는 것이다.

비슷한 양상이 근대 이후 종종 대립했던 가치들, 예컨대 '개인과 집단', '경쟁과 협력' 등에서도 나타난다.

상생의 인본주의 사회에서 주도적 생산요소인 창조력은 개인들 각자에게 체화되어 있으며 저마다 고유한 특성이 있다. 평균적 인간은 존재하지 않는 것이다. 이는 상생의 인본주의 사회가 개인주의 요소를 강하게 품고 있음을 의미한다. 그러면서도 직능조합에서 집중적으로 드러나듯이 집단의 상생을 추구한다. 이는 상생의 인본주의 사회가 한편으로 집단주의 요소를 강하게 품고 있음을 보여주는 지점이다. 결국 상생의 인본주의 사회에서 개인과 집단은 분리·대립하지 않고 조화롭게 통일된다.

상생의 인본주의 사회에서 시장은 다양한 경제 주체들을 조절·통합하는 영역으로 변함없이 존속할 것이다. 그러한 시장을 무대로 개인과 기업은 선의의 경쟁을 벌일 것이다. 그러면서도 개방적 협력 시스템과 상생의 생태계 등에서 엿보이듯이 '협력의 고도화'를 통한 경쟁력 확보가 일반적인 모습이 될 것이다.

이러한 맥락에서 상생의 인본주의 사회에서의 보편적인 인간형은 자유와 평등, 개인과 집단, 경쟁과 협력 등 근대 이후 분리·대립됐던 가치들을 조화롭고 균형 있게 추구하는 사람이 될 것이다.

그렇다면 지금 이 순간 상생의 인본주의 사회에 맞는 인간형이 준비되고 있을까? 이것은 상생의 인본주의 사회로의 이행이 실제 이루어질 수 있는지 여부를 판단하는 가장 중요한 기준이 될 것이다. 거듭 강조하지만 새로운 사회는 그에 맞는 새로운 인간형이 준비될 때 열릴 수 있기 때문이다.

결론을 먼저 말하면 상생의 인본주의 사회에 맞는 새로운 인간형은 매우 광범위하게 형성되고 있다. 우리는 앞서 신세대의 가치관에서 나타나는 일반적 특징을 살펴본 적이 있다. 그에 따르면 신세대는 냉전 시대를 살면서 흑백논리에 익숙해진 기성세대와 달리 그동안 분리·대립됐던 가치들을 조화롭게 추구한다. 신세대의 가치 체계는 그들이 의식하든 못하든 상생의 인본주의 사회를 지향하고 있는 것이다. 우리가 신세대에게서 미래를 기약할 수 있는 이유가 바로 여기에 있다.

사람들의 심성구조

상생의 인본주의 사회에서는 사람들의 심성구조 또한 조화와 균형을 추구한다. 과연 상생의 인본주의 사회에서 사람들의 심성구조는 구체적으로 어떤 것일까? 아울러 어떤 노력이 필요한 것일까?

20세기 세계를 양분했던 자본주의와 사회주의 두 체제는 은연중에 인간의 심성구조에 대한 서로 다른 판단을 밑바탕에 깔고 있었다. 자본주의는 인간은 기본적으로 이기적이지만 시장경제 안에서의 이기적 욕망의 추구는 궁극적으로 모두에게 이익을 안겨준다는 전제 위에서 움직였다. 이러한 견해의 선구자는 애덤 스미스라고 할 수 있는데 그는 자신의 저서 『국부론』에서 다음과 같은 유명한 말을 남겼다.

> 우리가 매일 식사를 할 수 있는 것은 정육점 주인과 양조장 주인, 그리고 빵집 주인의 자비심 때문이 아니라, 그들 자신의 이익을 위한 계산 때문이다. 우리는 그들의 자비심에 호소하지 않고 그들의 이기심에 호소하며, 그들에게 우리 자신의 필요를 말하지 않고 그들에게 유리함을 말한다. 거지 이외에는 아무도 전적으로 동포들의 자비심에만 의지해서 살아가려고 하지 않는다.*

실제로 자본주의는 인간의 이기심을 자가발전의 에너지로 삼아 역사 이래 그 어떤 제도보다도 생산력을 빠르게 발전시킬 수 있었다. 그런 점에서 자본주의 사회에서 인간의 이기적 욕망은 당연시되었고, 사회를 분석하는 출발점이 되기도 했다.

『공산당 선언』에서 묘사되고 있듯이 사회주의자들도 자본주의가 인간의 이기심을 바탕으로 놀라운 생산력 발전을 이룩한 것에 대해서는 가감 없이 인정해왔다. 하지만 사회주의자들은 자본주의 체제에서의 생산력 발전은 인간의 보편적 행복을 보장하는 게 아니라 자본가들이 노동자들에 대한 착취를 통해 이윤을 극대화하는 기회로 이용되었을 뿐이라고 보았다. 다시 말해 그들은 인간의 이기심을 방

---

* 애덤 스미스 지음, 김수행 옮김, 『국부론』(상), 비봉출판사, 2006, 17~18쪽.

치하면 필연적으로 착취 본능을 강화시킬 수밖에 없다고 생각했던 것이다.

이러한 맥락에서 사회주의는 인간의 이타심을 바탕으로 집단과 개인의 이익이 조화를 이루는 사회를 지향했다. 사회주의는 지속적인 교양을 통해 인간의 이타적 심성을 고취시킬 수 있고, 집단주의 열정을 바탕으로 생산성을 지속적으로 끌어올릴 수 있다고 보았다. "전체는 하나를 위하여, 하나는 전체를 위하여"라는 구호는 이러한 사회주의의 이상을 집약적으로 드러내고 있다.

그러나 소련 사회주의 체제의 몰락은 이러한 판단에 대해 전면적인 재검토를 하도록 만들었다. 무엇보다도 이기적 행동을 죄악시하는 분위기는 생산성을 향상시키기 위한 동기유발을 어렵게 만들었다. 그로 인해 사회 전반이 무기력해지면서 정체 상태를 벗어나지 못하고 말았다. 적어도 경제 영역은 욕망의 영역이며 인간은 기본적으로 이기적 존재임이 분명해진 것이다.

소련 사회주의 체제가 몰락하자 자본주의 세계는 자신들의 역사적 승리를 믿어 의심치 않으면서 인간의 이기적 욕망 추구를 무조건 미화하는 분위기를 만들었다. 그러한 믿음을 바탕으로 금융자본의 이익 극대화를 목적으로 하는 신자유주의 세계화 전략을 거침없이 추진했다. 하지만 앞서 살펴본 것처럼 승자독식의 신자유주의 체제는 실물경제를 위축시키고 사회적 양극화를 심화시키는 등 갖가지 위기를 자초하다가 몰락의 길을 걷기에 이르렀다. 결국 인간의 무분별한 이기적 욕망의 추구는 모두를 파멸로 내몰 뿐이라는 사실이 입증된 것이다.

소련 사회주의 체제의 붕괴와 신자유주의 체제의 쇠락은 인간의 본성에 대한 균형 잡힌 시각을 갖도록 하는 역사적 계기가 되었다.

인간은 자기 이익을 앞세운다는 점에서 기본적으로 이기적 존재임이 분명하다. 이는 곧 인간의 이기적 욕망 추구를 보장할 때 사회가 활력을 유지하면서 경제가 발전할 수 있음을 의미한다. 그러면서도 역사적 경험은 무분별한 이기적 욕망의 추구는 적절하게 통제되고 억제되어야 함을 깨우쳐주고 있다.

이러한 맥락에서 볼 때 가장 바람직한 것은 51퍼센트의 이기심과 49퍼센트의 이타심이 조화를 이루는 상태라고 할 수 있다. 상생의 인본주의 사회에 부합되는 심성구조가 바로 이러한 것이다. 상생의 인본주의 사회에 부합되는 보편적인 심성구조는 무조건 자기 이익만을 앞세우는 이기적 모습도 아니며 타인을 위해 기꺼이 자기를 희생하는 이타적 모습도 아닌 것이다.

상생의 인본주의 사회에서 각자는 자신의 이익을 추구한다. 그리고 사회는 이러한 개인의 이익 추구를 죄악시하거나 경계하지 않는다. 그러면서도 상생의 가치를 앞세운다. 직능조합은 상호부조를 바탕으로 움직이며, 개방적 협력 시스템을 통해 직능조합과 기업이 상호 이익을 추구하고, 다양한 경제 주체들이 상생의 생태계를 구축함으로써 함께 먹고사는 길을 모색한다. 도리어 이렇게 상생을 추구함으로써 각자의 이익 또한 더욱 커진다. 상생의 인본주의 사회에서 사람들은 여전히 자신의 이익이 중심이지만 다른 사람들의 이익을 함께 추구하는 것이 자신에게도 이롭다는 것에 매우 익숙해진다. 말 그대로 51퍼센트의 이기심과 49퍼센트의 이타심이 서로 조화와 균형을 이루고 있는 상태라고 할 수 있다.

그렇다면 과연 다수의 사회구성원들이 이러한 심성구조를 갖는 것이 가능할까? 사실 따지고 보면 그것은 그다지 어려운 것이 아니다. 경험 세계를 통해서 볼 때 많은 사람들이 이러한 상태에 근접해

있기 때문이다. 먼저 대부분의 사람들은 의심할 여지없이 이기적 욕
망의 추구를 우선한다. 적어도 51퍼센트는 이기심으로 채워져 있는
것이다. 그러면서도 사람들은 평소 타인을 배려하기도 하고, 타인을
위해 희생하기도 하는 등 이타심을 발휘한다. 가족을 위해 희생하고,
이웃을 배려하며, 조세 납부와 기부 등을 통해 건강한 사회를 유지하
기 위해 노력하는 것은 그 단적인 증거들이라고 할 수 있다. 이런 점
에서 상생의 인본주의 사회는 선량한 시민이라 부를 수 있는 사람들
의 보편적 심성구조에 뿌리를 두고 있다고 할 수 있다.

　물론 이기심과 이타심이 얼마나 많은 비중을 차지하는지는 사람
마다 차이가 있으며, 같은 사람이라고 하더라도 상황에 따라 크게 달
라질 수 있다. 인간의 심성은 이기심이라는 악마와 이타심이라는 천
사가 잠시도 쉬지 않고 싸우는 전쟁터와 같다. 바로 여기서 사람이
자신의 심성을 어떻게 가꾸느냐에 따라 악마에 가까워질 수도, 반대
로 천사에 가까워질 수도 있다. 이와 관련해서는 인터넷을 통해 널리
소개된 어느 인디언 추장의 이야기가 많은 도움을 줄 것 같다.

　한 늙은 인디언 추장이 손자에게 이야기했다.

　"우리의 내면에서는 두 늑대 간에 싸움이 일어나고 있단다.

　한 마리는 악한 늑대로서 그놈이 가진 것은 화, 질투, 슬픔, 후회, 탐
욕, 거만, 자기 동정, 죄의식, 회한, 열등감, 거짓, 자만심, 우월감, 그
리고 이기심이란다. 다른 한 마리는 좋은 늑대인데 그가 가진 것들은
기쁨, 평안, 사랑, 소망, 인내심, 평온함, 겸손, 친절, 동정심, 아량, 진
실, 그리고 믿음이란다."

　손자가 물었다.

　"누가 이겼어요?"

추장은 간단하게 답했다.

"내가 먹이를 주는 놈이 이기지."

이 이야기는 매우 단순하지만 우리에게 소중한 메시지를 전해주고 있다. 즉, 사람은 자신의 마음을 가꾸기에 따라 얼마든지 모습이 달라질 수 있다는 것이다. 그런데 앞서 살펴보았듯이 대부분의 사람들은 51퍼센트의 이기심과 49퍼센트의 이타심으로 구성된 심성구조에 근접해 있다. 이는 대부분의 사람들의 경우 이기적인가 아니면 이타적인가의 차이가 불과 2퍼센트 안에서 좌우된다는 것을 의미한다. 이기적 모습을 보였다가도 적절한 노력을 기울이면 이타적 모습을 보일 가능성이 얼마든지 있는 것이다. 사람을 모든 것의 근본으로 삼고 상생의 가치를 앞세우는 상생의 인본주의의 사회적 환경 속에서 그 가능성은 더욱 풍부하다고 할 수 있다.

수평적 리더십의 고양

상생의 인본주의 사회에 부합되는 인간형을 이야기할 때 빼놓을 수 없는 것이 리더의 풍모다. 이에 대해서는 어느 정도 답이 나와 있지만 좀더 명확하게 정리해보도록 하자.

일반적으로 대중의 지적 수준, 문제 해결 능력, 의식구조와 리더십 형태 사이에는 긴밀한 상관관계가 있다. 그런 점에서 상생의 인본주의 사회는 이전 시대와는 전혀 다른 리더십을 요구한다. 대중의 상태가 판이하게 다르기 때문이다. 상생의 인본주의 사회에서 대중은 명실상부한 세상의 주역이다. 그들은 자율적이고 독립적인 존재며 자신이 보유한 창조력을 기반으로 독자적인 경영 능력을 발휘한다. 그들은 그 무엇에도 굴종하지 않으며 언제나 대등한 입장에서 동반자 관계를 지향한다. 과연 이러한 대중들에게 통용될 수 있는 리더십은 어떤 것일까?

문제를 좀더 쉽게 이해하기 위해서 대중을 여행자로 간주하고 시기별로 나타난 각각의 유형을 비교·검토해보자. 사람들이 경험할 수 있는 여행의 유형으로는 크게 세 가지가 있다. 수학여행, 여행사여행, 배낭여행이 바로 그것이다. 그런데 각각의 여행마다 여행자들이 차지하는 위치는 매우 다르다.

수학여행의 경우 여행자인 학생들은 아무런 선택권이 없다. 여행의 목적지나 스케줄 모두 학교에서 정한다. 학생들은 교사들의 통제에 무조건 따라야 하며 그렇지 않으면 불이익을 당한다.

여행사여행에서 여행자는 상대적으로 넓어진 선택권을 누린다. 여행자는 얼마든지 마음에 드는 여행상품을 선택할 수 있다. 여행사와 여행자의 관계도 수학여행 때의 교사와 학생의 그것보다는 덜 억압적이다. 그러나 일단 여행길에 오르면 여행자는 여행사가 정해준 스케줄대로 움직여야 한다. 여행사가 정한 숙소에서 잠을 자고 여행사가 정한 식당에서 식사를 해결해야 한다. 여행자 스스로가 선택할 수 있는 여지는 극히 적다.

이에 반해 배낭여행은 여행자의 자율과 책임이 극대화된 경우라고 할 수 있다. 여행자는 행선지를 전적으로 자신이 선택하며, 숙소나 식당 역시 자신이 원하는 곳으로 정한다. 민박을 할 수도 있고 색다른 체험을 위해 남다른 일정을 보낼 수도 있다. 필요하면 중간에 행선지를 바꿀 수도 있다. 물론 그 결과에 대해서는 전적으로 자신이 책임져야 한다.

권위주의 시대에 대중은 수학여행을 떠난 학생들의 모습이었다. 그들은 권위주의 통치에 주눅이 든 상태에서 통치권자들의 일방적인 안내와 지시에 맹목적으로 따라야 했다. 권위주의 시대가 막을 내리자 얼마간 대중은 여행사여행을 떠난 여행자의 모습을 보였다. 그들은 상대적으로 넓어진 선택권을 즐겼으나 여전히 전문가의 판단에 의존했고 그들의 결정에 순응해야 했다. 그러나 상생의 인본주의 사회에서 대중은 배낭여행자의 모습으로 탈바꿈한다. 그들은 스스로 목표를 정하며 자신이 수집한 정보를 바탕으로 구체적인 행동 프로그램을 마련한다.

그렇다면 이러한 대중의 변화에 상응하여 리더십의 형태가 어떻게 변화하는지 살펴보도록 하자.

먼저 수학여행에서 교사들은 학교 제도가 지닌 막강한 권력을 배경으로 리더십을 행사한다. 명령과 지시는 리더십이 발휘되는 기본 형태다. 전형적인 수직적 리더십이라고 할 수 있다. 여행사여행의 경우는 어떤가. 여행사 직원들은 교사들처럼 강압적이지는 않다. 그러나 여행자는 반드시 여행사가 정한 스케줄에 따라야 한다는 처음의 '계약'으로 여행자들을 옭아맨다. 여기에 그들만이 지닌 '전문성'을 결합시킴으로써 여행자들을 자신이 원하는 방향대로 이끌고 간다. 그런 점에서 여행사여행에서의 리더십 역시 수직적 리더십에서 완전히 벗어난 것이라고 할 수는 없다.

그렇다면 배낭여행의 경우는 어떤가. 배낭여행자는 모든 것을 자신이 결정하고 그 결정에 대해 책임져야 한다. 그런 만큼 수학여행이나 여행사여행을 떠날 때와 달리 사전에 여행에 관한 충분한 정보를 입수하고 그에 대해 면밀히 검토를 해야 한다. 그 과정에서 경험자들의 이야기가 상당히 큰 영향을 미친다. 오지여행가 한비야는 세계일주를 마무리하면서 해남 땅끝마을에서 강원도 고성 통일전망대까지 도보여행을 했다. 그 뒤 한비야는 자신의 이 경험을 책자를 통해 소개했다. 그러자 한비야의 국토종단 코스는 '한비야 루트'로 불리면서 수많은 여행자들의 도보여행 코스로 자리잡았다. 한비야는 단지 자신의 경험을 소개하는 것만으로도 자연스럽게 수많은 도보여행자들을 일정한 방향으로 인도하는 리더십을 행사한 것이다.

이러한 맥락에서 배낭여행에서의 리더십은 의미 있는 정보를 제공하거나 감동을 줌으로써 여행자들의 판단과 결정에 영향을 미치는 형태로 나타난다. 여기에는 복종하지 않으면 불이익을 당하는 권력 행사나 전문가의 지시를 따를 것을 강제하는 계약도 없다. 그런 점에서 배낭여행에서의 리더십은 앞서의 것과는 확연히 다른 의미에서 수평적 리더십이라고 할 수 있다.

수평적 리더십은 말 그대로 수평적 관계 속에서 발휘되는 리더십이다. 수평적 관계가 일반화되는 상생의 인본주의 사회에서 당연히 요구되는 리더십이다. 그런데 수평적 관계에서는 일방적으로 강제하는 힘이 작용하기 어렵다. 오직 자발적 선택에 의한 협력만이 있을 뿐이다. 수평적 리더십은 원칙적으로 강제력을 수반하는 권력의 뒷받침 없이 행사되어야 하는 것이다. 그렇기 때문에 수평적 리더십은 권위주의 리더십 등에 비해 한층 높은 차원의 능력을 요구한다. 수평적 리더십을 발휘하기 위해서는 기본적으로 다음 세 가지 조건을 갖추어야 한다.

첫째, 비전 제시를 통해 자발적 열정을 불러일으킬 수 있어야 한다. 둘째, 솔선수범을 통해 자연스럽게 배우도록 만들어야 한다. 특히 위기의 순간에 솔선수범은 문제를 해결하는 비책이다. 셋째, 사람들이 주인의 위치에서 스스로 문제를 해결할 수 있도록 성심성의껏 도와주어야 한다.

요컨대 꿈을 나누고 비전을 불어넣어 그 홀로 빛나는 게 아니라 모두가 빛나도록 하고, 함께 뛰면서 모두 열심히 뛰도록 만들며, 모두가 초대된 손님이 아닌 초대하는 주인이 되게끔 아낌없이 도와주는 것이 수평적 리더십인 것이다. 결국 수평적 리더십의 본질은 스스로 결정하고 행동하는 주체로 떠오른 대중이 올바르게 판단하고 행동할 수 있도록 조언하고 조력하는 것이라고 할 수 있다. 요컨대 대중이 역사의 주역으로 제 몫을 할 수 있도록 돕는 것이다. 이런 점에서 수평적 리더십은 대중을 주인으로 받드는 '섬김의 리더십'이라고 할 수 있다.

15장

새로운 사회로
가는 길

• 아무런 실천적 노력을 기울이지 않고 조용히 앉아서 상생의 인본주의 사회로의 이행을 기다린다면 어떤 결과가 나타날까? 수평적 조직문화 정착과 상생의 생태계 구축 등을 통해 상생의 인본주의를 지향하는 기업은 생산성과 경쟁력, 삶의 질 등에서 기존 기업을 훨씬 능가할 수 있다. 그에 따라 상생의 인본주의를 지향하는 기업이 늘어나면서 새로운 사회로의 이행은 자연스럽게 이루어질 수도 있다. 문제는 이러한 흐름을 지체시키는 요소가 만만치 않게 존재한다는 데 있다. 바로 기득권에 대한 집착이다.

널리 알려진 이야기 중에 아프리카 원주민들이 원숭이를 생포하는 방법이 있다. 원주민들은 입구가 좁은 주머니 안에 쌀을 넣은 뒤 나무에 걸어둔다. 그러면 원숭이가 이를 알아차리고 손을 주머니 안에 넣어 쌀을 한 움큼 거머쥔다. 하지만 쌀을 쥐면서 부풀어 오른 손은 좁은 주머니 입구를 빠져나오지 못한다. 쌀을 포기하면 손을 쉽게 뺄 수 있지만 원숭이는 포기하지 않는다. 그러다가 끝내 원주민들에게 생포되고 만다. 기득권을 가진 사람들의 생리는 대략 이 원숭이와 비슷하다. 기득권에 집착하면 몰락할 수 있다는 것을 안다 해도 쉽게 포기하지 못하는 것이다. 그에 따라 기득권 세력이 구체제 유지에 이해관계를 가지면서 상생의 인본주의 사회로의 이행을 가로막을 가능성이 얼마든지 존재한다.

이러한 맥락에서 기득권 세력의 저항을 극복하면서 상생의 인본주의 사회로의 이행을 촉진하기 위한 실천적 노력이 반드시 요구된다. 여기서는 그중에서도 가장 기본적인 세 가지 과제를 함께 검토하고자 한다. •

1. 여기에도 지름길이 있다

상생의 인본주의 사회를 향해 가는 출발점은 매우 다양할 수 있다. 어쩌면 지금 각자가 서 있는 곳이 출발점이 될 수도 있을 것이다. 그에 따라 새로운 사회로 가는 길 역시 매우 다양할 수 있다. 꼭 하나의 길을 따라서 모든 사람이 가야 한다는 법은 없을 것이다. 하지만 여러 길 중에는 목표지점에 가장 빠르고 확실하게 도달할 수 있는 지름길이 있기 마련이다. 당연히 가능한 한 많은 사람들이 힘을 모아서 우선적으로 개척해야 할 길은 지름길이다. 그렇다면 새로운 사회로 가는 지름길은 과연 무엇인가.

상생의 인본주의 사회로의 이행은 이 책 전체를 통해 살펴보았듯이 수많은 과제를 해결하면서 그 성과를 바탕으로 서서히 진행될 것이다. 그러다가 마침내 자본주의가 확실히 퇴장하고 상생의 인본주의 사회로 본격 진입했을 때 직능조합 기반의 개방적 협력 시스템이 빠르게 일반화될 것으로 보인다.

그런데 여기서 주목해야 할 사실이 하나 있다. 직능조합 기반의 개방적 협력 시스템은 인본주의 사회가 생성시키는 결과물이면서 거꾸로 상생의 인본주의 사회로 나아가는 출발점이 될 수도 있는 것이다. 단적으로 말해 지금 당장 몇십 명만 모여도 직능조합을 만들 수 있다. 그리고 그중 일부는 동업자 관계를 바탕으로 창업을 할 수 있다. 그렇게 해서 만들어진 기업은 개방적 협력 시스템을 도입하고 여기에 직능조합 조합원을 결합시킬 수 있다. 비록 부분적 영역에서이기는 하지만 상생의 인본주의 사회의 작동원리를 그대로 구현할 수 있는 것이다. 요컨대 상생의 인본주의 사회 전체의 윤곽을 보여줄 수 있는 '압축 모델'을 만들 수 있다.

우리는 이러한 압축 모델을 확산시킴으로써 상생의 인본주의 사회에 가장 빠르고도 확실하게 도달할 수 있다. 그러한 과정은 경영혁명을 촉진함으로써 새로운 사회를 여는 '창조운동'의 중심이 될 것이다. 요컨대 창조자 계급이 자신 안에 품고 있는 창조력을 최고조로 발산하는 무대가 되는 것이다. 자연스럽게 그 과정에서 스타가 잇따라 탄생하면서 미래를 이끌 리더들이 대거 배출될 것으로 예상된다. 진정으로 미래의 주역이 되고자 한다면 이 운동에 투신하는 것이 최선이다. 그렇다면 과연 어떤 과정을 거쳐 압축 모델이 확산되면서 새로운 사회로의 이행이 이루어질 것인가?

첫 출발은 압축 모델을 실험하는 것이다. 당연히 상당 기간에 걸쳐 헤아릴 수 없이 많은 시행착오를 겪을 것이다. 초기 개척자들은 가시덤불을 헤치고 새로운 길을 낼 때와 마찬가지로 온몸이 상처투성이가 될 수도 있다. 하지만 숱한 시행착오를 거치면서 무엇보다도 소중한 직능조합 기반의 개방적 협력 시스템을 원활하게 작동시킬 풍부한 노하우를 축적할 수 있을 것이다. 이러한 노하우는 더욱 많은 사람들이 압축 모델 형성에 착수하도록 만들 것이다. 그럼으로써 압축 모델로서 직능조합 기반의 개방적 협력 시스템은 개척 단계에서 확산 단계로 넘어갈 수 있다.

압축 모델의 확산을 가능하게 하는 요소는 여러 가지가 있을 수 있다. 앞서 언급했듯이 신세대 창조자들은 창업에 대한 열망이 매우 강하다. 여기에 덧붙여 압축 모델 자체가 생산성과 경쟁력에 우월하다는 것이 입증되면 신세대 창조자들의 참여가 크게 늘어날 것이다. 잠시 뒤에 다루겠지만 시민운동2.0이 본격적으로 움직이면 압축 모델을 지지하는 사회적 분위기가 고조되면서 수많은 사람들이 자발적 열정을 갖고 압축 모델이 확산되도록 협력하고 지원할 것이다. 이러한 분위기에 힘입어 직능조합 기반의 개방형 협력 시스템을 중심으로 벤처 생태계를 업그레이드하는 대범한 시도들이 뒤를 이을 것이다. 말하자면 벤처 생태계를 압축 모델의 확산기지로 삼는 운동이 벌어지는 것이다. 그럼으로써 압축 모델의 확산은 더욱 힘을 받을 것이다.

이렇듯 압축 모델이 폭넓게 확산되면 부수적으로 두 가지 성과가 나타날 수 있다. 먼저 실물교육의 효과를 통해 상생의 인본주의 사회를 지지하는 사람들이 한층 빠르게 늘어날 것이다. 그와 함께 수평적 조직문화 정착과 상생의 생태계 구축을 한층 강렬하게 자극하고 촉진할 것이다. 압축 모델이 확산되면 기존 기업의 인재들이 새로운 흐름에 적극적으로 합류할 가능성이 크다. 기존 기업들은 이러한 상황에서 인재 유출을 막기 위해서라도 경영 혁신에 박차를 가할 수밖에 없다. 첫 번째 벤처 붐 때 대기업들이 고급 인력의 유출을 막기 위해 사내 벤처를 활성화하는 등 다양한 형태의 혁신을 시도했던 것은 이를 입증하는 단적인 사례라고 할 수 있다. 우리는 여기서 '새로운 것이 낡은 것을 변화시킨다'는 진리를 거듭 확인할 수 있다.

이 모든 것은 상생의 인본주의 사회로의 이행에 가속도를 붙이는 것에 다름 아니다. 그럼으로써 일정 시점에 이르면 압축 모델의 확산 단계에서 주도 단계로 넘어갈 수 있다. 요컨대 새로운 흐름이 전반적인 사회 분위기를 주도할 수 있는 것이다. 여기에 덧붙여 앞에서 소개한 자본주의의 최후를 재촉하는 경제적 요인들이 결합되면 자본주의 퇴장이 본격화되면서 급기야 상생의 인본주의 사회가 눈앞에 펼쳐지게 될 것이다. 새로운 사회를 향한 긴 여정이 장엄하게 마무리되는 것이다.

이렇듯 상생의 인본주의 사회를 여는 우리의 전략은 낡은 것의 전복에 집착하기보다는 새로운 것을 키워 낡은 것을 변화시키는 것을 요체로 삼는다. 투쟁은 항상 필요하지만 그 역시도 새로운 것을 키우는 것을 가로막는 요소들을 제거하거나 필요한 조건을 확보하는 투쟁이 중심을 이룰 것이다. 이러한 전략은 과거 사회주의자들이 취했던 것과 비교해보더라도 상당히 새로운 것이다.

지난날 사회주의자들은 낡은 질서의 전복에 매달린 결과 막상 새로운 사회를 건설할 시기에 가서는 숱한 시행착오를 반복했다. 바로 이 지점에서 우리는 전혀 다른 길을 걸어야 하는 것이다. 무엇보다도 우리는 이행과정 자체를 중시해야 한다. 압축 모델의 확산을 중심으로 이행과정에서 제기되는 과제들을 인내력을 갖고 해결하면서 그를 통해 검증되고 축적된 성과를 바탕으로 새로운 사회로 진입해야 하는 것이다. 그럴 때 더욱 안정적이고 평화스럽게 새로운 사회로 나아갈 수 있다. 이 책이 지면의 대부분을 이행과정에서 제기되는 과제 해결에 할애한 것도 이러한 이유에서다.

두말할 필요도 없이 지금까지 한 이야기들은 상생의 인본주의 사회로의 이행과정을 최대한 단순화시켜 표현한 것이다. 실제 과정은 당연히 이보다 훨씬 복잡할 것이다. 상생의 인본주의를 지향하는 사상·문화의 확산 정도, 정치적·사회적 환경, 기득권 세력의 대응 양상 등에 의해 비교적 평화스럽게 이행할 수도 있고 격렬한 투쟁을 수반할 수도 있다. 마땅히 우리는 평화적인 이행을 위해 최대한 노력해야 한다. 평화는 선택이 아니라 필수며 그 자체가 목적이자 가치기 때문이다.

이렇듯 이행과정에는 다양한 변수가 있음에도 상생의 인본주의 사회로 가는 지름길은 변함이 없다. 압축 모델로서 직능조합 기반의 개방형 협력 시스템을 구축하고 이를 지속적으로 확산시켜나갈 때;

어떤 상황에서도 상생의 인본주의 사회에 가장 빠르면서도 확실하게 도달할 수 있는 것이다. 이로부터 우리는 몇 가지 의미 있는 결론을 이끌어낼 수 있다.

상생의 인본주의 사회로의 이행이 완료되기까지는 적지 않은 시간이 걸릴 수도 있다. 하지만 지금까지 살펴본 것처럼 상생의 인본주의 사회는 언제 올지 모르는 막연한 미래가 결코 아니다. 상생의 인본주의 사회는 압축 모델을 통해 전체적인 윤곽을 보여줄 수 있다는 점에서 예시 가능한 세상이며, 지름길이 뚜렷하게 존재한다는 점에서 계획 가능한 미래다. 요컨대 상생의 인본주의는 사변의 영역에서 벗어나 명확한 실천 프로그램으로 사람들에게 다가갈 수 있는 것이다.

2. 전략 구도의 전환

투쟁을 승리로 이끄는 전략 요체는 상대를 소수로 고립시키는 것이다. 그러자면 무엇보다도 명분에서 압도할 수 있어야 한다. 요컨대 우리가 내세우는 가치와 목표에 대해 대중이 전폭적으로 공감하고 지지를 보낼 수 있어야 하는 것이다. 이러한 요건을 충족시킬 수 있는 전략 구도를 형성할 때 승리는 필연적인 것이 된다. 그렇다면 기득권 세력의 저항을 누를 전략 구도는 과연 어떤 것일까.

좌우 구도는 질곡이다

어느 순간부터인가 기성세대 사이에서는 좌우 대결 구도를 당연시하는 풍조가 형성되었다. 언론 매체의 대부분은 좌우 구도의 관점에서 이슈를 다루는 데 매우 익숙해져 있다. 그 과정에서 강남좌파 등 각종 신조어가 등장하기도 했다. 학자들 또한 매우 진지한 태도로 좌우파의 차이를 중요한 탐구 대상으로 삼아왔다. 정치권의 경우 좌우는 피아를 가리는 일차적 기준이 되어 있다. 적지 않은 정치인들이 중도를 표방하지만 이 역시 좌우 대결 구도를 전제로 자신들의 위치를 설정한 것이다.

그렇다면 과연 이러한 좌우 대결 구도는 얼마나 타당하며 어느 정도의 생명력을 지닌 것인가?

먼저 짚어봐야 할 것은 좌우 구도가 빚어낸 심각한 역기능이다. 그동안 우파를 주도해온 것은 기득권 세력이었다. 하지만 좌우 대결 구도 속에서 기득권 세력은 우파의 옷을 입고 자신의 본질을 감출 수 있었다. 더욱이 우파 중에는 좌파가 싫어 우파가 된 사람들이 훨씬 많다. 혁신적 경영자들조차 우파 진영으로 합류하는 경우가 많은데 대체로 노동운동 세력과의 긴장 관계에서 비롯된 것이다. 이 모든 것은 좌우 대결 구도가 기득권 세력의 기반을 강화시키는 데 크게 기여했음을 말해준다. 기득권 세력의 이해를 대변하는 언론일수록 좌우 구도에 강하게 집착하면서 더불어 즐기고 있다는 사실은 그 명백한 증거라고 할 수 있다.

이는 뒤집어보면 좌우 구도가 좌파에게는 매우 위험한 함정일 수 있음을 암시해주는 대목이다. 말하자면 이런 것이다. 좌파가 있음으로 해서 우파가 존재할 수 있고, 우파가 있음으로 해서 기득권 세력이 원만하게 유지되는 구도라는 것이다.

좌우 구도가 계속 유지된다면 우파가 상대적 우위를 점할 가능성이 매우 높다. 우파는 몇 가지 지점에서 스스로를 재생산하면서 그 나름대로 세력을 유지하고 있지만 좌파는 쇠락의 길만을 걷고 있기 때문이다.

먼저 우파는 기득권을 매개로 세력을 유지한다. 우파는 대중을 기득권 앞에 줄 세우는 데 매우 능하다. 과거 그러한 수단으로 구실 했던 것은 교육의 확대였다. 교육을 통해 누구나 노력하면 출세할 수 있다는 확신을 갖게 했던 것이다. 2000년대 들어와서 새롭게 등장한 것은 펀드의 확산이었다. 펀드를 통해 누구든지 일확천금을 거둘 수 있다는 꿈을 심어준 것이다. 물론 시간이 흐르면서 사교육 확대로 진입장벽이 높아졌고 펀드는 상당 부분 환상이라는 것이 드러났다. 그럼에도 여전히 많은 사람들이 기득권을 향해 질주하고 있다. 그런 점에서 누구나 능력만 있으면 CEO가 될 수 있음을 내비치는 기업 세계는 우파를 받쳐주는 가장 든든한 기지다. 우파가 다수를 지지 기반으로 확보할 수 있는 비결 중 하나가 여기에 있다.

이와 함께 우파는 기업 경영을 무대로 끊임없는 혁신을 추구하면서 새로운 내용을 쏟아내고 있다. 기업은 혁신을 게을리하면 곧바로 도태하는 곳이라는 점이 그러한 일을 가능하게 한다. 반면 좌파에게는 혁신을 강제할 지점이 뚜렷하지 않다. 더욱이 좌파는 실제로는 시대에 뒤처져 있음에도 자신은 진보적 사고를 하고 있는 만큼 시대를 앞서가고 있다고 착각할 가능성이 높다. 그만큼 혁신을 위한 노력을 게을리할 수 있는 것이다. 좌파 중에 5년이 지나고 10년이 지나도 똑같은 이야기를 반복하는 사람들이 즐비한 것도 그로 인해 빚어진 현상이다. 우파가 좌파보다도 현실 변화에 훨씬 민감하게 대응하는 모습을 보여주고 있는 것이다. 본디 우파가 변화를 기피하는 성향이 강한 점을 감안하면 이는 매우 역설적인 현상이 아닐 수 없다.

이러한 가운데 우파는 국가의 장래와 관련된 의제를 선점하는 데서 확실하게 우위를 보이고 있다.

현재 우파를 이끌고 있는 이데올로기는 '대한민국 제일주의'다.

우파는 그동안 미국을 비롯한 강대국의 비위를 건드리지 않으면서 영악하게 힘을 키우는 데 성공했다고 자부하고 있다. 이를 바탕으로 이제는 선진국과 어깨를 나란히 하면서 국가의 위상을 한껏 높일 때가 되었다고 본다.

이러한 대한민국 제일주의를 고취시키는 데 가장 큰 공헌을 하고 있는 것은 단연 매출액 기준 세계 최대 전자업체가 된 삼성이다. 시가 총액 기준 미국 최고 기업인 애플과 스마트기기를 놓고 라이벌전을 벌이는 삼성이야말로 대한민국 제일주의를 고취시키기에 더할 나위 없이 안성맞춤인 것이다. 그리하여 우파 안에서는 삼성과 애플의 스마트 대전에 얽힌 수많은 스토리가 만들어지고 있다. '컬트군단 애플 대 몽골기병 삼성', '초월하는 애플 대 추월하는 삼성'은 그 과정에서 나온 표현들이다.

이명박 정부가 G20 의장국이 되는 것에 집착한 것이나 삼수를 해가면서 평창 동계올림픽 유치에 사활을 건 것 역시 대한민국 제일주의를 확산시키는 지점들이다. 동계올림픽은 하계올림픽과 달리 철저하게 선진국 중심의 스포츠 제전이다. 동계올림픽을 유치했다는 사실 자체가 선진국과 대등한 지위를 확보했음을 상징적으로 입증해주는 효과가 있는 것이다. 이와 관련해서 반드시 주목해야 할 것이 김연아 선수 효과다. 그동안 피겨 여왕은 미국과 독일, 일본 등 선진국들이 독점해왔다. 그런데 한국의 김연아 선수가 올림픽 사상 최고의 기록으로 피겨 여왕에 등극한 것이다. 그로 인한 효과는 2002년 월드컵 4강 진출 이상의 것일 수도 있다. 아시아를 넘어 유럽과 미국 등 전 세계로 퍼져나가고 있는 한류 열풍 또한 대한민국 제일주의를 퍼뜨리는 또 다른 주역이 되고 있다. 한류 열풍은 미국 대중문화의 그늘에서 극심한 열등감에 시달려왔던 한국인들로 하여금 어깨를 으

쓱거리게 하는 데 더할 나위 없이 좋은 소재인 것이다.

이에 반해 좌파는 국가의 장래와 관련해서 공격적인 전망을 거의 내놓지 못하고 있다. 좌파가 매진하고 있는 것은 주로 복지를 중심으로 한 분배 문제다. 복지 증진을 통한 자본주의 체제의 모순을 완화하는 데 초점을 맞추고 있는 것이다. 그나마도 상당히 구태의연하면서도 현실성이 떨어지고 있다는 비판이 제기되고 있다. 그 결과 많은 지점에서 우파의 공세에 직면하며 복지 의제의 선점 효과를 제대로 살리지 못하고 있다. 이래저래 대중이 보기에는 돈 버는 것을 도외시한 채 돈을 나누어 쓰는 데에만 관심을 갖는 것으로 보이기 십상이다.

이러한 좌파의 모습은 현실을 투시하고 새로운 세상을 상상할 수 있는 능력이 고갈되어가고 있음을 반영한 것이다.

현재 좌파들이 외치고 있는 대표적인 구호는 '신자유주의 반대'다. 하지만 이는 꼭 틀린 것은 아니지만 별 의미가 없는 구호다. 신자유주의 자체도 2008년 미국 금융자본주의 몰락과 함께 크게 힘을 잃었을 뿐만 아니라 지금 시기는 자본주의 이후의 사회로 넘어가는 역사적 과도기이기 때문이다. 자본주의 이후 새로운 사회의 상(像)과 이행 프로그램을 제시하는 것이 절대적으로 필요한 시기인 것이다. 그런데 정작 본격적으로 실력을 발휘해야 할 좌파는 자본주의 이후 새로운 사회에 대해 이렇다 할 답을 내놓지 못한 채 신자유주의 반대만을 외치고 있다.

사실 좌파가 이러한 한계를 보이는 것은 그럴 만한 이유가 있다. 그동안 살펴본 것처럼 자본주의 이후 새로운 사회로의 이행은 기존의 좌우 구도를 완전히 뛰어넘어 진행되고 있다. 이러한 상황에서 좌우 대결 구도는 시야를 가리면서 상황 파악을 어렵게 할 가능성이 매우 큰 것이다.

지금까지 살펴본 것처럼 좌우 구도가 계속 유지된다면 우파에게 유리한 국면으로 이어질 가능성이 매우 높다. 그럼으로써 기득권 세력은 한층 안정적으로 기반을 유지할 수 있을 것이다. 그렇다면 과연 미래는 우파의 것이 될 것인가? 그래서 그런 걸까. 많은 우파 계열의 매체들이 좌파를 찍어 누르기만 하면 미래는 자신의 것이라는 생각을 갖고 부지런히 공략하고 있다. 하지만 이는 완벽한 착각일 뿐이다.

무엇보다도 좌우 대결 구도는 역사적으로 수명이 다해가고 있다. 좌우 대결 구도의 근원인 자본과 노동의 분열·대립이 창조력 기반 경제의 도래와 함께 부차적 요소로 전락하고 있기 때문이다. 이 점은 미래의 주역인 신세대의 사고 특성을 통해서도 뚜렷이 확인되고 있다. 신세대는 자본과 노동의 분열을 지양하는 존재인 창조자 계급의 정체성을 강하게 지니고 있다. 그러다 보니 신세대 창조자들 입장에서는 좌우 대결 구도를 자신들을 짓누르는 낡고 억압적인 질곡으로 느끼기 쉽다. 좌우 구도 속에서는 자신들의 고유한 계급 정체성을 확인하고 발현할 공간을 결코 찾을 수 없기 때문이다. 실제로도 신세대 창조자들은 좌우 대결 구도를 낡고 칙칙한 것으로 간주하면서 그 자체를 뛰어넘고자 하는 경향을 강하게 보이고 있다.

좌우 구도의 수명이 다해가고 있음은 좌우 모두에 거리를 두는 중도 세력이 절반 가까이에 이르고 갈수록 그 비중이 커지고 있는 데서도 잘 드러난다. 좌우 구도에 갇혀 있는 사람들은 중도를 좌우의 중간에 있는 어중간한 존재로 보는 경향이 있다. 하지만 이는 부분적으로는 옳을 수 있을지 모르지만 문제의 본질을 정확히 짚은 것은 아니다. 엄밀하게 말해 중도는 중도가 아니다. 그들의 절대다수는 좌우 모두 최종 답이 아니라고 생각하면서 새로운 답을 찾는 존재들이다.

결론적으로 신세대 창조자들을 주축으로 좌우 구도를 뛰어넘는 새로운 흐름이 형성될 것이며 곧바로 국면을 주도해나갈 것이다. 말하자면 좌우 구도로 고착되어 있는 기존 지층을 밀어내면서 새로운 지층이 솟구치는 거대한 지각변동이 일어나는 것이다. 이러한 지각변동은 이미 시작되었다고 볼 수 있다. 이를 입증하는 조짐이 곳곳에서 나타나고 있는 것이다. 기존 질서에 결박되어 있는 사람들로서는 예기치 않은 사태 발전에 당혹감을 감추기 어려울 정도다.

어느 모로 보나 좌우 구도는 낡은 것으로 전락하고 있다. 좌우 구도는 시간이 흐르면 노후화가 심화되면서 끝내 붕괴될 수밖에 없는 운명인 것이다. 이런 상태에서 좌우 구도 속에 계속 갇혀 있다 보면 반드시 참사를 겪을 수밖에 없다. 그러한 비극을 피하기 위해서라도 좌우 구도를 적극 해체시켜야 한다. 적어도 그곳으로부터 서둘러서 빠져나와야 한다. 합리적 사고를 하는 사람이라면 누구든지 해당되는 이야기지만 특히 좌파운동에 참여했던 사람들은 이 점에서 매우 기민할 필요가 있다.

좌파운동에 종사해온 사람들의 면면을 보면 우리 사회의 장래를 위해 매우 소중한 존재들임을 알 수 있다. 그들 중 적지 않은 사람들이 그다지 빛이 나지 않음에도 사회적 약자를 위해 헌신적인 삶을 살아왔다. 그들은 누구보다도 민주주의 원칙에 충실하고자 했으며 평화를 지향해왔고 생태적 가치를 실현하기 위해 앞장서서 노력해왔다. 비록 사고는 과거의 틀 속에 갇혀 있고 혁명적 감수성이 크게 퇴색했지만 현재보다 나은 미래를 만들고자 하는 그들의 열정은 아직 살아 있는 것이다.

그럼에도 여전히 분명한 것은 좌우 구도 속에서 진보를 추구하는 것은 불가능하다는 사실이다. 역사는 좌우 구도를 뛰어넘어 전진하고 있기 때문이다. 이뿐만이 아니다. 좌우 구도는 새로운 선진 계급인 창조자들의 본성이 발현되는 것을 억누르는 질곡으로 전락해 있다. 좌우 구도 속에 갇혀 있는 한 억압적 기능을 할 수밖에 없는 것이다. 게다가 좌우 구도는 기득권 세력의 기반을 유지해주는 데 크게 기여하고 있다. 이 모든 것은 좌우 구도를 전제로 좌파를 진보로, 우파를 보수로 간주하는 사회적 통념이 더 이상 유효하지 않음을 의미하는 것이다. 결국 이 시대 진정한 진보는 좌우 구도 속에서 좌파 입장을 고수하는 것이 아니라 좌우 구도 자체를 넘어서는 데 있다.

신주류 대 구주류

이제 시대에 뒤떨어진 좌우 대결 구도는 해체되어야 한다. 적어도 그곳에서 벗어나야 한다. 그리고 신세대 창조자들을 주축으로 한 신주류와 기득권 세력을 중심으로 한 구주류 사이의 대항 구도로 전환해야 한다.

신주류와 구주류 간의 대립 지점은 매우 단순명료하다. 구주류가 돈을 모든 것의 근본으로 삼는 것에 맞서 신주류는 사람을 모든 것의 근본으로 삼는다. 더불어 구주류가 승자독식에 집착하는 것에 대항하여 신주류는 상생의 가치를 앞세운다. 그런 만큼 신주류는 상생의 관점에서 사회적 약자를 적극 배려하며 사회적 약자를 위해 헌신하는 사람들을 가장 고귀한 존재로 간주하고 우대한다.

지극히 평범한 구도다. 그러나 기득권 세력의 속성이 무엇인지를 떠올리면 매우 본질적인 구도임을 알 수 있을 것이다. 우리 사회에서 기득권은 돈이 모든 것을 지배하는 사회구조를 바탕으로 승자독식을 통해 끝없이 쌓아올린 것이다. 돈을 모든 것의 근본으로 삼으면서 승자독식에 집착하는 것이야말로 기득권 세력의 본질이다. 반면 사람을 모든 것의 근본으로 삼고 상생의 가치를 앞세우는 것은 그러한 기득권 세력의 본질을 가장 확실하게 압도할 수 있는 대항 가치다.

두 세력 사이의 대결 구도가 형성되었을 때 승패를 가늠할 수 있는 요소는 여러 가지가 있다. 그 첫 번째가 상대방도 인정할 수밖에 없는 가치를 전면에 내세우는 것이다. 과거 민주화 세력과 독재 세력의 대결 구도에서 민주화 세력이 승리할 수 있었던 것도 그들이 내세운 민주주의 가치를 독재 세력조차도 대놓고 부정할 수 없었기 때문이었다. 즉, 민주화 세력이 명분에서 압도적 우위를 점했던 것이다.

그런데 그간의 좌우 대결 구도에서는 이 점이 명확하지 않았다. 다시 말해 어느 쪽도 상대방조차 인정할 수밖에 없는 가치를 창출하지 못한 것이다. 서로 평행선을 그리면서 소모적 대결만을 반복했던 것은 상당 정도 여기에 원인이 있었다. 이런 점에서 신주류와 구주류의 구도는 명확히 성격을 달리한다. 신주류는 구주류조차 대놓고 부정할 수 없을 만큼 명분에서 압도적 우위를 점할 수 있기 때문이다. 생각해보라. 과연 어느 누가 사람을 모든 것의 근본으로 삼고, 상생의 가치를 앞세우는 것을 대놓고 부정할 수 있겠는가?

신주류의 승리가 필연적인 것임을 입증하는 지점이 또 하나 있다. 지난 몇십 년 동안 좌파가 고전했던 결정적 요인은 자본주의의 대안으로 간주해왔던 사회주의가 우월성을 입증하는 데 실패했기 때문이었다. 하지만 신주류는 이 지점에서 확실한 강점을 지니고 있다. 구주류가 돈을 모든 것의 근본으로 삼으면서 승자독식에 집착하다 보면 어쩔 수 없이 지금의 자본주의 체제 안에 갇힐 수밖에 없다. 반면 신주류는 사람을 모든 것의 근본으로 삼고 상생의 가치를 앞세우다 보면 자연스럽게 상생의 인본주의에 가까이 다가가기 마련이다.

그런데 지금까지 살펴본 것처럼 상생의 인본주의에 다가갈수록 생산성, 경쟁력, 삶의 질 모두에서 우월해질 수 있다. 요컨대 신주류는 명분뿐만 아니라 실재에서도 구주류를 압도할 수 있는 것이다.

중요한 것은 사회경제 체제에서의 우월성은 말로서가 아니라 경험적으로 입증해야 한다는 사실이다. 생생하게 눈으로 확인하고 몸으로 느낄 수 있도록 해야 하는 것이다. 과연 어떻게 이를 보장할 수 있을 것인가? 그런데 이와 연관된 또 하나의 과제가 있다. 신주류는 명분과 실재에서뿐만 아니라 세력 관계에서도 구주류를 압도할 수 있어야 하는 것이다. 과연 이 어렵고도 복잡한 문제를 어떻게 해결할 것인가? 다행스럽게도 이 모든 것에 해답을 주는 곳이 있다. 바로 기업 경영이다.

상생의 인본주의 사회로의 이행을 이끄는 핵심 동력은 기업을 주무대로 펼쳐지는 경영혁명이며 그 주축은 전문경영인을 포함한 창조자 계급이다. 기존 자본주의 체제 안에서 창조자 계급은 경영진과 피고용인으로 갈등하고 대립한다. 그러나 상생의 인본주의 사회를 향한 경영혁명에서 이들은 동반자 관계가 된다. 그 순간부터 이들은 신주류의 핵심 세력으로서 역할을 하기 시작한다. 이는 신주류가 사회적 우위를 차지할 수 있는 가장 중요한 출발점이다.

과거 좌파는 기업 경영을 자본가가 노동자를 착취하는 영역으로 간주했다. 그럼으로써 기업 경영을 함께 책임져야 한다는 것에 대해 강한 거부감을 보이기도 했다. 그러나 신주류는 이 지점에서 전혀 다르다. 신주류는 기업 경영을 자신들이 책임져야 할 영역으로 간주한다. 뿐만 아니라 '창조운동'을 바탕으로 경영혁명을 적극 주도함으로써 구주류를 능가하는 기업 경영 능력을 과시할 것이다. 이를 위해 우파 영역 안에 존재했던 건강하고 합리적인 요소들을 과감하게 흡수할 것이다. 아울러 과거 좌파가 해결하고자 했던 진보적 의제들도 자기 영역으로 흡수하여 용해시킬 것이다. 신주류는 그러한 과정을 통해 상생의 인본주의로 다가가는 것이 기존 자본주의 체제 안에 갇혀 있는 것보다 월등히 우월함을 입증할 것이다.

지금까지 기업 경영은 대체로 구주류의 영향 아래 있었다. 구주류가 사회를 지배할 수 있는 결정적 힘은 바로 여기서 나왔다 해도 과언이 아니다. 하지만 신주류가 기업 경영에서 우월한 위치를 차지하면 사정은 180도 달라진다. 구주류의 사회적 기반은 결정적으로 약화되는 반면 신주류의 힘은 비약적으로 강화될 수 있는 것이다. 요컨대 전략적 판도 변화가 일어나는 것이다. 바로 이러한 과정을 통해 신주류는 세력 관계에서 구주류에 대해 절대적인 우위를 확보할 수 있다.

저항은 아름다운 것이다. 저항은 창조의 원천이다. 하지만 수세적 저항으로는 세상을 바꿀 수 없다. 단지 작용을 가할 수 있을 뿐이다. 오직 공세적이고 주도적인 저항만이 세상을 바꾼다. 그러자면 명분과 실재에서 압도할 수 있어야 하고, 상황을 주도할 유리한 위치를 차지할 수 있어야 하며, 최종 승리를 거머쥘 수 있을 만큼 세력 관계에서의 우위를 확보할 수 있어야 한다.

신주류 전략은 바로 그러한 조건을 확보하기 위한 것이다. 그래서 신주류의 승리는 필연이다. 결국 신주류는 승리의 길을 걸으면서 자신이 원하는 세상을 만들어갈 것이다. 충분한 여유를 갖고 아주 조용하면서도 부드럽게, 결국은 구주류마저 경의를 표하도록 만들면서 말이다. 그럼으로써 가장 값진 승리는 투쟁 상대마저 고개를 숙이도록 하는 것임을 입증할 것이다.

방향이 같으면 동행할 수 있다

신주류는 돈이 아닌 사람을 모든 것의 근본으로 삼고 승자독식이 아닌 상생을 앞세우는 것을 핵심 가치로 삼는다. 문제는 이러한 핵심 가치를 수용하고 실천한다고 하더라도 사회경제 체제에 대해서는 다양한 입장을 가질 수 있다는 것이다. 한편으로 수평적 조직문화 정착과 상생의 생태계 구축 등을 통해 자본주의 틀 안에서 핵심 가치를 실천하려는 사람이 있을 수 있고, 다른 한편으로 자본주의를 넘어서서 상생의 인본주의 사회를 지향하는 사람이 있을 수 있는 것이다.

그렇다면 과연 사회경제 체제에 대해 서로 다른 입장을 갖고 있는 사람들이 함께 신주류를 형성할 수 있을까? 결론적으로 충분히 가능할 뿐만 아니라 반드시 그렇게 해야 한다. 이를 뒷받침해주는 것이 '동행이론'이다.

목적지는 같아도 가는 방향이 다르면 동행할 수 없다. 가령 똑같이 부산을 목적지로 삼고 있더라도 광주를 거쳐서 가려고 하는 사람과 대구를 거쳐서 가려는 사람은 동행하기 어렵다. 반면 목적지는 달라도 가는 방향이 같으면 동행할 수 있다. 가령 부산을 목적지로 삼는 사람과 대구를 목적지로 삼는 사람은 함께 경부선 열차를 이용하는 식으로 동행이 가능하다. 이렇게 동행하다 보면 이동하는 동안 풍부한 대화를 나누면서 서로에 대한 이해를 깊게 하고 유대를 강화할 수 있다. 그럼으로써 부산을 목적지로 삼던 사람도 대구에 내려 오래 머물 수도 있고, 대구를 목적지로 삼던 사람도 부산까지 가는 것으로 목표를 조정할 수 있다. 목적지마저 일치시킬 수 있는 가능성이 커지는 것이다.

역사적 과도기에 국한해서 보자면 상생의 인본주의 사회를 지향하는 것과 수평적 조직문화 정착과 상생의 생태계 구축 등을 통해 자본주의를 혁신하고자 하는 노력은 움직이는 방향에서 기본적으로 일치한다. 이는 곧 두 흐름이 실천적으로 굳게 연대할 수 있음을 의미하는 것이다.

중요한 것은 두 세력의 연대는 일시적이고 정략적인 것이 결코 아니라는 사실이다. 상생의 인본주의를 지향하는 사람들은 평화적 이행에 절대적 가치를 부여한다. 그렇기 때문에 자본주의의 혁신을 추구하는 단계에서 매우 오래 머물 수도 있다. 주관적·객관적 조건이 충분히 무르익음에 따라 상생의 인본주의 사회로의 이행에 절대 다수가 동의할 때까지 기다리기 위해서다.

이러한 맥락에서 신주류는 상생의 인본주의를 지향하는 사람과 수평적 조직문화 정착과 상생의 생태계 구축 등을 통해 자본주의를 혁신하고자 하는 사람들 모두를 포괄하는 것이어야 한다. 그러한 조건에서만 신주류는 기득권 세력을 압도할 사회적 힘을 확보할 수 있다. 바로 이어서 다룰 시민운동2.0과 신주류를 대표할 정당은 이러한 원칙에 입각해서 구성되어야 한다.

3. 창조의 기지로서 시민운동2.0

똑같이 사람을 모든 것의 근본으로 삼고 상생을 앞세운다고 하더라도 처해 있는 조건은 사람마다 모두 다를 것이다. 이러한 차이를 뛰어넘어 함께 힘을 모으고 그 힘을 극대화할 수 있는 방안은 무엇일까? 우리는 그 해답으로서 혁신적 개념의 시민운동을 새롭게 기획할 필요가 있다. 시민운동2.0이 바로 그것이다.

지금까지 시민운동은 대학교수, 변호사, 직업적 시민운동가 등 전문가들을 주축으로 전개되었다. 대중은 주로 회비를 내거나 필요할 때 박수를 쳐주는 응원부대의 위치에 머물러 있었다. 시민운동 2.0은 바로 이러한 전문가와 대중의 관계를 180도 뒤집는 것이다. 도대체 왜 이런 전격적인 변화가 필요한가. 그것은 대중 자신의 변화로부터 야기된 것이다.

무대의 주역으로 떠오른 대중

20세기에 전문가는 주체였고 대중은 대상이었다. 전문가가 자신의 판단을 적극 피력하면 그것은 곧 여론이 되었고 사회적 합의가 되었다. 대중은 한참 뒤에야 전문가가 닦아놓은 길을 따라가면서 자신의 생각을 정리했다. 대중은 전문가가 어떻게 안내하느냐에 따라 얼마든지 달라질 수 있는 존재였던 것이다. '한 사람이 열 사람을, 열 사람이 백 사람을'이라는 옛 문구는 이러한 전문가와 대중의 관계를 집약적으로 표현해주고 있다. 사정이 이러하다 보니 지난날 전문가와 대중 사이에는 판단하고 결정하는 데 상당한 시차가 존재했다. 그런데 바로 이 지점에서 중대한 변화가 일어나고 있다. 전문가와 대중 사이의 판단 시차가 거의 사라지고 있는 것이다.

전문가는 여전히 존재하고 또한 영향력을 미치고 있다. 그러나 오늘날의 대중은 반드시 전문가의 판단만을 기다리지 않으며 그에 순응하지도 않는다. 대중은 스스로 판단하고 결정하는 주체가 되어가고 있다. 한 걸음 더 나아가 대중은 최종 판단을 내리는 결재권자로까지 등극하고 있다.

오늘날 대중은 과거와 같이 무지몽매한 존재가 아니다. 대부분이 고등교육을 받은 사람들로서 지적 수준이 매우 높다. 그들의 다수는 가장 중요한 생산수단인 창조력을 보유하고 있는 창조자들이다. 그들은 온라인을 통해 정보를 가공하고 유통시킬 뿐만 아니라 독자적으로 콘텐츠를 생산할 수 있을 만큼 상당한 수준의 지적·창조적 능력을 발휘하고 있다. 바로 이러한 능력을 바탕으로 오늘날의 대중은 피동적인 수용자이기를 거부하고 능동적인 주도자이고자 하는 경향을 강하게 보여주고 있다.

이 같은 대중의 변화는 누구든지 주목하지 않으면 안 되는 현상이다. 변화하는 대중의 모습을 제대로 읽고 대응하는가 여부가 성공을 가늠하는 중요한 척도가 된 것이다. 가령 기업은 소비자를 생산과정에 참여하고 동시에 생산물을 검증하는 적극적 존재로 파악하고 있다. '프로슈머'*는 그러한 배경에서 나온 용어다.

정치 역시 이 점에서 예외가 아니다. 정치인은 적어도 두 가지 점을 반드시 가슴에 새길 필요가 있다. 오늘날 변화된 대중이 가장 열렬하게 지지하는 정치인은 과연 어떤 사람일까. 답은 간단하다. 대중 자신이 만들어낸 정치인이라고 여기는 경우다. 한국의 역사에서 이 점을 가장 뚜렷하게 보여준 인물은 아마도 노무현 전 대통령일 것이다. 노무현 자신도 기회가 있을 때마다 지지자들을 향해 "노무현은 여러분이 만든 것입니다. 그러니 여러분이 책임져야 합니다"라는 말을 자주 했다. 오늘날 변화된 대중이 가장 적극적으로 지지하는 정책 또한 마찬가지다. 대중은 자신들이 함께 토론하여 결정했다고 여기는 정책을 가장 적극적으로 지지하는 것이다.

---

* 앨빈 토플러를 비롯한 미래학자들이 제시한 개념으로서 생산자(producer)와 소비자(consumer)를 합성한 말이다. 소비자가 소비는 물론 제품 개발, 유통과정에까지 직접 참여하는 '생산적 소비자'로 거듭난다는 의미를 갖고 있다.

새로운 개념의 시민운동

오늘날 변화된 대중의 모습을 액면 그대로 보여주고 있는 것은 신세대 창조자들이다. 그리고 이들을 중심으로 한 변화된 대중의 속성에 맞게 설계된 것이 바로 시민운동2.0이다. 시민운동1.0이라고 표현할 수 있는 기존의 시민운동은 대체로 전문가를 중심으로 전개되는 특성을 보여왔다. 반면 시민운동2.0은 변화된 대중을 시민운동의 주역으로 상정하며, 그들이 자신의 잠재력을 마음껏 펼칠 수 있는 환경을 제공하는 것을 주된 과제로 삼는다. 말하자면 시민운동2.0은 대중적 참여가 가능한 개방적 플랫폼과 같은 것이다. 시민운동2.0은 다음과 같은 다섯 가지 원칙을 바탕으로 만들어지고 움직인다.

첫째, 신주류의 핵심 가치인 '사람을 모든 것의 근본으로 삼고 상생을 앞세우는 것'을 공통의 목표로 삼는다.

시민운동2.0에 참여하는 사람들은 저마다 서 있는 위치도 다르고 그에 따라 실천해야 할 과제 또한 다를 수 있다. 그러나 시선은 오직 '사람을 모든 것의 근본으로 삼고 상생을 앞세우는 것'으로 모아져야 한다. 이는 곧 아직도 사회 곳곳에 도사리고 있는 승자독식 행태의 청산을 공동의 과제로 삼는 것을 의미하는 것이기도 하다. 이렇듯 시선이 하나로 모아지면 각자가 따로 움직이는 것 같으면서도 전체적으로 하나의 흐름을 만들어갈 수 있다. 그만큼 시민운동2.0은 대단히 개방적이면서도 유연하게 운영될 수 있다. 당연히 그 사람의 과거 전력이나 현재의 사회적 위치, 소속 정당 등은 시민운동2.0 참가 여부를 가리는 기준이 될 수 없다. 오직 사람을 모든 것의 근본으로 삼고 상생의 가치를 실현한다는 목표만 공유할 수 있으면 된다.

둘째, 모두가 시민운동가라는 관점에서 관계를 내부화한다.

그동안 시민운동에서 국가와 기업은 감시 혹은 청원의 대상이었다. 그러나 시민운동2.0은 모든 영역에서 동반자 관계를 추구한다. 이를 위해 정치인이나 공직자, 기업 경영인, 직장인, 학생 등 다양한 사회구성원들이 시민운동2.0에 적극 참여해야 한다. 그럼으로써 시민운동2.0이라는 틀 안에서 서로 소통하고 협력할 수 있어야 한다. 나아가 시민운동가의 입장에서 기업을 경영하고 정치를 할 수 있어야 한다. 이렇게 관계를 내부화할 때 외부에 두고 감시하고 청원하는 것보다 훨씬 강력한 힘을 발휘할 수 있다.

셋째, 전자민주주의를 기초로 누구나 주도적 역할을 할 수 있도록 개방적이고 수평적으로 운영한다.

요컨대 시민운동2.0은 개방적 플랫폼이 되어야 하는 것이다. 시민운동2.0 참가자는 누구든지 온라인을 통해 활동을 제안하고 동의하는 사람과 함께 모임을 만들 수 있다. 그에 따라 시민운동2.0 안에는 수많은 본부, 센터, 연구 동아리, 지역조직, 직장모임 등이 만들어질 수 있다. 이를 바탕으로 다양한 활동이 동시다발적으로 전개될 수 있을 것이다. 경우에 따라 특정 '그룹'의 주도 아래 광범위한 대중이 집중적으로 참여하는 대규모 투쟁이 만들어질 수 있다. 이러한 자발성과 다양성이야말로 시민운동2.0의 생명력이다. 조직의 대표기관 또한 회원들의 참여를 바탕으로 아래로부터 만들어진다. 가령 회원들은 추천과 동의 절차에 따라 공동대표를 일상적으로 선출하거나 해임할 수 있다. 그렇다면 전문가들은 무엇을 해야 하는가. 바로 자신의 전문성을 바탕으로 이 같은 대중의 자발적 실천을 격려하고 도와주는 역할을 해야 한다.

넷째, 기존 질서로부터 자유로운 개인들의 네트워크여야 한다.

새로운 가치를 추구하는 시민운동2.0은 기존 질서로부터 조직적 규정을 받아서는 안 된다. 시민운동2.0은 예외 없이 개인 자격으로 참여해야 하며 그런 점에서 참가자 모두는 동격이어야 한다. 참가자 모두가 동일한 위치와 조건에서 발언하고 행동할 수 있어야 하는 것이다. 그럼으로써 상생의 인본주의 사회를 관통하게 될 수평적 조직 문화를 모범적으로 구현할 수 있어야 한다. 각자가 중심이면서 수평적으로 연대하고 협력하는 신세대의 특성을 고려했을 때 더욱 그래야 한다. 이러한 조건이 갖추어졌을 때 참가자들은 열정적으로 제안하고 실천할 수 있다. 그렇지 않고 특정 조직들이 주도하면 무수히 많은 개인들은 무기력해지거나 소극적으로 될 수밖에 없다.

다섯째, 모든 과정은 철저하게 대중이 공유할 수 있도록 공개적이고 투명하게 이루어져야 한다.

시민운동2.0을 망칠 대표적인 악은 개방과 공유, 협력의 정신과는 정반대되는 폐쇄적이고 배타적이며 비협력적인 요소들이다. 이러한 요소들을 극복하자면 공개성의 원칙을 엄격히 견지해야 한다. 어떤 조직이든지 최고권력자 앞에서는 모든 것이 투명하게 드러나야 한다. 최고권력자 모르게 진행되는 것은 불신과 경계의 대상이 될 수밖에 없다. 시민운동2.0의 최고권력자는 회원과 지지자를 아우르는 것으로서 대중이다. 당연히 모든 것은 대중이 공유할 수 있도록 공개적이고 투명하게 이루어져야 한다.

누구든지 시민운동2.0과 관계를 맺는 순간부터는 대중 앞에 모든 것이 공개된다는 점을 염두에 두고 행동해야 한다. 그렇게 되면 문제 발생이 최소화될 수 있을 뿐만 아니라 발생한 문제조차도 강물 속의 작은 오염물질처럼 자연스럽게 정화될 수 있다. 반대로 공개성의 원칙이 실종되면 시민운동2.0은 작전 세력들의 암투의 장으로 전락할 가능성이 크다. 따라서 대중이 모르게 비공개적으로 진행되는 것은 그 내용을 떠나 불순한 것으로 간주하고 엄격히 차단해야 한다.

무엇을 할 것인가

과연 시민운동2.0은 상생의 인본주의 세상으로 나아가는 데서 제기되는 다양한 과제들을 어떻게 해결할 수 있을까? 핵심 과제 세 가지를 중심으로 살펴보도록 하자.

첫째, 시민운동2.0은 기본적으로 시민들의 학습과 토론을 위한 장이 되어야 한다.

새로운 사회를 여는 출발점은 새로운 유형의 사람이 등장하는 것이다. 여기서 가장 중요한 계기가 되는 것은 새로운 사상과 가치, 문화를 습득하기 위한 학습이다. 그러한 학습을 통해 새로운 유형의 사람들이 육성될 수 있고 바로 그들의 힘으로 세상을 바꿀 수 있는 것이다. 그런 만큼 시민운동2.0은 다양한 학습 프로그램을 개발하고 이를 토론할 온·오프라인 공간을 광범위하게 창출해야 한다. 이를 바탕으로 사람을 모든 것의 근본으로 삼고 상생을 앞세우는 사상과 가치, 문화를 사회 전반에 확산시킬 다양한 수단을 확보해야 한다. 명실상부한 의미에서 시민운동2.0이 새로운 사상과 가치, 문화를 창출하고 확산시키는 진원지가 되어야 하는 것이다.

둘째, 시민운동2.0은 직능조합의 모태가 됨과 동시에 압축 모델의 확산을 지원하는 창조적 기지가 되어야 한다.

우리는 앞에서 상생의 인본주의 사회로 가까이 다가가는 지름길은 압축 모델로서 직능조합 기반의 개방적 협력 시스템을 지속적으로 확산시키는 데 있음을 확인했다. 이러한 압축 모델을 실험하고 노하우를 축적하는 데서 초기 국면을 개척하는 사람들은 상당한 용기를 필요로 한다. 아무도 가지 않은 길을 가야 하기 때문이다. 시민운동2.0은 바로 이러한 사람들이 서로의 존재를 확인하고 함께 직능조합을 결성할 수 있는 훌륭한 모태가 되어줄 것이다. 이렇게 해서 만들어진 직능조합의 조합원 일부는 동업자 입장에서 창업을 한 뒤 개방적 협력 시스템을 도입·운영할 것이다. 말 그대로 압축 모델을 실험하는 것이다. 이 과정에서 시민운동2.0은 광범위한 네트워크를 작동시켜 경영 컨설팅, 기술 협력, 마케팅 지원 등 다양한 형태로 도움을 줄 수 있다. 그럼으로써 압축 모델이 성공적으로 정착하고 더 빨리 확산될 수 있도록 할 것이다.

시민운동2.0을 기지로 압축 모델이 빠르게 확산되면 그에 비례하여 기존 기업에서의 영구파업 가능성이 그만큼 커질 수 있다. 시민운동2.0과 그를 기지로 확산된 압축 모델들이 창업을 성공적으로 이끌 강력한 기반이 되어줄 것이기 때문이다. 그로 인해 기존 기업의 혁신을 강제하는 사회적 압력이 더욱 고조되면서 상생의 인본주의 사회로의 이행은 한층 속도를 더할 것이다.

셋째, 신주류를 대표할 정치 세력의 형성에 기여할 수 있다. 신주류를 대표할 정치 세력은 다양한 지점에서 다양한 형태로 육성되고 결집될 수 있는데 시민운동2.0 또한 그에 기여할 수 있는 것이다.

사람을 모든 것의 근본으로 삼고 상생의 가치를 앞세우는 정치인은 소속 혹은 지지 정당을 뛰어넘어 시민운동2.0에 참여하는 것이 바람직하다. 무엇보다도 시민운동2.0을 무대로 시민들과 일상적으로 소통하고 협력하면서 그 연장선에서 정치 활동을 전개할 수 있기 때문이다. 그러한 조건에서 국가가 수평적 리더십을 바탕으로 사회의 다양한 구성요소들과 동반자 관계를 형성하도록 이끄는 미래형 정치인으로 진화할 수 있다. 이는 곧 정치의 주체와 객체가 분리된 기존 정당 중심의 정치를 뛰어넘는 새로운 개념의 정치를 선보일 수 있음을 의미하는 것이다.

시민운동2.0을 통해 누구든지 새로운 사회를 만드는 실천에 주도적으로 참여할 수 있다. 그러한 과정을 통해 소통과 협력이 폭넓게 확산되면서 상생의 인본주의 사회를 열어나갈 강력한 대중여론과 사회적 힘이 창출될 것이다. 무엇보다도 중요한 것은 그 과정에서 신주류를 이끌어갈 주역들이 폭넓게 육성될 것이라는 사실이다. 그중에는 혁신적 사고를 하는 예비 CEO들이 다수 포함되어 있을 것이다. 얼마간의 시간이 흐른 뒤 그들은 실력에서 우위를 보이면서 고지를 점령하듯이 사회 각 분야에서 중추적 지위를 차지할 것이다. 그 순간 우리는 깨어 있는 시민의 힘이 모아지면 능히 세상을 바꿀 수 있음을 뚜렷이 확인할 수 있을 것이다.

과연 이러한 역동적 과정에서 변화를 주도하는 주체가 될 것인가 아니면 변화에 이끌려가는 수동적 존재가 될 것인가? 그것은 전적으로 각자의 선택에 달려 있다. 기회는 모두에게 열려 있다. 무엇보다도 시민운동2.0은 모두에게 균등한 접근을 허용하는 완전 개방형 플랫폼이기 때문이다.

단행본

강수돌, 『살림의 경제학』, 인물과사상사, 2009

강우현, 『남이섬 CEO 강우현의 상상망치』, 나미북스, 2009

강준만, 『한국현대사 산책』 1990년대편 1~3, 인물과사상사, 2006

게리 해멀 지음, 이동현 옮김, 『꿀벌과 게릴라』, 세종서적, 2009

구본형, 『낯선 곳에서의 아침』, 을유문화사, 2007

구본형, 『사람에게서 구하라』, 을유문화사, 2008

구본형, 『익숙한 것과의 결별』, 을유문화사, 2009

기무라 히데스키 지음, 이윤희 옮김, 『20세기 세계사』, 가람기획, 1997

김대원, 『애플쇼크』, 더난출판, 2010

김미경, 『아트 스피치』, 21세기북스, 2010

김민웅, 『자유인의 풍경』, 한길사, 2007

김애화 외, 『다극화 체제, 미국 이후의 세계』, 시대의창, 2010

김위찬·르네 마보안 지음, 강혜구 옮김, 『블루오션 전략』, 교보문고, 2005

김인성, 『한국 IT산업의 멸망』, 북하우스, 2011

김종훈, 『우리는 천국으로 출근한다』, 21세기북스, 2010

김창원, 『21세기를 대비한 한국의 중소기업 이대로 좋은가』, 서울프레스, 1993

김태동·이근식, 『땅, 투기의 대상인가 삶의 터전인가』, 비봉, 1990

김태유 외, 『21세기, 인간과 공학』, 고려원미디어, 1995

김헌태, 『분노한 대중의 사회』, 후마니타스, 2009

김형기 엮음, 『현대자본주의 분석』, 한울아카데미, 2007

김희영, 『이야기 중국사』 1~3, 청아출판사, 2006

금융경제연구소, 『금융산업, IMF사태에서 한미FTA까지』, 2007

남구현 외, 『대한민국은 민주공화국이다』, 메이데이, 2008

남덕우 외, 『IMF사태의 원인과 교훈』, 삼성경제연구소, 1998

노엄 촘스키 지음, C. P. 오테로 엮음, 이종인 옮김, 『촘츠키, 사상의 향연』, 시대의
  창, 2007.

데이비드 보겔 지음, 김민주·김선희 옮김, 『기업은 왜 사회적 책임에 주목하는가』,
  거름, 2006

도나 펜 지음, 윤혜영 옮김, 『젊은 창조자들』, 이상, 2010

랜달 스트로스 지음, 고영태 옮김, 『구글, 신화와 야망』, 일리, 2009

러셋 스팍스 지음, 넷임팩트 코리아 옮김, 『사회책임투자』, 홍성사, 2007

레스터 C. 써로우 지음, 유재훈 옮김, 『자본주의의 미래』, 고려원, 1997

리오 휴버먼 지음, 장상환 옮김, 『자본주의 역사 바로알기』, 책벌레, 2007

로버트 로이드 조지 지음, 선경투자자문주식회사 옮김, 『세계는 어디로 가는가』, 넥
  서스, 1994

리처드 L. 브랜트 지음, 안진환·유근미 옮김, 『구글웨이』, 북섬, 2010

마이클 샌델 지음, 이창신 옮김, 『정의란 무엇인가』, 김영사, 2010

마이크 파커·제임스 슬로터 지음, 강수돌 옮김, 『팀 신화와 노동의 선택』, 강, 1996

마저리 켈리 지음, 강현석 옮김, 『자본의 권리는 하늘이 내렸나 』, 이소출판사, 2003

모리야 히로시 지음, 박연정 옮김, 『성공하는 리더를 위한 중국고전 12편』, 예문, 2002

문재승, 『K팀장은 삼각김밥을 좋아한다』, 다산북스, 2010

박세길, 『우리농업 희망의 대안』, 시대의창, 2007

박세길, 『혁명의 추억, 미래의 혁명』, 시대의 창, 2008

박태용·허만길, 『프로슈머 네트워크의 미래』, 드림서치, 2002

법정 지음, 류시화 엮음, 『살아있는 것은 다 행복하라』, 조화로운 삶, 2009

법정, 『 一期一會 』, 문학의숲, 2009

변지석·이영주, 『신경영 패러다임 10』, 한언출판사, 1996

복득규 외, 『클러스터』, 삼성경제연구소, 2004

V. I. 레닌 지음, 홍승기 엮고 옮김, 『레닌 저작선』, 거름, 1988

비니트 나야르 지음, 박선영 옮김, 『직원우선주의』, 21세기북스, 2011

빅뱅 지음, 김세아 정리, 『세상에 너를 소리쳐!』, 쌤앤파커스, 2009

서울노동정책연구소(준비모임) 지음,『일본적 생산방식과 작업장체제』, 새길, 1995

석동호 엮고 씀,『과학기술사』, 중원문화, 1990

세계화국제포럼(IPG), 이주명 옮김,『더 나은 세계는 가능하다』, 필맥, 2003

손재권·오종석,『앱스토어 경제학』, 한스미디어, 2010

스티븐 코비 외 지음, 김경섭 옮김,『소중한 것을 먼저 하라』, 김영사, 1997

신영복,『나무야 나무야』, 돌베개, 1996

신영복 외 지음, 프레시안 엮음,『여럿이 함께』, 프레시안북, 2007

신장섭·장성원,『삼성반도체 세계 일등 비결의 해부』, 삼성경제연구소, 2008

신장섭·장하준 지음, 장진호 옮김,『주식회사 한국의 구조조정 무엇이 문제인가』, 창
비, 2006

안광호,『삼성붕괴 시나리오』, 다산북스, 2010

안철수,『지금 우리에게 필요한 것은』, 김영사, 2005

알렉 노브 지음, 김남섭 옮김,『소련경제사』, 창작과비평사, 1998

알렉 노브 지음, 대안경제연구회 옮김,『실현가능한 사회주의의 미래』, 백의, 2001

애덤 스미스 지음, 김수행 옮김,『국부론』(상), 비봉출판사, 2006

앨빈 토플러 지음, 김중웅 옮김,『부의 미래』, 청림출판, 2009

앨빈 토플러 지음, 이규행 옮김,『권력이동』, 한국경제신문사, 1994

어니스트 건들링 지음, 최종옥 옮김,『나도 3M에서 일하고 싶다』, 세종서적, 2001

에릭 홉스봄 지음, 김동택 옮김,『제국의 시대』, 한길사, 2004

에릭 홉스봄 지음, 이용우 옮김,『극단의 시대: 20세기 역사』상·하, 까치, 1997

에릭 홉스봄 지음, 정도영 옮김,『자본의 시대』, 한길사, 2006

에릭 홉스봄 지음, 정도영·차명수 옮김,『혁명의 시대』, 한길사, 2006

에크하르트 헬무트 지음, 권세훈 옮김,『혁명의 역사』, 시아출판사, 2004

엠마누엘 토드 지음, 주경철 옮김,『제국의 몰락』, 까치, 2003

오건호,『국민연금, 공공의 적인가 사회연대 임금인가』, 책세상, 2006

요시다 타로 지음, 안철환 옮김,『생태도시 아바나의 탄생』, 들녘, 2005

윌리엄 바이햄 외 지음, 이상욱·장승권 옮김,『자율경영팀』, 21세기북스, 1995

윌리엄 H. 오버홀트 지음, 윤인웅 옮김,『초강국으로 가는 중국』, 한언출판사, 1994

우석훈·박권일,『88만원 세대』, 레디앙, 2007

유시민,『대한민국 개조론』, 돌베개, 2007

이대환 엮음,『19세기 독일사회사상』, 연찬, 1987

이러 매거지너·마크 패티킨 지음, 한영환 옮김,『소리없는 전쟁』, 한국경제신문사,
    1991

이매뉴얼 월러스틴 외 지음, 백승욱·김영아 옮김,『이행의 시대』, 창작과비평사,
    1999

이상이 편저,『역동적 복지국가의 논리와 전략』, 밈, 2010

이원재,『주식회사 대한민국 희망보고서』, 원앤원북스, 2005

이영희,『포드주의와 포스트포드주의』, 한울아카데미, 1994

이재규,『역사에서 경영을 만나다』, 사과나무, 2009

이정희 외,『20세기 급진주의 노동운동의 흐름들』, 영남대학교출판부, 2006

이찬근,『IMF시대 투기자본과 미국의 패권』, 연구사, 1998

이찬근 외,『한국 경제가 사라진다』, 21세기북스, 2004

이창훈·최광,『초월하는 애플 vs 추월하는 삼성 스마트대전』, 머니플러스, 2010

이해준,『자본의 시대에서 인간의 시대로』, 한울, 1999

이혁병,『플레잉 경영』, 21세기북스, 2010

이호철,『세기말의 사상기행』, 민음사, 1993

이홍,『지식점프』, 삼성경제연구소, 2008

임헌우,『상상력에 엔진을 달아라』, 나남, 2009

장하준,『그들이 말하지 않는 23가지』, 부키, 2010

장하준 지음, 이순희 옮김,『나쁜 사마리아인들』, 부키, 2008

장하준·정승일,『쾌도난마 한국 경제』, 부키, 2008

장하준 지음, 형성백 옮김,『사다리 걷어차기』, 부키, 2008

장하준 지음, 황해선·이종태 옮김,『다시 발전을 요구한다』, 부키, 2008

조미옥,『훌륭한 일터 GWP』, 넥서스BIZ, 2010

조우현 엮음,『세계의 노동자 경영참가』, 창작과비평사, 1995

정지훈,『거의 모든 IT의 역사』, 메디치, 2010

정진홍,『인문의 숲에서 경영을 만나다』, 21세기북스, 2009

정철화,『1등기업의 이기는 습관』, 무한, 2010

정태일, 『서른살 회사를 말하다』, 메디치, 2010

제러미 리프킨 지음, 이영호 옮김, 『노동의 종말』, 민음사, 1996

제러미 리프킨 지음, 이희재 옮김, 『소유의 종말』, 민음사, 2004

제리 멀러 지음, 서찬주·김창환 옮김, 『자본주의의 매혹』, Human & Books, 2006

제임스 P. 워맥 외 지음, 한영숙 옮김, 『생산방식의 혁명』, 기아경제연구소, 1992

제임스 C. 헌터 지음, 김광수 옮김, 『서번트 리더십』, 시대의창, 2008

제프리 영·윌리엄 사이먼 지음, 임재서 옮김, 『Icon 스티브 잡스』, 2010

제프 자비스 지음, 이진원 옮김, 『구글노믹스』, 21세기북스, 2010

주강현, 『우리문화의 수수께끼』 1·2, 한겨레신문사, 1997

짐 콜린스 지음, 김명철 옮김, 『위대한 기업은 다 어디로 갔을까』, 김영사, 2010

짐 콜린스 지음, 이무열 옮김, 『좋은 기업을 넘어 위대한 기업으로』, 김영사, 2002

찰스 A. 쿱찬 지음, 황지현 옮김, 『미국 시대의 종말』, 김영사, 2005

청년과학기술자협의회, 『과학기술과 과학기술자』, 한길사, 1990

채운, 『호모 아르텍스』, 그린비, 2009

최배근, 『네트워크 사회의 경제학』, 한울, 2003

최용석, 『아이폰과 아이패드 애플의 전략』, 아라크네, 2010

최용식, 『회의주의자를 위한 경제학』, 알키, 2011

최윤식·배동철, 『2020 부의 전쟁 in Asia』, 지식노마드, 2011

최정호 외, 『정보화시대와 우리』, 소화, 1995

K. 마르크스 지음, 김수행 옮김, 『자본론』1(上)·1(下)·2·3(上)·3(下), 비봉출판사,
    1989

K. 마르크스, 『프랑스 혁명사 3부작』, 소나무, 1987

K. 마르크스·F. 엥겔스 지음, 남상일 옮김, 『공산당 선언』, 백산서당, 1989

KBS일요스페셜팀 취재, 정혜원 글, 『대한민국희망보고서 유한킴벌리』, 거름, 2005

케빈 대나허 외 지음, 최봉실 옮김, 『50년이면 충분하다』, 아침이슬, 2000

클레이 서키 지음, 송연석 옮김, 『끌리고 쏠리고 들끓다』, 갤리온, 2009

토드 부크홀츠 지음, 이승환 옮김, 『죽은 경제학자의 살아있는 아이디어』, 김영사,
    2000

토머스 L. 프리드먼 지음, 김상철·이윤섭 옮김, 『세계는 평평하다』, 창해, 2005

티나 실리그 지음, 이수경 옮김, 『스무살에 알았더라면 좋았을 것들』, 엘도라도, 2010

폴 케네디 지음, 변도은·이일수 옮김, 『21세기 준비』, 한국경제신문사, 1994

폴 존슨 지음, 이희구·배상준 옮김, 『세계현대사』, 한마음사, 1993

폴 케네디 지음, 이일수 외 옮김, 『강대국의 흥망』, 한국경제신문사, 1991

폴 킹스노스 지음, 김정아 옮김, 『세계화와 싸우다』, 창비, 2004

프란츠 알트 지음, 손성현 옮김, 『생태주의자 예수』, 나무심는사람, 2003

프랑수아 셰네 지음, 서익진 옮김, 『자본의 세계화』, 한울, 2004

프레드 맥도프 외 지음, 윤병선 옮김, 『이윤에 굶주린 자들』, 울력, 2006

프레시안 엮음, 『우리는 무엇을 할 것인가』, 프레시안북, 2008

피터 드러커 지음, 이재규 옮김 『넥스트 소사이어티』, 한국경제신문사, 2009

피터 드러커 지음, 이재규 옮김, 『21세기 지식경영』, 한국경제신문사, 2006

피터 드러커 지음, 이재규 옮김, 『자본주의 이후의 사회』, 한국경제신문사, 1993

필립 암스트롱 외 지음, 김수행 옮김, 『1945년 이후의 자본주의』, 두산동아, 1996

하인리히 갬코브 지음, 김대웅 옮김, 『맑스·엥겔스 평전』, 시아출판사, 2003

한광수, 『미-중관계의 변화와 한반도의 미래』, 삼성경제연구소, 2005

한국사회경제학회, 『노동가치론의 재평가』, 풀빛, 1997

한국정치연구회 사상분과, 『현대민주주의론』 1·2, 창작과비평사, 1993

한근태, 『회사가 희망이다』, 미래의창, 2009

한비야, 『바람의 딸 우리 땅에 서다』, 푸른숲, 2009

한비야, 『지도 밖으로 행군하라』, 푸른숲, 2009

한스 피터 마르틴·하랄트 슈만 지음, 강수돌 옮김, 『세계화의 덫』, 영림카디널, 1997

한윤형 외, 『열정은 어떻게 노동이 되는가』, 웅진지식하우스, 2011

허남석과 포스코 사람들, 『강한 현장이 강한 기업을 만든다』, 김영사, 2009

히다카 요시기 지음, 오애영 옮김, 『아메리카의 대폭락』, 다섯수레, 1992

논문과 기사

강남규, 「"삼성·LG는 기술 대신 아이디어 지상주의에 빠져라"」, 『중앙SUNDAY』, 2010. 9. 19

구본권, 「사람에 대한 관심이 기술을 완성한다」, 『한겨레』, 2011. 1. 18

구본권, 「'원하는 친구·콘텐츠 눈앞에' 페이스북은 진화중」, 『한겨레』, 2011. 1. 14

곽정수, 「새해엔 1년 중 절반만 출근하세요」, 『한겨레21』, 2011. 1. 10

기획취재팀, 「大學민국, 진학률 84%의 허상」, 『매일경제신문』, 2009. 1. 18

김경락, 「학력 인플레 현실로…취업지수 대졸〉고졸」, 『한겨레』, 2011. 5. 18

김경준, 「아날로그에 갇혀 디지털혁명에 실패하다」, 『중앙SUNDAY』, 2010. 5. 23

김기환, 「신입사원 99% "입사해보니 딴판 … 이직 고민 중"」, 『중앙일보』, 2010. 10. 5

김기환, 「신입 "할 일도 없는데, 왜 팀장 따라 야근해야 하나"」, 『중앙일보』, 2010. 10. 5

김상운, 「SW업계 中企 단명」, 『동아일보』, 2011. 4. 14

김창우, 「애플式 강요하는 애플, 스마트폰 주도권 유지할까」, 『중앙SUNDAY』, 2010. 4. 18

김태은, 「"삼성맨들이여 노래방서 '아파트' 부르지 마라"」, 『머니투데이』, 2009. 11. 9

김현예, 「관리에서 소통으로 대변신」, 『이코노미스트』, 2011. 1. 18

김홍록, 「벤처 창업 붐 'IT 고급두뇌 모셔라'」, 『서울경제신문』, 2011. 6. 3

노소영, 「행복한 부자가 되는 길」, 『중앙SUNDAY』, 2011. 2. 13

노주희, 「파탄 난 미국 경제가 여전히 굴러가는 이유는?」, 『프레시안』, 2006. 1. 17

문형표, 『연금기금 운용의 평가와 정책과제』, 한국개발연구원, 2007

박상현, 「美정부 '전례없는 조치', 사상 최대 공적자금 투입」, 『연합뉴스』, 2008. 9. 20

박영례·강호성, 「같이 가면 더 멀리, IT생태계를 살리자 (하)」, 『아이뉴스24』, 2011. 3. 27

박지희, 「시간당 동식물 3종씩 멸종…온난화 경고」, 『경향신문』, 2007. 5. 23

서경호, 「인문학의 바다에 빠져야 산업경쟁력 커져」, 『중앙SUNDAY』, 2008. 11. 23

신현만, 「돈과 기술보다 사람이 우선이다」, 『중앙SUNDAY』, 2009. 7. 26

여경훈, 「해밀튼 프로젝트: 니 맘대로 경제학을 넘어」, 새로운 사회를 여는 연구원, 2007

예지은 외, 「VRAVO Generation 신세대 직장인을 말하다」, 삼성경제연구소, 2009

윤지나, 「'호칭'의 사회학, 사장을 '님'이라고 부르는 이유」, 『노컷뉴스』, 2010. 4. 9

이경호, 「미국 제조업 사실상 사망선고」, 『머니투데이』, 2005. 5. 16

이경호, 「미 자동차업체, 펀더멘털을 망각했다」, 『머니투데이』, 2005. 5. 16

이정민, 「'잘되는 기업은 직원에게 끊임없이 지식 공급해'」, 『중앙SUNDAY』, 2010.
3. 14

이정흔, 「5시30분 '퇴근하라' 방송하는 회사」, 『머니투데이』, 2011. 1. 9

이필재, 「CEO는 인사관리에 시간의 60%를 써야」, 『중앙SUNDAY』, 2010. 10. 3

이회수, 「사회적 기업 관련법제 비교연구」, 고려대학교 노동대학원

장병호, 「'의료행위' OECD평균으로 줄이면 18.9조원 절감」, 『내일신문』, 2011. 6.
13

전민규, 「금융위기 벗어나려다… '재정 악화' 또 다른 위기」, 『한겨레』, 2011. 1. 31

정은선, 「애플 앱스토어 다운로드 급증…개발자들 20억 달러 매출」, 『이투데이』,
2011. 1. 18

정은주, 「다시 일어서는 벤처… "실패 대비책은 필수죠"」, 『한겨레』, 2011. 1. 13

정은주, 「올 채용시장 대세, 스펙 아닌 '스토리'」, 『한겨레』, 2011. 2. 10

하영춘, 「美 7000억弗 구제금융, 美금융자본주의 흔들린다」, 『한국 경제신문』, 2008.
9. 21

황예량, 「자동차·철강업체 근무형태 '조용한 혁명'」, 『한겨레』, 2011. 6. 13

황인성, 「지식기반경제와 국민계정」, 삼성경제연구소, 2002. 11. 4

· 찾아보기 ·